课程思政视阈下的

外语教学
研究与实践探索

主　编◎贺　芳　朱安博
副主编◎王朝晖　肖　滨　周　宇

首都经济贸易大学出版社
Capital University of Economics and Business Press
·北　京·

图书在版编目（CIP）数据

课程思政视阈下的外语教学研究与实践探索／贺芳，
朱安博主编. -- 北京：首都经济贸易大学出版社，
2023.12

ISBN 978-7-5638-3610-9

Ⅰ. ①课…　Ⅱ. ①贺…②朱…　Ⅲ. ①外语教学-教
学研究-高等学校②思想政治教育-教学研究-高等学校
Ⅳ. ①H09②G641

中国国家版本馆 CIP 数据核字（2023）第 233249 号

课程思政视阈下的外语教学研究与实践探索
贺　芳　朱安博　主编
KECHENG SIZHENG SHIYU XIADE WAIYU JIAOXUE YANJIU YU SHIJIAN TANSUO

责任编辑	潘　飞
封面设计	砚祥志远·激光照排　TEL: 010-65976003
出版发行	首都经济贸易大学出版社
地　　址	北京市朝阳区红庙（邮编 100026）
电　　话	(010) 65976483　65065761　65071505（传真）
网　　址	http://www.sjmcb.com
E-mail	publish@cueb.edu.cn
经　　销	全国新华书店
照　　排	北京砚祥志远激光照排技术有限公司
印　　刷	北京九州迅驰传媒文化有限公司
成品尺寸	170 毫米×240 毫米　1/16
字　　数	396 千字
印　　张	25
版　　次	2023 年 12 月第 1 版　2023 年 12 月第 1 次印刷
书　　号	ISBN 978-7-5638-3610-9
定　　价	86.00 元

编委会

（按姓氏拼音排序）

前 言

　　培养什么人、怎样培养人、为谁培养人是教育的根本问题，也是建设教育强国的核心课题。党的十八大以来，以习近平同志为核心的党中央把立德树人作为教育的根本任务。习近平总书记多次强调，育人的根本在于立德，要求全面贯彻党的教育方针，落实立德树人根本任务，培养德智体美劳全面发展的社会主义建设者和接班人。进入新时代，在各高校大力加强课程思政建设、将思想政治教育积极融入课程教学的大背景下，外语教学的目标已经从单纯培养学生的语言知识和技能逐步升级为塑造学生的品格和价值观念。加强对大学生世界观、人生观和价值观的教育，传承和创新中华优秀传统文化，积极引导当代大学生成为"能够讲好中国故事、传播好中国声音，展现可信、可爱、可敬的中国形象"的新时代青年，已经成为高校外语类教育教学落实立德树人根本任务的一项重要使命，对为党和国家培养合格人才具有重要的现实意义。

　　北京信息科技大学外国语学院一直以来高度重视课程思政建设。根据2020年和2022年教育部印发的《高等学校课程思政建设指导纲要》《全面推进"大思政课"建设的工作方案》对专业教育课程要深度挖掘、提炼专业知识体系中所蕴含的"思想价值"和"精神内涵"的要求，结合外语教学的特点和实际情况，学院成立了课程思政教学团队，就课程思政建设从顶层制度化设计到具体实施策略等各方面进行了多层次、多角度的目标和路径探索，取得了显著成效。

　　经过几年的努力，课程思政的理念深入人心。外国语学院广大一线教师充分发挥主动性、创造性，在课程思政建设的理论方面有了积极探索，形成了系统的思考；在课堂实践方面积累了丰富的经验，形成了成熟的做法。为了将这些成果固化下来，更好地发挥在人才培养方面的作用，外国语学院牵头组织编写了论文集《课程思政视阈下的外语教学研究与实践探索》。本论文

1

集分为课程思政、教学实践、督评促教、教研相长这四个板块，收集了学院四十余名教师的研究实践和教学成果。论文集的各位作者均具有丰富的教学经验，在各自的研究领域有着深厚的积累和很高造诣。各位作者的论文不仅关注了外语课程中如何融入思想政治教育的问题，而且从不同的角度深入探讨了如何培养学生的跨文化交流能力和爱国情怀等问题。可以说，本论文集主题聚焦、内容丰富，是来自一线教师集体智慧的结晶。

本论文集的出版得到了广大一线教师的积极参与和许多专家学者的大力支持和帮助，在此一并表示衷心的感谢。希望本论文集的出版，能够为业内同仁进一步探讨外语课程中如何融入思想政治教育元素提供思想启迪，同时为外语教育的改革和创新提供有益的思路和借鉴。

由于编者水平有限，加之外语教学课程思政的研究和实践发展日新月异，在编写过程中难免有不足之处，诚望广大同仁和读者不吝赐教，批评指正。

目 录

第四篇　教研相长 …………………………………… 307

第一篇　课程思政

课程思政视角下的二外日语教学初探

白　羽*

【摘　要】课程思政是近年来高校各专业改革的新趋势，这为二外日语课程的改革提供了新的思路。本文根据二外日语课程思政建设的背景，围绕二外日语课程的课堂教学内容，通过挖掘《新版中日交流标准日本语初级》（上册）的思政元素，从语言文字、社会现象、科学技术、日常生活和社会热点等四个方面探索二外日语教学的改革之路，为本课程的思政教学提供参考。

【关键词】课程思政　二外日语　思政元素

一、二外日语课程思政建设的背景及意义

习近平总书记在 2016 年全国高校思想政治会议上强调，把思想政治工作贯穿教育教学全过程，开创我国高等教育事业发展新局面，"使各类课程与思想政治理论课同向同行，形成协同效应"。2019 年在学校思想政治理论课教师座谈会上，习近平总书记进行全国部署，号召"挖掘其他课程和教学方式中蕴含的思想教育资源，实现全员全程全方位育人"[1]。教育部也先后于 2018 年和 2020 年印发《教育部关于加快建设高水平本科教育 全面提高人才培养能力的意见》和《高等学校课程思政建设指导纲要》。可见，从政治理论课到所有课程，课程思政已经成为高校立德树人的新实践。

作为二外日语这门语言学科的一名专职教师，笔者也积极响应时代号召，致力于挖掘课程思政元素并将其融入教学实践的全过程[2]。将日语语言文化知识与社会主义核心价值观有机融合，培养学生的家国情怀，增强学生的文化自信和民族自豪感，用日语讲好中国故事，是现阶段本课程改革的重要

---

* 作者简介：白羽，北京信息科技大学外国语学院讲师，研究方向为日语语言。

任务。

二、二外日语课程思政建设的必要性和可行性

随着改革开放的深入，我国社会生活的各领域与国外的接触越来越频繁，这使一些学生对包括日本文化在内的国外社会文化的好奇心进一步增强，同时对中华文化的理解有所偏颇或者缺失。例如，近些年来，在游戏和动漫领域出现的二次元、COSPLAY① 等深受很多年轻人尤其是大学生的喜爱，他们很容易经历从对日本文化感兴趣到崇拜再到迷恋、狂热的过程。在今天这个信息多元化、社会思潮多元化的时代，帮助大学生正确看待和评价国外文化的优劣，树立正确的三观，是本课程需要完成的任务。

古代，日本从政治、经济、宗教、教育、社会生活等各方面吸收了优秀的中华传统文化，并将其发扬光大。所以，在二外日语课程的教学内容中，有很多可以挖掘的思政元素，这为本课程的思政建设提供了有利条件。另外在我国，目前日语是仅次于英语的第二大外语，国内的日语教学具有教学体系完善、学习者众多、线上线下教学资源丰富等优点，因此，融入课程思政的二外日语课程内容更丰富，更利于学生学习和接受。作为日语教育者，我们应该在日语教学中明辨是非，引导学生坚定文化自信，使之走在正确的学习道路上。

三、二外日语课程思政建设目标

就日语这门外语学科而言，培养学生的日语语言运用技能和了解日本的社会文化知识是本课程的首要教学目标。同时，还要将学生的价值观、文化自信和爱国情怀纳入本课程的教学体系。这就需要教师深入挖掘教材中的思政元素，将思想政治内容渗透于课程内外。

四、二外日语课程思政元素的挖掘

北京信息科技大学的二外日语课程采用大多数高校正在使用的《新版中

---

① 所谓 COSPLAY，一般指通过服装、道具、化妆、造型等方式，借助摄影、舞台剧、摄像等形式，对出现在动画、漫画、游戏作品中的某位角色或者某段剧情进行现实还原的活动。

日交流标准日本语初级》（上册）作为教材。该教材既注重单词、语法等基础知识的讲解，又配有大量课后练习加以巩固，还介绍了部分日本社会文化知识，非常适合日语初学者的学习。但是，本教材目前的最新版本是 2013 年 12 月出版的，教材内没有介绍中日两国社会文化内容的异同点，也没有课程思政相关内容[3]，这就要求教师在讲授日语语言知识的同时，向学生介绍中日两国的社会文化异同点，更重要的是深挖教材的思政元素，并将其融入实际教学过程。

（一）语言文字方面

在讲解日语发音之前，笔者会先向学生介绍日本文字的发展历史[3]。日本古代只有语言，没有文字。从三四世纪开始，汉字传入日本，到六七世纪时汉字已被大量引进日本，这个过程一直持续到我国明清时期。汉字传入日本之后，日本人以汉字草书为基础创造了平假名，以汉字偏旁部首为基础发明了片假名。日语中还有像"峠"这样在汉字的基础上进行加工创造而成的新字。通过日本文字发展历史，学生可以体会到中国的汉字是一种先进的、发达的文化表现，汉字传入日本的历史过程长达一千多年。不仅如此，中国的汉字还在日本得到发扬光大，并发生了演变。学生了解了这些知识之后，会增强对中华传统文化的自信，民族自豪感也因此油然而生。

该教材中还出现了如"季節"和"シーズン"、"贈り物"和"プレゼント"、"切符"和"チケット"这种"每组词中的前一个是汉字词，后面则以英语为词源的外来语，前后两个不同类别的词却表达了相近意思"的现象。在日本人的日常生活中，汉字词和外来语在某些场合虽然并行使用，但是近些年来，日本年轻人中出现了在表达更加时髦、更加美好的事物时多使用外来语的情况。我们的大学生（尤其是喜欢日剧和动漫等日本文化产品者），难免不受此影响。词语的选择、使用虽然是个体的喜好，但是这能够反映出日本年轻人崇拜西方的文化心理。这就需要我们在授课时正确引导大学生理性看待词语使用的选择问题，客观地看待和分析事物，扭转那种崇洋媚外的心理。

（二）社会现象方面

该教材第 1 课中出现的"～さん""～ちゃん""～君"接尾词和第 2 课中

出现的"お母さん""母"人称词，体现了日本人日常生活中人与人之间的内外有别；第5课中吉田科长说："森君、おはよう。"本句中省略了"ございます"，体现了日本职场中上下级之间明显的等级差别。以上语法现象，体现了日本社会内外和上下级被严格区别对待的情况。此外，该第6课介绍了日本的"末班电车"现象，第13课介绍了日本公司职员下班后一起出去喝酒放松的情景，从不同侧面反映了日本公司职员工作强度高（经常加班到深夜）、心理压力大（需要放松排解）等情况。这与日本社会长期以来存在的"过劳死"和公司职员自杀现象多有联系。与日本社会形成鲜明对比的是，在我国，党的十八大报告明确提出，人民对美好生活的向往，就是我们的奋斗目标。中国共产党始终走在为人民谋利益的道路上，走在造福中国人民的道路上。因此，要引导大学生奋发学习，为建设美好的祖国，建设美好的家园贡献自己的青春和力量。

（三）科技方面

该教材第6课还介绍了日本的各种交通工具，并特别介绍了日本的新干线。随着第二次世界大战后日本经济的迅速恢复，1964年，日本第一条新干线——东海道新干线开通。在很长一段时间里，日本新干线以技术先进、运行时间长、没有重大事故而著称，号称全球最安全的高速铁路之一，也是世界上行驶最平稳的列车之一，极大促进了日本经济的发展。在向学生们介绍日本新干线的同时，也要帮助其了解我国高铁的快速发展情况[4]。截至2021年底，我国高铁营运里程突破4万公里，其中时速300公里至350公里的高铁营运里程1.57万公里，占比39%；时速200公里至250公里的高铁营运里程2.44万公里，占比61%。我国高铁发展速度之快，里程之长，是世界上首屈一指的。通过以上事实，在介绍教材内容的基础上向学生重点补充介绍我国高铁虽然起步晚，但是时速越来越快、安全性能越来越好、覆盖里程越来越长等内容。这些事实增强了学生对祖国科技实力的信心，大大激发了学生学习文化知识的动力。另外，该教材中的汽车（第6课）以及家用电器（第3课）等内容中也有很多思政元素可以深入挖掘。例如，截至2022年底，我国家用汽车保有量已跃升至27 873万辆，其中，以比亚迪等为代表的国产品牌车，以价格低廉、功能强大、技术先进等优势而受到市场热烈欢迎。又如，改革开放之初，由于我国科技实力长期落后于世界先进水平，市场上销售的家用电器以国外（尤其是日本）原装产品和合资产品居多，而国产品牌的产品很少见。现如今，不仅家用电器的种类琳琅满目，而且其中国产品牌的市场份额已经大大超过国外品牌。综上所述，我国科技实力的显著增强，人民生活水平的大幅度提高，为大学生努力学习注入了强大的动力，增强了他们报效祖国的决心。

（四）日常生活及社会热点问题

第 19 课通过单词表中"ごみ"（垃圾）这个词，向学生传递了中日两国垃圾分类的相关情况。在日本，垃圾分类一般分成 9 个类别，有的地方甚至会分成 20 个类别，垃圾分类内容相当复杂和烦琐（对此，可向学生简要介绍横滨市的《垃圾分类手册》内容，让学生大概了解日本的垃圾分类方法）。中国近年来开始推行垃圾分类，虽然起步较晚，但是受到各级政府的高度重视和广大人民的理解与支持。党的十八大把生态文明建设纳入中国特色社会主义事业五位一体总体布局，明确提出大力推进生态文明建设的要求。我们要号召大学生提高保护环境的意识，从自我做起，从身边的小事做起，把党的十八大精神落实到每个人的实际行动中。

说到环境保护，就不得不提到日本政府于 2023 年 8 月 24 日正式启动的福岛第一核电站核废水排海计划，这一计划旨在将核电站内储存的超过 120 万吨核废水经过处理和稀释后排入太平洋。这一计划受到了国际社会和地区国家的强烈反对和抗议。核废水排放后将随洋流和风向扩散至全球各地，会影响所有沿海国家和地区的海洋资源和人民健康。针对日本政府的错误行为，我国采取了多项措施维护国家和人民的利益。通过这个事件，教师要让学生认识到海洋资源环境保护的重要性，污染环境不是一个国家的小事，而是涉及其他国家乃至全世界人民健康和安全的大事。通过以上事件，要让大学生坚定对我国政府坚决维护国家和人民的根本利益不动摇之意志的信心。

该教材第 7 课介绍了很多在日本流行的体育运动项目，这让我们想到了东京分别于 1964 年和 2020 年（由于新冠疫情延期至 2021 年）举行的夏季奥运会。1964 年，东京奥运会的举办向世界展示了日本复兴的新形象以及经济腾飞的成果。2020 年，东京奥运会的顺利举办称得上是世界各国人民抗击疫情的共同成果，也赋予了奥运精神更深层的含义。由东京奥运会，很自然就让人联想到 2008 北京夏季奥运会和 2022 北京冬季奥运会的成功举办[3]。北京成为目前世界上唯一一座双奥之城，两场奥运会的成功举办展示了中国的形象，增强了中国的软实力和国际影响力，彰显了我国推动构建人类命运共同体的诚意。教师在教学期间带领学生重温奥运会的盛况，会增强学生对国家发展的信心和民族自豪感，这也将成为大学生进一步努力学习的强大动力。

五、思政元素融入实际教学

（一）实际教学过程

北京信息科技大学二外日语课程设置为每学期 64 学时，讲授两学期共计 128 学时。即使只是完成教学大纲规定的内容，课时也已经比较紧张。如果教师单靠在课堂上讲授思政内容，既难以完成教学任务，教学效果也不理想[5]，所以笔者采用线上线下、课堂内外相结合的教学方式来进行。具体来说，在课堂上讲授日语语言知识的同时，介绍重要的思政元素，起到取其精华的作用。其余含有思政元素详细内容的图片、视频、文字材料等，则可以放在"雨课堂"等学习平台上供学生课下学习。另外，还可以组织学生以小组的形式课下互相监督学习，或者让学生自主搜集资料来完成思政内容的学习。

（二）思政元素的平时成绩评定

现有学生的平时成绩以记录学生出勤情况和日语语言为考查内容，显得有些呆板，今后可以丰富考核方式和内容。一是教师给出思政元素内容，让学生自学并在"雨课堂"上设置题目让学生作答，以网络系统自动批改并生成的成绩来作为平时成绩的一部分。二是教师给出思政元素，让学生自己搜集资料、丰富素材并在课上分享，教师评定成绩，以此进行平时成绩的考核。这些新型的考试内容和考核方法可丰富二外日语课程的教学手段，体现以学生为课堂中心的教学理念。

六、结语

课程思政是二外日语课程的重要改革方向。中日两国的历史渊源为二外日语课程提供了大量的思政元素，本文所挖掘的内容只是其中的一小部分。

在今后的教学过程中，我们会更加深入地挖掘教材中的思政元素，认真研究如何高效地将思政元素与原有课堂内容相结合。通过思政元素的渗透和教学改革，为国家培养用日语讲好中国故事的新型人才。

参考文献

［1］　中华人民共和国教育部．教育部关于印发《高等学校课程思政建设指导纲要》的通知［EB/OL］．（2020-05-28）［2022-11-07］. http://www. gov. cn/zhengce/zhengceku/2020-06/06/content_5517606. htm.

［2］　郑倩．从"文化自信"角度谈二外日语课程思政教学改革［J］.湖北开放职业学院学报，2022（3）：102-103，122.

［3］　郑媛．高校二外日语课程思政元素的挖掘与内容设计［J］.榆林学院学报，2022（6）：91-94.

［4］　中华人民共和国中央人民政府．铁路事业发展稳步前行［EB/OL］. ［2022-10-11］. https://www. gov. cn/xinwen/2022/10/11/content_5717137. htm.

［5］　李清杨．课程思政视域下第二外语日语教学改革研究［J］.辽宁师专学报（社会科学版），2022（6）：64-67.

课程思政融入高校外语教学路径研究的可视化分析

曹姗姗*

【摘　要】本文通过科学计量的方法，运用 CiteSpace 软件对课程思政融入外语教学路径的研究进行可视化分析。分析结果显示，课程思政融入外语教学路径的研究在学术界呈快速发展和高度活跃的态势，但研究者之间的合作程度较低，合作网络密度小，科研合作关系较弱。本文通过对关键词的共现图谱和聚类图谱进行分析，确定了研究的热点主题，研究的结论对该领域的进一步研究和实践具有借鉴和启示的价值。未来的研究可以在概念和基础理论、研究方法和工具、研究场景和研究对象等方面进行改进，以推动该领域的发展，提高教学质量和学生综合素养。

【关键词】课程思政　外语教学　路径　CiteSpace

一、引言

中国特色社会主义进入新时代，在党和国家教育发展战略的引领下，立德树人的理念被重点强调，并融入教育工作各个环节。教育部于 2020 年 5 月印发《高等学校课程思政建设指导纲要》，明确提出"全面推进课程思政建设是落实立德树人根本任务的战略举措"，为此"要寓价值观引导于知识传授和能力培养之中，帮助学生塑造正确的世界观、人生观、价值观"。外语教育在培养具有全球视野和中国情怀的人才方面具有重要作用，将思政元素有机融

---

* 作者简介：曹姗姗，北京信息科技大学外国语学院讲师，研究方向为应用语言学、语料库、翻译技术。

入外语教学中，有助于将价值引领融入外语知识传授，从而更好地把握高校外语课堂的人才培养方向。随着互联网技术的发展和应用，学生在外语学习过程中会接触大量的西方文化思想、价值观和意识形态。将课程思政融入外语教学可以引导学生正确理解和对待外来文化，增强他们的思想道德素养和文化自信，培养他们的正确价值观和国际视野，提高高校人才培养质量。

课程思政融入外语教学路径的研究领域中已涌现出不少有价值的研究。例如，刘正光和岳曼曼提出要以重构教学内容为抓手，整合不同教学路径，采用混合式教学的方法[1]；张敬源建构了一个由"顶层设计→挖掘素材→细化过程→创新评价→顶层设计"构成的四位一体外语课程思政闭环路径[2]；王会花和施卫萍从发展模式、课程场域、参与主体这三个维度探讨了外语专业课程思政教学改革实践路径[3]。

这些研究对推动领域发展作出了一定贡献，但目前还没有学者对相关成果进行梳理和分析。鉴于此，本文旨在从科学计量的角度出发，运用当前学界较为认可的文献计量软件 CiteSpace 作为研究工具，对课程思政融入外语教学路径的研究现状及热点进行可视化分析，以此深入挖掘该领域的相关研究成果，客观反映该领域的研究热点和趋势，从而为课程思政融入外语教学的实践提供借鉴与启示。

二、数据来源与研究方法

（一）数据来源

本文中的数据来源于中国知网（CNKI）学术期刊库，本文在 CNKI 数据库的具体检索策略为：以"课程思政""外语""英语""德语""日语""路径"等为主要的主题词，使用中国知网的"高级检索"功能，通过不同的主题词组合，以 2023 年 7 月 22 日为发文截止时间进行检索，共计检索得到 1 088 篇相关文献。将文献导出为 Refworks 格式，通过 CiteSpace 将 Refworks 格式转换为 WoS 数据格式并去重，最终得到 948 篇有效文献。

（二）研究方法

本文借助 CiteSpace 软件，采用文献计量方法进行可视化分析，生成作者和关键词的可视化知识图谱，从而直观地分析课程思政融入外语教学路径这

一领域研究的基本情况以及研究重点和热点，并对未来的研究提供借鉴和
启示。

三、课程思政融入外语教学路径研究分析

(一) 文献特征分析

1. 文献年发文量统计分析

某个领域相关文献的发文量可以反映学界对该领域的关注度，文献数量
越多，表明相关研究越活跃。本文在进行可视化分析之前，先利用 Excel 工具
绘制年发文量趋势图并进行分析，如图 1 所示。

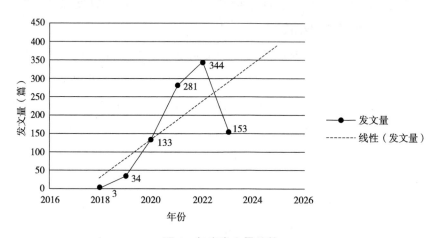

图 1　年度发文量趋势

注：2023 年的文献只统计到 2023 年 7 月 22 日。

通过图 1，可以直观地看出课程思政融入外语教学路径研究在学术界的发
展速度和活跃程度。从总体趋势来看，该领域论文发表数量呈连年递增趋势，
发展速度较快，活跃度较高。其中，2022 年共发文 344 篇，为历年最高（此
外，截至 2023 年 7 月 22 日，2023 年总共发文量已达 153 篇）。可见，有关课
程思政融入外语教学路径的研究主题越来越受到学者们的关注，研究热度不
断升温。

具体而言，课程思政融入外语教学路径的研究大体可分为两个发展阶段。

第一阶段为 2018 年到 2019 年，这一时间段为该领域研究的起步阶段，

发文量偏低。CNKI 收录的第一篇关于课程思政融入外语教学路径研究的学术论文是何芳、都宁于 2018 年 4 月 20 日发表于《北京联合大学学报》的《思想政治教育融入城市型、应用型大学英语教学的有效路径探析》一文。该论文强调从教学大纲修订环节入手，开发、编写包含思想政治教育内容的教材及讲义，并提出了在英语教学过程中采取多种教学方法进行思想政治教育的观点[4]。虽然该论文未正式使用"课程思政"这一概念，但其内容与课程思政融入外语教学密切相关。第一次正式使用"课程思政"这一概念且与融入外语教学路径相关的论文是刘晓阳于 2018 年 10 月 25 日发表于《吉林工商学院学报》的《大学英语"课程思政"的实施路径研究》一文。自此，课程思政融入外语教学路径研究成为高校外语课程育人研究的新热点，研究者们开始从不同角度对其展开探讨。

第二阶段为 2020 年至今，是该领域研究的快速发展阶段，这一时期的发文量占发文总量的 96%，较之前有明显增加，并呈快速上升趋势。这一变化与国家相关教育政策的颁布有关。2020 年，教育部颁布《高等学校课程思政建设指导纲要》，对高校推进课程思政建设的目标要求、内容重点、实施路径以及评价保障等进行了全面规划，提出结合专业特点分类推进课程思政建设，进一步明确了高校课程教学发展的方向。这为研究提供了明确的思路和方向，自然也引起研究者的关注。因此，从 2020 年开始，相关的研究成果大量涌现出来。

通过 Excel 工具的曲线拟合（线性预测功能生成的趋势线）可以清晰地看出，未来两年内，课程思政融入外语教学路径的累计发文量曲线将继续呈上行趋势，表明该领域的研究热度依然不减。这一趋势进一步验证了课程思政融入外语教学路径的研究在学术界的发展速度和活跃程度。

2. 核心作者分析

对某一研究领域的发文作者进行合作网络图谱分析（见图 2），可以清晰地展现该领域的核心作者。本文利用 CiteSpace 软件对样本文献数据进行处理。在处理过程中，在"时间分区"（Years Per Slice）中选择"1"，即每一年为一个时间分区；将节点类型（Node Types）设置为"作者（Author）"；在"筛选标准"（Selection Criteria）中，将每个时间切片选择为"Top 50"，即选择每个时间分区内的前 50 篇文献，其余为默认值。经过 CiteSpace 软件的运行，生成了图 2 所示的作者合作网络图谱。从图 2 可以看出，共形成了 1 222 个节点和 450 个连接，但作者合作网络密度仅为 0.000 6，这表明研究者之间的关系相对分散，还没有形成明显的合作网络，科研合作水平有待进一步提高。

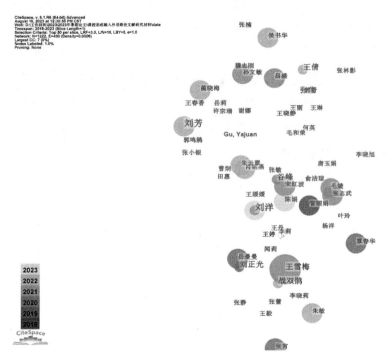

图 2　作者合作网络图谱

根据 CiteSpace 运行的结果，采用 Excel 工具对所得到的数据进行整理，形成表 1。

表 1　样本中高产作者发文量统计（前 10 位）

发文数量（篇）	年份	作者	发文数量（篇）	年份	作者
4	2021	刘洋	3	2019	张莹
4	2021	刘芳	3	2019	王倩
3	2021	战双鹏	3	2021	谷峰
3	2021	王雪梅	2	2021	李莉
3	2020	刘正光	2	2020	杨洋

根据表 1 的数据，可以看出样本中发文数量最多的作者是刘洋和刘芳，分别发表了 4 篇论文。其研究主要集中在课程思政如何融入外语教学方面，包括：通过调查和分析高校英语专业课程思政的实践效果，提出未来发展的有效路径[5]；探讨线上线下混合式教学模式中的课程思政融合途径[6] 以及研究生公共英语课程中的思想政治教育功能[7]；等等。此外，刘洋还研究了如何在英语专业课程中融入中国文化以提高课程思政教学效果等问题，并提出了具体的路径和策略[8]。除此之外，战双鹃、王雪梅、刘正光等作者发表的论文数量也超过了 2 篇。

根据普赖斯定律的计算公式 $M = 0.749 \times \sqrt{N_{\max}}$（$N_{\max}$ 指最高产作者的发文数量），我们可以得出样本中高产作者的阈值为 1.498。因此，在本文中，发文数量大于（或等于）2 的作者即为高产作者。经统计发现，样本中高产作者的总发文量为 132 篇，占比为 10.2%。这表明作者之间的科研合作关系较弱，尚未形成一批高产且具有高影响力的核心作者和科研团队。

（二）研究热点分析

1. 高频关键词分析

关键词是一篇文献的核心与精髓，能够高度概括和凝练研究主题。因此，对文献的关键词进行分析，尤其是对高频关键词进行分析，可以确定一个研究领域的热点问题。本文运用 CiteSpace 软件对样本文献的关键词进行处理。在处理过程中，将节点类型（Node Types）设置为"关键词（Keyword）"，其余设置与"作者（Author）"分析时相同，并由此生成了课程思政融入外语教学路径的关键词共现知识图谱（见图 3）。图 3 中各个关键词节点的大小表示该关键词的出现频次，节点越大，表示该关键词的出现频次越高，反之则越少。

通过对频次≥10 次的关键词进行整理（如图 4 所示）可知："课程思政"出现的频次最高，为 716 次；"大学英语""高职英语""实施路径"的频次分别为 224 次、96 次和 86 次；"立德树人""英语专业""思政教育""高职院校""教学改革""文化自信""思政元素""新文科""外语教育""教学设计""融入路径""三全育人"等关键词也出现了 10 次以上。在排除了研究对象类的高频关键词（如"课程思政""路径""实施路径"等）

后，可以看到"大学英语""高职英语""立德树人""英语专业""高职院校""教学改革""文化自信"等关键词对应的节点较大，并且与其他节点相连的数量较多。这表明这些关键词经常在同一篇文献中共现，是该领域的研究热点。

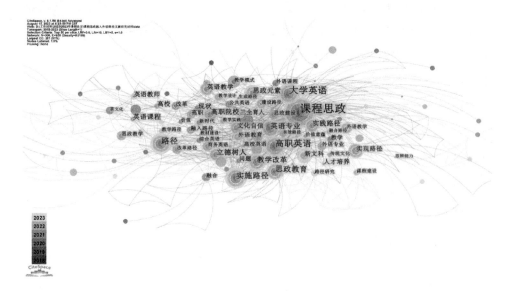

图3 关键词共现知识图谱

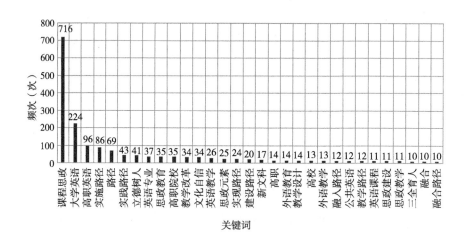

图4 高频关键词频次统计

2. 关键词聚类分析

在关键词共现分析的基础上，进行关键词的聚类分析可以进一步明晰该领域的重要研究主题。关键词聚类分析可以通过聚类统计学的方法，将关键词共现网络关系简化成数目相对较少的聚类。本文采用对数似然率算法进行聚类分析，如图 5 所示。该图谱的聚类模块值为 $Q = 0.439\,8$，大于 0.3，说明聚类结构显著且结果合理；平均轮廓值 $S = 0.754$，大于 0.7，说明聚类结果合理可靠且可信度高。关键词共生成了 18 个聚类，在选择"显示最大关键词聚类（show the largest K clusters）"后，可以得到以下 9 个标签的聚类："#0 大学英语""#1 路径""#2 英语专业""#3 高职英语""#4 思政教育""#5 实现路径""#6 融合""#9 思辨能力""#11 高等教育"。这些聚类标签代表了该领域的重要研究主题，通过对这些主题的深入研究，可以进一步推动课程思政融入外语教学路径的发展和创新。

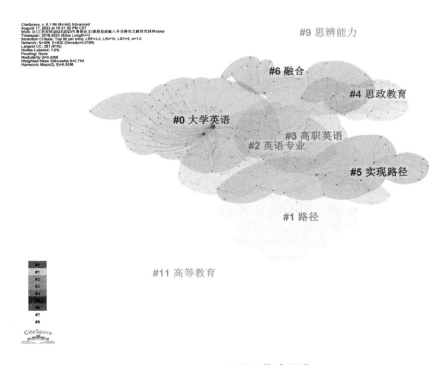

图 5　关键词聚类图谱

3. 主要研究热点

根据关键词共现分析和聚类分析结果，以及对相关文献的追溯，可以总结出课程思政融入外语教学路径的研究热点主题，分为以下五个方面。

（1）高校外语教学中融入课程思政的必要性。张敬源、王娜[2] 认为，高校外语教学是我国高等教育的重要组成部分，外语教育教学中的课程思政建设是高等教育大思政育人格局之中不可或缺的一环。陈茜[9] 认为，大学英语课程是兼具工具性和人文性的课程，具有教书和育人的双重使命。大学英语课程开展课程思政建设对于学生、学校和国家而言均有其独特的价值，有利于促进学生的全面发展、落实立德树人根本任务和推进文化强国建设。

（2）思政元素的课程设计研究。向明友[10] 在其论文中从厘清课程、课程设计和课程思政内涵入手，阐述了课程思政教学设计所应遵循的价值引领性、协同性和系统性等基本原则。他着重从教学目标、教学内容、教学方法、教学评价等四个方面阐释了大学英语课程思政教学设计应把握的关键问题和方向。胡杰辉[11] 认为，在实践层面上，系统的教学设计需要突出四个策略：教学目标的精准性、内容组织的体系性、流程设计的渐进性和评价反馈的整合性。可见，这些研究者在思政元素的课程设计研究中专注于具体的教学设计原则和策略，为将思政元素融入外语教学提供了指导和借鉴。

（3）课程思政内容体系研究。刘正光和岳曼曼[1] 提出，教材是推动和引导教师增强思政意识、增强思政能力、落实思政效果的现实依据与基本保障。因此，重构教学内容既是课程建设也是教材建设的关键一环。文秋芳[12] 认为，思政元素通常内嵌于教学输入材料中，也可能隐含在练习活动中。孙有中[13] 认为，外语教材可以通过跨文化比较，培养文化自信与人类命运共同体意识；通过价值观思辨，强化社会主义核心价值观；通过用外语表达中华优秀传统文化，提升人文素养、文化自信和跨文化能力；通过体验式语言学习，提高道德素养。这些研究成果对于增强学生的思政意识、培养他们的人文素养和跨文化能力具有重要意义。

（4）思政元素的教学方式研究。成矫林[14] 指出了改革教学方式的重要性，他主张通过深入讨论来提升学生的思维品质，通过问题驱动来培养学生的求真精神，通过项目研究来促进知行合一，通过引入热点话题来形成学生的大局观。陈明惠[15] 则认为，要通过启发式、探究式、自主式、参与式、案例式、情景式等教学方法，以多元价值观引领知识的讲授，推动课堂革命，让课堂富有生命力，争取实现价值塑造、能力培养和知识传授的有效结合。综上所述，思政元素的教学方式研究旨在创新高校外语教学的方式，并采用多种教学手段。由此可见，课程思政融入高校外语教学要创新教学方式，采用多种教学手段。这方面的研究成果对于推动课程思政的实施具有重要意义，可以使课堂更加生动有趣，同时实现对学生的价值塑造、能力培养和知识传授的有效结合。

（5）课程思政的教师发展研究。该研究主要关注如何提高外语教师的课程思政教学水平与教育能力。高玉垒、张智义[16] 对大学英语教师的课程思政教学能力进行了界定，并建构了大学英语教师课程思政教学能力模型，从育人素养、学科素养、教学素养、科研素养和全球素养这五个方面提出提升大学英语教师课程思政教学能力的策略。张彧凤、孟晓萍[17] 认为，培养大学英语教师课程思政教学能力，应塑造课程育人的理念，多角度挖掘并艺术地传递思政元素，善用启发式教学方法，艺术地使用教学语言，设计具体可操作的教学任务，并强调教学任务与测试和评价的衔接。这些研究成果对于提高大学英语教师的课程思政教学能力具有指导意义。

四、研究结论及启示

本文采用 CiteSpace 软件，对 2018—2023 年（检索时间截至 2023 年 7 月 22 日）的课程思政融入外语教学路径的研究文献进行了可视化分析，研究结论主要有以下几个方面。

第一，从期刊的发文量来看，课程思政融入外语教学路径的研究在学术界呈快速发展和高度活跃的态势。这说明学者们对于课程思政融入外语教学路径的研究主题越来越感兴趣，这一领域的研究热度也因此不断攀升。这种趋势的出现，是因为课程思政融入外语教学路径的研究对于教育改革和人才培养具有重要意义，因此吸引了越来越多的学者投入这一领域的研究，而这也为进一步推动该领域的发展打下了良好的基础。

第二，通过作者合作网络图谱分析发现，该研究领域中研究者之间的合作程度较低，合作网络密度小，科研合作关系较弱，缺乏高产且有影响力的核心作者和科研团队。这表明该领域中研究者之间的合作机会有限，合作交流的频率和深度有待提高。为推动该领域的发展和创新，加强研究者之间的合作至关重要。建立紧密的合作网络和团队后，研究者可以共享资源、借鉴经验和知识，促进研究成果的共同进步。为提高合作水平，可组织学术会议、研讨会和合作项目，鼓励研究者交流与合作，推动该领域的发展。

第三，对关键词的共现图和聚类图谱进行分析，可以确定课程思政融入外语教学路径的研究热点主题包括必要性、课程设计、内容体系、教学方式和教师发展等。研究者主要关注的是外语教育的价值、思政元素的融入、教学方法的创新和教师能力的提升等。这有助于研究者们更好地理解该领域的研究热点和关键问题，为进一步研究提供指导和方向。

对相关知识图谱的分析，有助于反思和审视该研究中的问题。探索课程思政融入外语教学研究的发展方向，对该领域的研究和实践都具有借鉴和一定的启示。未来在开展相关研究时，应关注以下几个方面。

第一，在概念和基础理论方面，需要进一步深化思政教育理论，明确思政融入外语教学的内涵和目标，并构建系统的理论框架，明确其核心要素和实施路径。

第二，在研究方法和工具方面，可以采用混合研究方法，结合定量和定性研究方法，全面了解课程思政融入外语教学的实际情况。行动研究和案例研究可以帮助将研究与实践相结合，不断改进和优化教学策略和方法。此外，数据分析工具的运用有助于深入分析收集到的数据，从而发现潜在的规律和关联。

第三，在工具改进方面，可以利用在线教学平台和多媒体教学工具，提供更多的资源和互动机会，增加教学的趣味性和互动性，提高学生的学习积极性。同时，虚拟现实技术和数据挖掘、人工智能技术的应用，可以创造沉浸式的学习环境，个性化地提供学习建议和反馈，从而提高教学效果。

第四，在研究场景方面，需要关注多样化的教学环境，研究如何在不同的教学场景中融入思政教育元素。同时，与其他学科的跨学科合作研究，可以拓展思政融入外语教学的研究场景，丰富研究视角和方法。

第五，在研究对象方面，可以研究不同年级、不同专业的学生在思政融入外语教学中的学习效果和反应，以了解不同学生群体的需求和特点。同时，研究外语教师在思政融入外语教学中的角色定位、教学策略和专业发展需求，可以提高教师的思政素养和教学能力。

综上所述，未来的课程思政融入外语教学研究可以在概念和基础理论、研究方法和工具、研究场景和研究对象等方面进行改进，以推动该领域的发展，提高教学质量和学生综合素养。

参考文献

[1] 刘正光，岳曼曼．转变理念、重构内容，落实外语课程思政 [J]．外国语（上海外国语大学学报），2020，43（5）：21-29．

[2] 张敬源，王娜．外语"课程思政"建设：内涵、原则与路径探析 [J]．中国外语，2020，17（5）：15-20，29．

[3] 王会花，施卫萍．外语专业课程思政教学改革实践路径探析 [J]．外语界，2021（6）：38-45．

[4] 何芳，都宁．思想政治教育融入城市型、应用型大学英语教学的有效路径探析 [J]．北京联合大学学报，2018，32（2）：6-10．

[5] 刘洋，张丹妮．基于高校社会实践现状谈英语专业课程思政发展路径 [J]．海外英语，2021（23）：39-40．

[6] 李美英，刘洋．外语线上线下混合式教学模式中课程思政路径探索与实践 [J]．佳木斯大学社会科学学报，2023，41（1）：186-188．

[7] 刘洋．以产出为导向的研究生英语课程思政实践探索 [J]．教师教育论坛，2021，34（9）：89-92，97．

[8] 刘洋，姚志英．英语专业课程思政教学模式构建与实践：以"中国文化概论"课程为例 [J]．湖南工程学院学报（社会科学版），2023，33（1）：92-98．

[9] 陈茜．大学英语课程思政建设的实践探索 [J]．学校党建与思想教育，

2022（14）：58-60.

［10］向明友. 基于《大学外语课程思政教学指南》的大学英语课程思政教学设计［J］. 外语界，2022（3）：20-27.

［11］胡杰辉. 外语课程思政视角下的教学设计研究［J］. 中国外语，2021，18（2）：53-59.

［12］文秋芳. 大学外语课程思政的内涵和实施框架［J］. 中国外语，2021，18（2）：47-52.

［13］孙有中. 课程思政视角下的高校外语教材设计［J］. 外语电化教学，2020（6）：46-51.

［14］成矫林. 以深度教学促进外语课程思政［J］. 中国外语，2020，17（5）：30-36.

［15］陈明惠. "三位一体"高校外语课程思政建设与实践路径研究［J］. 闽西职业技术学院学报，2023，25（1）：86-90.

［16］高玉垒，张智义. 大学英语教师课程思政教学能力的结构模型建构［J］. 外语电化教学，2022（1）：8-14，102.

［17］张彧凤，孟晓萍. 大学英语教师课程思政教学能力研究［J］. 教育理论与实践，2021，41（21）：33-35.

特殊时期的大学英语思政教学探索[*]

金 兰[**]

【摘 要】本文针对 2003 年以及 2020 年这两个特殊时期，对大学英语思政教学进行了对比和分析。2003 年，突如其来的特殊状况对学校各个方面的正常运行都是一个极大的挑战。为确保正常的教学秩序，在教学之外，教师还要想办法来安抚、疏导学生。可见，思政教学的种子在当时就已播下了。而今，顺应新教学思想的需要，课程思政的事业得到了飞跃式发展。

【关键词】特殊时期 大学英语 思政教学

一、背景介绍

"思政"，顾名思义就是思想政治。在笔者的理解中，思想可以指人们的人生观、价值观，是人们道德素养的一种体现。通俗来说，思想就是人们的思想观念、所思所想。有益的思想，在关键时刻可助我们一臂之力；而有害的思想，则会在不经意间把我们已取得的成就一扫而光。

二、2003 特殊时期思政教学理念的课堂介入

2003 年，中国人民经历了一场没有硝烟的战争，每个人都经历了一场考验。在毫无经验可以借鉴的情况下，我们咬紧牙关渡过了难关。

在当时，高校教师无不竭尽全力，想尽办法安抚学生，以确保教学秩序的稳定。现在的不少年轻人对于"疫情"这两个字的理解仅限于书本上的图片、文字以及视频资料，"疫情"似乎是不属于他们的。由于缺乏亲身经历，

* 基金项目：本文系 2017 年国家社会科学基金项目"信息技术支持下高校英语教师专业发展路径和机制研究"（项目号：17BYY096）的阶段性研究成果。

** 作者简介：金兰，北京信息科技大学外国语学院讲师，研究方向为英语语言文学。

大学生在疫情面前显得局促不安和惊慌失措。虽然在当时还没有正式提出课程思政的概念，但是很多教师在那个特殊时期都在做着相关的工作，因为他们懂得在紧张恐惧的精神包袱强压之下，学生是无法学习的。2004 年 8 月 26 日，中共中央、国务院发出《关于进一步加强和改进大学生思想政治教育的意见》（以下简称《意见》）。《意见》的颁布使教师有了一个更明确的方向，也启发了所有的教育工作者，思政教育不仅仅是当下形势所需，更是今后要贯彻于教学中的必要内容。它必将成为教学的一部分，教学顺利前行的明灯和保障。

（一）思政教学在特殊时期中发展的新阶段

每一位教育实践者对于思政教学的理解都是不同的。在 2003 年之后的很多年间，《意见》在不断地修订和增补内容，从而在长期的教学活动中不断开花结果。"思政"这个词也因此像一朵在教育领域中低调生长、高调绽放、生命力顽强并且可以给我们指引方向的太阳花。

从字面理解"思政课程"，就是思想政治理论实践课程，它是国内各所大学都会开设的一门课。"课程思政"的概念则是在新时代教育领域里提出并推而广之的"全新理论概念"[1]。不论是在教师座谈会上，还是在高校思政会上，习近平总书记一直都在强调思政工作及其教育理念的重要性。

从语文偏正结构来分析，"课程思政"的主体是"思政"，与"思政课程"存在不同，后者特指一门课程。

起初，"课程思政"涉及面之广是令人意想不到的，它存在于每个学科领域，因为它的主旨就是在课程中融入思政，借思政之依托来更好地服务于课程学习。任何人，不论多么出色，专业技术和学习成绩多么高，如果其心中没有祖国，没有感恩，也是不可能为国家作出贡献的。只有一心向党，一心爱国，步伐坚定，国家的明天才会更好。

为了深入了解和领悟中央下达的各种文件精神，学校通过各种形式让教师进行交流及相互学习。由于对立德树人这一中心思想重要性的理解不尽相同，大家或以口头或以书面形式把各自的真实感受毫无保留地相互分享。习近平总书记指出，"其他各门课都要守好一段渠、种好责任田，使各类课程与思想政治理论课同向同行，形成协同效应"[1]。习近平总书记把教书与树人，思政与各学科的关系比作水渠和稻田的关系，二者要相辅相成，彼此配合，这样才能收获丰硕的果实。正所谓教书育人是一体，思政与学科也不分家。

（二）2020 年特殊时期的思政

2020 年疫情暴发后，在之前的经验基础上，中央采取了果断、及时、有效的行动，与时间赛跑，与病毒顽强抗争，在思想意识上站在了更高的层面。在当年的新学期即将开始之际，教育部于 2020 年 2 月 28 日发布了《关于统筹做好教育系统新冠肺炎疫情防控和教育改革发展工作的通知》。紧接着，在学生们居家学习的过程中，教育部发布了《高等学校课程思政建设指导纲要》。这些文件的下达，正说明国家对于广大学生的关注与重视。对于这些重要指示精神，任课教师最先学习，他们结合各自学科领域研讨、领悟并将其渗透在自己的网络教学内容以及线下授课中。

三、课程思政与英语教学

（一）课程思政在英语教学中的独特性

英语教学在课程思政方面因其自身的学科特殊性而发挥着与众不同的作用。语言是思维的载体，只有语言才能把所思所想表达得淋漓尽致、生动形象；语言也是文化的载体，语言同样也能把活灵活现、完全不同的文化体现得多姿多彩、有声有色。

学习英语可以了解更多的先进知识和异域文化，与此同时，我们更要向全世界正面客观真实地展示中国。在课程思政的引导下，国家鼓励每个人都来讲好中国故事，用英语讲述中国故事也就自然而然地进入了英语教学的授课内容中。于是，英语教学在课程思政的基础上，构建了一条连接中国与世界的纽带。

（二）中央指示精神对英语课程思政建设指方立向

对相关话题材料的学习是英语教学中的常见形式。在原来的教学中，教师只是对话题本身进行展开，主要针对与话题相关的西方文化、传统、政治、经济等进行探讨。自从中央指出课程思政在教学中的重要性之后，我们的教师就以此为指针，想方设法在思政与语言教学之间搭建起一座桥梁。

在大学英语综合教程的一篇文章里出现了美国梦的话题，学生在了解完美国梦之后，马上进行了各自中国梦的讨论，同时教师指导学生把习近平总书记在党的十九大报告中提到的有关中国梦的内容进行汉译英，以进一步帮助他们把握中国梦。

现在教材的选题都是阳光正面、积极向上的。例如，通过阅读与"脱贫（poverty reduction）"相关的文章，生活在当下的大学生们看到了贫穷给人民带来的困扰以及国家采取的有针对性的措施，他们也因此对现在的各种财富、资源有了一个相对清晰的概念，也更加珍惜来之不易的一切。

环保类的文章是近些年的热点。当大家在讨论"environmental protection"（环境保护）时，几乎都能说出习近平总书记提出的"绿水青山就是金山银山"（Green mountains and clear water are as good as mountains of gold and silver）这一名句。

学习和运用语言都不能与实际分家，习近平总书记的各种报告、讲话为语言教学提供了这么多既能提高语言能力又能充实我们政治思想的教材，就连许多国外领导人也对他的语言表达艺术赞赏有加。《中国日报》资深的外籍记者穆迪在 2018 年 10 月采访英国前首相布莱尔时，布莱尔表现出了对习近平主席作为大国领导人的个人魅力的赞赏[2]。

（三）在混合式的教学环境下，课程思政是教师发展的必要保证

一名教师的发展不应仅局限于学术水平，还应该有过硬的思想品质。教师所用的措辞、引用的经典都会对授课对象产生潜移默化的影响。此外，面对面的教学也能更好地展现出教师的个人魅力。

我国中小学都开设了一门课叫"品德课"，有的称为"思修课"或"道法课"，或者干脆笼统地称为"政治课"。英语专职教师同样也扮演者政治教师的角色。在英语课上，学生们听得都很认真，或许是用英文进行的这种润物无声的精神洗礼让他们觉得新鲜、有趣，而这实际上也是对教授者的认可。把所要传授的知识或要表达的思想潜移默化地融入教学，是任何一名教师所追求的最高境界。

四、结论：课程思政的过去、现在和将来

在过去，提到思政就一定是政治教师的主业，主要用来提高学生的政治思想觉悟。现在，课程思政正以润物无声之势渗透于各个学科中，让学生们的思想得到升华，精神得到洗礼。例如，在特殊时期，教师通过指导学生阅读英文报道，使大家对现状、国家的举措、医务人员的英雄事迹等有所了解，从而使学生产生了强烈的爱国情怀。

将来的课程思政会比现在更完善，更丰富，更具有层次感。课程思政不同于其他学科，应该从娃娃抓起，从小就让孩子们有爱国意识、全局意识、共享意识。

借鉴过去，做好现在，期待未来。有了课程思政的保障，国家的教育一定会越来越好。

参考文献

[1] 习近平. 习近平在全国高校思想政治工作会议上强调：把思想政治工作贯穿教育教学全过程 开创我国高等教育事业发展新局面 [N]. 人民日报，2016-12-09（1）.

[2] 钟葆任：一位英国记者用生命书写新时代中国 [N]. 中国日报双语新闻，2021-10-08（13）.

教育信息化背景下大学英语课程思政的融入与路径研究[*]

阚钊婧^{**}

【摘　要】高校大学英语课程是学生的基础必修课程，也是高校人文教育的主要组成部分。大学英语课程具有受众面广、授课内容丰富等优点，加上学科自身的优势，因而成为培养学生文化自信和家国情怀的重要学科。在新文科建设和教育信息化的双重背景下，根据学科的课程特色，将授课目标与思政内容巧妙结合，体现社会主义办学特色，在向学生传授知识的同时传授正确的价值观至关重要。本文探讨在教育信息化背景下，如何在大学英语课程中有效融入思政元素，探寻多种途径，从而在教学中培养学生的国际视野和家国情怀，实现立德树人的根本目标。

【关键词】教育信息化　课程思政　案例分析　大学英语

一、引言

随着国家"一带一路"倡议的提出与实施、经济全球化的不断深入，各国间人员交往日益密切。外语学习是中国大学生接触多元文化价值观念的重要途径，对作为全球语言的英语的学习尤其重要，而英语教学正是旨在为国家和社会培育全球化人才[1-3]。

在此时代背景下，课程思政建设承担着塑造青年灵魂、引导价值观念的重任。学校是国家培养人才的重要基地，教师是其中的重要主体，高校育人

---

　* 基金项目：本文系北京信息科技大学 2017 年高教研究课题"高校外语教学中的跨文化公民教育现状和程度调查与分析"（项目号：2017GJYB04）的阶段性研究成果。

　** 作者简介：阚钊婧，北京信息科技大学外国语学院讲师，研究方向为应用语言学和跨文化交际。

建设与课程思政密不可分。此外，外语学科中的思想政治教育资源极其丰富，大学英语教师应该充分利用学科中的跨文化素养、批判性思维、人文教育、中西文化对比等培养目标对教学内容进行挖掘。

二、大学英语课程思政的意义和实施目的

（一）大学英语课程思政的意义

最新版《大学英语教学指南》指出，高校英语教学应主动融入学校的课程思政教育体系，在立德树人根本任务中发挥重要作用[4]。在国内的研究中，肖琼和黄国文提出，我国的外语类学科课程思政就是"把价值观引导、语言应用能力的培养、语言知识的传授三者有机地结合起来，要有意识地在能力培养和知识传授的过程中，重视价值观的引导"[5]。近年来，新文科建设越来越受到高校重视，要求在教学中巧妙地进行学科融合，如何将大学英语课程教学主题与思政教育内容有机结合起来，在向学生传授知识的同时传授正确的价值观，已然成为大学英语教学改革面临的重要机遇和挑战。

习近平总书记指出，"做好高校思想政治工作，要用好课堂教学这个主渠道"，各类课程与思想政治理论课应相向而行、协同育人[6]。此外他还强调："要坚持显性教育和隐性教育相统一，挖掘其他课程和教学方式中蕴含的思想政治教育资源，实现全员全程全方位育人。"

2020年，教育部发布《高等学校课程思想政治建设指导纲要》，提出要以全面提高人才的家国情怀、政治认同感为核心，全面推进各高校、各学科、各专业的思想政治建设，优化思想政治内容供给[7]。然而，目前许多高校的大学英语教学与思政教育联系还比较少，教材的思政教学内容和实际需要有所脱节，教学平台中与课程思政相关的内容也有待完善，尚有很多需要解决的现实问题。

（二）大学英语课程思政的实施目的

课程思政建设是高校以习近平总书记关于教育工作的重要论述为根本遵循，实现全员全程全方位"三全育人"，实现立德树人根本任务的重大措施[6]。外语教学与思政教育的同向同行，能够开拓国际视野，培养德才兼备、为社会主义建设贡献力量的接班人。如何将信息技术辅助课堂教学和思政教

育相融合，构建全过程、全方位的育人模式，深度挖掘外语课堂育人功能是当前高校研究如何建设思政事业的重点之一。

大学英语课程的育人目标体现在以下两方面。

首先，在价值引领方面，通过隐性渗透，将思政元素与课文内容有机结合，通过学生愿意接受的形式培养学生的爱国情感、民族自豪感和文化自信。此外，通过热点案例分析，了解国内外社会问题，培养学生批判性思维，让学生将未来职业选择、个人发展与国家的发展紧密结合。为此，教师要起到模范带头作用，帮助学生形成正确的世界观、人生观、价值观。

其次，在个人素质技能方面，培养具备更加广泛的人文社科理论知识和良好的学习、创新、辩论、团队研究合作能力，能适应国际环境、全面发展的高层次英语人才。

三、大学英语课程中推进课程思政的实践路径

（一）以学生为中心，铸魂育人，优化教学

关于全人教育，在国内外研究中已有许多理论探讨，国外英语教学领域的任务型教学法和中国外语的"产出导向法"[6]，都强调全人教育，不同的是以学生为中心还是以学习为中心。教学设计既要关注学生学情，也要关注学习过程。

在优化教学方面，大学英语课堂以学生为中心，利用课堂和网络平台结合的教学信息化手段进一步优化课程，探索线上线下相结合、课内课外相结合的课程思政混合式教学模式。教学评价中适当增加实践教学在期末成绩中的分值比重，优化效率，提高学生的自主实践能力。具体体现在以下几个方面。

第一，教师在授课过程中整理、挑选并收集教材中与思政相关的内容，进行教学交流研讨，建设思政教学示范课程。教师在课前应做到教学目标明确、教学选材合理；课中应做到教学活动巧妙、教学方法灵活，充分激发学生兴趣；课后应推进教学评价多元化。应使思政教育如盐入水，而不是突兀地生搬硬套；应将思政教学巧妙融入课堂教学目标的各个环节，以学生能力培养作为重点。

第二，授课过程中充分发挥学生的主观能动性，积极组织师生参与实践活动，为师生提供实践理论的平台。实践活动不限于调查问卷、英语竞赛、教学实习以及社会实践等。

第三，使用多种信息化教学平台，通过结合线上优质教学和思政资源，丰富课堂内容。例如，运用 FIF 口语训练平台、外教社 WE Learn 学习平台、外研社 U 校园等自主学习平台、学习通在线教学软件，集体制作并共享课程思政资源，完善英语口语、翻译、写作等习题库，这些都充分体现了教学方式正在向为学生自主学习服务的方向转变。在平台的内容选择上，以趣味性、高效性、专业化为主，如 FIF 口语平台的思政词汇辅助四级翻译练习、句酷批改网的思政系列话题写作、学习强国党员学习平台的英语文章等。

（二）培养专业化教师思政团队，构建课程思政资源库

首先，注重教师实践和各级各类英语竞赛。相关教学单位可定期召开学术沙龙等品牌活动，邀请专家进行内容丰富的讲座，涉及范围应广泛，以满足教师的不同需求，开阔师生学术研究的视野和思路，为营造良好的学术氛围搭建平台。此外，可以以个人、兴趣小组、教学团队、科研团队为单位，抓住实习、指导大创竞赛等机会，积极宣传思政实践类活动，加大各级思政实践类活动的参与度。

其次，鼓励教师参与教学比赛和教师培训。为此，教学单位可组织面向全体教师的思政教学比赛、教学创新大赛、"最美课堂"评选、青教赛和教师培训等，并建立学科思政优秀教学案例库。授课教师作为指导教师，可组织面向学生的大学英语竞赛、思政词汇竞赛和演讲比赛等。教师通过准备教学比赛和观摩优质课程，可了解专业领域的最新研究热点和国际发展趋势，提升跨文化交际和思政能力。采取这些措施的目的，是培养教师的育人精神，实现英语课与思政教育的同向同行，切实落实课堂教学的育人功能。

课程思政研究为指导未来教学和外语教学中的教案编写、教学活动的设计、教材的选编、专业化教师思政队伍建设等提供了依据。从实践意义上来说，这将为更多的教师和学生提供更加丰富的知识；对学生跨文化沟通能力和批判性思维能力的培养具有积极的促进作用和指导意义；对进一步优化师资，加大引进人才，重视教师培训，按部就班地实施青年教师培养计划，实

现教学改革有着推动作用。

(三) 信息技术辅助课程思政建设

在教育信息化的背景下，应加大产学合作、协同育人，对此可依托企业平台，大力推进信息技术在课堂和考核中的应用，并建设思政资源库，改革课堂教学模式和考核方式。如前所述，教师可使用多种信息化教学平台建设在线英语学习资源库，利用网上优质教育资源改进和拓展教学内容。例如，运用 FIF 口语训练平台、外教社 WE Learn 平台、外研社 U 校园学习平台、学习通在线教学软件等，集体制作并共享习题库，建设思政资源库。为此应根据学校实际需求，促成企业开发新平台，使教学与技术相辅相成，从而起到普惠师生、使企业和学校实现共赢的目的。

此外，学校应提供平台，鼓励高校教师参加教材配套自主学习和备课平台的使用培训，从而提高教师信息化教学能力，推进实现大学英语无纸化考试的目标。例如，期末评价时使用 FIF 口语训练手机端对学生进行口语测试。将平台组织的课堂教学活动与自主学习任务相结合，可起到测试对课堂教学的反拨效果，从而有效提高学习者的语言应用能力。

四、教学设计的思政案例分析

大学英语课程思政设计的步骤可分为课前挖掘、课中融入和课后巩固这三个阶段，在此过程中应充分利用各个线上教学平台，充分利用网络资源。教师应结合教学目标和课程特点，让教学过程的各个环节体现课程思政，环环相扣。教师应分析每个教学单元的具体教学目标及育人元素融入契合点，搜集相关资料并以如盐入水、润物无声的形式将其融入单元教学，通过以产出为导向的体验式教学来提升学生听、说、读、写的语言技能。

在课堂教学环节，笔者采用了北京外国语大学文秋芳教授提出的产出导向法 POA 和混合教学法，产出导向法教学理论是高校英语教师的重要参考，它将外语教育的六种关键能力分为语言能力（language competency）、思辨能力（critical thinking competency）、文化能力（cultural competency）、创新能力（creative competency）、学习能力（learning competency）和合作能力（collaborative competency）[6]。在培养学生批判性思维的同时，结合中西方文化对比，鼓励学生用英语讲好中国故事。

以《新视野大学英语视听说教程》第三册第五单元的"More than a paycheck"这一单元主题为例，教师通过结合疫情防控期间的真实案例和人物，让学生了解不同职业人群的奉献，探讨真正的人生价值和成功的定义。课上，教师结合社会主义核心价值观的 12 个关键词中的"爱国"和"奉献"，以支教教师、参军大学生为例，引导学生将个人选择与国家命运相结合，在未来的职业选择中优先考虑如何为国家作贡献，以达到立德树人的目的。同时让学生通过关注世界时事新闻动态，通过丰富多彩的课堂活动进行辩论，以培养学生的家国情怀和文化自信。

在教学过程中，教学与信息平台应巧妙结合。课前，教师在学习通等教学平台发布课外阅读、视频或音频素材，学生通过线上自主学习了解课堂主题背景知识，提升自学能力；课中，结合线上教学平台随堂小测进行即时评价，此外通过学生自评、生生互评和教师评价等多种方式提高学生口语、辩论能力；课后，通过完成线上线下结合的小组任务和发布于平台的后测练习进行机器自动评分；期末，通过 FIF 平台口语考试和笔试终结性评价帮助学生完成学科学习。

授课过程中，笔者充分利用了英语在线学习平台，如 FIF 口语平台、U 校园学习平台、句酷批改网、中国大学慕课、词达人、学习强国（主要采用该平台上的英语文章）等，将线上和线下有机融合，慕课和云课堂相结合。在教育信息化得以充分利用的条件下，通过将课文与实事新闻相结合，结合思政热点深挖教材，以培养学生的文化自信和家国情怀。

五、结语

大学英语课程结合信息化手段，将理论与实践相结合，全面提升大学教师队伍的实践能力，这是全面贯彻党的教育方针和习近平总书记对高校教师"要坚持把立德树人作为中心环节，把思想政治工作贯穿教育教学全过程，实现全程育人、全方位育人"的要求，也是培养高素质教师队伍的有效途径。完善大学英语教师思政能力发展，以理论研究为基础，融合信息化手段，加强实践能力，逐步实施大学教师培养计划，同时鼓励创新、形成长期激励机制，使大学教师在教学、科研、实践、竞赛等方面充分发挥主观能动性，从而达到育人效果。

如前所述，在教育信息化的背景下，依托网络平台，提升教师教学水平，在向学生传授知识的同时传授正确的价值观，是实现课堂育人功能的重要方式。课程思政教材资源的共享对提升教学能力大有裨益；对提升学生跨文化交际能力和批判性思维能力亦颇有助益；对实现产学合作，推动企业技术创新，实现社会经济发展也具有现实意义和实践应用价值。

参考文献

［1］LONG M. Second language acquisition and task-based language teaching［M］. Malden，MA：Willey& Blackwell，2015.

［2］NUMAN D. Task-based language teaching［M］. Cambridge：Cambridge University Press，2004.

［3］PRABHU N S. Second language pedagogy［M］. Oxford：Oxford University Press，1987.

［4］教育部高等学校大学外语教学指导委员会. 大学英语教学指南［M］. 北京：高等教育出版社，2020.

［5］肖琼，黄国文. 关于外语课程思政建设的思考［J］. 中国外语，2020（5）：1，10-14.

［6］文秋芳. 构建"产出导向法"理论体系［J］. 外语教学与研究，2015（4）：547-558.

［7］教育部关于印发《高等学校课程思政建设指导纲要》的通知.［EB/OL］.（2020-05-28）［2023-06-25］. http://www. gov. cn/zhengce/zhengceku/2020-06/06/content_5517606. htm.

课程思政应用于大学英语教学的实践研究

李　宁*

【摘　要】本文以文秋芳、向明友课程思政应用于大学英语教学的实践框架为指导，以《全新版进阶英语综合教程2》为示例，对在大学英语教学中开展课程思政的实践进行研究。在实践中将课程思政教学设计作为研究重点，把课程主题、产出任务和思政目标结合起来，并从教学活动设计、教学方法、课堂管理、教学评价和教师言行等角度反思教学。本文聚焦外语课程思政在实践层面上的研究和探索，以起到完善教学、总结经验的目的。

【关键词】课程思政　大学英语教学　实践框架

一、研究背景

2016年以来，各高校响应号召，坚持立德树人和思想政治工作贯穿教育教学全过程的方针，各学科全面推进课程思政，发挥育人作用，并结合学科特点，将课程思政融入学科教学，提升各专业教师的课程思政能力，逐步完善课程思政评价体系。大学英语课程是我国高等教育课程的重要组成部分，大学英语教学自然也应该融入学校课程思政教学体系。将课程思政应用于大学英语教学，在提升学生英语语言应用能力的同时引导学生树立正确的世界观、人生观、价值观，更好地适应大学生活，树立理想，将个人理想与国家发展紧密结合，培养积极正向的思维方式，讲好中国故事，传播中国文化，也成为大学英语教学的重要目标。

---

* 作者简介：李宁，北京信息科技大学外国语学院讲师，研究方向为应用语言学。

35

二、文献回顾

如何有效地在大学英语教学中融入课程思政这一点，受到了诸多学者和一线教师的高度重视。例如，文秋芳从教师视角解读了大学外语课程思政的基本理念，并设计了在外语课堂实施大学外语课程思政的框架[1]，为一线教师在外语学科实施课程思政提供了实践指导。胡杰辉关注的是教学设计，其从教育政策、课程学理和外语学科理论等三个方面进行了探索，并提出教学设计必须遵循的原则和必须解决的典型问题[2]，该研究对改进外语课程思政的教学设计具有指导作用。罗良功探讨了课程思政的目标以及如何处理好思政教育与专业教育之间的关系[3]，该研究为实施课程思政提供了启示。向明友着重从教学目标、内容、方法、评价等四个方面阐释了大学英语课程思政教学设计应把握的关键问题和实施方向[4]，从而为大学英语课程思政教学提供了非常具体的实践思路。徐锦芬则从大学英语课程思政实践研究的角度为大学英语教师提供了指导[5]。与此同时，还有大量的研究者和一线教师分享了他们的课程思政实践研究成果，如依靠在团队内建设课程群、协同合作实施课程思政[6]；基于产出（OBE）教育理念的大学英语课程思政教学评价的研究[7]；课程思政背景下大学外语课程改革的模型研究[8] 以及一些具体的课程实践[9-11]。这些研究都为我们提供了宝贵的思路和经验。

三、实践框架

文秋芳设计的大学外语课程思政的实施框架从教学内容、课堂管理、教学评价和教师言行等四个方面，以及思政范围、主要任务、关键策略等三个维度进行了探讨。她指出，教学内容是核心，其他三条思政链都应围绕内容链展开。向明友则从教学目标、内容、方法和评价等四个维度给出了大学英语课程思政教学设计需要把握的关键问题和实施方向。本文综合了这两位专家的实践理念，并以文秋芳的实施框架为指导，将课程思政教学设计作为研究重点，把课程主题、产出任务和思政目标结合起来，从教学活动设计、教学方法、课堂管理、教学评价和教师言行等角度反思教学，总结实践经验。

四、课程思政应用于大学英语的教学实践

(一) 教学目标设计

向明友提出，要着力挖掘大学外语教学材料中的思政元素，并将其融入教学活动，既要发挥大学外语课程的优势和特点，又要落实立德树人的根本任务，实现正确价值塑造、人文知识传授和语言交际能力培养相统一。胡杰辉也提出，教学目标设计要具有精准性，思政目标不能脱离课本，思政内容不能与语言教学内容割裂。所以，在设计课程思政教学目标时，笔者将在现有课程主题的基础上提炼思政目标，并把它与产出任务结合起来。如表1所示，笔者以《全新版进阶英语综合教程2》为例，展示了从六个单元课程主题中挖掘出来的思政目标及其对应的产出任务。

表1 《全新版进阶英语综合教程2》课程内容、思政目标和产出任务示例

授课单元	课程主题	思政目标	产出任务
单元一	节能环保	保护环境，人与自然和谐共生；减少碳排放量，避免资源浪费；绿色健康生活方式	小组课堂展示及个人作文（备选）：①如何让生活方式更加节能、健康？②疫情防控期间居家上网课时如何保持身体和心理健康？③冬奥会上的节能环保措施
单元二	爱情故事	优秀传统文化、讲好中国故事、家国情怀	①课堂分享：中国历史上感人的爱情故事、疫情时期的爱情故事；②写作：给爱情故事主人公写封信
单元三	友谊	社会主义核心价值观——友善、中华民族传统美德、东西方文化对友谊的认知、社交	①小组讨论：假如如何和室友和谐相处？②情境扮演：假如和同学发生冲突……
单元四	出国留学	近现代的海归人员、中西方教育、未来学业、职业规划	①英语技能：用英语分析图表数据；②课堂分享：针对未来学业、职业规划，现阶段应该做哪些准备？③写作：以求学信或求职信为主题
单元五	飞行先驱	中国人的航天梦、科技成就、航天航空发展史，增强民族自豪感	①小组展示：课文中飞行先驱相关背景、成就、设计理念、对现代航空航天发展的影响等；②汉译英：航天相关新闻翻译

续表

授课单元	课程主题	思政目标	产出任务
单元六	创客运动	四大发明、培养创新意识、北京信息科技大学的大创项目	①讨论区分享：自己参与的大创项目或在创客方面的尝试；②讨论：如何提高企业创新创业能力、创建国际知名品牌？

（二）教学活动设计

课程思政应该以学生为中心，要注重引导学生将课堂上所学的知识技能在课后付诸实践。在实践维度上，要通过系统的教学活动设计，把语言教学与课程思政有机协调，做到显性的语言教育与隐性的思政教育相统一。徐锦芬提出，教材中的课程思政元素应设计成隐性形式。为此，要挖掘各单元课程主题本身能涵盖的课程思政内容，并适度补充。要设计好教学活动及各任务环节，让学生去感悟和领会其中的育人元素，形成自己的见解。所以我们在教学活动的设计中不能把思政内容生硬地灌输给学生，也不能让思政目标独立于大学英语教学目标。同时应该继续坚持产出导向，让学生在完成学习任务的过程中，能够获得思政方面的感悟。在这个过程中，教师要及时引导，帮助学生树立正确的价值观念并培养他们积极正向的思维习惯。基于这个目标，接下来笔者以《全新版进阶英语综合教程1》第二单元 Freshman Year 为例，尝试设计融入课程思政的大学英语教学活动。

1. 引入

本单元 "Universities Encourage New Students to Go It Alone" 是关于清华大学鼓励新生独立报到的一篇新闻类文章，非常贴近大学新生的生活，有利于思政目标的达成，同时也有助于他们理解新闻类文体的结构并训练主要信息的提取能力。但是，这篇文章缺少时效性，所以笔者决定再找一篇和新生入学相关的最新新闻作为对照。在完成阅读任务后，学生按小组分享自己入学报到的经历、自己对学校的印象以及在大学生活中最喜欢和最不适应的情境。引入环节的思政目标是引导学生了解：作为大学新生，我们已经迈出了独立的第一步，要学会规划，尽快适应自己的大学生活。英语教学目标为新闻类文体的阅读理解。

2. 课文理解

本单元主课文为"All Grown up and still in Tow"。作者通过对比自己父母和美国人口爆发期出生的父母送孩子报到的做法，就一些父母对孩子过度包办，影响孩子走向独立的问题提出了批评。我们的英语语言学习目标为学习对比的写作手法，能够从阅读中提炼作者列举的事例、感受和结论，积累高频词汇的搭配及其在上下文中的使用。我们的思政目标是引导学生理解父母不愿放手的原因是担心和爱，并由此思考跟父母的相处之道以及如何让父母放心。

3. 产出任务

学生刚刚进入大学，对大学生活既有兴奋好奇，又会有很多不适应的地方。家长面对孩子走向独立的第一步也会有诸多担心和不安。所以，教师应该关心学生的生活和心理问题，帮助他们顺利实现高中向大学的过渡，尽快适应大学的学习和生活。在这一单元中，我们的产出任务包括两项内容：一是以小组为单位，拍摄大学生活视频，用英语向父母介绍自己的大学生活；二是给父母写一封 E-mail，分享大学生活中的点滴趣事和困扰、学习规划等。我们的英语语言学习目标为能够用英语介绍自己的大学生活（口语交际练习），学会 E-mail 的格式和写作技巧（写作练习），能够使用课文中学习的高级词汇和句法在上下文中进行表达。我们的思政目标是帮助学生尽快了解校园，适应大学学习生活，学会和父母沟通。

4. 课后补充练习

除了词汇句法的练习外，还可以利用听力理解、长篇阅读等配套学习资料，帮助学生了解大学生活中有可能遇到的其他问题，如怎样管理自己的消费，如何选课，如何寻求学校、家长和教师的帮助等。

（三）教学方法

受疫情防控期间时常改为线上教学的影响，在设计教学方法和手段时，教师会考虑线上线下相结合的做法，充分利用教育技术和教学平台。在疫情防控期间，笔者首次尝试使用学习通教学平台。通过不断尝试该平台各项功能，很好地将线上线下资源融合在一起，并建立起练习库和测试库。恢复线下课后，学习通平台依旧是我们整合各种学习资源和了解学生各项学习任务完成情况的主要手段之一。学习通平台也同样有助于实现课程思政目标。例如，根据思政目标，我们会针对一些话题进行讨论。有些同学不太愿意在课堂分享观点，笔者就充分利用学习通平台的讨论板块，鼓励学生发表观点并获得参与课堂活动的积分，推动实现学生间、师生间的互动。当学生的观点看法有偏差或错误时，教师也可以通过及时引导。在对学生学习通平台使用情况的调查问卷中，讨论板块是学生最喜欢的板块之一，学生很多正能量的发言也让笔者非常感动。

合作学习也是大学英语教学中常用的方法。合作学习对完成课程思政目标同样很有意义，如表1所示，我们很多产出任务和思政目标的实现都是以小组任务的方式完成的，学生在合作学习时可以取长补短，也有利于学生之间的沟通交流。特别是，对于大一新生来说，这是增进学生互相了解的一个方式。值得一提的是，在疫情防控期间，各小组建立起讨论群，教师也加入各小组群的讨论，从而能够及时了解他们的学习进度，发现问题时给予指导。各小组的线上展示同样精彩，学习效果良好。

（四）课堂管理

在将课程思政应用于大学英语教学中时，教师通常思考的都是教学设计，而很少有人想过课堂管理也是课程思政的一部分。文秋芳指出，课堂管理也应是课程思政的重要环节。她指出，教学活动相关的制度建立，班级的风气、人与人之间的关系，教室内的桌椅安排、黑板的清洁度、学生在教室内的分布情况等，都能反映学生的精神面貌，也是教师应该关注的思政元素。她建议通过建立规章制度，挑选班级骨干，让他们充分发挥"领头雁"的作用来管理班级。教师应该依规管理，适时提出表扬或批评。笔者反思自身的教学工作后发现，在建立规章制度、依规管理等方面做得比较好，特别是有了学习通等教学平台的助力，学生可以及时了解自己各项任务的完成情况，及时得到反馈，此外笔者在平时成绩管理方面也做到了详尽、透明。在挑选班级骨干方面，笔者主要采取建立学习小组的方式，由组长管理各项任务完成进度和质量，但在组长培训方面需要加强。在适时表扬和批评方面做得不够好，有时学生完成学习任务特别是产出任务不达预期时，笔者的批评往往比较多，却没有充分调查学生为什么没能很好完成。在和同事交流的过程中，他们也建议笔者不要盲目将这类问题归结为学生的学习态度问题，而是应多给学生些鼓励，这对笔者帮助很大，是笔者日后努力和改进的方向。

（五）教学评价

教学评价必须是能够促进学习的评价（assessment for learning），甚至评价本身也是一种学习（assessment as learning）。我们的大学英语课程思政评价过程应让学生参与进来，并重视形成性评价和价值导向。

笔者曾发表过《基于自动批改系统的大学英语写作多元反馈的可行性研究》[12]一文。此文基于网络评改系统，尝试将机器评价与小组反馈、同伴互评和教师反馈结合起来，建立以篇章结构、思想内容、词汇表达、句法表达和行文规范为评改角度，以五分制为评价标准的多元反馈模式，以促进学生写作能力的发展。同时，笔者也在不断探索其他有关英语能力的多元评价体系。在学生互评和小组反馈时，要更加关注学生的价值导向，只要发现问题，教师就不能放任不管，而是要及时引导。同时，教师在对学生的各项任务进行评价反馈时，除了关注语言问题外，也要关注学生的价值观点，并把学生的努力程度、进步速度与学习成绩放在一起作为评价依据。

（六）教师言行

大学英语课程思政中容易被忽略的还有教师言行，包括：教师外在表现，也就是学生能够通过肉眼观察到的教师的形象；教师精神世界，这是学生通过教师的言行间接推断而获得的深层信息；教师对学生的态度；等等。教师对自己的职业应该具有敬畏心，包括衣着、习惯、行为举止等都要符合教师的身份。更重要的是要给学生树立榜样，教师应该具有积极向上的人生态度，严格要求自己。例如，要求学生课前晨读，笔者也会在7点40前准时到教室，和学生一起晨读。有教学方面的变动时，会及时跟学生说明情况。遇到问题时要冷静寻求解决问题的途径，只有自己做到才能要求学生也做到。同时，对待学生要公平公正、一视同仁。除了关心学生的英语学习外，还要关心他们的心理和生活问题。此外，营造一个良好的氛围，这对课程思政的开展也是至关重要的。

五、结语

本文以文秋芳、向明友等将课程思政应用于大学英语教学的实践框架为指导，参考胡杰辉、徐锦芬、罗良功等的外语课程思政实施建议，对在英语教学中开展课程思政的实践探索展开分析。在实践中，将课程思政教学设计作为研究重点，把课程主题、产出任务和思政目标结合起来，并从教学活动设计、教学方法、课堂管理、教学评价和教师言行的角度反思教学。在此过程中，也发现了自身存在的很多问题，例如，任务要求过于烦琐，不便于学生理解；学生产出活动完成不理想时容易将其简单归结为学生态度问题，批评过多；评价反馈忽视价值导向引导；对学生的心理关心不够；等等。课程思政的实践是一个长期的、需要不断完善的过程，为此应通过课堂观察、撰写课程反思日志、问卷调查学生意见等方式不断总结调整。同时，教师也要不断完善自身的课程思政素养，不断提升教学水平和能力。

参考文献

[1] 文秋芳. 大学外语课程思政的内涵和实施框架 [J]. 中国外语，2021，18 (2)：47-52.

[2] 胡杰辉. 外语课程思政视角下的教学设计研究 [J]. 中国外语，2021，18 (2)：53-59.

[3] 罗良功. 外语专业课程思政的本、质、量 [J]. 中国外语，2021，18 (2)：60-64.

[4] 向明友. 顺应新形势，推动大学英语课程体系建设：大学英语教学指南课程设置评注 [J]. 外语界，2020，199 (4)：28-34.

[5] 徐锦芬. 论大学英语课程思政实践与研究 [J]. 上海理工大学学报（社会科学版），2021，43 (4)：303-308.

[6] 王欣，陈凡，石坚. 价值引领下的英语专业课程群思政建设 [J]. 中国外语，2021，18 (2)：65-70.

[7] 蔡其伦，李芳芳. 基于 OBE 教育理念的大学英语课程思政教学评价研究

[J]. 邯郸学院学报, 2022, 32 (2): 107-111.

[8] 刘建达. 课程思政背景下的大学外语课程改革 [J]. 外语电化教学, 2020, 196 (6): 38-42.

[9] 黄彩霞, 刘畅, 程小雨. "课程思政"在大学英语教学中的实施路径 [J]. 教学实践, 2020, 107 (4): 68-71.

[10] 胡裕. 课程思政在高校大学英语教学中的实施探究 [J]. 海外英语, 2022 (14): 133-135.

[11] 李守华, 许福兰. "课程思政"在大学英语教学中的融入研究 [J]. 浙江海洋大学学报 (人文科学版), 2022, 39 (3): 68-73.

[12] 李宁, 沈明, 吕菁. 基于自动批改系统的大学英语写作多元反馈的可行性研究 [J]. 海外英语, 2019, 391 (3): 36-38.

理工科高校外语类人文通识课的思政实践

——以经典著作及译本阅读赏析为例

李　莹*

【摘　要】为了让世界更好地认识中国、了解中国，我们需要大力培养既能够深入理解中华文明又拥有扎实专业功底的复合型人才。理工科高校学生的专业特点决定了其用于人文知识学习的时间比较少，而人文通识课程又是培养理工科学生人文素养的关键途径。外语教育的人文特性和跨文化属性与思政教育中立德树人的目标、方向是高度一致的。本文探索的是在理工科高校的外语类人文通识课中实践思政教育的策略。

【关键词】理工科　外语教育　人文通识　思政实践

一、引言

为了让世界更好地认识中国、了解中国，我们需要大力培养既能够深入理解中华文明，又拥有扎实专业功底的复合型人才。

2020 年 6 月 1 日，教育部印发了《高等学校课程思政建设指导纲要》（以下简称《纲要》），全面推进高校课程思政建设。《纲要》要求把立德树人根本任务落实到各个角落，要在全国所有高校、所有学科专业全面实施课程思政[1]。

在这一背景之下，笔者深入思考，积极实践思政进课堂这一政策导向。北京信息科技大学是一所以理工科为主的高校，笔者在校内讲授的是一门外语类人文通识课——经典文学名著及译作赏析。本文将以本课程为例，探索在理工科高校中的外语类人文通识课堂上实践思政教育的策略。

---

* 作者简介：李莹，北京信息科技大学外国语学院讲师，博士，研究方向为英国小说。

二、背景

(一) 理工科高校学生特点

北京信息科技大学是一所偏重理工科方向的综合性大学。该校 2023 年招生计划数据显示，本年度计划招生大约 2 700 人，其中，属于理工科方向（如计算机、通信、光电等专业）的招生人数大约有 2 100 人，约占总招生人数的 78%[2]。据此推算，在面向全校同学开设的通识课上，接近 80% 的选课学生为理工科方向。

与文科方向的同学相比，理工科同学大多具有以下特点。首先，理工科方向同学的高考选考科目大部分为物理、化学、生物等理科方向，其历史、地理等知识储备相对而言不够扎实。其次，由于大学里理工科课业繁重，且专业课程更为偏重逻辑训练和抽象思维，分配给人文方向的知识学习和思维训练时间占比较小。

为了让当今世界更好地认识中国、了解中国，我们需要培养出既能够深入理解中华文明，又拥有扎实专业功底的复合型人才。2017 年，为迎接新时代对高等工程教育的挑战，教育部提出了"新工科"战略，倡导全国高等工程教育界，为"以新技术、新业态、新产业、新模式为特点的新经济"培养适应时代需求的新型工程人才[3]。

由此可见，为了适应新时代中国社会发展的形势需要，亟待加强对理工科方向大学生的人文学科素质教育。基于这一培养目标，北京信息科技大学针对全校同学开设了包含外语类课程在内的若干人文方向通识选修课。

(二) 人文通识教育

通识教育的核心目标是培养全面发展的人才。曾几何时，工具理性的培养理念在我国高等教育中占据重要地位，甚至一度流传"学好数理化，走遍天下都不怕"这样的说法。这一导向导致理工科学生的人文素养不够高，国际视野不够宽阔，难以满足新时代国家发展的需要。

然而，高等教育的使命绝不仅仅是职业技能的培养。高校人文通识课程的使命就是在专业教育的基础上加强多学科交叉融合，尤其是文理学科的交叉融合[4]。人文通识课程是培养理工科学生人文素养的关键途径，它能够促进理工科学生自身的和谐发展,使之形成合理的科技伦理观,具备完善的知识结构和思维方式[5]。因此,在以理工科为主的高校中开设人文通识课,培养学生的人文素质尤为重要。

(三)外语教育的思政实践

孙有中提出,"课程思政就是在非思政课程(包括公共基础课程、专业教育课程、实践类课程等)中对学生进行思政教育,使各类非思政课程能与思政课程一道,合力促成立德树人目标的实现"[6]。2019年3月,教育部推动以外语教育改革为重要内容的新文科建设,倡导外语专业与其他学科的交叉融合,以期培养"一精多会""一专多能"的国际化复合型外语人才[7]。2019年,教育部高等教育司发布当年十项工作要点,其中一条就是"推进公共外语教学改革"。因此,公共外语教学的改革已是大势所趋,其目的是培养出更多的掌握外语的一流人才[8]。

为了顺应这一时代需求,北京信息科技大学开设了包括外语类课程在内的一系列人文通识课供全体学生选择。其中,笔者讲授的是经典文学名著及译作赏析,下面以这门课程为例,阐述如何在理工科高校的外语类人文通识课上进行思政教育实践。

三、理工科高校中外语类人文通识课思政实践的实例

经典文学名著及译作赏析这一课程选取了中外经典文学作品的原著及其译本,由教师指导学生阅读并欣赏这些文本,以领略文学之美。在该课程的教学过程中,教师会介绍部分中文经典文学作品及其英文译本,引导学生向国际社会宣传我国优秀的传统文化。教师采取中英文对照的方式进行授课,同时兼顾原著和译文,因此难度不大,适合学校各个专业的同学。在本文中,笔者将以中文名著英译本的讲授为例,从传递爱国爱党情怀和强化国家意识这两个方面来阐述本课程的思政实践过程。

(一)传递爱国爱党情怀

全面推进课程思政建设,就是要寓价值观引导于知识传授和能力培养之中,帮助学生塑造正确的世界观、人生观、价值观[9]。在公共基础课程中,应该大力弘扬以爱国主义为核心的民族精神。本课程面对全校学生开设,作

为外语类公共基础课程的补充，以《高等学校课程思政建设指导纲要》提出的精神为准绳，力争向学生传递爱国爱党情怀。

在本门课程第一节课上，笔者以《沁园春·长沙》为例，向学生介绍毛泽东诗词及其英译本。在介绍本首诗词的写作背景时，笔者为学生们讲解了当时国内革命斗争的情况。20 世纪 20 年代，国民党政府对年轻的中国共产党进行了大规模镇压，我党的革命活动频频受挫。毛泽东同志在南下广州开展革命工作的途中经过橘子洲头，感慨之余写下了这首词。学生们在听课过程中可以再次感受到中国共产党革命历程的艰辛，以及新中国的来之不易。在讲解诗词的过程中，笔者带领学生欣赏中文及英译本的语言之美，以及诗中流露出来的革命浪漫主义精神。虽然学生大多为理工科专业，但因为课程难度不大，加之教师讲解深入浅出，所以他们对此很感兴趣。从效果来看，本节课不仅向学生介绍了毛泽东诗词的语言之美及其英译本的文字之美，而且向学生传递了应该根植于心的爱国情怀，可以说是一次成功的思政教育实践。

（二）强化国家意识

国家意识是公民基于国家的历史、民族和文化的科学认知而形成的对国家政治、法律等的归属和认同，也是思想、情感和行动上对国家认同的理性实践[10]。为强化国家意识，外语课程思政要求教师"落实立德树人根本任务，必须将价值塑造、知识传授和能力培养三者融为一体、不可割裂"[9]。在本课程中，笔者通过介绍文学名著的中英文两种译本，试图让学生了解在他国语境之下我国文化的地位，从而在对他者的了解中充分理解和坚定自己的国家意识。

例如，在讲解《红楼梦》英译本的时候，我为学生梳理了该书英译本的历史演变过程。学生从中可以看到中国传统文化走向世界的过程。第一位翻译《红楼梦》的是英国的一位传教士——马礼逊（Marrison）。在 19 世纪初期，他以《红楼梦》中部分对话为样本，编纂了第一本汉英词典。由此可以看出，在清朝后期，由于国力日渐衰微，外国势力入侵中国，我们的文化起初就是在这样一种被动的情况下开始走向世界的。同时，我们优秀的民族文化也并未得到其他国家的高度认可，而只是以教学素材的形式为外部世界所知。

后来，《红楼梦》的译者中出现了英国在中国任命的殖民官员。从某种意义上而言，《红楼梦》的英译历史与中国近代被殖民的历史是同步的。随着时间的推移，小说中被翻译的章节也越来越多，如从部分诗词翻译到包腊（Bowra）的前八回全译本。19 世纪末，英国驻澳门副领事裘里（Joly）译出《红楼梦》的 56 个章回，至此这部优秀的中国传统小说才真正以文学著作的形式较为完整地被全世界所了解。

《红楼梦》这一段外译历史折射出了我国在近代所处的饱受欺凌的半殖民地半封建社会状态。那个时期，所有译者均为英国人，因为当时大多数中国民众没有机会受到高水平的文化教育，也没有学习外语的机会。当时的译者以殖民者的身份，居高临下地看待中国文化，不可避免地在翻译过程中出现种种错误。然而，当时并没有同等水平的中国译者来纠正这些错误，导致这些存在错误的译本流传到国外，使外国人对我们优秀的文学作品产生误解。当时的中国由于国力衰微，在世界政治舞台上处于失语的状态。面对误解和欺凌，我们无言可辩。换言之，当时中国在世界眼中的形象是由帝国主义殖民者的话语决定的。在他国语境之下，中华文化是羸弱的、遥远的、他者的和边缘的。

直到 20 世纪 70 年代，完整且权威的《红楼梦》英语全译本才出现。其中，一个比较有代表性的版本是英国人霍克斯（Hawks）和闵福德（Minford）合作的译本，另一个则是中国著名翻译家杨宪益和戴乃迭夫妇合作的译本。两个译本各具特色，水平不相上下，都出色地展现了《红楼梦》中磅礴繁复、瑰丽多彩的文学艺术世界。霍克斯和闵福德为牛津大学知名学者，在中国学习多年，拥有深厚的汉语功底，且在翻译过程中和中国学者互相交流，最大限度上避免了译本的错误。因此，此时的英国译者所采取的视角不再是当年居高临下的傲慢态度，而是平等合作的伙伴关系。可见，此时的中国已经昂然屹立于世界民族之林。中华文化在世界上再也不是失语的状态。国力强盛赋予国人以强有力的话语权。我们这时已经可以与世界其他民族平等对话，发出自己的文化强音。

从《红楼梦》的英译历史中，笔者力图向同学们证明，一个国家是否强盛决定了其在世界中的政治地位高低，并决定了其文化传播的力度与速度。

只有祖国繁荣昌盛，我们才能平等地与世界对话。从教学效果来看，学生通过这节课的学习，坚定了国家意识，这一教学过程是一次成功的思政教育实践活动。

四、结语

一些理工科方向的学生有于其专业特点，对文史哲等方向的知识或不感兴趣，或了解不多。因此，为了培养国家所需的既能够深入理解中华文明又拥有扎实专业功底的复合型人才，我们需要根据理工科方向学生的特点，开设结合思政教育的人文通识课程，并采取深入浅出的教学策略，向他们潜移默化地传递国家意识与爱国情怀。此外，为了培养具备国际视野，能够在全球化进程中发挥力量的青年人才，我们也需要在外语类通识课程中融入思政教育意识，使之在对他国文化视阈的了解过程中思辨地审视各种话语和观点，坚定自身的国家意识。为此，笔者在本文中探索了在理工科大学外语类人文通识课上进行思政教育实践的策略，并提供了教学实例，希望对同行们的教学实践有所帮助。

参考文献

[1] 肖琼，黄国华．关于外语课程思政建设的思考 [J]．中国外语，2020（5）：9-14．

[2] 北京信息科技大学．招生计划 [EB/OL]．[2023-10-10]．https://zhaoshengcx.bistu.edu.cn/static/front/bistu/basic/html_web/zsjh.html.

[3] 赵宏．"新工科"背景下理工高校全英语人文通识课程体系的建设 [J]．化工高等教育，2018（4）：13-19．

[4] 宋秀梅．高校人文通识课课程思政的实施路径：以人文通识课程俄罗斯历史与文化为例 [J]．大学教育，2022（12）：119-122，131．

[5] 马近远，李敏辉．理工科大学的人文通识课程构建：以《跨文化交际》为例 [J]．北京航空航天大学学报（社会科学版），2021（6）：126-132．

［6］孙有中．课程思政视角下的高校外语教材设计［J］．外语电化教学，2020（6）：46-51.

［7］吴岩．新使命 大格局 新文科 大外语［J］．外语教育研究前沿，2019（2）：3-7.

［8］郭英剑．对"新文科、大外语"时代外语教育几个重大问题的思考［J］．中国外语，2020（1）：4-12.

［9］中华人民共和国教育部政府．教育部关于印发《高等学校课程思政建设指导纲要》的通知：教高〔2020〕3 号［EB/OL］．（2020-06-01）［2023-10-10］．http://www.moe.gov.cn/srcsite/A08/s7056/202006/t20200603_462437.html.

［10］杨枫．国家意识与外语课程思政建设：兼论新文科视野下的外语教育实践［J］．外语教学理论与实践，2022（2）：1-4.

课程思政视角下大学英语混合式教学策略研究

吕　菁*

【摘　要】大学英语课程依托混合式教学模式，可以有效地将思政元素融入教学中，发挥该学科的价值引领作用，从而实现知识传授与立德树人的双重目标，因而成为新时代大学英语课程教学改革与发展的新方向。本文基于大学英语课程思政教育现状与存在的问题，结合大学英语混合式教学的创新和优势，分析了课程思政深度融入大学英语的混合式教学策略，旨在以全方位渗透的方式将语言教学与思政教育相结合，从而潜移默化地促进学生的全面发展。

【关键词】课程思政　大学英语　混合式教学　教学策略

一、引言

2016 年，习近平总书记提出了适应新时代发展的课程思政育人新理念，即教育者应以立德树人为中心任务，将思想政治工作贯穿教育教学全过程，形成协同效应。这一理念为大学英语教学的改革和发展开辟了新路径。混合式教学是当前互联网时代教育革新的风向标，它利用现代技术实现了传统课堂教学与网络教学的互补。大学英语作为重要的公共必修课，其内容形式广泛多样，文化元素丰富多元，依托混合式教学恰当地将思政元素融入其中，发挥该学科的价值引领作用，以实现知识传授与立德树人的双重目标，已成为新时代大学英语课程教学改革与发展的新方向。

二、大学英语课程思政教学的内涵与现状

育人理念的深入贯彻对新时代高校课程思政的实施提出了明确的要求。

＊　作者简介：吕菁，北京信息科技大学外国语学院讲师，研究方向为英语教学、比较文化。

现在，全国各高校都开始积极推进课程思政教学改革，大学英语课程也要以立德树人为根本任务，将思政教学内容纳入大学英语学科的课程建设和课堂教学的各个环节，实现教书与育人的有机统一。

目前，国内课程思政融入大学英语课程的教学研究数量呈不断增加趋势，但应用型研究还不多。例如，笔者在中国知网中以"课程思政、大学英语混合式教学"为主题词，共检索到 201 篇论文（截至 2023 年 7 月 15 日），主要探讨课程思政融入大学英语的混合式教学模式、教学设计、教学实践以及路径研究等。在探索大学英语课程思政教学的论文中，更多注重的是线下教学中的理论设想、路径建议等，运用线上线下混合式教学模式将思政育人元素有机融入大学英语教学的研究则寥寥无几[1]。可见，我们有必要结合现代教育技术，着眼于课程思政融入大学英语教学的重要性，对课程思政视角下大学英语混合式教学策略进行深入探究。

从大学英语课程思政混合式教学的现状来看，还存在以下一些问题。

第一，课程思政教学模式固化，部分师生思政意识不强。长期的传统教学容易造成师生的应试思维定式。教师在大学英语教学中易偏重专业知识和英语运用能力的培养，在课堂上仍以知识传授为主，而缺乏对学生中西方文化差异认知的教学和对学生文化输出能力的培养，从而忽视了大学英语课程的人文性和隐性育人的功能，无法促进学生的全面发展。再者，有的学生对学习大学英语存在较强的功利性，缺乏对思政教育的重视，往往将通过英语四六级考试、通过课程考核等作为学习目的，而缺乏对中西方文化的思辨能力。对此，教师作为大学英语教学的引导者，应当深入领会和贯彻课程思政的科学理念，积极开展大学英语教学改革和课程建设，拓展英语教学方向，提高学生的发展素养，从而促进学生的长效发展。

第二，课程思政内容碎片化，没有完整的思想体系。目前的大学英语教材内容大多选自西方原版资料，较多地体现了西方文化的特点和价值观，涉及中国文化元素内容则非常碎片化，缺乏完整的思想体系和系统化的分类组合，更缺少资源平台的支撑。由于思政教学内容尚不完善，教师在课上准备的思政内容的契合度和完整度都有待加强，有的内容较为牵强，植入方式机械，往往易导致大学英语教学与思政教育脱节。可见，如何构建起一个大学英语学科知识传授与课程思政元素深度融合的课堂教学环境，充分发挥大学英语课程的人文属性是目前高校英语教师需要深入学习和思考的问题。

第三，课程思政评价体系不完善。当前大学英语课程普遍面临课时缩减、学分减少的状况，且在高校的常规考核中，思政内容涉及甚少甚至缺失，这样的考核评价体系既不利于课程思政与大学英语教学的有机统一，也会影响师生的参与热情，以及学生对知识吸收、内化的效果。混合式教学评价除了以笔试为主的终结性评价外，还融入了基于大数据的过程性评价，以及师生评价、生生互评、网络参与等参与性评价。这种全方位、多元化的评价体系能更真实地反映学生在英语综合技能、学习态度、价值观念等方面的情况，可以作出更为全面、客观的评价。

三、大学英语混合式教学的创新与优势

混合式教学是指整合传统课堂教学和在线学习的优势，发挥教师的主导作用和学生的主动性，从而获得更理想的教学效果[2]。新时代大学英语混合式教学模式以现代技术为支撑，积极探索技术与资源的有机融合，构建基于网络的多元互动学习环境。混合式教学在育人的理念、目标、路径等宏观层面与课程思政具有高度的契合性[3]。

混合式教学推动了教学方法的改革，促进了教学内容的优化。在教学中既发挥了教师引导和监控的主导作用，又能有效地培养学生自主学习的能力。教师可基于现有教材内容，将线上线下相关知识进行优化整合，根据教材内容各个主题，导入更多贴合的课程思政教学内容，设计各类线上线下结合的课堂活动和学习任务，以满足学生个性化的学习需求。

四、课程思政深度融入大学英语的混合式教学策略

（一）建立思政元素数据库，构建多重教学载体

在目前的大学英语教材中，关于中国文化元素内容占比、道德情操的关注度等方面都无法充分满足课程思政建设的要求，亟待重构教学内容[4]。根据目前的教学大纲和教学目标，以及时代的育人目标，我们需要深入搜索和挖掘有效的思政元素，然后对相关的思政资源进行选择、分类、整合，建立

起丰富的思政元素数据库，并在此基础上设计有效的思政教学活动，将零碎的知识与教材内容相结合。其次，"互联网+"的快速发展促进了教育数字化的进程，我们可以利用网络资源，如视频网站、公众号、学习 App、自主学习平台（FIF 口语训练、WE Learn、U 校园、批改网等）、网络教学平台（学习通、雨课堂等），建立多重教学载体。教师可根据不同单元主题，将思政素材与语言技能学习深度融合，线上与线下相结合，自主学习与教师引导相结合，从而突破时空界限，创新师生间的沟通，锻炼学生的协作和交际能力。

（二）增强教师思政教育意识，不断提高线上线下混合式教学能力

高校教师应适应新时代发展的需要，提高自身修养，在思政教育理念和混合式教学理论框架内，结合各思政主题内容，不断革新教学理念和教学模式，优化教学内容和教学设计，切实提高课程思政教育能力。同时，教师应定期进行信息化教学的培训，与时俱进地提升混合式教学模式的应用能力。教师通过网络学习平台发布与课程思政主题相关的学习任务后，可通过学习平台提供的实时共享数据（如学习时长、完成度、错误率等），监督学生的线上学习情况，通过分析与判断及时发现学生在自主学习和思想教育上存在的问题并及时进行纠正，同时调整教学内容和教学方法。大学英语教师在思政育人的目标引领下，应注意实现该课程的工具性和人文性，通过课程思政教育融入大学英语教学的混合式教学模式进行全方位、渗透式教学，从而实现显性教育与隐性教育的统一。

（三）在思政视角下合理设计教学内容和课堂活动

在教学设计中，教师应将思政内容融合在语言知识与技能的讲解和操练中，同时要发挥网络学习平台的数据共享和存储优势，结合移动端 App，组织学生进行技能学习、交流讨论等，将课上课下的学习有效地衔接起来。以大学英语四级考试中的翻译题为例，笔者经汇总、分析近年来段落翻译题，其主题内容均与思政元素相结合，涉及我国的地理、饮食、交通、传统节日、风俗人情、社会发展热点问题等。因此，教师在进行段落翻译技巧讲解的教学设计时，可将语言教学重点与相关思政元素相互补充和融合，将线上线下教学内容合理分割成课前、课中和课后任务。课前，教师可以在学习平台上

发布相关学习资源和学习任务，引导学生进行文献阅读、预习和思考；课中，教师在讲解语言重点的同时，应强化段落蕴含的思政思想，并结合各主题段落中的高频词汇，进行线上线下相结合的语言点操练、课堂讨论、小组任务汇报、在线测试等教学活动；课后，可通过自主学习平台作业提交、线上班级主题讨论等形式，巩固和提高学生的语言知识和思辨能力，从而实现在强化语言知识技能的同时，有机融入思政育人的思想。

此外，教师还可拓展第二课堂，积极组织一些融入思政主题的课外实践活动，如举办各级大学生英语词汇、阅读、写作、翻译、辩论、英语短剧、跨文化交际等比赛，鼓励学生通过拓展活动掌握更多的综合知识和应用能力，提高思辨能力，从而更好地培养学生的历史责任感和使命感。总之，在思政视角下设计的教学内容和课堂活动，应以学生为中心，以学生参与为主，教师引导为辅，活动形式应多样，从而突破思政教学与课程教学相脱节的问题，以潜移默化的方式将语言教学与思政教育相结合。

（四）将课程思政评价指标融入大学英语多维教学评价体系

目前，高校的大学英语课程中很少将思政教育评价指标纳入课程评价体系，这在一定程度上影响了课程思政教育融入大学英语教学的开展。为进一步贯彻课程思政教育，适应新时期大学英语课程改革的需求，我们应细化优化课程思政教育评价指标，并将其融入大学英语教学的多元评价体系。就课程思政教育评价指标而言，一方面包括高校教师的思政意识、教学内容与设计、教学能力、教学质量、教研成果等，可通过学生评教、同事互评、专家评课等方式进行反馈；另一方面包括对大学生的学习态度、人文素养、情感态度、核心价值观、思辨意识、对中国文化的认同感等方面的评价，教师可根据学生在课前、课上、课后三个教学环节中对学习任务的参与度、完成度和完成质量等进行多维度考核与评价，如线上评价与线下评价等，以更加全面、客观地反映学生的学习情况，实现课程思政的实践育人目标。这不仅体现了大学英语课程丰富的人文内涵，而且实现了大学英语课程形成性评价体系的多元化和思政化[5]。

（五）结合本校特色和定位，开发具有校本特色的思政元素

在新时期，将大学英语课程与思政教育相结合的混合式教学模式，还应

立足本校办学特色和定位，结合人才培养目标开发具有本校特色的思政元素。北京信息科技大学一直是一所信息特色鲜明的以工学为主的院校，为此应结合不同专业特色，围绕社会主义核心价值观和理想信念（爱国、敬业、诚信、友善、奉献等），围绕以爱国主义为核心的民族精神（爱国、团结、创造、奋斗、梦想等），以改革创新为核心的时代精神（探索创新、奋勇争先、自强不息、诚信友爱、爱岗敬业、求真务实、顽强拼搏等）等思政目标，挖掘与专业相结合的、特色鲜明的思政主题，并以此确定教学内容和教学计划。通过深入挖掘和渗透目标明确的思政内容，将学校独特的信息特色文化、拼搏创新精神融入教学中，努力打造"信息特色文化"思政课，使学生在学好语言知识和专业知识的同时，进一步增强思想政治意识，提高个人素养，树立符合时代发展需要的学习观和价值观。

五、结语

课程思政与大学英语教学的有机融入是新时期对高校思想政治教育提出的新要求。在高校本科教学中，大学英语课程在立德树人与价值引领方面起着重要作用，而这也是大学英语教师在新时期面临的新机遇和新挑战。高校教师需要在传授语言知识的同时，有机融入立德树人理念，利用线上线下混合式教学模式，实现知识传授与价值引领的双重目标，促进学生的全面发展。

参考文献

［1］魏冉．"互联网+"背景下大学英语课程思政混合式教学模式研究［J］．浙江外国语学院学报，2023（1）：10-19．

［2］何克抗．从 blending learning 看教育技术理论的新发展：上［J］．电化教育研究，2004（3）：5-10．

［3］岳曼曼，刘正光．混合式教学契合外语课程思政：理念与路径［J］．外语教学，2020（6）：15-19．

［4］刘正光，岳曼曼．转变理念、重构内容，落实外语课程思政［J］.外国语，2020（5）：21-29.

［5］蔡金秋，丁爱群．"新文科"视阈下英国文学史课程思政教学模式研究与实践［J］.中国多媒体与网络教学学报，2021（9）：59-61.

课程思政视阈下的综合英语教学研究与实践[*]

明　焰[**]

【摘　要】课程思政是落实"立德树人"根本任务的战略举措。综合英语课程是英语类专业一门重要的基础必修课，推进综合英语课程的思政建设有着重要意义。本文以北京信息科技大学翻译专业综合英语课程的思政实践为例，探讨如何从教学理念、教学内容、教学方法、实践活动和考核方式等五个方面，将知识传授、能力培养和价值塑造进行有机融合，以更好地发挥综合英语课程的育人功能。

【关键词】课程思政　立德树人　英语类专业　综合英语

一、引言

为了落实中央提出的"立德树人"的根本任务，提升高校人才培养质量，教育部号召全面推进高校课程思政建设，并于 2020 年 5 月印发《高等学校课程思政建设指导纲要》。该纲要指出，课程思政就是要发挥各类课程的育人作用，与思想政治理论课同向同行，形成协同效应。课程思政要求把思想政治工作贯穿教学全过程，实现三全育人，旨在传授知识的同时进行价值塑造，以培养德才兼备的社会主义现代化建设者、担当民族复兴大任的时代青年。

大学生处于意识形态发展的关键期，亟待正确的价值引领。其中，外语类专业的学生大量接触外国语言文化，思政教育尤为重要。根据 2018 年颁布的《外国语言文学类教学质量国家标准》和 2020 年《普通高等学校本科英语类专业教学指南》的精神，新时代英语教育应该"探索英语类课程思政新模

---

　*　基金项目：本文系北京信息科技大学 2021 年教学改革立项项目"课程思政理念下综合英语教学内容和教学方法改革研究"（项目号：2021JGYB36）的阶段性研究成果。

　**　作者简介：明焰，北京信息科技大学外国语学院讲师，研究方向为认知语言学。

式和协同育人新举措，努力培养具有沟通能力、人文素养、中国情怀、国际视野的英语专业人才和复合型英语人才"。综合英语（原英语精读）是英语类专业本科阶段最重要的一门专业核心课，进行思政建设有着重要意义。因此，本文以北京信息科技大学翻译专业综合英语课程的思政实践为例，探讨该课程如何将知识传授、能力培养和价值塑造有机融合。

二、综合英语课程思政的研究现状

课程思政是落实立德树人根本任务的战略举措。该理念提出之后，相关研究如火如荼地开展了起来，高校外语专业课程思政的研究也层出不穷。如何挖掘专业课程的思政元素是每位外语教师需要思考的问题。对此，有研究从宏观层面分析外语专业课程思政的内涵、意义与实施框架[1-8]，有研究从微观角度探索不同专业课程（如英语语言学、英语写作、商务英语、英语口译）进行课程思政的具体操作模式[9-12]。就综合英语课程而言，陈丽霞[13] 探索了综合英语课程思政的价值内涵和实现路径；孙有中[14] 从教材设计的角度，探讨了如何运用精读教材进行跨文化对比以加强文化自信；刘桂玲[15] 研究了如何通过思辨能力培养来更有效地开展综合英语课程思政；莫俊华等[16] 基于"任务型语言教学法"提出综合英语课程的 TLR（主题研究、语言分析、现实考量）教学模式。在此基础上，本文以北京信息科技大学外国语学院翻译系的综合英语课程为例，从教学理念、教学内容、教学方法、实践活动和考核方式等五个方面讨论该课程如何进行思政实践，并将思政教育贯穿教学全过程。

三、综合英语课程思政的实施路径

综合英语是北京信息科技大学英语专业和翻译专业本科生的专业核心课，旨在培养学生综合运用英语语言知识和技能进行语言交际的能力。自 1996 年学校设立英语专业（2020 年改为翻译专业），本课程迄今已开设近 30 年。本课程贯穿大一、大二两学年四个学期，共 256 学时，是学生在大学期间课时最多、时间跨度最长的课程，也是中西方文化交流、交融、交锋最突出的课程，堪称思政教育的前沿阵地。挖掘和发挥本课程的思政功能，将语言学习和思政教育加以有机融合，是本课程的教学重点。本课程团队通过将思政元素融入教学理念、教学目标、教学内容、教学方法、实践活动和考核方式等方面，探索出了一条清晰可行的课程思政实施路径。

（一）提升教学理念，提供师资保障

要给予学生正确的价值引领，教师要转变教学理念，认识到"立德树人"是每一位教育工作者的神圣使命，正确处理知识传授与价值引领之间的关系，增强课程思政的自觉性和主动性。2016年，习近平总书记在全国高校思想政治工作会议上强调："传道者自己首先要明道、信道。高校教师要坚持教育者先受教育，努力成为先进思想文化的传播者、党执政的坚定支持者，更好担起学生健康成长指导者和引路人的责任。"为了提升任课教师的思政教学理念，笔者所在的综合英语课程团队建立了常态化的课程思政研讨机制，积极参加校级和市级课程思政培训，与马克思主义学院有关教师定期交流讨论，踊跃申报课程思政教改项目，争做社会主义核心价值观的践行者和中国文化的传播者。此外，笔者所在团队注重提升教师的道德素养，做到为人师表，用高尚的人格魅力感染学生，激发学生的道德情感；积淀教师的中国文化底蕴，在教授外国语言文化的同时积极传播中国文化，培养文化自信和民族自豪感；引导学生在接触西方文化思潮和价值观的时候理性看待中西方文化差异，自觉抵制西方敌对思潮和文化渗透。

（二）提炼思政目标，重构和优化教学内容

综合英语课程使用"十二五"普通高等教育本科国家级规划教材，即上海外语教育出版社出版的《新世纪高等院校英语专业本科生系列教材（修订版）综合教程1~4》。该教材的课文均选自第一手英文资料，课文内容题材广泛，课后练习涵盖听说读写译等多项语言技能训练，旨在提升学生的综合语言能力。

1. 挖掘、整理和彰显教材本身蕴含的思政元素，提炼思政目标

本课程团队在编写教案时，除原先的知识和能力目标外，还提炼出了每个单元的价值目标，如积极进取、乐于奉献、诚实守信、保护环境等。从四册课本中各精选一例，如《综合教程1》第10单元的"Five Traits of the Educated Man"讨论受过教育的人具备的五大特质，以此激励学生参考对照、完善自我、追求卓越;《综合教程 2》第 6 单元的 "The Dairy of the Unknown Soldier" 通过第二次世界大战中一位牺牲战士的日记揭示战争的残酷,以此提炼和平反战主题,并强调中国主张和平、反对战争的立场;《综合教程 3》第 3 单元的 "How to Write a Rotten Poem with Almost No Effort" 引入诗歌和文学的话题,并延伸至博大精深的中国诗词文化,以激发学生的文化自信;《综合教程 4》第 3 单元的 "Alienation and the Internet" 讨论互联网导致人际关系疏离,以此展开合理使用手机、培养自律的主题。

2. 重构、优化和增补部分教学内容

除了挖掘课文主题的思政元素外,本课程团队还重构、优化和增补了部分教学内容(如建设思政案例库),以丰富思政教育素材。

例如,《综合教程 1》第 4 单元的 "My Forever Valentine" 围绕西方的情人节讲述了一个美国家庭的亲情故事,因此我们把介绍中国 "七夕节" 的英文材料纳入课堂学习,帮助学生了解本土的节日和文化。在《综合教程 2》第 3 单元的 "The Virtues of Growing Older" 基础上,补充学习与文章主题紧密相关的英文名篇——厄尔曼(Ullman)的 "Youth",该文章蕴含的积极变老的思想给学生带来了对生命全新的理解和感悟。

再如,在词语讲解中,团队自编了大量富有时代气息和弘扬正能量的例句,以实现语言学习与价值引领的巧妙结合。以下是团队给 energetic, negotiation 和 unflinchingly 等词汇补充的鲜活例句。

energetic:有活力的。例句:Youths are the most active and energetic power in the entire social power. 青年是整个社会力量中最积极、最有生气的力量。

negotiation:协商。例句:China seeks to resolve disputes with other countries through dialogue and negotiation. 中国寻求通过对话和谈判来解决与其他国家的争端。

unflinchingly:不退缩地。例句:Doctors know that the coronavirus is much more powerful than we are, but they still fight unflinchingly. 医务人员知道新冠病毒非常强大,但是他们毫不退缩。

此外,本课程团队还积极使用网络学习平台(如灯塔阅读和 FIF 口语),以增添充满时代气息的多元学习材料,配合单元主题融入课程教学。例如,通过灯塔阅读中的专题板块，发布气候变化、一带一路、保护动物、技术趋势等不同专题的文章，扩展学生阅读面，增强其信息素养和全球公民意识。此外，本课程团队利用 FIF 平台的党的二十大报告精选题库，发布"党的二十大原文梳理"供学生学习和朗诵。"双语学习二十大"将语言学习和党的二十大精神相结合，学生们参与热情高，学习效果显著，获得了北京青年报的关注和报道。

（三）深化教学方法改革，有效进行价值引领

为了更好进行价值引领，在教学方法上，本课程团队变"讲授中心、教材中心"为"学生中心、教师主导"的授课模式，采用更加灵活和有深度的教学方法和形式，如小组讨论、演讲辩论、课堂演示等，培养学生分析、推理和评价等高阶思维能力，提高其思辨能力和语言表达能力。在东西方价值观产生碰撞时，擅长批判性思维的学生更能保持头脑清醒，理性、科学地作出判断，不会淹没在各种声音中而不知所从。在与外国人打交道时，敏于表达的学生能准确、流畅地讲述中国故事，发出中国声音。提高思辨能力是促进课程思政的有效途径，以往的外语教学关注语言知识和技能的掌握，却常常忽视了思辨能力的培养。为此，本课程团队设计了与单元内容相关的思辨任务，引导学生就该内容主题进行大量延伸阅读、深度思考并发表观点。

首先，设置课前三分钟时事新闻英语报道。学生通过新闻播报的准备和展示（如中国空间站、进博会和冬奥会等），学习相关词汇，练习口头表达，知晓国内外大事，提升家国情怀和国际视野。

其次，在课文学习中，本课程团队根据单元内容设置不同的思辨活动，以增加学生的参与度、锻炼独立思考和表达能力。例如，在《综合教程 3》第 11 单元的 "Knowledge and Wisdom" 教学中，让学生讨论疫情防控期间西方媒体对武汉抗疫与英国抗疫截然不同的态度，以此培养学生明辨是非的能力。又如，《综合教程 3》第 12 单元的 "Chinese Food" 教学中，把学生分成八组，让其分别用英文介绍中国的八大菜系，以此提升其文化外宣和传播能力。再如，在《综合教程 2》第 5 单元的 "Focus On Global Warming" 教学中提出问题思考：作为学生，我们如何从自身做起，践行低碳生活？对此，学生们提出了绿色出行、离开教室关灯、少点外卖、双面打印等建议。接着，

让学生就科学界关于"全球变暖"和"全球变冷"的争论展开辩论。同学们通过本单元的学习，掌握了环保词汇，锻炼了批判性思维，增强了环保意识。

《普通高等学校本科英语类专业教学指南》有关翻译专业综合英语的课程目标指出，要"运用所学知识和技能进行批判性思考，并结合现实生活中的实际问题或热点话题展开讨论，表达观点，培养思辨能力"。经过四个学期的不断训练，学生们得到了语言能力、思辨能力和思政素养的同步提升，在自主思考方面也有长足进步，在每年的北京市大学生科技创新研究项目上都有出色表现。

（四）实践活动再设计，融入更多思政元素

语言学习有赖于大量实践活动的进行，才能做到学以致用，切实提高学生的跨文化交流能力。重视实践能力的培养是本课程的特色。本综合英语课程每学期专门安排 8 学时用于实践环节，实践活动丰富多彩、循序渐进：

第一学期：电影配音、单词比赛、美文背诵、故事编写；

第二学期：演讲、戏剧表演、FIF 口语训练、公共标识牌英译勘误；

第三学期：诗歌创作、旅游景点介绍英译、电影对白听写、首脑演讲翻译；

第四学期：书评、英文短片制作、英国议会制辩论、中国日报网翻译实践。

顺应思政教育理念，本课程团队对原有的实践活动进行再设计，以强化其思政功能。例如，在戏剧编排和英语短片制作时，选择更有教育意义的主题；在公共标识语翻译勘误和旅游景点介绍时，从关注语言翻译层面转向如何用准确的英语介绍中国美丽的自然景观和悠久的历史文化；在尝试英文诗歌写作的同时引导学生了解中国诗词，研究如何更好地进行中诗英译，向外国介绍绚烂的中国诗词文化。实践活动的重新设计，不但锻炼了学生的语言运用能力、分析和解决问题的能力、信息收集和处理能力、团队合作能力，也有助于学生思想政治素养的全面提升。

此外，团队鼓励并指导学生积极参加英语类竞赛活动，包括学校每年一度的英语配音比赛和英文三行诗写作比赛，全国范围的"外研社·国才杯"

"理解当代中国"大赛、全国大学生外语能力大赛、韩素音翻译大赛、全国大学生英语词汇竞赛等。通过竞赛的实战演练和冲击洗礼，学生中形成了浓厚的学习氛围和良好的激励效应，促进了学生综合语言能力的提升。不仅如此，这些赛事本身就富含思政元素，以"外研社·国才杯"系列演讲比赛近五年定题演讲的主题为例，2019 年为 My Big Story in 2049，2020 年为 Challenge to All，2021 年为 Red Star Over China，2022 年为 China's Wisdom for the World，2023 年为 The Chinese Path to Modernization，这些题目紧扣时代脉搏，放眼未来，洋溢家国情怀，铸就国际视野。通过参赛，学生们在精神上得到极大的洗礼和升华。

（五）改革考核评价方式，思政教育纳入评价环节

本课程通过强化形成性评价、构建多维度考核评价等方式，全方位考查学生的综合能力和素养。本课程改变了以往主要依赖终结性评价的做法，合理分配总结性评估和形成性评估的比重，由只考查专业知识的单一评价，转为考查专业知识、实践能力、思辨能力、自主学习能力、信息技术能力、团队合作、人文素养和道德品德等在内的多维度评价，以此引导学生关注日常学习表现，重视自身综合素养的提高。

首先，调整期中和期末卷面考试的内容和题型。在内容上，团队教师紧密结合时事，充分利用"学习强国"等主流资源，编写富有思政元素的试题。例如，把介绍中国扶贫攻坚成果的优秀电视剧《山海情》的英文文章选为阅读理解的材料；在作文题中，让学生就"躺平"现象、如何应对新冠疫情带来的影响等话题表达观点，引导学生塑造积极、健康的心态。在题型设计上，减少客观选择题和理解记忆类题型，适当设置考察语言运用和高阶思维能力的主观题型。同时，少问"what"，多问"why"和"how"，以增加对学生分析、推理、评价和解释能力的考查。此外，注重题目选材的多样性，以体现丰富的知识维度、科学精神和人文积淀。

其次，加大形成性评价的比重和内容。其中，平时成绩包括小组任务、实践活动、课堂表现等。小组任务主要为与文章内容相关的思辨性问题，由小组认领之后进行课堂展示，作为课文学习的拓展和补充，以培养学生的思辨能力、信息检索、文献综述和团队合作能力。实践活动在每学期有多种不

同的形式，如配音、美文背诵、演讲、辩论、实地考察、短片制作、戏剧编排、中国日报网翻译实践等，以此对学生的认知维度、跨文化能力、自主学习能力和翻译实践能力进行评测。课堂表现不仅记录学生的出勤和课堂参与度，而且综合考虑学生在团队精神、学习态度和班级服务等方面的表现。

四、结语

北京信息科技大学翻译专业的综合英语课程思政实践已经初见成效，学生们的英语专业四级考试通过率、语言应用能力、赛事参与及获奖率、创新思维和道德素养等都有明显提高。2022年，外国语学院英语1801班团支部被授予"全国五四红旗团支部"称号，这是对本课程思政建设的极大鼓舞。希望本课程团队的思政实践探索能为国家培养更多践行社会主义核心价值观的英语人才，为全面建成社会主义现代化强国、实现中华民族伟大复兴贡献力量。

参考文献

[1] 刘正光，岳曼曼. 转变理念、重构内容，落实外语课程思政 [J]. 外国语（上海外国语大学学报），2020，43（5）：21-29.

[2] 肖琼，黄国文. 关于外语课程思政建设的思考 [J]. 中国外语，2020（5）：9-14.

[3] 陈法春. 外语类本科专业课程思政内容体系构建 [J]. 外语电化教学，2020（6）：12-16.

[4] 崔国鑫. 高校外语专业课程思政建设思考与探索. 国家教育行政学院学报 [J]. 2020（10）：37-42，77.

[5] 文秋芳. 大学外语课程思政的内涵和实施框架 [J]. 中国外语，2021，18（2）：47-52.

[6] 罗良功. 外语专业课程思政的本、质、量 [J]. 中国外语，2021，18（2）：60-64.

［7］ 王卓．课程思政对外语专业课程建设的导向性与媒介性［J］．山东外语教学，2021，42（1）：59-68．

［8］ 郭英剑．外语专业与课程思政建设：问题、理论与路径［J］．外语教学理论与实践，2022（3）：27-35．

［9］ 文旭．语言学课程如何落实课程思政［J］．中国外语，2021（2）：71-77．

［10］ 王颖．"产出导向法"视域下"课程思政"在英语专业写作教学中的体系建构［J］．外国语文，2021，37（5）：147-156．

［11］ 刘重霄，林田．《商务英语》课程思政教学模式建构及实践研究［J］．外语电化教学，2021（4）：47-55，7．

［12］ 朱巧莲．课程思政视阈下的口译教学［J］．上海翻译，2022（1）：70-74，95．

［13］ 陈丽霞．高校英语专业课程的思政价值内涵与实现路径：以《综合英语》课程改革为例［J］．江西中医药大学学报，2019，31（3）：104-107．

［14］ 孙有中．课程思政视角下的高校外语教材设计［J］．外语电化教学，2020（6）：46-51．

［15］ 刘桂玲．思辨能力视域下综合英语课程思政建设研究［J］．外语学刊，2021（6）：83-88．

［16］ 莫俊华，毕鹏．英语专业课程思政的 TLR 教学模式探究：以《综合英语》课程为例［J］．外语研究，2023，198（2）：62-66．

思政视角下的博士生英语教材分析

——以《硕博研究生英语综合教程》为例

彭鹭鹭*

【摘 要】本文从课程思政的角度，讨论了博士生英语教材的思政内涵，并提出这类教材应该突出学术创新和科研伦理素养，培养人文主义情怀，激发民族自豪感。然后，本文以《硕博研究生英语综合教程》为例，从主题选择、单元结构、任务设计、文本页设计等方面，阐释了该教材涉及的思政元素。在此基础上，本文从思政建设的角度提出了相应的改进建议。

【关键词】思政内涵　外语教材　博士生英语

一、引言

　　博士生英语是非英语专业博士生必修的一门公共外语课，属于高校公共外语教学的一个重要组成部分。目前的博士生英语教学体系以英文学术论文写作和国际学术会议英语为主要内容，以提高学生的学术英语应用能力为教学重点，教学目标是为博士生的专业学习和学术研究打好语言基础。

　　当前的公共外语教学正在经历新一轮的教学改革，改革的重心是全面推进外语课程的思政建设。教育部于 2020 年印发了《高等学校课程思政建设指导纲要》（以下简称《纲要》），强调高校教师要深入挖掘课程和教学方式中蕴含的思政元素，从根本上落实立德树人的育人任务。以《纲要》为指导，近三年在外语教学研究和实践领域，围绕英语课程思政的讨论和分析越来越多。当然，上述讨论和分析主要针对的是大学英语课程的思政建设，有关博

---

　　* 作者简介：彭鹭鹭，北京信息科技大学外国语学院讲师，博士，研究方向为句法语义学、儿童语言获得。

士生英语课程思政的讨论尚不多见。

外语教材作为课程内容的重要载体，是落实课程思政的主要渠道。目前，市场上针对博士生英语的教材比较少。笔者以"博士"为标题的关键词进行搜索后发现，近五年出版的面向博士生的通用综合英语教材（也包括序言中注明适合博士生使用的研究生教材）包括但不限于：《博士研究生综合英语教程》（科学出版社，2018 年）、《研究生学术英语读写教程》（外语教学与研究出版社，2019 年）、《博士生学术英语》（北京航空航天大学出版社，2021 年）、《硕博研究生英语综合教程》（中国人民大学出版社，2021 年）和《新时代研究生学术英语综合教程》（上海外语教育出版社，2022 年）等。上述教材各有特色，总体以培养学术英语阅读和学术英语写作能力为核心目标。其中，《硕博研究生英语综合教程》和《新时代研究生学术英语综合教程》的序言中明确指出，其在教材的编写中融入了思政元素，在落实立德树人的思政目标方面具有一定的代表性。

首先，本文基于外语课程的思政要求和博士生英语课程的特点，提出博士生英语教材应包含的思政内涵。其次，以《硕博研究生英语综合教程》为例，阐述课程思政内涵是如何在该教材中得到体现的。最后，从思政建设的角度提出了相应的改进建议。

二、博士生英语教材的思政内涵

自《纲要》发布以来，国内多位外语教育专家就大学英语教材的思政内涵以及如何落实思政内涵作了具体阐述。徐锦芬指出，英语课程的思政应该关注学生的成长与发展，重视教学过程中蕴含的情感和价值观，帮助学生提升知识技能与思想认知，从而更好地认识自己和世界[1]。文秋芳强调，教师要深入分析教材，在显性的外语核心技能的基础上进一步挖掘育人元素，如价值观、品格、自我管理等[2]。黄国文指出，外语教材要让学生从语言的角度去思考问题，引领学生从正能量的角度进行表达和陈述[3]。蔡基刚认为，大学英语课程要培养学生的学术诚信意识和社会责任感，引导学生成为一个正直、诚实、甘于奉献的人[4]。

那么，外语教材中应该如何融入思政内涵呢？《纲要》指出，课程思政要在知识传授的过程中有机融入思政教育元素，达到盐溶于水的效果[5]。徐锦芬（2021）提出了英语教材思政内容建设的三大原则：以学生发展为中心，以学科属性为引导，以学校特色为依托[1]。以学生发展为中心，是指思政内容应切合学生的真实学习情境。以学科属性为引导，是指思政内容建设要尊重英语学科的发展规律。以学校特色为依托，是指思政内容要与学校的类型和定位相结合。

博士生英语作为外语课程的一个组成部分，总体上要遵循上述研究所提到的思政要求。不过，相较于大学英语的通识性和基础性特点，博士生英语更加强调学术性和专业性，其目的不再是单纯地让学生学习语言技能，了解世界各国的优秀文明和文化，而是应该顺应新时代国家人才培养的战略需求，把学术英语应用能力作为教学的核心内容。结合外语课程的思政要求和博士生英语课程的特点，笔者认为博士生英语教材的思政内涵应该着重以下三方面。

第一，培养学生的学术创新精神和科研伦理素养。培养博士生的目的是培养高层次的科研人才，推动学术进步和社会发展。博士生应具备广泛而深厚的学科知识，掌握前沿的学术理论和研究方法，具备独立的科学研究和创新的能力。同时，重视培养博士生的科研伦理素养，有助于他们形成正确的科研道德观念和行为习惯，确保科学研究真实、可靠和公正，维护学术界的学术诚信和声誉。

第二，培育学生的人文主义情怀。博士生不仅要在学术研究上取得突出成果，而且要具备关心社会、关注他人需求、了解多元文化、积极参与社会发展的意识和行动能力。外语界一直提倡英语教学应将工具性和人文性进行有机融合。就人文性而言，博士生英语教材的课文和练习可以涉及社会问题、人文关怀、公益活动等方面的内容，体现对弱势群体的人道主义关怀，引导学生树立科学、积极和健康的人文关怀观念。

第三，激发学生的民族自豪感。学术成果是一个国家或民族文化的重要组成部分，教材内容建设中应注重传播中国的优秀学术成果，培养学生对中国文化、科技、知识传统等方面的认同和自信心。教材内容建设中还应注重平衡和多样性，不仅关注中国学术成果，而且关注全球范围内的学术研究，以培养学生的国际视野和跨文化交流能力。

三、案例分析

本文以某大学博士生英语教材《硕博研究生英语综合教程》为例，从素材选择、单元结构、任务设计、文本页设计等方面阐释该教材中的思政元素。该教材的主体框架是一个基于经典体裁结构 IMRD（Introduction–Methods–Results–Discussion）的连续统。一共 10 个单元，每个单元分为三部分。第一部分提供必要的背景知识，以听力形式呈现。第二部分是一篇针对本单元研究论文的新闻报道，为第三部分的阅读做铺垫。第三部分是单元的主体，为一篇权威期刊论文，该 10 个单元的各篇论文覆盖了心理学、物理学、计算机科学、经济学、法学、伦理学等学科，重点培养学生的学术英语能力。

首先，该教材很好地体现了学术性和创新性的要求。该教材的宗旨是让学生能够独立完成一篇完整的论文。围绕这一目标，每个单元分别聚焦研究论文的各个部分，包括标题、摘要、引言、文献综述、研究方法、研究结果和讨论等。教材对学术论文进行了细颗粒度的剖析，在文本页的右侧注明了每一段的功能语步，设计任务时遵循"理解、分析、对比、产出"的训练步骤，循序渐进，逐步深入。这样的设计凸显了逻辑思维和科学方法，能够提高学生学术表达的规范性。从创新的角度看，每个单元选取的文章都是近几年发表在国际权威期刊的研究论文/报告，它们在核心观点、实验方法等方面具有高度的前沿性和创新性，能够鼓励学生挑战权威，尝试新的方法和思路，培养他们的创新精神。

以第四单元为例。第四单元的主题是新能源，选取的是一篇于 2019 年发表于 *Joule* 的研究报告"Generating Light from Darkness"。该报告提出了一种新的热电装置，通过辐射冷却技术，在夜间进行发电。该研究突破了太阳能发电的限制，创新性地解决了夜间的照明需求。学生在对这类研究报告的学习中能够得到思维上的启发和精神上的鼓舞，激励他们在面对自己的研究时，勇于开拓新的思路和方法。

研究报告的文本页呈现了 26 个的语步提示，从第一段的 research field、previous solutions 一直到最后一段的 contribution。语步提示可以让学生快速了解论文的总体架构和每一段的主要内容，养成良好的阅读、分析习惯。该单元重点介绍了如何撰写引言，单元的活动和练习也都是围绕引言来设计的。介绍引言的结构主要分为三个语步：establishing research territory、establishing a niche 和 occupying the niche。然后，要求学生以该篇研究报告为例，找出文中对应这三个语步的句子。接下来介绍引言各个语步常用的一些程式语，如 There is increasing concern that... 和 This study provides new insights into... 等。在此基础上，学生的产出任务是写一篇论文的引言，并进行课堂展示。可以看出，教材在材料选择和练习设计方面具有较强的学术性和聚焦性，能够培养学生的英语阅读和论文写作能力。

其次，人文情怀贯穿整本教材。从单元主题来看，该教材共有 5 个单元（占比 50%）的主题体现了人文关怀，分别是：颜色心理、无家可归者、网络犯罪、人机互动和机器伦理。这些主题直接或间接地涉及人的生活、需求、感受和权益，也涉及社会秩序和公共利益，以及人类的争议和福祉，为培养学生的人文精神提供了良好的契机。从练习的设计来看，Warm-up 部分往往是从学生的视角出发，引入的讨论题带有人文主义情怀，能够引起学生对社会问题的共鸣。

以第三单元为例。其论文调查了 350 名 50 岁左右的无家可归者的身体状况，发现他们比 70~80 岁正常生活的老人表现出更多的老年病状况，包括尿失禁、认知和视觉障碍等。这项研究的意义在于，希望政策制定者关注无家可归者的身体状况，并为之提供更加适宜的住宿环境。通过学习这篇论文，学生了解了无家可归者的生存状况，也产生了思考和解决这一社会问题的主动意识。

第三单元的 Warm-up 练习也充满了人文主义情怀。题目要求采访 5 位同学，就相关问题进行讨论，如 Have you ever seen homeless people in real life, on TV, or in movies? What do you think are the causes of their homelessness? Have you ever thought about the health conditions of the homeless people? 以学生的视角设计有关道德话题的讨论，让他们能够感到自己的声音被重视，更容易与问题产生共鸣，也有助于激发创新思维，推动新颖想法的产生。

最后，该教材能够激发学生的民族自豪感。教材优先选择介绍我国优秀学术成果的文章，全书共有两篇文章介绍了我国学者的最新科技创新——《量子纠缠》和《嫦娥探月》，展现了我国在量子物理和航天科技领域的卓越成就。

以第七单元有关嫦娥四号探月工程的论文为例。该论文于 2020 年发表于 *Science Advances*，其主要内容是：玉兔二号月球车上搭载的雷达首次揭示了月球背面着陆区域地下 40 米的地质分层结构。这项研究对我们了解撞击过程对月表的改造以及火山活动规模与历史等具有重要意义。博士生作为新时代高层次学术人才的主力军之一，身处科技创新日新月异的新时代，一定会为自己的国家和民族感到自豪。

综上所述，《硕博研究生英语综合教程》在教材定位、主题选择、单元结构以及任务设计等方面，体现了学术创新精神、人文主义关怀和民族自豪感等思政元素。本文认为，在学术性和民族自豪感方面，可以考虑补充以下内容。

第一，从学术性的角度看，博士生英语教材除了培养学生的科学探索和创新精神外，还应提高学生的学术伦理素养。然而，该教材没有介绍学术伦理方面的知识。对此，可以考虑增设一个任务模块，专门介绍科研中的道德准则和伦理规范，包括学术诚信、数据处理、作者署名、抄袭和剽窃等，也可以引入一些科研领域内的伦理案例，引导学生进行讨论和分析。通过对这些实际案例的分析，可以强化学生的学术诚信意识，帮助他们深入理解科研伦理的重要性和复杂性，培养他们面对伦理挑战时的决策能力。

第二，博士生需要兼具世界眼光和中国立场。该教材选取了两篇有关我国最新研究成果的论文，此外则基本没有涉及我国的情况。笔者认为，在选取国外学者写的论文或者介绍国外的情况时，可以在论文后面加上一个附注，简要介绍我国在该领域的研究进展。这样，学生也能够了解国内在该领域的研究优势和特色，并关注我国与西方国家在某些领域的差距，从而激励他们为提升我国整体学术水平而努力。此外还可以结合所选论文涉及的领域，在教材中引入我国在该领域有影响力的人物访谈，让学生切实感受到国内学术环境/文化的优势。例如，第二单元提到的"墨子号"卫星的设计者——中国科技大学潘建伟教授，当采访中被问及中国量子为何能够领先欧美国家时，他的回答是，这体现了"集中力量办大事"的作用和"大科学"项目建设的高效性。学生如果能在教材中读到这类访谈，会对中国特色社会主义制度产生更深刻的理解和认同。

四、结语

推进博士生英语课程思政建设，是全面提高我国博士生培养质量的重要保证。本文从思政建设的角度对《硕博研究生英语综合教程》作了全貌性分析，认为该教材能够培养学生的学术与创新精神、人文情怀和民族自豪感。本文建议，此类教材应该在学术伦理素养和中国立场方面适当增加一些内容。在此还要指出的是，教材的思政内涵最终需要教师去深入挖掘和引领，对教材中的思政元素进行"润物无声"的引导，帮助学生树立正确的价值观。从这个意义上来讲，教师的思政素养和水平显得尤为关键。

参考文献

[1] 徐锦芬. 高校英语课程教学素材的思政内容建设研究 [J]. 外语界，2021，203（2）：18-24.

[2] 文秋芳. 大学外语课程思政的内涵和实施框架 [J]. 中国外语，2021，18（2）：47-52.

[3] 黄国文. 思政视角下的英语教材分析 [J]. 中国外语，2020，17（5）：21-29.

[4] 蔡基刚. 课程思政与立德树人内涵探索：以大学英语课程为例 [J]. 外语研究，2021，187（3）：52-57.

[5] 孙有中. 课程思政视角下的高校外语教材设计 [J]. 外语电化教学，2020，196（6）：46-51.

基于课本资源将课程思政融入大学英语课堂的路径研究

宋寒冰*

【摘　要】课程思政有利于引导学生树立积极正向的思想理念，课程思政建设的重要性毋庸置疑，然而目前还存在一些高校英语教师对课程思政认识不足、思政教学元素单一、教学方法不适合等问题，大学英语课程的思政建设还有很大的提升空间。因此，应将课程思政融入大学英语的日常教学中，通过制作课程思政微课课件、丰富教材的思政元素、开展丰富的课堂活动和采取多元化的教学评价等方式，使学生在学习英语语言文化的同时深入了解中国的文化、思想和政治，树立正确的世界观、价值观和人生观。

【关键词】课程思政　大学英语课程　有效路径

一、引言

2020 年 5 月，教育部发布《高等学校课程思政建设指导纲要》（以下简称《纲要》）。《纲要》提出，课程思政建设要在全国所有高校、所有学科专业全面推进。从中不难看出，学生进入高校后，学习文化知识固然重要，然而最重要的是要学会做有道德、有思想、有担当、有民族气节的新时代青年。大学阶段是学生世界观、人生观和价值观形成的重要阶段，在对学生的知识传授和能力培养过程中，必须注重对学生的德育教育的渗透，因为这影响到我们会培养出什么样的人，他们能否承担国家稳定发展和长治久安的大任。2016 年，习近平总书记在全国高校思想政治工作会议上指出："把思想政治工

＊　作者简介：宋寒冰，北京信息科技大学外国语学院讲师，研究方向为大学英语教学。

作贯穿教育教学全过程，实现全程育人、全方位育人，努力开创我国高等教育事业发展新局面。"这意味着广大高校教师要利用好课堂，把对学生的思想德育教育贯穿教学始终。大学英语作为高校的一门重要基础课程，在为国家培养人才方面具有重大作用。所以，大学英语课堂教学各环节都要思考如何合理、科学地对学生进行思想品德教育，大学英语课堂的思政教育要服务于外语人才的培养目标，力求激励学生把自己的抱负和理想与建设强国、服务社会为己任的理念结合起来。

二、课程思政融入大学英语课堂教学的重要性

在大时代背景下，大学英语课程要从国家战略出发，所培养的学生要具有家国情怀，了解中国文化，同时兼具世界眼光和国际意识。学生在学习西方文化的过程中，要有坚定的政治立场和文化自信[1]。所以，课程思政走进大学英语课堂有利于强化思想引领、有利于实现三位一体的培养目标和培养批判性思维。

（一）有利于实现在高校对学生的思想引领

大学英语课程是普通高等学校通识教育的一个重要组成部分，是对大学生进行思想疏导和引领的重要的渠道和平台。因此，将思政教育融入大学英语课堂，大大丰富了英语教学内容，让学生通过学习英语语言了解外国文化和社会，在感受中西方文化差异的同时理解中国厚重的传统文化和优秀的思想道德，从而培养文化自信，热爱自己的民族和国家，做中国文化的传播者，让世界更多的人认识和了解真正的中国。

（二）有利于实现三位一体的人才培养目标

在大学英语课堂开展思政课程建设，是推动高校完成立德树人根本任务的重要举措，有利于实现价值塑造、知识传授和能力培养三者融为一体的人才培养目标。在价值塑造、知识传授和能力培养三者中，塑造正确的价值观是最重要的，在了解西方文化的过程中，正确的价值观可以保证学生对本国的政治认同，提升文化自信，同时培育起对社会的责任感。有正确的世界观、人生观和价值观等三观，才能保障学生会将所学的知识运用于有意义的地方，为国家、世界造福；同时，正确的三观也会提高学生的人文素养，提高发现

问题和解决问题的能力。

（三）有利于提高学生批判性思维能力

学生在学习大学英语时，不可避免地会接触许到多西方社会的思想和文化，这个年龄段的学生有着强烈的好奇心和追求时尚的心理特征，很容易不假思索地跟风模仿，不冷静思考，不冷静做事。因此，将课程思政渗透于大学英语授课的各环节，可以帮助学生学会批判性地思考问题，认识到并不是所有西方文化和思潮都适合我们，所以应该批判性地吸收。我们学习西方文化的目的是站在更高处来认识这个世界，从中学习有用的和先进的元素，最终要用所学的知识使中华民族更加繁荣富强。

三、课程思政背景下大学英语教学中存在的问题

在高等院校不断推广和深化课程思政教育过程中，大学英语教学效果得到了一定的提升，立德树人的育人理念已经不再是空洞的口号，而是正以"润物细无声"的形式融入大学英语教学中。然而，现在还是存在一些教师思想准备不足、思政教育不能与大学英语教学内容相融合以及思政素材单一等问题，具体分析如下。

（一）教师对课程思政教育的重要性缺乏认知

教育大计，教师为本。在学校，教师与学生接触时间长、思想沟通直接，学生的价值观、思想导向、政治认同等方面受教师影响的程度很高，所以思政教育在高校的推广和深入开展离不开教师的积极合作[2]。可是现阶段，有些英语教师本身就不重视对学生思想道德方面的教育，他们往往认为学生的道德修养在中小学阶段已经养成，大学阶段应该专注英语语言学习和实践能力培养。所以，思政教育应从教师开始，对此可组织教师定期参加思政教育培训，进行思政教育下的大学英语课程展示，组织教师研讨，交流思政建设的经验，等等。育人者必先育己，立己者方能立人。只有提升了教师的育人素养，从思想上引导教师认识到立德树人的教育根本，才能为思政教育夯实基础。

（二）思政教育与教学内容不能融会贯通

在将思政教育导入大学英语课堂过程中，往往出现思想教育与英语教学

相割裂的现象，有些教师专门在课堂上预留时间进行思想政治教育，在讲解课文时却不注重引入思政元素。这样的思政教育没有温度，没有吸引力，不能起到引领学生思想的作用。对此，教师应该认真思考如何在大学英语课堂将思政元素和授课内容有效结合，让思政教育与英语教学融会贯通，进而使英语教学变得更加鲜活，使学生在学习英语语言过程中自然而然地提高思想觉悟。

（三）思政教育素材单一

在大学英语课堂开展思政教育时讲什么内容是一个不容忽视的问题。有些教师直接播放教程课件中的视频资源，学生看看就算完成任务。这样机械、单一的思政素材无法吸引学生的注意力。在网络技术高度发达的信息化社会，学生对于最新的消息接收速度快，也很感兴趣，而课件自带的视频资源内容往往讲述的是已经发生的事情，不容易引发学生的共鸣，很难达到预期的教学效果。其实，我们身边随时都有新闻发生，思政素材很多，教师可以结合课本单元的主旨思想选择大家感兴趣的新闻内容，这些素材可以是文本形式，也可以是音频或视频形式。课程思政内容如果新鲜有吸引力，往往可以收到出人意料的效果。

（四）"以教师为中心"的教学方法很难达到满意的教学效果

现在的大学英语教学提倡"以学生为中心"的启发式教学方法，可是不少大学英语课堂却仍旧以教师为中心。教师为了完成教学任务，并不在意什么样的教学模式能引发学生思考，深化教学内容，而是采用填鸭式的教学方法，很少与学生互动和交流，所以一堂课结束，教师无法掌握学生是否能理解教学内容，教学效果不理想。思政教育本身就是一种思想上的教育，需要学生多动脑筋，提高批判性思维能力，在辩论和讨论过程中培养家国情怀，使思想得到升华。教师的一言堂无法给学生思考的机会，这不但违背了科学的教学理念，也无法在更深层次上给予学生思想上的引领以及人格塑造上的熏陶。

四、基于课本资源将课程思政融入大学英语课堂的路径

课程思政走进高校，不能只空谈口号唱高调，而是应该扎根于日常英语

教学中，将课程思政落在实处。研究有效路径切，实将课程思政融入大学英语课堂是当前亟待解决的问题。

（一）制作课程思政微课课件，丰富教材的思政元素

大学英语教材在大学英语教学中的重要作用是毋庸置疑的，它融合时代特色，承载语言文化知识，传达价值理念[3]。所以，对高校学生进行思想教育，编写适合的教材当为首要考虑之处。当前，大学英语教材的种类和内容丰富多样。不过随着课程思政在高校中的深入推广，教材编写和出版周期长、很难及时满足教学的需求的问题也随之显现，为此倡导教师根据自己的教学需要制作课程思政微课课件，丰富思政元素，以提高教学质量和思政教育的效果。以《全新版大学进阶英语1》中的一个单元为例，根据该教程的单元主题，教师可结合教学内容自制思政课件，并将其引入大学英语课堂中。全新版大学进阶英语 1 U6 Going Offline 这个单元，主要讲述了随着科技发展，人们日常生活越来越离不开互联网信息技术和随之产生的诸如智能手机等电子产品。这些新技术和新产品在给人类生活带来巨大便利的同时，也制造了很多社会问题。我们对此应该持有什么样的观点呢？根据这个单元主题，我们在微课中可以从以下几方面录制。

- Smart phones make our life easier in many ways.
- Smart phones lead to negative effects.

以上两个话题从正反两方面阐述了手机等电子产品对人们生活的影响，非常贴近生活，也容易引发学生的讨论兴趣，既可以活跃课堂气氛，培养学生批判性思维能力，也可自然地引导学生注意养成良好、科学使用智能手机等电子产品的习惯，从而将思政教育巧妙地渗透于课堂教学中。

- Do you know these words?

smartphone zombies 智能手机低头族

social media platforms 社交媒体平台

news portals 新闻门户网站

SEO 搜索引擎优化

we media 自媒体

学习诸如以上这些随着互联网科技发展而在近几年出现的新词汇，很容

易和学生产生共鸣，引发学生的学习兴趣。

- Discussion: In this modern age, people can't escape technology. Some people think social media and smart-phone apps do us more harm than good while many others hold the opposite view. What's your opinion? Why?

这个话题讨论引导学生深入思考智能手机对人们日常生活的影响，反思自己是否能科学地使用智能手机，从而在讨论中培养学生的批判性思维能力。

- We should abide by laws and regulations on social media platforms.

这个模块旨在教育学生在使用社交媒体平台时要遵守相关法律规定，不诽谤欺诈、不发表反动言论、不参与色情等违法活动，自身维护社交平台的清朗之风。这样的微课课件精巧生动、内容实用、贴近生活，很容易引发学生学习兴趣，让学生在学习语言过程中净化思想，从而达到立德树人的教育目的。

（二）充分利用学习平台，开展丰富的课堂活动

在大学英语课堂上，丰富的课堂活动可以激发学生对英语学习的兴趣，为学生对语言学习的输入和输出提供了机会。所以，思政教育融入课堂活动是不可或缺的重要环节。目前，随着互联网等现代科技发展，大学英语教学中已引入了多种实用、有效的教学平台，教师在设计课堂活动时需要兼顾线上线下。在课堂活动设计中，教师应把思政元素和理念有目的地结合起来，使碎片式的渗透产生潜移默化的效果。例如，进阶版大学英语教程自带课件中有 Chinese Wisdom 和 Telling Chinese Stories 这两个模块，可以提前布置学生观看，观看后针对教师提出的问题在平台发表自己的见解。这样，同学们不但在辩论中提高了思想觉悟，也加深了对中国传统文化的认识，增加了爱国情怀。此外，教师还可以摘录一些时政新闻要求学生翻译，这个过程有助于提高学生的双语运用能力，同时也提醒学生关注家国天下事。小组展示也是一种常见的大学英语课堂活动。例如，在讲解进阶版大学英语 2 中的 "U1 Living Green" 时，可布置学生以小组为单位制作绿色宣传海报，各小组可自主开展选题讨论、设计分工、绘制分工以及选代表对海报进行讲解和宣传等活动。教师录制展示过程，通过平台发布，并邀请外班同学根据要求打分。

通过这个活动，学生可以提高环保意识，认识到节约能源的重要性；在日常口语训练中，教师可以将一些传达正能量的文章导入 FIF 口语训练平台中，让学生在日常口语练习中塑造积极进取的价值观、人生观。

（三）注重过程性评价，关注学生的日常学习

过程性评价是指对学生在学习过程中所展现的态度、努力和进步进行评价，而不仅仅是对学习结果的测量。在大学英语课程中，注重过程性评价能够更好地关注学生的日常修习和学习态度，从而培养他们的学习动力和自主学习能力。大学英语的过程性评价方法多样，教师可以结合教学平台任务、课堂活动参与、小组活动、单元测试和期末考试等多方面任务的完成情况综合评定学生的成绩，而不是仅仅根据一次期末考试就评定学生的总体表现。这种全方位、多元化的评价方式有利于激发学生的内在学习动力，让学生关注日常的英语学习。教师在课上、课后和日常交流中都应该鼓励学生积极参与学习和讨论，思考和表达自己的观点，使之形成自主学习的习惯。同时，教师也应该定期关注学生的学习进展和问题，并给予及时的指导和反馈，使学生在学习过程中不断完善自己。这些都与课程思政的教学理念相契合：强调思想政治教育应该贯穿教育全过程，注重培养学生的主动学习意识和社会责任感。

五、结语

总之，课程思政应该以"润物无声"的方式渗透于大学英语的教学中，把思政教育和大学英语教学的各个环节有机结合起来，使学生在学习英语的同时了解和认识国家的政治、社会、文化等各个方面，从而提高他们的思想政治素质和综合素质，树立正确的世界观、价值观和人生观。

参考文献

[1] 李晓丽. 课程思政背景下提升大学英语教学效果的路径研究 [J]. 阜阳职业技术学院报，2021（4）：48-51.

［2］黄洁．高校英语教学中的课程思政实施路径探析［J］.普洱学院学报，2021（6）：114-116.

［3］谢德静．课程思政视角下的大学英语教学模式探索［J］.林区教学，2022（1）：67-70.

大学英语跨文化交际课程思政实践路径研究
——以北京信息科技大学为例*

宋　颖**

【摘　要】跨文化交际课程是大学英语课程体系中的新成员，虽然它和传统大学英语课程有着相似的教学背景，但又有其独特的教学内容和方式，因此在贯彻课程思政立德树人的路径上有别于传统大学英语课程，具有单独研究的价值。本文以北京信息科技大学大学英语课程体系中的跨文化交际课程为例，从课程思政体系的宏观构建到具体的落地实施，较为全面地探讨了该课程中思政融入的实践路径。

【关键词】大学英语　跨文化交际　课程思政

一、引言

党的十八大提出，教育的根本任务是立德树人。2018 年 9 月，教育部颁布《教育部关于加快建设高水平本科教育全面提高人才培养能力的意见》（以下简称《新时代高教 40 条》），明确指出要"把思想政治教育贯穿高水平本科教育全过程"，要"强化每一位教师的立德树人意识，在每一门课程中有机融入思想政治教育元素"。2019 年，《教育部关于深化本科教育教学改革全面提高人才培养质量的意见》（以下简称《质量二十二条》）第一条即要求把课程思政建设作为落实立德树人根本任务的关键环节，坚持知识传授与价值引领相统一、显性教育与隐性教育相统一，充分发掘各类课程和教学方式中蕴含

　　* 基金项目：本文系北京信息科技大学 2022 年课程思政立项项目"'立德树人'目标下《跨文化交际》课程思政实践路径研究"（项目号：2022JGSZ28）的阶段性研究成果。
　　** 作者简介：宋颖，北京信息科技大学外国语学院讲师，研究方向为跨文化交际和翻译。

的思想政治教育资源。2020 年 6 月，教育部印发《高等学校课程思政建设指导纲要》，全面推进高校课程思政建设。该纲要指出，高校要深化教育教学改革，充分挖掘各类课程思想政治资源，发挥好每门课程的育人作用，全面提高人才培养质量。

在这一系列紧锣密鼓、层层推进的国家教育方针推动、打造的新时代"大思政"育人格局中，如何能够如习近平总书记所托的那样，"守好一段渠，种好责任田"[1]，将立德树人这一教育的根本任务落到实处，把思想政治工作贯穿教学全过程，实现全程育人、全方位育人，亟待每一位一线教师在自己所教授的课程中去厘清、思考并践行。高校大学英语课程体系中的跨文化交际课程虽然与传统大学英语课程有着共同的育人目标和相似的教学背景，却因其独特的授课内容和形式，在课程思政的实践中颇有深入探索的价值。本文将以北京信息科技大学大学英语课程中的拓展课跨文化交际为例，挖掘该课程或明确或潜在的思政元素，探索该课程开展课程思政的路径。

二、跨文化交际课程的思政特色

《大学英语教学指南》（2020 版）将大学英语的课程性质定义为"高等学校人文教育的一部分，兼有工具性和人文性双重性质"。其中明确指出，"就人文性而言，大学英语课程的重要任务之一就是进行跨文化教育"。因此，在大学英语课程体系中开设的跨文化交际课程，相比基础阶段的大学英语课程，其特点是，课程设计的宏观层面以外语能力为基座，以国际视野为桥梁，以家国情怀为目标，着眼于帮助学生了解国外的社会与文化，增进对不同文化的理解和对中外文化异同的认识。该课程着力培养的跨文化交际能力强调交际行为的有效、得体，有着更直接、更实际的立德树人指向。

北京信息科技大学以高校新工科、双一流建设、工程师认证等发展目标为指导，在跨文化交际的课程大纲中明确指出，该课程以提升"一带一路"工程技术人才的全球化能力为主要目标，这种能力除了书本理论知识外，更重要的是以个人价值观和对自己和他人文化的思辨性的判断力为主要内容的跨文化交际能力。蔡基刚指出："培养全面发展的人，最重要的就是立德树人，不做到最基本这一点，任何跨文化交际意识都是空的。"[2] 可见，学校对学生的跨文化交际能力和意识的培养必须以立德树人为根本目标和任务来展开，才能使培养出来的人真正具备有益于全社会和全世界的全球化能力。跨文化交际课程指导和帮助学生生成与发展社会所期待的思想政治素质，真正掌握和运用好跨文化能力，这和学校的学生培养目标是同向同行的。

　　基于此，不论从整个大学英语教育的宏观角度还是从学校课程设置的微观角度来看，跨文化交际课程都天然地和课程思政有着千丝万缕的联系，在其课程实施和教学内容的各个环节和层面都能够实现思想政治教育的无缝衔接和有效渗透。本课程组教师从思政教育的视角挖掘、引申和建构跨文化交际课程教学素材的思政属性，在统筹显性课堂和隐性课堂上做文章，力求打造一个高质、高效、针对性强的课程思政教学模式，提升学生在跨文化交际问题上"思政思考"的主动性，从而达到立德树人的教育目标。

三、跨文化交际课程思政体系的构建

　　跨文化交际的课程思政体系以课程的知识体系为基础，从格局、修养和技能三个维度进行构建，从内在的素养到外化的能力，全程紧扣立德树人的主线，将思政路线贯穿跨文化交际课程始终，从而形成教育合力，打造有时代感、有使命感的课程，培养既能独当一面又能站稳立场的新时代合格人才。

　　（一）格局——文化自信

　　正如著名服装设计师山本耀司所说的那样，"'自己'这个东西是看不见的，撞上一些别的什么，反弹回来，才会了解'自己'"[3]。跨文化交际课程为学生所提供的正是这样一种"撞击反弹后再看清自己"的全新视角，本课程通过各个层面的文化对比、品鉴，使学生理解和热爱中华文化，更好认识中华文化的伟大、丰富、精深和对人类文明的特殊贡献，从而增强文化自豪感，提升文化自觉和文化站位，在国际视野中涵养家国情怀，坚定文化自信。这种文化自信不仅源于源远流长、亘古而新的中华文明，而且源于当下的中国与世界文明交流互鉴过程当中所彰显的开放包容、和合共生的精神格局。文化自信的浸润使学生在进行跨文化交际时得以呈现大国国民的风范，而这种风范又恰恰是一种更深层次的文化自信的表达，这无疑与他们这一代所肩负之讲好中国故事、弘扬中国精神的神圣使命同向同行。

（二）修养——人格塑造

大量事实证明，"最佳外语学习者大都在文化因素的比较、评价和综合的过程中使自己的人格变得更加丰富和完整。文化的评价和批判并没有在他们身上引起激烈冲突和人格分裂。在他们身上，不同的文化因素达到了某种惬意的整合"[4]。跨文化交际课程的基本理念就是倡导对文化差异造成的冲突采取理解和宽容的态度，对异文化采取理解和同情的态度，对多样性采取积极接纳的态度，对变化采取建设性的态度，克服自我中心意识和本土文化中心意识，学会从受众角度看问题，而这些正是一个具有健康人格特征的现代人所应当具备的素养。因此，从深层意义上讲，跨文化交际能力的培养实际上是在改变思维方式、重新塑造人格[5]。如果我们培养出的人才都具备符合时代要求的人格，那么我们的文化不但不会遭到外化的影响和侵蚀，反而会走向新的辉煌。

（三）技能——理解与沟通

在2016年发布的《中国学生发展核心素养》总体框架中，"国际理解"被归为六大素养之一"责任担当"中的一个要点[6]，因为有了理解才有感同身受，才有彼此欣赏和相互尊重，才能推己及人，自觉反对文化霸权主义或文化部落主义，真正树立起全球意识和人类命运共同体的意识。跨文化交际课程所培养的"交际能力"既涵盖了如何理解对方所指（而非所说）的理解能力，也涵盖了如何用易于对方理解的表达来沟通的能力。未来，能够担当中华民族复兴大任、推进世界和平发展的人，必定是具备高度国际理解能力与国际沟通能力、在不同文化之间能够自如行走，进行国际交往和文明对话的人。

四、跨文化交际课程的思政实践路径

基于上述跨文化交际课程与思政教育的紧密关联以及本课程思政体系框架的确立，在该课程中实践全方位的课程思政已势在必行，这一"全方位"效果主要通过两个路径来实现，一是"全内容"，二是"全过程"，通过这两"全"路径，跨文化交际课程将价值塑造、知识传授和能力培养三者融为一体，全方位落实本课程所承载的立德树人根本任务，积极为学生提供正能量，助力学生的向阳成长。

（一）"全内容"覆盖

大学英语跨文化交际课程的主要内容围绕跨文化能力的培养主要分为下列六大板块（见图1），这六大板块从分析文化以及文化差异产生的原因开始，经由文化交际障碍的探讨，一直到应对文化差异的方法，内容逻辑紧凑，层层推进。

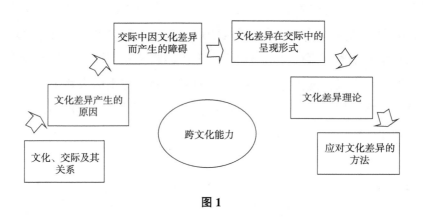

图1

在这六大内容板块中，寻找与政治认同、家国情怀、文化素养、法治意识、道德修养等内容相关的"触点"和"融点"，围绕社会主义核心价值观教育、中国特色社会主义和中国梦教育、中华优秀传统文化教育、劳动教育、法治教育、心理健康教育等与大学生学习生活息息相关的方面进行课程思政元素的渗透，凸显了本课程价值引领的强大功能。

1. 文化、交际及其关系

在这一板块的文化与交际的关系探讨中，要引导学生意识到跨文化交际不仅仅发生在本国人与外国人之间，学习跨文化交际，学会跨文化沟通技巧，也能够让自己更加从容地应对和解决学习生活中因人际交往而产生的问题，以更加积极、正面的态度和方式去处理人际关系。

这一板块中另一个与课思政密切相关的知识点是"文化身份"。正如习近平总书记所强调的，"没有高度的文化自信，没有文化的繁荣兴盛，就没有中华民族伟大复兴"[7]。习近平总书记所指的文化自信，前提是对自己的文化身份和本民族文化的认同，这也是爱国主义教育的核心所在。没有文化身份和文化的认同，就无法形成民族认同、国家认同，更无法形成文化自信。同时，教育在其本质上也是为了解决把人培养成什么样的人的问题，即让人认同什么样的文化、价值观、道德规范和行为方式。基于此，"文化身份"的探讨对于人生观价值观尚在形成阶段的大学生们就显得尤为重要，为此应着力增强学生对中国文化和身份的认同感。

2. 文化差异产生的原因

这一板块通过分析人类在经过感觉（sense）、选择（select）、组织（organize）和解读（interpret）这一系列步骤后最终形成对事物的感知（perception）的这一全过程以及其中的影响因素，使学生认识到人类对事物感知的千差万别并最终形成文化差异的根本原因，而学生在认识到文化差异本质的基础上再去接受并包容文化差异时，就会变得更加理性和自然。有了这样的意识基础，跨文化交际意识也就有了最重要的根基。

习近平总书记指出，思政教师"要善于利用国内外的事实、案例、素材，在比较中回答学生的疑惑，既不封闭保守，也不崇洋媚外，引导学生全面客观认识当代中国、看待外部世界，善于在批判鉴别中明辨是非"[8]。鉴于此，学生在学习本板块的"人类对事物产生错误认知的原因及克服方法"知识点时，教师可以利用一些社会热点事件的新闻报道，引导学生理性和科学地分析和判断所接触到的西方媒体舆论，帮助学生明辨真伪、厘清是非，在错误的舆论导向面前保持清醒的头脑，从而增强抵御各种"糖衣炮弹"或别有用心的"围猎"的能力。

3. 交际中因文化差异而产生的障碍

本板块所讨论的交际中因文化差异而产生的障碍，包括情感障碍、态度障碍和翻译障碍。将情感障碍中的"焦虑"与大学生交际中的"社恐"现象对接，教师能够顺势对"社恐"学生进行心理上的疏导和引导学生并有针对性地练习克服"社恐"的方法。在态度障碍的学习中，可以利用民族中心主义（ethnocentrism）引导学生分析西方社会恶意散布的"中国威胁论"；引导学生思考西方媒体如何误导国际民众对中国形象形成刻板印象（stereotype）甚至错误认知，并探索破除这些刻板印象、树立中国正面形象的办法；从思考美国频发的歧视亚裔案例到教会学生在国外留学时甄别和应对种族歧视（racism）问题。翻译障碍的内容更为贴合英语课作为语言课的功能，对此可利用翻译失误带来国际争端或成功翻译促成国际交流的具体案例来强化英语语言学习的重要性，使学生认识到语言因文化的影响会产生"失之毫厘，谬以千里"的误解，进而影响到国际交往。

4. 文化差异在交际中的呈现形式

文化差异在交际中的呈现形式分为非言语交际和言语交际两大类。在非言语交际的学习中，教师可通过丰富的案例提示学生注意各类非语言信号（如时间观、手势、颜色等）在不同文化中的不同表达，帮助学生在与外国人交往时注意规避外国人的文化禁忌，使之在未来的国际交往中避免不必要的冲突和误会，这不仅有助于学生自身的工作生活，而且有利于学生所代表的积极中国形象的国际传播。在言语交际的学习中，在"洋泾浜英语"的知识点上可以上海方言为例，让学生看到该方言的变迁与发展和中国的殖民地历史的关联，从而深入感知中国语言与历史文化的密切联系；在言语交际风格的知识点上，可以通过对比东西方交际风格，让学生对中国人的交际风格有更为立体和清晰的认识，这不仅为他们与外国人士打交道提供了可依循的方法，而且为他们将来讲述中国故事、完成传播"中国式沟通"的使命提供了一个系统的框架。

5. 文化差异理论

这一板块将前面章节中的所有文化差异现象都上升到了理论层面，以"文化模式四要素"（信仰、价值观、行为规范、社会实践）为基点去分析文化与文化之间的差异，更为系统和全面。例如，可以通过对比中国和美国在抗击新冠疫情中分别采取的"动态清零"和"躺平"政策，分析中美文化在以上四要素中的差异所在，令学生站在文化层面从根本上认识为什么中美抗疫的效果和结果会有天壤之别，从而使学生进一步深刻认识到中国抗疫政策为什么"能"、抗疫行动为什么"行"以及抗疫效果为什么"好"，这不仅能够使学生发自内心地拥护并配合党中央的抗疫政策，而且能坚定学生对中国文化和制度的信心。同时，可以结合中国人中国传统价值观、社会主义核心价值观、合格中国公民行为规范、职业道德规范、中国各地特色习俗等对中国文化从四要素的维度进行立体构建和呈现，从而帮助学生理解中国文化的深刻内涵，增进学生的文化自信。

6. 应对文化差异的方法

从本板块中的文化适应四种模式（同化、融合、隔离、边缘化）入手，以李小龙、谷爱凌等成功融合两种文化并成为两种文化交流使者的案例，引导学生思考在同时面临两种文化时如何正确处理本族文化和外族文化的关系，这样的思考也可以引申至外地来京求学的同学如何在当地文化和家乡文化之间找到有效的平衡点等方面，以积极适应当地文化并介绍、传播家乡文化。此外，本板块关于如何克服"文化休克"的探讨可以进一步帮助学生找到适应新文化的路径和方法，不仅可为外地同学适应新学校、新环境带来更多的指导性建议，而且可为学生未来可能的海外留学生活奠定良好的心理基础。此外，还可以让学生观看外国旅居者的自媒体视频，通过他们将在中国习以为常的舒适、便捷的生活与回国后遇到的种种不便进行对比的吐槽，不仅能让学生生动领会什么是"逆向文化冲击"，而且能够让学生从心底产生作为中国人的自豪感。

（二）"全过程"贯穿

要将课堂教育转化为"有意识性"的课程思政，必须有步骤、有系统地进行。本跨文化交际课程通过方式与手段的组合，使课程的思政元素不仅仅局限于教学内容中，更贯穿课程实施的各个环节，从而使这门课的思政教育效果更加落到实处。

1. 课堂活动小组的组织

考虑到学生普遍缺乏与外国人的实际交往体验，而跨文化交际课程又需要"跨文化"的实际场景作为学生的"操练场"，因此教师在组织课堂活动小组时，按照性别、专业、籍贯、性格特点等个体差异性特点进行重组，确保同一小组的成员在上述特点上互不重合，最大限度利用本班级同学自身的多元资源，保证组内成员特点的异质性和多元化，让学生在课堂活动和课外任务的完成过程中自然地发生"跨文化"交际。这样，不仅为课程的内容找到了实际依托点，而且为学生理论联系实际、锻炼跨文化交际技巧提供了实际场所，让学生从中切实地感受并习得人际沟通之道，同时也培养了他们积极面对差异、面对沟通的态度和能力。

2. 课外读物的推荐

跨文化交际的基础是"文化",要懂得跨文化交际,就要懂得文化。作为中国人去进行跨文化交际,则先要懂得中国文化,而中国文化又恰恰是中国大学生们最容易忽视的。因此,在课程过程中教师会着意推荐一系列有关中国文化的经典读物给学生作为课程学习的补充读物。例如,费孝通的《乡土中国》涉及乡土社会人文环境、传统社会结构、权力分配、道德体系、法礼、血缘地缘等各个方面,作者用通俗、简洁的语言对中国的基层社会的主要特征进行了概述和分析,全面展现了中国基层社会的面貌;梁漱溟的《中国文化要义》从集体生活的角度对比了中国人和西方人不同的文化传统和生活方式,进而提出中国社会是伦理本位社会的重要论断;季羡林的《季羡林谈文化》从中国传统文化、东西文化碰撞、文化漫谈、中华民族精神等方面,对中国文化进行了精辟的阐述。在这些大师作品的引领下,学生可以在清醒认识自己作为"中国人"的文化身份基础上进行重塑和再建,进一步增进对中国文化的理解和自信,也就自然能够将这份自信在跨文化交际中传导给国际友人,对中国文化的国际传播起到正面的推动作用。

3. 课外作业的布置

围绕思政目标,教师也应注重利用课堂重点内容及概念布置各类形式的课外作业,引导学生对中外文化和社会现象进行理性观察和思考。此类作业形式包括影评(通过布置学生观看指定电影,要求学生就电影中的跨文化现象进行评述)和制作中国文化推介小视频(以中国人的视角观察自己周边具有中国特色的人或物,触摸和展示真实的中国,旨在打破外国人对中国和中国人的负面刻板印象,向世界传播真实的中国国情)等。此类课外作业不仅能够加深学生对课程重点和难点的理解,而且可以使他们学会将抽象的概念和理论运用于实际之中,从而培养理性、客观地观察和评述真实社会和文化现象的能力。

4. 课程考试的设计

课程考试除了考查跨文化交际有关的概念和理论外,也注重对学生利用理论和概念进行跨文化交际的实际能力的考查。在本课程的期末考试中,教师会专门设计以下两类题型。

第一，要求学生以外国人为对象对设定语境中出现的承载中国文化的成语或典故进行翻译和解释，如要求学生在如下语境中向一个不懂中国文化的外国人传达"叶公好龙"的意思：

A：他不是一直都挺爱好文艺的嘛，怎么有这么好的音乐会他却不去听？

B：他也只是叶公好龙而已。

第二，要求学生就某一概念或理论的理解，将中国文化在这方面的特色通过分享自身经历或讲小故事的方式进行描述，如要求学生用身边的实际案例来说明中国人的集体主义（collectivism）之文化特点。

通过这两类题型的考查，学生对中国文化的敏感度和关注度得到了加强，他们用英语讲述中国故事的能力也得到了锻炼。

五、结语

高等学校肩负着为党育人、为国育才的重任，是实现教育强国的中坚力量，而课程思政是实现教育立德树人根本任务的新途径。借助课程思政教学改革，北京信息科技大学跨文化交际课程组教师在挖掘本课程的思政元素、构建课程思政体系、重构授课的思政新模式等一系列探索中也经历了自我学习和提升的过程，对课程思政"立德树人，培根铸魂"的意义也有了更深的理解。在未来的工作中，本课程组还将着眼于课程思政教学实施过程中存在的堵点和难点，如育人认知障碍、教学资源整合障碍和课程思政教学效果评价体系不完善等，持续推进本课程思政教学的完善和升级，实现课程思政"润物无声"的育人宗旨。

参考文献

［1］习近平. 全国高校思想政治工作会议讲话［EB/OL］. （2016-12-09）. ［2023-06-01］. http://www.moe.gov.cn/jyb_xwfb/s5148/201612/t20161209_291329.html.

［2］蔡基刚．课程思政与立德树人内涵探索：以大学英语课程为例［J］．外语研究，2021（3）：52-57.

［3］山本耀司，满田爱．山本耀司：我投下一枚炸弹［M］．重庆：重庆大学出版社，2014：6.

［4］帕默儿．语言学概论［M］．北京：商务印书馆，1983：55.

［5］李兆国．跨文化交际与人格重塑［J］．经济研究导刊，2008（15）：219-220.

［6］核心素养研究课题组．中国学生发展核心素养［J］．中国教育学刊，2016（10）：1-3.

［7］习近平．中国共产党第十九次全国代表大会报告［EB/OL］.（2017-10-27）.［2023-06-07］.https://www.gov.cn/zhuanti/2017-10/27/content_5234876.htm.

［8］习近平．在学校思想政治理论课教师座谈会上的讲话：［EB/OL］.［2019-03-18］.［2023-06-07］.http://www.gov.cn/xinwen/2019-03-18/content_5374831.htm？allC 2019.

跨文化交际视阈下大学英语思政教学实施路径探究

——讲好中国故事

王　霞　郝永辉*

【摘　要】当前，中国面临西方文化不断渗透入中国的形势，一些西方国家出于其政治目的，极力鼓吹"中国威胁论"。面对这样的形势，中国大学生"用英语讲中国故事"具有重要的时代意义。本文从跨文化交际的角度，结合"为何讲（why）"、"讲什么（what）"、"谁来讲（who）"、"给谁听（whom）"和"如何讲（how）"这五个维度，探讨"用英语讲中国故事"作为大学英语思政教学的实施路径。针对"用英语讲中国故事"过程中普遍存在的思政素材匮乏、缺乏讲述故事技巧等问题，提出有针对性地使用大学英语思政教材，从教材阅读材料及社会热点中挖掘思政素材，培养学生的跨文化交际能力和英语叙事能力等方式方法。

【关键词】跨文化交际　大学英语思政教学　讲好中国故事

一、引言

《大学英语教学指南》（2020 版）在大学英语"课程定位与性质"部分明确提出，"大学英语教学应主动融入学校课程思政教学体系，使之在高等学校落实立德树人根本任务中发挥重要作用"[1]。文秋芳把外语课程思政内涵解读为"以外语教师为主导，通过外语教学内容、课堂管理、评价制度、教师言

---

　*　作者简介：王霞，北京信息科技大学外国语学院副教授，研究方向为跨文化交际；郝永辉，北京信息科技大学外国语学院副教授，研究方向为外国语言文学。

行等方面，将立德树人的理念有机融入课堂教学各个环境，致力于为塑造学生正确的世界观、人生观、价值观发挥积极作用"[2]。依据《大学英语教学指南》（2020 版）和文秋芳对外语课程思政的解读，大学英语思政教学的目标就是立德树人，即引导学生树立正确的"三观"，培养学生的爱国主义精神和对中华优秀传统文化的认同感，教育引导学生践行社会主义核心价值观。

黄国文认为，教师在教育和教学的过程中，应该在正确的价值观（如正确的道德观、伦理观、家庭观等）的引领之下去挖掘和传授教材中的思政元素[3]。大多数外语教师认同思政教学策略就是"从教材中挖掘思政元素，对学生进行社会主义核心价值观的引导"[4-6]。

二、跨文化交际视阈下的大学英语思政教学

当今社会，西方国家通过包括电影、流行音乐、报刊在内等各种文化产品和大众消费品对他国进行文化渗透，输出西方的生活方式、思维模式和价值观，在潜移默化中诱导他国人民，尤其是他国的年轻人对西方文化霸权产生"文化认同感"，以实现其最终目的——对他国人民进行文化、思想和意识形态改造。西方对我国的文化渗透意在使国人忘记我国的文化传统和价值观，忘记历史，直至被完全西化。同时，一些西方国家对中国持有偏见和文化误解，并出于其政治目的鼓吹"中国威胁论"，蒙蔽其民众的双眼，打压中国的发展。正是在这样的大背景下，习近平总书记对高校思政工作非常重视，多次对高校思政教育作出重要指示，深刻阐述高校思政工作的重要任务。习近平总书记指出："要教育引导学生正确认识世界和中国发展大势，认识和把握中国特色社会主义的历史必然性，全面客观认识当代中国，看待外部世界；正确认识时代责任和历史使命，用中国梦激扬青春梦。"[7]

结合当今的国际形势和习近平总书记的对中国大学生提出的要求来看，大学英语思政教学的任务不只包含培养大学生"修身齐家"的本领，让大学生在社会主义核心价值观的引领之下光明磊落，一身正气，对坚持中国特色的社会主义不动摇，还包含培养大学生的社会责任，即对外传播中国声音，向世界传播优秀中国文化，展示真实的中国形象。《大学英语教学指南》（2020 版）中提出，跨文化教育是大学英语教学的重要部分。大学英语教学

培养的跨文化交际能力应既包含对外来文化的理解和包容能力，又包括能用英语准确而恰当地输出中华文化，向世界传播中华优秀文化和价值观，消除文化误解和偏见，提升中国在国际上的话语权等方面的能力。近年来，习近平总书记在讲话中多次提出，要"讲好中国故事，展现真实、立体、全面的中国，提高国际文化软实力"。"跨文化交际视阈下讲好中国故事"作为大学英语思政教学的重要实践途径之一，无疑具有重要的现实意义。

在国内已有大量关于"用英语讲好中国故事"的研究，主要涉及其意义和价值[8]，实现路径[9-11]和采用策略[12-14]等。还有一些学者探讨了如何把"讲好中国故事"融入大学英语教学。例如，董明通过对教材阅读文本的分析，从中国故事主题内容选取、文本篇章结构、讨论模式创新等方面探讨了在英语课堂中"讲好中国故事"的策略和方法[15]。但是，到目前为止，从跨文化交际的角度探讨以"讲好中国故事"作为大学英语思政教学的重要实践路径的研究还比较少。

三、跨文化交际视阈下"讲好中国故事"

岳豪、庄恩平根据拉斯韦尔提出的"5W 模式"，提出讲好中国故事的内涵应包含五个维度：为何讲（why）、讲什么（what）、谁来讲（who）、给谁听（whom）和如何讲（how）[16]。从传播学的角度来说，"为何讲（why）"（交流的目的）和"给谁听（whom）"（信息接收者）决定了"谁来讲（who）"（信息发出者）如何对发出的信息进行编码（encoding），也就是"如何讲（how）"和"讲什么（what）"。

（一）"为何讲"

"中国威胁论"是目前对中国国际形象的最大挑战。一些西方国家认为，中国的崛起会破坏世界和平，威胁其他国家的安全，加剧能源枯竭，造成环境的一步恶化，甚至引发世界大战。"中国威胁论"源于西方国家对一个世界大国复兴的焦虑或者嫉妒，也源于一些西方人一直以来对中国及中国文化的误解和偏见。19 世纪末流行于美国的"黄祸论"认为，中国人是低劣人种，涌向世界各地的中国人会给高贵的西方文明造成危害。在一些西方人的认知中，中国一直都是"落后的第三世界国家"，现在中国的经济却扶摇直上，成为世界第二大经济体，这使得这些西方人对中国的崛起颇感压力，于是炮制"中国威胁论"，试图压制中国的发展。

"讲好中国故事"的目的是培养中国大学生的社会主义核心价值观，让大学生作为中国文化的使者向世界传播中华优秀文化，展现真实的中国形象，消除一些西方人对中国的文化误解和认知偏差，提升中国在国际上的话语权。

（二）"给谁听"

中华文化和西方文化分别诞生于不同的自然地理环境，不同的生活环境使中西方民族有着不同的生活方式和社会结构，并在此基础上产生了不同的价值观。例如：对于人与自然的关系，中国传统的宇宙观是天人合一，而西方却认为天人相分；在中国，人们对集体或群体具有很强的归属感，中国人提倡以国家、社会和家庭利益为重，个人利益在必要时可以忽略，甚至牺牲，而西方人（尤其是美国人）极其崇拜个人主义，把个人利益放在首位。

"给谁听"中的信息接收者定位主要是对中国文化不了解或不太了解，甚至是有误解的西方人。因此，在考虑"如何讲（how）"和"讲什么（what）"的时候必须从跨文化交际的角度考虑中西方文化之间的差异。

（三）"谁来讲"

每一个中国人都有责任利用一切机会向西方国家和人民"讲好中国故事"，向世界展示真实的中国形象。中国大学生作为中国特色社会主义事业的接班人，肩负着实现中华民族伟大复兴的重任。在当前，西方文化通过各种媒体不断渗透到中国，中国大学生通过"讲好中国故事"坚定自己对中国社会制度，对中华文化的认同感的同时，应担负起中国文化代言人的责任，向世界呈现真实的中国，消除西方国家对中国和中国文化的刻板印象，减少和消除文化误解。

（四）"讲什么"

对于"讲什么"，大多数学者认为应该从培养学生社会主义核心价值观的角度出发，引导学生用英语讲述优秀中国传统文化[17]，讲述红色故事和中国改革开放故事[18]。苏仁先认为应该从跨文化的角度选择中国故事，可以讲"普通人的故事，道德故事，环境保护故事等"[19]，李然、王馨玉认为中国故事应该与院校专业相结合，如农业高校学生可以古今中国农业为主题来讲中国故事[20]。

　　培养学生社会主义核心价值观，实现立德树人的目标是大学英语思政教学的主要目的，但是大学生还应肩负起社会责任：对外传播中国声音，向世界传播优秀中国文化，展示真实的中国形象。中西方文化之间存在巨大差异，"讲好中国故事"可以从中西方文化的共性出发，这样容易让故事走进听受众者的心里。"讲好中国故事"可以讲述中国老百姓的生活方式和中国的诚信文化（可在故事中对比西方的契约精神。中国的诚信文化与西方的契约精神都是以实现美好生活为目标的，殊途同归）；可以讲述中国企业的创业故事和中国老百姓的敬业故事（可在故事中对比西方文化注重的工匠精神）；针对中西方社会和文化的不同之处，可以讲述作为中国传统文化主流思想的儒家思想及其讲求的包容性，讲述在儒家思想的影响之下中华民族包容和爱好和平的民族精神，以此反驳"中国威胁论"；可以讲述新冠疫情下西方的个人主义和中国集体主义的故事，让西方人认识到中西方属于不同的价值观体系，不能从其民族中心论的视角来看待中国和中国人；可以讲述中国特色社会主义的诞生过程和当今中国老百姓的幸福生活故事，以此说明中国的社会制度是中国老百姓自己的选择，西方国家一些人应该摈弃自己的"救世主心态"；可以讲述中国作为世界大国的责任和担当的故事，如中国在保护环境和维护世界和平方面做出的贡献故事等。

　　（五）"怎么讲"

　　中西方文化差异造成中西方在交流风格上存在较大差异。中国人之间的交流信息大部分内化在个人社会共识之中，而不是通过文字传递。"言有尽而意无穷"的交流风格和叙事方式给外部世界理解中国文化和中国文化走向世界带来了不少挑战[21]。西方人之间交流信息主要通过文字，情感和态度往往会通过文字直接表达。相比之下，中国人在交流的时候往往会间接表达自己的情感和态度，即把自己真实的话语意图隐含在语境之中，乃至通过沉默等非言语交流手段传递信息。"讲好中国故事"无疑需要有跨文化的意识，应了解中西方在交流风格上的差异，按照西方的交流习惯来讲中国故事。

　　"讲好中国故事"需要考虑受众者的思维习惯。"讲好中国故事"要用外国人能听懂的话语介绍中国，采用对方容易识记和理解的话，采用符合对方思维习惯的话[22]。从思维特点上看，中国文化讲究整体性、和谐性和统一性，因而往往忽视细节，而西方文化注重细节；在认识论方面，西方文化注重思辨，而中国文化注重经验性的感悟和直觉。

"讲好中国故事"需要有中西方叙事习惯差异意识。从叙事学的角度来看，任何一篇叙事作品都包含各种元素，如人物、情节、事件、场景、细节等，这些元素组合在一起就构成了一篇完整的叙事作品。对比中西方叙事作品，不难看出西方文化侧重叙事作品中各种元素的具体呈现，而中国文化注重陈述作品元素之间的相互关系[23]。

四、"讲好中国故事"作为大学英语思政教学的实施路径

常海潮[11]通过对 233 名大学英语教师和 2 485 名大学生进行问卷调查发现，师生普遍对"讲好中国故事"具有积极情感，良好愿望，但是在讲故事过程中遇到了故事素材匮乏、缺乏讲述故事技巧以及课时有限等三大主要问题，这些问题无疑是在"讲好中国故事"的大学英语思政教学实施道路上需要等要率先解决的问题。

（一）如何解决故事素材匮乏的问题

作为大学英语思政教学的实践路径，"讲好中国故事"的举措需要融入大学英语课堂教学之中。对于大多数教师而言，最直接的做法是从教材每个单元的课文中挖掘思政故事主题。合理选择大学英语思政教材有利于教师从教材中挖掘思政主题。刘正光、岳曼曼指出，外教社和高教社 2020 年以前出版的教材中涉及中国文化和时代精神风貌的内容占比太低，课程思政内容要么没有落到实处，要么就是标签式处理，"两张皮"现象较为严重[24]。无疑，以语言教学为唯一目标的传统大学英语教材不利于教师挖掘思政素材和思政主题。在最新出版的大学英语教材中，至少有 10 种教材的教学目标中明确包含了思政教学目标，这类教材的特点在于使大学英语语言教学和思政教学自然融合，避免了"两张皮"的情况。

笔者以自己所在院校大学英语教学中使用的《全新版大学进阶英语综合教程（思政智慧版）第三册》（以下简称《进阶英语第三册》）的第一单元为例，分析说明如何充分利用大学英语思政教材挖掘"中国故事"主题。第一单元涉及的主题为 Working Holiday Abroad；阅读材料共有三篇，分别为：

"How My Working Holiday Changed Me"，"Five Jobs I Never Knew I'd Have Abroad" 和 "A Chinese Backpacker's Experience in Auckland, New Zealand"。这三篇阅读材料的主题都涉及故事主人公自述到假期国外打工的工作和生活经历给自己带来的改变。前两篇故事的主人公都是西方人，第三篇故事的主人公是中国人。虽然这三个故事的主人公有着不同的文化背景，但在渴望改变的驱动之下，他们都选择了到陌生的国家打工度假的生活方式。打工度假的经历给他们的人生带来了积极的改变。

从跨文化的角度来看，西方人追求冒险和变化，相比之下，中国人对风险的接受程度则低一些。随着中西方文化之间的交流，中国人的生活方式也受到了西方文化的影响，一些中国年轻人开始喜欢各种冒险运动，渴望冒险带给自己不一样的体验和改变。当代中国人的生活方式以及充满冒险精神的极限运动在中国的蓬勃发展，可以作为这个单元中国故事的主题。这个故事主题可以反映中西文化的融合，从而激发西方受众的共鸣以及对中国文化和中国人的亲近感。

如何进行"讲故事说道理"？教师可以建议学生在故事的结尾从跨文化的角度讨论、分析中国父母通常不会积极鼓励孩子参加太过冒险的运动的原因，并给予点评，然后教师从跨文化的角度给出分析：不是中国人不敢冒险，害怕失败，而是由于文化的原因——在孔孟文化强调的修心养性的影响之下，在中国的传统文化中不太喜欢过于冒险、刺激的东西。相比之下，诞生于海洋文化的西方文化崇尚独立、冒险和直率。通过故事结尾部分关于中西文化差异的讨论，可以让西方受众在看待中国时具有文化差异意识，而不是直接以自己的文化标准来评判中国。

对于本单元的思政教学，教师还可以参考单元主题内容，结合当前的时事热点，选择有利于立德树人、培养学生对中国文化的认同感、能向世界展示真实中国的其他故事主题。

（二）如何培养学生讲英语故事的技巧

"讲好中国故事"需要培养学生的跨文化意识。教师可以从每个单元的阅读材料中找出反映中西方文化差异的内容，并进行对比分析，也可以在每个单元的教学中以专题的形式给学生讲解中西方文化差异，尤其是在价值观和思维方式上的差异。教师利用教材单元主题挖掘出思政素材，并确定中国故事的主题后，可以鼓励学生从跨文化的角度审视自己讲述的故事，发现其背后所涉及的中西方文化差异。

"讲好中国故事"需要培养学生按照西方的交流习惯来讲故事。在讨论某一问题时，西方人通常采取直线式或直接切题的做法。这种交流习惯也投射到了英文文章段落结构的构成上。英文文章段落通常在段首有主题句，每段只有一个中心思想，段落内容与主题句直接相关，段落结构严谨。中国人由于受到"天人合一"及"关系"取向等影响，在讨论某一问题时，习惯由次要到主要，由背景到任务，从相关信息到话题发展的过程，这不符合西方人的交流习惯，也会给西方受众者造成理解障碍。教师可以通过选取单元阅读材料中反映西方交流习惯的典型段落，分析其段落结构的构成，培养学生适应西方语境文化的交流习惯。图 1 是从《进阶英语第三册》Unit 1 的第一篇阅读素材中选取第五段进行的段落结构分析。

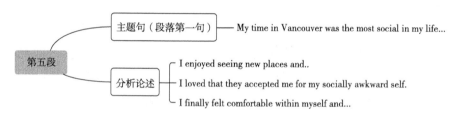

图1 "Unit 1 How My Working Holiday Changed Me" 中的第五段段落结构

"讲好中国故事"需要培养学生适应西方的叙事习惯。教师可以借助教材阅读材料分析西方的叙事习惯：注重故事中各种元素的具体呈现。以 Unit 1 How My Working Holiday Changed Me 第四段为例。第四段主要讲述作者在温哥华星巴克的打工度假经历在性格和社交上带给自己的积极改变。该段故事中涉及的主要元素是"作者自己"、"工作同事"和"下班后的社交生活"。在第四段的故事中，作者对这些元素涉及的细节内容进行了具体呈现：It wasn't long before we were meeting up after work for dinner, ladies night and sightseeing excursions. I taught them an Australian word of the day and they helped me understand the Canadian lingo, eh? Oh, how I laughed whenever some ended their sentence with those two letters. （很快我们就在下班后一起吃饭，光顾女士之夜①，进行短途观光旅行。我每天教他们一个澳大利亚英语中有趣的词。他们帮助我理解加拿大英语中特有的"eh"。每当有人在句末加上这两个字母时，我都会忍俊不禁。）这些元素的具体呈现，清晰地反映出作者在温哥华星巴克的打工度假对其带来了积极的改变，把作者由一个"安静、害羞、交朋友总是很艰难的人（a quiet, shy person with making friends having always been a constant struggle）"变成了一个能与他人谈笑风生的人。

（三）如何解决课时有限的问题

大学英语课时数有限的确是一个不争的事实。笔者所在的高校一个学期大学英语课程的课时数为 32 学时，教学内容涉及教材 6 个单元及学生网上自主学习，通常每个单元的教学课时数只有 4 个学时。在这 4 个学时的教学中，教师需要引导学生完成《进阶英语第三册》的阅读材料的学习及作业任务。除此以外，还需要依据配套的视听说教材引导学生进行听说练习，因此大学英语教学必须面对内容多、课时量少的问题。

虽然笔者所在的高校使用了大学英语思政版教材，但是在教材中并没有包含针对"用英语讲中国故事"的教学任务。因此，把"讲好中国故事"作为大学英语思政教学的实践路径时，需要教师做好教学内容课时分配计划。在教学内容上可以考虑把与单元阅读材料配套的某些常规作业任务（如写作任务）替换成"用英语讲中国故事"，在听说专题练习部分加入"中国故事"的听力材料，让学生展开小组讨论等。

教师可以采用混合式教学法提高课堂教学效果。例如，可以通过网络教学平台发布与单元主题相关，涉及中国社会、文化和历史的预习文字及视频材料，让学生思考从材料中可挖掘的"中国故事"并通过网络平台完成"中国故事"小组讨论工作，内容需要涉及"讲什么"和"怎么讲"等。教师根据学生的预习情况及小组讨论情况，了解学生对教材单元阅读材料的理解程度及其在"用英语讲中国故事"方面存在的问题和不足，进而可以在课堂教学中有针对性地分析和讨论学生存在的问题。混合式教学法可以提高教学效

---

① 女士之夜是指当地"女宾免票的夜总会场次"。

率，确保"讲好中国故事"所需的课时。

图 2 是笔者以《进阶英语第三册》和《新视野大学英语第三版视听说教程 3 思政智慧版》为教材的课时计划安排：

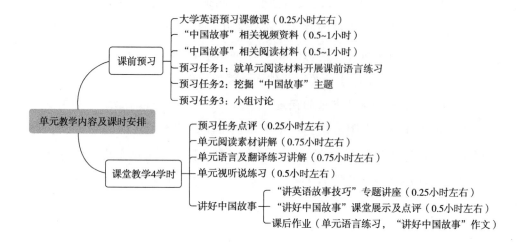

图 2　课时安排计划

五、结语

大学英语的教学目标是培养学生的英语应用能力，增强跨文化交际意识和交际能力，发展自助学习能力，提高综合文化素养。把"用英语讲中国故事"作为大学英语语言输出的一种重要方式，不仅可以利用语言输出对语言输入的反拨作用，促使学生学习和积累中国文化词的英语表达方式，培养跨文化交际意识，提高学生的英语叙事能力，而且可以借助语言之潜移默化的力量，加深学生对中国社会和中国文化的认同感，在大学英语思政教育立德树人理念的培育之下，肩负起向世界传播优秀中国文化、树立中国真实形象的责任和义务。

"用英语讲好中国故事"作为大学英语思政教学的实施路径具有重要的时代意义，输出对输入的反拨作用会给大学英语教学带来积极的效果。"用英语讲好中国故事"需要教师在授课中注重培养社会主义核心价值观、跨文化交际意识、英语叙事能力和做好"中国社会和文化代言人"的社会责任感。为了使"用英语讲好中国故事"更好地融入大学英语教学，在完成教材每个单元的语言学习任务后，教师可以鼓励学生利用教材阅读材料中的词汇和句型来写中国故事，以加深他们对教材中语言点的理解。

参考文献

[1] 何莲珍. 新时代大学英语教学的新要求：《大学英语教学指南》修订依据与要点 [J]. 外语界, 2020 (4)：13-18.

[2] 文秋芳. 大学外语课程思政的内涵和实施框架 [J]. 中国外语, 2021, 18 (2)：47-52.

[3] 黄国文. 挖掘外语课程思政元素的切入点和原则 [J]. 外语教育研究前沿, 2022, 5 (2)：10-17, 90.

[4] 徐常利. 立德树人视域下大学英语思政课程的实施路径 [J]. 延安大学学报 (社会科学版), 2023, 45 (4)：125-128.

[5] 刘迎红. 大学英语课程思政教学改革研究 [J]. 中国人民警察大学学报, 2023, 39 (6)：92-96.

[6] 李诗颖, 朱云翠, 肖铭燕. 大学英语课程思政路径探索与实践：以桂林航天工业学院为例 [J]. 桂林航天工业学院学报, 2022, 27 (4)：563-568.

[7] 吴晶, 胡浩. 习近平在全国高校思想政治工作会议上强调把思想政治工作贯穿教育教学全过程 开创我国高等教学事业发展新局面 [J]. 中国高等教育, 2016 (24)：5-7.

[8] 赵应吉. 中国文化英语表达教学的意义探究：基于"讲好中国故事"视角 [J]. 重庆科技学院学报 (社会科学版), 2019 (5)：109-112.

[9] 张龙飞. 高校思想政治理论课讲好中国故事探讨 [J]. 北京教育 (德育), 2016 (10)：67-69.

[10] 苏仁先. 讲好中国故事的路径选择 [J]. 中国广播电视学刊, 2016 (2)：43-45.

[11] 常海潮. 大学英语课讲好中国故事：现状和方法 [J]. 外语电化教学,

2021（5）：96-100，14.

[12] 袁夕娣，周苏，吴刘璇. 用英语讲好中国故事策略研究 [J]. 包头职业技术学院学报，2018，19（3）：81-83，96.

[13] 王阿菊，吕思璠，汪静. 叙事范式理论视域下用英语讲好中国故事策略分析 [J]. 传播力研究，2019，3（23）：269.

[14] 张杰. 向世界讲好中国故事的翻译原则和策略 [J]. 理论与现代化，2019（2）：122-128.

[15] 董明. 英语课堂 "讲好中国故事"：模式重构与教学实践 [J]. 淮海工学院学报（人文社会科学版），2019，17（6）：133-136.

[16] 岳豪，庄恩平. 大学英语课程思政的实践路径探索：用跨文化方式讲好中国故事 [J]. 外语教学，2022，43（5）：55-59.

[17] 肖韵，廖宇. 高校思政课要讲好中国故事 [J]. 人民论坛，2019（24）：186-187.

[18] 王莹莹，王艳. 以 "讲好中国故事" 助推社会主义核心价值观培育 [J]. 中北大学学报（社会科学版），2021，37（5）：19-24.

[19] 苏仁先. 讲好中国故事的路径选择 [J]. 中国广播电视学刊（人文社会科学版），2016（2）：43-45.

[20] 李然，王馨玉. 农业高校大学英语讲好中国农业故事课程实践研究 [J]. 天津电大学报，2022，26（3）：6.

[21] 林升东，李丹瑶. 用世界元素讲好中国故事 [N]. 理论导报，2023-05-05（005）.

[22] 陈雪飞. 讲中国故事要有受众意识 [J]. 社会观察，2015（6）：36-38.

[23] 赵炎秋. 要素与关系：中西叙事差异试探 [J]. 外国文学研究，2018，40（3）：43-54.

[24] 刘正光、岳曼曼. 转变理念、重构内容，落实外语课程思政 [J]. 外国语（上海外国语大学学报），2020，43（5）：21-29.

浅析大学英语思政实施路径

魏　姝[*]

【摘　要】将思想政治教育与英语语言教学有机结合是当前形势下对大学英语课程的一个新要求。本文概括了大学英语课程思政的内涵，并浅析了实施大学英语课程思政的主要路径，即以教材为源头、以学生发展为中心、以教师为主导、以课堂设计为渠道，以此取得大学英语思政教育的良好教学效果。

【关键词】大学英语教学　课程思政　大学英语教师　大学英语教材

一、引言

2016 年 12 月，习近平总书记在全国高校思想政治工作会议上首次提出课程思政的概念。接下来，这一概念迅速成为一种教育理念和课程实践。2020 年，教育部印发了《高等学校课程思政建设指导纲要》，强调"课程思政"是每个教师必须承担的责任，明确要求全面推进课程思政，发挥好每门课程的育人作用，构建全员全程全方位育人大格局。

近年来，大学英语课程思政教学备受教育界关注，大学英语教育的本质和内容决定了其本身思政教学的复杂性。在当前形势下，大学英语课程思政中面临的问题是如何有机地将思想政治教育与英语语言教学恰当结合。对此，正确理解纲要中课程思政的内涵，在大学英语课堂教学中对思政内容进行潜移默化的设计并巧妙地融入课堂活动，而找到适当的思政实施路径，是实现有效大学英语课程思政教学的重点。

　＊ 作者简介：魏姝，北京信息科技大学外国语学院讲师，研究方向为英美文学、英语教学。

二、大学英语思政

关于大学英语思政的内涵，众多专家学者已有所解读和论述。文秋芳将课程思政理论框架分为纵向维度和横向维度，从宏观和微观的角度解读了大学英语课程思政的内涵[1]。胡杰辉从教学设计的四项原则角度，展开说明了外语课程思政的设计思路[2]。罗良功则从各类课程如何与思想政治结合的角度，阐述了课程思政的根本目标[3]。王欣等提供了很多教师团队课程思政的实践，为大学英语课程思政的实践提供了借鉴思路[4]。肖琼等也提供了对课程思政的准确阐述，并详细区别了思政课程和课程思政[5]。

三、大学英语思政实施路径

（一）教材为源头

大学英语思政教育具有一定的特殊性，大学英语课程具有学生受众覆盖面广、课程设置跨度大、英语课程学时长等特征，其教材内容多选自西方的书籍、报纸、期刊、相关电影、视频、音频资料等，其中涉及比较复杂的西方政治、文化元素和意识形态等因素。如何取其精华，去其糟粕，筛选出适合中国国情的语言学习资料，在充分培养学生的听说读写译综合语言能力的同时培养学生的思辨能力和应用能力，是外语教育者面临的一大课题。如何充分理解教材，吃透教材，并挖掘出其中的思政元素，"润物无声"地影响学生的人生观、世界观、价值观，是外语教育者要进行深入研究的课题。

在源头上，大学英语教材的编写和审定必须严格把好思想政治教育关，坚持以中国的主流意识为主导，坚持用社会主义核心价值观影响和教育学生。在教材内容的选取上，可以增加一些有关中国人文、地理、哲学、传统文化、经济等方面的背景资料，帮助学生了解博大精深的中华文明，也更理解和尊重中国优秀的传统美化。在课后练习中，可以设计一些有关中西方文化比较的辩论题或讨论题，让学生在了解本国文明的同时，理性看待世界上不同民族的差异性和各自的优势、劣势，充分锻炼学生的批判性思维能力。英语教材中选取的视频、音频、文字等，也需要透彻分析，避免出现模棱两可或晦涩难懂的内容，选用能够代表中国主流意识和正向价值观的材料，以免误导学生。在处理一些比较东西方文化差异的材料时，需要考察清楚作者的出发点和态度，避免选取那些主观色彩浓烈的文章，必要时可以从中立、客观的角度进行补充说明和解释。例如，在全新版大学进阶英语综合教程第二册2017年第一版中第四单元关于教育主题有一篇题为"Destination：College，U. S. A"的文章，其中作者从她自己的角度对比了在国内上学和在国外留学的经历，有一些文字是太过主观和带有明显偏向性的，如："McDonald's ads and Madonna posters were plastered on Shanghai streets，but few Western ideas filtered through."此处把中国描绘成盲目追随西方流行文化，却对西方思想闭关锁国的国家，不符合中国的实际情况。对于中西方学习方法在文中作对比时，该作者认为："Learning humanities was secure repetition in China，but it was shaky originality here." "Studying humanities in China means memorizing all the 'correct'，standard interpretations given during lectures."此外将中国的教育方法描绘为彻彻底底的死记硬背，而西方的教育方法是崇尚创新，推崇创意。这些表述是不够客观，不够真实的，带有明显的主观色彩和倾向性，即片面地认为国外的都是优秀的，国内的都是不好的，而这样的文字表述会向学生传递一些不客观的观点。因此，该书在2021年第一版中已经修改并删除了上述表述，而是从中立的角度去看待中西方教育的差异性。

另外，近些年来，大学英语四六级考试中的翻译部分也主要考察的是中国文化的内容。例如，翻译内容中多会涉及中国传统节日、中国的名胜古迹、中国的小吃、传统习俗等，或许学生对这些内容早已耳熟能详，但要用地道的英文表达和翻译出来，却不是一件容易的事情。在课堂教学中，教师可以适当铺垫一些中国传统文化的术语和常用表达方法，日积月累，让学生在点滴之间熟悉和记忆词汇的同时，提升对几千年文明的自豪感，学会讲好中国故事，为宣传中国文化打下基础。全新版大学进阶英语综合教程的配套PPT中也加入了一些经典古代文学作品的英译版本，如唐诗宋词的优秀的英译版本、中国古典民间故事的英文版本等，可让学生在提升文化修养的同时，为日后的实际运用打下良好的基础。

（二）以学生发展为中心

大学英语思政教育的目标受众是学生，所以英语教学素材中思政内容的选取和评估都应以学生发展为中心，也就是说思政内容要符合学生的实际学习情境。材料的选取不能脱离实际，而是要符合学生所处的真实社会文化情境。形式上，思政内容除了课堂上的展示和教授方式外，还可以借助多样化的形式进行传播分享，如网络论坛、直播间、短视频平台、微信公众号等平台和媒介。在素材的选取上，可以让学生参与进来，如告诉学生一些素材的选取标准和依据，鼓励学生收集和整理一些相关的时事素材等。在晨间的主题分享中，学生既可以学习最热门的英语新闻词汇，又可以掌握时事动态，从而由被动的知识接受者变成课堂中的主动参与者，大大激发起学习积极性，生动体现了思政教育以学生为中心的实施路径。

思政教育也必须保持与时俱进的状态。思政内容会随着时间的推移发生变化，学生接受的信息也会发生变化，因此思政素材不能一成不变、传递老旧的信息。这就要求教师密切与学生沟通，并基于学生的兴趣和时事重点等不断地进行调整和更新，以保证思政素材的新鲜性和时效性，做到大学英语思政教育以学生发展为中心，与时俱进。

（三）教师为主导

教师是大学英语思政教育活动开展的主体和引导者。

首先，大学英语教师要加强自身思政方面的思想认识，坚定自己的政治方向。作为社会主义核心价值观的传递者，教师要不断提高自身的思想觉悟，在课堂上有意识地引导学生充分理解和拥护中国特色社会主义理论体系，不可以在课堂中宣扬不健康、不积极的内容，不可以表达违背主流意识形态的思想，也不可以发表不合时宜、偏激极端的评论。

其次，大学英语教师要不断提升中国文化素养。在业余时间，教师不仅要巩固自己的专业知识，而且要不断加深自己汉语文字的底蕴，应多阅读中国经典文学作品，熟悉中国哲学体系，提升对中华文明博大精深知识体系的认知水平。同时，要多看有深度、有思想的纪录片，了解历史，了解各地的风土人情，了解民族的差异性，了解各行各业的资讯，拓展自己的知识面，丰富自己的知识体系。只有在知识面足够宽的基础上，教师才能更有深度地理解和看待教材，更有针对性地选取典故，并从更高的层面去帮助学生梳理和分析知识内容，解读思政元素，使学生学习的过程更轻松有趣，从而对中国文化产生兴趣，自然萌生文化自豪感和认同感，这样他们才能更生动更趣地讲好中国故事，并更积极主动地承担起向全世界传播中国文化的重任。

（四）课堂设计为渠道

教师开展大学英语思政教育活动，还需要借助课堂设计等各个小环节，环环相扣，使得思政教育能够正常、有效且活泼地开展。教师在大学英语课堂中可以采用多种多样的活动形式来调动学生的积极性，如知识竞答、演讲和辩论、案例分析和展示汇报等，这不仅可以丰富课堂内容，活跃课堂气氛，而且可以潜移默化地将思政内容巧妙地贯穿整个课程，达到有效进行思政教育的目的。例如，教师可以让学生在课前观看政府工作报告等的相关视频，或者提供工作报告的英文版，让学生分组讨论并翻译，体会作为一名专业翻译员的自豪和乐趣。此外，教师还可以针对课程内容设计一些辩论题目和讨论题。例如，组织大家一起探讨中西方教育的差异性和各自的优势、劣势等，以培养学生的思辨能力和判断能力。或者让学生一起观看时事动态的相关视频，补充与时事政治相关的热点词汇，一起分析事情的来龙去脉，让学生更多地了解外面的世界，同时带着客观、冷静的态度去分析、厘清事实。多种多样的形式，可以灵活搭配组合，教师可以选取最优的方式，通过最有效的教学渠道，让学生接受并掌握思政内容，取得最满意的思政教学效果。

例如，在讲解全新版大学进阶英语综合教程第一册 Meeting Statesmen 这一单元时，教师可以先展开导入部分，让学生进行主题讨论，并可以让学生观看奥斯卡导演柯文思执导的关于中国的纪录片，以中国崛起将是 21 世纪最大的故事为引子，启发学生探讨中国确立大国地位的因素都有哪些以及大国形象经由哪些方面多维呈现等，从而逐步引出目标内容，引发包含思政元素的思考话题。之后，教师可以结合课文内容进行字词句的分析，进一步挖掘课文内容中的思政元素，补充必要的知识点。在课后练习环节，教师可以带大家一起阅读习近平总书记考察庆丰包子铺的英文新闻，让大家通过头脑风暴，思考此次考察背后的深层原因，重点讲解新闻中提到的振兴餐饮经济和重视食品安全等方面的信息，以此培养学生深层分析和理性判断的能力。然后，可设计口语小组作业，让学生在记者、女服务员、餐厅经理、顾客们等之中任选角色，进行角色扮演，用英文采访并呈现习近平总书记到访包子铺后大家的想法和感受。在此基础上，对课程主要内容进行梳理总结，同时强化思政元素及其在学生生活中的应用。

四、结语

总之，大学英语思政实施路径应以教材为源头，以学生发展为中心，以教师为主导，以课堂设计为渠道，确保课程思政在大学英语教学中的有效实施，确保高校始终坚持社会主义办学方向，始终坚守社会主义意识形态阵地。教师在大学英语课程思政的实施过程中，要根据学生的实际情况，在注重提升学生的语言能力、培育学生的思辨能力的同时与时俱进，深层次挖掘思政内容，将显性的专业知识和隐性的思政元素潜移默化地结合起来，使大学英语思政教育取得良好的教学效果。

参考文献

［1］文秋芳 . 大学外语课程思政的内涵和实施框架［J］. 中国外语，2021（2）：47-52.

［2］胡杰辉 . 外语课程思政视角下的教学设计研究［J］. 中国外语，2021（2）：53-59.

［3］罗良功 . 外语专业课程思政的本、质、量［J］. 中国外语，2021（2）：60-64.

［4］王欣，陈凡，石坚 . 价值引领下的英语专业课程群思政建设［J］. 中国外语，2021（2）：65-70.

［5］肖琼，黄国文 . 关于外语课程思政建设的思考［J］. 中国外语，2020（5）：9-14.

［6］杜刚跃，孙瑞娟 . 高校英语教学"课程思政"有效策略研究［J］. 延安大学学报（社科版），2019（4）：122-126.

大学英语合作学习中的社会主义核心价值观培育功能探析[*]

吴金华^{**}

【摘 要】2020 年颁布的《高等学校课程思想政治教育建设指导大纲》强调：要深入挖掘各门课程和教学法中包含的思想政治教育资源，落实高等学校培养德才兼备公民的根本任务。本文着眼于社会主义核心价值观的培育，结合本科阶段大学英语教学实践，剖析了大学英语合作学习法在跨文化意识、批判思维等方面发挥的培养大学生社会主义核心价值观的作用，同时指出有效发挥这种教学法潜在育人功能的着力点，以期深入挖掘该教学法中的思想政治元素，使价值观培育融入大学英语课程教学。

【关键词】合作学习 课程思政 社会主义核心价值观培育 大学英语课程

一、引言

2020 年，教育部颁布《高等学校课程思政建设指导纲要》（以下简称《纲要》），指出"培养什么样的人、如何培养人、为谁培养人是教育的根本问题，立德树人的成效是检验高校一切工作的根本标准"。《大学英语教学指南》（2020 版）也首次明确提出了大学英语课程应融入思想政治教育的要求，指出大学英语课程的性质是"培养学生理解和表达中国文化的能力，服务中国文化传播至海外"，并就教学内容选择、教学方法、教师培养等方面提出了

---

* 基金项目：本文系北京信息科技大学 2021 年教学改革立项项目"基于合作学习的大学英语阅读混合式教学模式设计研究"（项目号：2021JGYB37）的阶段性研究成果。

** 作者简介：吴金华，北京信息科技大学外国语学院讲师，博士，研究方向为语篇分析、隐喻和英语课程与教学论。

与思想政治教育相关的要求和解释。大学英语是多数非英语专业本科生必修的公共基础课和核心通识课。它"不仅是新文科建设的重要组成部分，也是新工科、新农科、新医科建设的有力支持"。可见，在新时代背景下，大学英语课程被赋予了更高的使命和要求，其思想政治教育的重要性不言而喻。

关于外语课程思政和大学英语课程思政，已有很多学者做了论述（刘正光等，2021；刘正光、岳曼曼，2020；卢军坪，2019；陈雪贞，2019；张敬源、王娜，2020；杨金才，2020；岳曼曼、刘正光，2021；胡杰辉，2021；王嘉铭、王晶晶，2022）。黄国文、肖琼从"问题导向"出发，以浅显易懂的语言探讨了外语课程思政的六个要素，即为什么、是什么、谁来做、何时做、何处做、怎样做，值得借鉴和引入思考[2]。但现有研究大多聚焦于外语课程思政的内涵、理论指导、原则性建议等，虽有路径的讨论或理论与实践结合的微观教学设计，但对于大多数大学英语教师而言，可操作性不强，原因有三：①个案多、可复制性弱，难以保持"课程思政"的连续性和系统性；②教材问题普遍，从现有教材中挖掘出的思政元素比较单一、略显牵强，或与其他课程存在同质化现象；③理论指导和原则性建议居多，普遍意义上可实践的教学案例少。

此外，探索如何将社会主义核心价值观培育有效融入具体教学环节的研究还很有限。对于"深入挖掘课程中蕴含的思想政治教育资源"，多数研究停留在分析如何依托大学英语教材中的主题和语言进行价值观培育[3]以及如何发挥教师"身教重于言传""授业同时传道"的隐性教育作用[4]。至于具体都有哪些教学方法可以有效承载价值观培育，则相关研究尚不多见。

二、合作学习与混合式大学英语教学模式

协同学习（cooperative learning），也称合作学习、共同学习或小组学习，是"以异质性学习小组为基本形式，系统运用教学动态因素之间的相互影响，促进学生的学习，以团队成绩为评判标准，共同实现教学目标的教学活动"，是当今世界范围内被广泛采用的课堂教学组织形式之一。协同学习在其自身具有充分的研究基础。协同学习是一种目标导向的活动，强调小组成员间的相互依存和合作互动，其具体教学策略包含四个方面：①选定课题，确定学

习内容和任务；②合理分组，明确成员责任，通常遵循"组间相似、组内差异"的原则，即每个小组的整体成员特点相近，但小组内成员之间在性别、学习成绩、能力、性格等方面存在差异，合适的协同小组人数为 4 至 5 人；③开展协同学习活动，根据教学内容和学生实际水平设计不同类型的协作性学习活动，如拼图活动、角色扮演、话题讨论、戏剧表演、调查研究等，小组成员面对面聚合，根据分工先完成各自的学习任务，然后与其他成员交流各自的学习成果，再整合学习结果；④提交学习成果、进行成绩评价。每个小组将本组的学习成果呈现给全班。因此，协同学习以研究和利用课堂教学中的人际关系为基础，以目标设计为导向，以学生协作为基本动力，以小组活动为基本教学方式，以团队成绩为评价标准，以形成学生良好的心理品质和社会技能为根本目标，是一种极富创造性和实效性的教学理论与策略体系。

网络环境下的合作学习是指以小组为形式，以网络为工具，为了完成学习任务，达到共同的学习目标而进行的合作互助的学习模式。网络环境下合作学习能够打破时空限制，为学习者提供了便利，为结构化的在线讨论提供了足够的批判性思考和对发表意见的精细加工时间，有利于分析、推理、评价、反思、知识创新等能力的培养和对讨论问题的深层次理解，参与的形式更为民主化，即便是那些不善表达的学生，也易于调动其参与的积极性。同时，网络环境下的合作学习还具有良好的开放性、广域性和交互性。学习不受时空的限制，能随时随地进入虚拟课堂学习，学生可以在网上随意浏览、下载和上传资料。师生之间及生生之间的交流通过信息技术展开。在网络合作学习中，小组成员可以使用言语和文字的形式提高语言的可理解性，能够相互学习和共同进步。当小组成员在线讨论话题时，他们可以用不同的表达方式来表达自己的意思，通过使用录音使听者重复听到信息，而这种重复性是语言学习从短期理解到长期获得的必要条件，小组成员通过视频和录音可以得到重复练习的机会。

传统课堂环境下的合作学习是指学生在课堂中为实现一个共同目标或完成一个共同任务，在规定时间内开展小组活动。小组每个成员都应承担具体职责，并对自己的任务负责，通过互助合作最终完成共同目标。在传统课堂合作学习中，学生面对面交流，通过肢体语言、表情等方式使语言表达更准确生动，帮助同伴快速理解自己的信息。此外，小组成员在长期合作中可以获得情感提升，共同取得进步。

网络环境有其特殊性，其交互的直接性不足以及社交存在的不足，直接导致师生及学生之间的交流过度依赖网络媒介。同时，师生和学生多通过文字或音频的形式进行交流，这些方式难以像面对面交流那样获得情感体验，较为生硬、冷漠，使师生和学生之间的交流缺乏情感联结。此外，如果缺乏及时的沟通和鼓励，学生很容易感到困惑和迷茫，一旦在结构复杂的网络课程中迷失方向，学生更容易产生孤独感。在课堂环境下的合作学习中，尽管当面交流和及时互动是可以实现的，但是也存在交流内容不够广泛深入等问题，学生只能围绕预先准备的材料进行交流，无法在短时间内有效获取新的学习材料。由此可见，网络环境与传统课堂环境下的英语合作学习分别存在一些问题，解决这些问题的办法是将两者结合，发挥各自的优势，弥补各自的不足，从而建立一个新的学习模式。

三、大学英语合作学习的社会主义核心价值观培育功能

本文着眼于社会主义核心价值观，结合北京信息科技大学本科大学英综合课程教学实践，探讨合作学习如何将价值观培育内化为课程的有机组成部分，希冀深入挖掘大学英语教学方法中的思政元素，将价值观培育有机融入大学英语课程教学，从而对润物无声的育人效果有所助力。

笔者所在的是一所普通本科工科高校。本科阶段的大学英语课程共 12 学分，安排在大一和大二四个学期完成。大一年级的大学英语采取分级教学。按照高考英语成绩和新生入学时的分班考试成绩，分为大学英语 A 班和 B 班。不论是 A 班还是 B 班，在平时成绩中均设有小组合作学习任务，如角色扮演、调研报告、读书笔记等。小组合作学习任务呈现方式包括课堂上的小组展示、线上论坛发帖互评等。

在合作学习过程中，从选择学习内容、制订工作计划、分配任务到开展合作项目，每个环节都由学生自主发起，全力投入。这种源自人本主义学习理论的教学理念与大学生社会主义核心价值观培育的基本原则完全契合，即两者都坚持以人为本，强化主体意识，尊重个体差异，重视认同主体面临的

问题与诉求，发挥学习者的主体作用，避免被动灌输、消极接受。这也使得大学英语课程成为高校落实社会主义核心价值观培育任务的有效载体。

在大学英语课程思政建设中，基于在校期间的教学实践，笔者认为，为更好地发挥合作学习的价值观培育作用，可以在学生选择研究课题阶段，有意识引导他们进入跨文化语境，选择对比类课题。让他们通过对比本国文化与他国文化，探索不同文化背后的思维和价值，形成对我国优秀传统文化和社会主义先进文化的认同，从而使社会主义核心价值观成为他们的奋斗目标和行为指南。此外，在学习方法训练中，可以着重培养学生开放、包容、公正的研究态度和比较、发现、辨析、诠释等认知技能。提高批判性思维能力，从而有助于大学生在多元价值环境下明辨是非，正确取舍，做出理性选择。

就本文中的合作学习教学方法而言，从学生的学习内容到学习方式，再到学习技能训练等，在合理的引导之下，其所有环节都有助于大学生社会主义核心价值观的培育。同时，这种教学方式所发挥的育人功能具有隐性和持续性的特点，使得大学英语课程在落实立德树人任务时，能够与思政课程所发挥的显性教育作用相互补充，形成协同效应。此外，从笔者的教学实践来看，这种教学方式也具有极大的推广性。合作学习也可以应用于学校其他类型的大学英语课程，如高级阶段的学术英语课程等。

四、大学英语合作学习承载社会主义核心价值观培育的落脚点

社会主义核心价值观源自中华博大精深的传统文化，同时融合了与时俱进的社会主义先进文化，具有深厚的文化内涵和属性，是文化发展的现代表现[5]。大学教育的重要任务之一是培养学生对中华传统文化和社会主义先进文化的价值和文化认同，这是践行社会主义核心价值观的关键路径之一。因此可以说，价值观教育本质上是一种文化认同的教育过程[6]。

然而，文化认同必须建立在文化自觉的基础上。在跨文化环境中，对不同文化进行比较和反思，认识其差异性是形成文化自觉的必要条件。这需要创造机会和条件，使年轻一代能够接触不同的文化，培养跨文化意识[7]。

语言是文化的一种表现形式，因此所有语言教学在一定程度上都涉及跨文化互动和交流。大学英语教育本身就是跨文化交流的一种活动，同时也承

担着培养学生跨文化交际能力的任务。其中一个主要教学目标是帮助学生了解中外不同的世界观、价值观、思维方式等方面的差异，培养学生的跨文化意识[8]。因此，大学英语课程在培养学生的文化辨别能力、形成文化自觉方面具有天然的优势，有助于他们认同并科学地践行我国的社会主义核心价值观。

在大学英语合作学习中，学生的学习主体地位极为突出，表现在对项目课题、研究方法、完成过程及任务分配的自主选择上。同传统教学方法相比，学生自主能力的增强不仅有利于充分发挥其学习的自主性和能动性，而且有利于促使其在积极探索和主动体验的过程中通过意义构建深入把握价值范畴的内涵和价值。因此，在采用合作学习进行大学英语教学时，确保学生的学习主体地位尤为重要。

然而，强调学生的主体地位并不意味着削弱教师的主导作用。从思想政治教育理论来看，价值观的形成或品德的养成需要通过人自身建构的活动来实现，需要一个将一定的社会价值观念与规范要求内化为自身素质的过程。建构活动主要包括两种：一是个体在适应社会生活过程中所经历的无意识活动，这是一种自发的建构活动，在价值观培育中相对低效；二是个体根据自身需求、社会价值规范与要求，自主选择和控制自身发展的活动，这是一种高效的价值观培育过程，这种高效建构活动不是自然发生的，而是在教育者影响下实现的[10]。可见，教育者对价值观培育建构活动产生的作用极为重要。此外，对于落实高等院校立德树人根本任务这一点，《纲要》也指出，"全面推进课程思政建设，教师是关键"，"教师是课堂教学的第一责任人，课程思政建设能否成功关键在教师"。可见，提升高校英语教师的人文素养是人文精神的传递和大学英语教学回归人文性的必然要求，也是响应英语学科核心素养的召唤和顺应当今课程思政教育教学改革的大势。

因此，要更有效发挥大学英语合作学习的育人作用。对此笔者认为，在重视学生主体地位的同时要强调教师的主导作用。简而言之，就是要强化教师的育人意识，确保教师在掌握社会主义核心价值观的本质内涵的前提下，在项目课题选择、研究过程指导、研究技能传授和学习效果评价等各个环节中，准确把握方向，深挖思政元素，将单纯的语言教学活动转变成激发学生品德发展的建构活动。

五、结语

本文着眼于社会主义核心价值观的培育，结合本科阶段大学英语教学实践，剖析了大学英语合作学习法在跨文化意识、批判思维等方面发挥的培养大学生社会主义核心价值观的作用，同时指出有效发挥这种教学法潜在育人功能的着力点，以期深入挖掘教学法中的思想政治元素，使价值观培育融入大学英语课程教学之中。

参考文献

[1] 教育部高等学校大学外语教学指导委员会．大学英语教学指南（2020版）［M］．北京：高等教育出版社，2020．

[2] 黄国文，肖琼．"外语课程思政建设六要素"［J］．中国外语，2021，18（2）．

[3] 张艺玲．基于社会主义核心价值观的大学英语教学改革初探：以《新标准大学英语》为例［J］．江苏外语教学研究，2019（3）．

[4] 刘正光，岳曼曼．转变理念、重构内容，落实外语课程思政［J］．外国语，2020（5）．

[5] 何彦新，古帅．基于文化认同的大学生社会主义核心价值观培育［J］．思想理论教育导刊，2017（7）．

[6] 罗迪．"文化认同视角下的大学生社会主义核心价值观教育"［J］．思想教育研究，2014（2）．

[7] 费孝通．费孝通论文化与文化自觉［M］．北京：群言出版社，2005．

[8] 王守仁．《大学英语教学指南》要点解读［J］．外语界，2016（3）．

[9] 褚凤英．也谈思想政治教育中的主客体问题［J］．思想理论教育，2015（11）．

[10] 魏勤，黄智燕．博雅教育与高校英语教师人文素养研究［J］．西安外国语大学学报，2019（4）．

能力培养视阈下英语精读课程中思政教学方法的探索

【摘　要】开展专业课程的思政教学是为了落实立德树人的根本任务，与思政课程一起形成同向同行的育人格局。跨文化能力与思辨能力是国家规定的外语类学生应当具备的重要能力。对英语精读课程来说，培养学生的这两项能力更是实现思想育人目标不可或缺的基础。这是由该课程的跨文化人文教育特点所决定的。为培养学生的跨文化能力与思辨能力，英语精读课程教师可以采取跨文化比较、思辨问题引导、主题自主探究等教学方法，帮助学生在跨越中西文化的背景下，加深对中华文化的了解与热爱，厚植爱国情怀，加强社会责任感，坚定"四个自信"，树立正确的人生观与价值观。

【关键词】英语精读课程　思政教学方法　跨文化能力思辨能力

一、引言

2019 年 8 月，中共中央办公厅、国务院办公厅印发了《关于深化新时代学校思想政治理论课改革创新的若干意见》，强调把思想政治教育贯穿人才培养体系。2020 年 5 月，教育部印发《高等学校课程思政建设指导纲要》（以下简称《纲要》），对课程思政教学的具体开展作出了指导。《纲要》指出："全面推进课程思政建设，就是要寓价值观引导于知识传授和能力培养之中，帮助学生塑造正确的世界观、人生观、价值观，这是人才培养的应有之义。"也就是说，要落实立德树人的根本任务，专业课程的教学目标不能只着眼于

---

* 作者简介：张琼，北京信息科技大学外国语学院讲师，研究方向为比较文学与跨文化研究。

专业知识与专业技能，还应该纳入对价值观的传播、引导与塑造，将思想教育作为专业教育的一个重要部分，使知识传授与价值引领产生协同效应，从而解决好"为谁培养人、培养什么样的人和怎样培养人"的问题。

那么，如何在课程的教学过程中进行思政教育呢？《纲要》提出的基本教学策略是："要深入梳理专业课教学内容，结合不同课程特点、思维方法和价值理念，深入挖掘课程思政元素，有机融入课程教学，达到润物无声的育人效果。"专业课程中的思政教学不是千篇一律的思想灌输与说教，不是"课程+思政"的生硬拼接，而是将思想教育有机地融入专业教学当中。通过潜移默化的教育，让学生充分理解、接受并形成认同。因此，各个专业课程应当从本专业出发，根据本课程知识学习和能力培养的特点，因地制宜，设计出适合、有效的教学方式。

目前，各高校的外语类专业课程都在大力开展课程思政，涌现出了大量的英语教育教学思政教育的研究。其中，比较有代表性之对英语精读课程思政的研究，是莫俊华和毕鹏在《综合英语》中使用"任务型语言教学法"构建课程思政的 TLR① 教学模式[1]。然而，目前尚没有研究从能力培养的视角对英语精读课程的思政教学方法进行探讨。

本文将着重讨论英语精读课程如何根据课程特点，确定可以达到思政目的的学生能力要求。在相应的能力培养的基础上，进一步探讨采取哪些教学方法帮助实现思想育人的良好效果。

二、能力培养目标的课程思政教学意义阐述

英语精读课程是一个以深度阅读为载体，旨在全面提高听说读写译等各项语言能力的系列课程。教学中使用的阅读篇章涉及丰富的英语国家的社会文化信息，特别是社会背景、历史文化、伦理道德等。之前的精读课程教学强调语言技能的培养，对内容的关注也多是注重学生对内容是否形成正确的理解上。因此，篇章内容仅仅发挥着阅读素材的作用。这样的教学目标产生

---

① TLR 指主题探究（theme inquiry）、语言分析（linguistic analysis）和现实考量（realistic consideration）。

了两个比较明显的后果。首先，外语专业学生对国外的社会文化了解更多，对中国自身文化和国情的内容反而不够重视。中国文化与当代国情知识的匮乏造成了学生中普遍存在中国文化"失语症"。其次，重语言轻思维的教学导致外语专业学生的思辨能力缺席，对事物缺乏分析和判断能力。究其原因，是忽视了跨文化能力与思辨能力的培养。显然，具备了跨文化能力与思辨能力，学生就不会在思想与意识形态中迷失，才能成为热爱中华文化、充满爱国情怀的社会主义建设者和接班人。因此，培养学生的这两个能力对于精读课程中思政育人目标的达成非常重要。

2018 年，教育部颁布《普通高等学校本科专业类教学质量国家标准》，针对外国语言文学专业类的学生将跨文化能力与思辨能力作为其能力要求的内容。对于英语精读课程中的思政教学来说，尤其要将跨文化能力与思辨能力作为核心能力要求目标。英语精读课程的课程思政教学应当在发展这两项能力的基础上进行。

（一）跨文化能力

此前，国内对跨文化交际能力（intercultural communicative competence）的研究相对较早，而跨文化能力（intercultural competence）的提出相对较晚，并且经常受到跨文化交际的影响，甚至在一些研究中有这两个术语被混用的情况[4]。戴晓冬在其对跨文化能力研究的专著中对"跨文化能力"所给出的定义中核心概念就是"交际能力"[3]。在 2003 年联合国出版的《跨文化能力概念与行动框架》（*Intercultural Competencies-Conceptual and Operational Framework*）中，一棵包括树根、树干以及枝叶的庞大的树的图形被用来描绘构成跨文化能力的 25 个概念以及这些概念之间的关系。跨文化交际能力只是跨文化能力这棵大树上的一片树叶[4]。显然，跨文化能力应当包括跨文化交际能力，其意义范畴应当更加广泛。

孙有中对跨文化能力的核心内涵描述如下："尊重世界文化多样性，具有跨文化同理心和批判性文化意识；掌握基本的跨文化研究理论知识和分析方法；熟悉所学语言对象国的历史与现状，理解中外文化的基本特点和异同；能对不同文化现象、文本和制品进行阐释和评价；能得体和有效地进行跨文化沟通；能帮助不同语言文化背景的人士进行有效的跨文化沟通。"[5] 该定义涉及主体意识、知识方法、文化思辨与跨文化沟通等多个方面，比较全面地概括了此概念的内涵。

需要特别指出，英语精读课本身就具备跨文化教学的性质，具有帮助学生提高跨文化能力的巨大潜势。其原因主要在于：一方面，教材中的篇章包含着英语国家中丰富的人文知识和文化信息。在全球化的背景下，随着中国同国外在经济、政治、文化等各个方面的层面交流越来越广泛和深入，了解异域文化、进行跨越文化的沟通和交流尤为必要和迫切。通过阅读并探究其中蕴含的文化内容，可以帮助学生逐步形成对异质文化的包容与共情的心理，提升学生对多元化世界文化格局的认识。引导学生对外语文化现象进行理性阐释，而不盲目跟随接受，并且能够作出客观的判断与评价。另一方面，对异质文化的知识积累、跨文化能力的提升也是加深我们对本国优秀传统文化的认识和了解、提升自我文化的认知、加强民族文化身份认同、建立文化自信的重要路径。不同文化的引入赋予了我们从外向内反观自身的不同视点，通过异同分析，在比较中进行思辨性思考，实现文化互鉴，在中外对比中体悟中华文化的重要特点和价值，以及社会主义先进文化的优越性。

（二）思辨能力

思辨能力的培养对于精读课程的思政教育来说也同样重要。跨文化能力的培养中同样涉及对外来文化的思辨以及中外文化的比较思辨。对跨文化现象进行思考、阐释和评价是跨文化能力中的重要组成部分。英语专业学生如果不对跨文化现象进行思辨、分析，就有可能在文化坐标中迷失自己的方向。只有通过思辨才能对跨文化知识有深入的理解和正确的判断，也才能对本国的文化有更加深刻的认识。由此可见，跨文化能力中包含思辨能力，思辨能力也会促进跨文化能力的发展。事实上两者完全可以互相结合，相得益彰，甚至已有学者提出了"跨文化思辨能力"这一概念[6]。

思辨能力作为一项能力在思政教学中单独提出也是非常有价值的。思辨能力是一种高阶的思考能力。然而在很长一段时间里，思辨能力在外语教学中没有得到足够的重视。精读课程中的阅读活动主要围绕文本的解码与意义建构而进行，对于文本分析的关注度不高，尤其缺乏深度的思辨活动，以及对文本的观点、立场和倾向的深入探讨[7]。

121

大学生正处于世界观、人生观和价值观塑形的重要时期，批判性的分析有利于他们建构积极正面的价值观念体系，独立的思考能够帮助他们形成独到的见解。要让学生在面对国内外事务时明辨是非，形成正确的认识，思辨能力必不可少。学生只有运用好批评性思考的方法，才能从认知层面深入理解当代中国，从而在内心牢固树立"四个自信"。

三、基于两个能力培养的英语精读课程思政教学方法探索

培养学生的跨文化能力与思辨能力可以帮助实现英语精读课程思政育人的目标。基于这两个能力的培养，教师可以采用跨文化比较、思辨问题、主题自主探究等方式开展教学活动。

（一）跨文化比较

在思政教学的跨文化能力培养中，非常重要的一点是理解英语国家的社会文化与思想价值观念等内容，并通过中外比较的视角加深对我们自己的文化传统的理解，弘扬优秀传统文化和社会主义先进文化，坚定文化自信。在教学过程中，可以先引导学生对文本提出的问题或现象进行总结和提炼，分析其背后隐藏的深层的社会文化原因或者价值观念。在此基础上，引入与之相对应的中国文化或思想观念，比较异同。

以第六册中的课文"At War With the Planet"为例，该课文谈到的是当今人类活动对环境的破坏。作者将世界划分为人的世界和自然的世界，这两个世界本是相互独立的，但是人的活动日益侵犯了自然的世界。由于这两个世界运行的机制是相反、对立的，因此人的活动在自然的世界中造成了严重的影响。对此，教师可以有针对性地指出，将人与自然进行两个世界的划分并对立起来，是非常典型的西方自然观。在西方的文化中，自然是主体人类视角下的客体，是可以被观看、被利用、被征服的对象；而在中国的传统文化尤其是道家的思想中，人与自然不是对立的关系，提倡"道法自然"、"天人合一"，所以才有"相看两不厌，唯有敬亭山"这样的诗句，来表明人自然的相互融入。正是有了这样一种自然观，中国传统文化提倡人与自然的和谐共处。

由此可见，引导学生比较中西文化在人与自然关系上认识的异同，讨论西方的自然观所带来的问题，可以让学生认识到：中华优秀传统文化思想对

解决当代世界的问题仍然具有积极的启发作用。通过跨文化比较，学生将认识到传统文化思想并非存在于故纸堆之中，其中的智慧在当代社会仍然具有适用性，所以应当深入学习，努力挖掘传统文化的当代价值。学生对传统文化新的认知会将他们导向文化自觉与文化自信。

(二) 思辨问题

在提高学生思辨能力方面，"苏格拉底式"的启发式提问比单向度地传授知识更为有效[8]。在英语精读课程中，提问是教师普遍使用的教学方法。根据 Bloom 的 6 个认知层级①，精读课程中教师使用最多的问题类型是理解型问题，接下来是分析型、知识型和综合型问题，评价型和应用型问题最少[9]。

要提高学生的批判性思维的能力并将这种训练有机地融入思政教学，精读教学中可以相应地增加评价型与应用型问题的比重。学生在完成对句子和篇章理解后，教师可引导学生从文章中提取关键信息，总结文章的主题，找出作者的观点立场。在此基础上，教师可帮助学生从多个角度进行思考，包括联系自己的经历、背景和社会文化知识，结合当代中国国情，运用社会价值观和思想道德标准等，全面而辩证地对文章内容进行分析，对作者的观点立场作出评价，形成合理的判断。

以第五册的课文"Goods Move, People Move and Cultures Change"为例，该篇章涉及全球化的问题。作者提出，全球化可能带来美国化和西方化等问题，同时指出，各个国家和地区的文化都具有一定的弹性，西方的产品和文化在当地都会经过变形而具有本土特色。

在本课程的教学中，教师应当鼓励学生先提炼出作者个人的观点，接下来用层层深入的问题引导学生分析全球化问题，如结合个人经历、我国的实际情况等，分析全球化对我国社会以及文化的影响，如哪些是有利的，哪些是不利的，是否会带来价值观念、文化形态等方面的同质化，等等。在此基础上评价作者的观点。接着，教师可以进一步抛出更加深入的问题，如在全球化的背景下，我们如何保持文化自信与民族自觉？保持文化自信与民族自觉与提倡多元性的世界文化格局是相互对立还是相互促进的？这一系列问题在认知层级上逐

---

① 这 6 个认知层级分别是：识记、理解、运用、分析、综合、评价。

渐递进，将学生的思考一步步引向深入。教师在启发学生思考的同时，也需要对他们进行积极正面的引导。在这些问题的推动下，学生增强了独立思考的意识，并逐渐具备国际、国内重要问题的分析能力，从而保持理性、清醒的头脑。

（三）主题自主探究

探究性学习是一种学生进行自主学习的方式。学生主动进行探究性活动，获得所需要的知识和信息。在探究性学习过程中，教师的作用是帮助学生充分发挥主观能动性，让学生在自主探索问题过程中培养探究能力，发展探索精神与创新能力[5]。

精读课程中每一个篇章都包含重要的主题。教师可以围绕主题设计一系列学习活动，引导学生通过多种资源与平台，积极获取信息。在对信息进行处理和分析的基础上，提出独特的见解和解决方案，使个人的知识与理解得到更高层次的提升。在整个学习活动的过程中，教师扮演的角色是支持者与推动者，学生积极自主地参与学习的全过程，有意识地承担起自己学习活动和能力发展的主要责任。

以第五册第一单元为例，该课文的标题为"Who Are You and What Are You Doing Here?"，是作者以刚踏入大学的学生为对象所做的演讲，里面主要谈的是大学生的学习动机问题。

围绕这一主题，教师可以设计一系列自主探究任务让学生以小组为单位完成，如查找中外典籍中关于学习目的的经典论述进行比较；整理中国名人求学的故事，并用英文进行讲述；学生以搜集到的信息为基础，结合国家发展以及社会主义核心价值观，思考并讨论大学生应当具有怎样的学习动机和学习面貌。在此基础上，小组根据研究讨论的结果进行总结与汇报。这样的主题探究任务要求学生在跨文化语境中完成信息搜集和处理，用英语讲述中国故事。同时，通过思辨帮助他们深刻理解中国当代思想价值观念，加强社会责任意识和民族复兴使命感，塑造积极的人生观和价值观。

四、结语

专业课程思政是落实立德树人的根本任务、将思想政治教育贯穿人才培养体系的重要路径。《纲要》强调，要集价值引领与知识传授于一体，并指出专业课程思政要从本专业本课程的特点出发，将思想教育有机融入专业教学中。英语精读课程具有跨文化人文教学的属性。学生只有具备了跨文化能力与思辨能力，才能在精读课程的学习中更加深刻地认识和了解本国的文化传统和当代中国国情，加强民族身份认同，树立正确的观念，弘扬爱国主义精神。跨文化能力与思辨能力是英语精读课程中思想育人的基础，具有重要的意义。从发展这两项能力出发，在精读教学中采用跨文化比较、思辨问题、主题自主探究等教学方法，能够实现在专业教学中有机融入思想教育，从而取得价值引领的良好效果。

参考文献

[1] 莫俊华，毕鹏. 英语专业课程思政的 TLR 教学模式探究：以《综合英语》课程为例 [J]. 外语研究，2023，40（2）：62-66.

[2] 王守仁. 高校外语专业学生跨文化能力的培养 [J]. 西北工业大学学报（社会科学版），2019（4）：45-49，117.

[3] 戴晓东. 跨文化能力研究 [M]. 北京：外语教学与研究出版社，2018.

[4] UNESCO. Intercultural Competencies—Conceptual and Operational Framework [M]. Paris：UNESCO，2013.

[5] 孙有中. 外语教育与跨文化能力培养，中国外语 [J]. 中国外语，2016，13（3）：1，17-22.

[6] 孙有中，BENNET J. 走向跨文化教育：孙有中教授和 Janet Bennett 博士学术对话 [J]. 外语与外语教学，2017（2）：1-8，146.

[7] 阮全友. 构建英语专业学生思辨能力培养的理论框架 [J]. 外语界，2011，8（3）：49-58.

[8] 孙有中. 突出思辨能力培养，将英语专业教学改革引向深入 [J]. 中国外语，2011，8（3）：49-58.

[9] 杨莉芳. 阅读课堂提问的认知特征与思辨能力培养 [J]. 中国外语，2015，12（2）：68-79.

思政视阈下研究生英语口语新闻主题式教学探索

张晓蔓*

【摘　要】在全面推进课程思政，全面落实"立德树人"根本任务的时代大背景下，研究生跨文化交流能力和学术交流能力的培养成为研究生英语教学改革新方向。本文探讨了在研究生英语口语教学中充分发挥英语新闻的价值功能，从语言交际能力培养和课程思政相融合、语言交际能力和思辨能力培养相结合、语言交际能力培养和口语课堂内涵重构等方面构建研究生英语口语新闻主题式教学模式。

【关键词】研究生英语口语　英语新闻　思政　思辨能力　口语课堂

一、背景

习近平总书记在 2016 年全国高校思想政治工作会议上发表讲话时强调指出，全国高校要教育引导学生正确认识中国特色和国际比较，全面客观认识当代中国、看待外部世界。针对思政教育和其他课程关系，习近平总书记还提出各类课程要与思想政治理论课同向同行，形成协同效应。在这次会议后，教育部将 2017 年定为"高校思政课教学质量年"，并于 2020 年 5 月发布《高等学校课程思政建设指导纲要》，明确提出"全面推进高校课程思政建设，发挥好每门课程的育人作用，提高高校人才培养质量的任务"。

---

* 作者简介：张晓蔓，北京信息科技大学外国语学院副教授，研究方向为英语教学、美国文学。

二、存在的问题

在我国创新人才培养体系中，跨文化交际能力和学术交流能力培养非常重要，但就目前而言，这仍然是比较薄弱的一个部分。虽然研究生较本科生而言已具有较高的基础英语水平，较丰富的学习和生活经验，以及较强的认知能力，但是往往"一旦进入英语交流语境，立即呈现出严重的'中国文化失语症'"[1]，还存在着"思维层次比较肤浅，对话所涉及的内容也惊人地相似。有的话题无法展开论述。学生对话好像成了一问一答，不能够就一个问题展开辩论，体现出学生的思维深度、广度不够，想象力缺乏"[2] 等问题。在实际学术交流过程中，相当一部分学生的陈述条理不清，不能和小组成员进行有效的互动，等等。以上这些情况显示，目前研究生的英语口语水平仍然和国家人才培养需求严重脱节，也是研究生英语口语教学需要作出改革的地方。

本文在对近年来研究生英语口语教学改革成果进行分析后发现，研究生英语口语教学没能体现出思辨性、学术性等不同于本科阶段的特点，在很大程度上还没有摆脱与之前英语学习阶段相重复的现象，这不但反映出在语言能力培养过程中的语言输入问题，还涉及研究生英语口语教学的目标导向问题，如思辨能力培养、跨文化意识培养等。如果这些能力有所欠缺，不但会影响学生语言能力的进一步提高，还会影响学生的专业交流，乃至影响其对中国传统文化的表达与传播。

三、英语新闻主题式口语教学

"主题式教学是以有意义的内容为载体、让语言学习围绕相关主题进行的一种语言教学活动。主题式教学的语言教学模式强调语言在实际生活中的具体应用，主张语言教学情景化、生活化。此种教学模式不再以语言要素或者语言技能作为课堂的组织结构，而是把语言放到有意义的主题中去学习，把语言教学和'内容'教学有机地结合起来。"[3]

本文讨论的英语新闻主题式口语教学以和教材题材、学生专业、社会民生等高度相关的英语新闻为主题。通过这种方法，学生需要根据相关的语言输入，脱离文本，对新闻材料进行评论和评价等有效口语输出。这种教学方法不仅可以帮助学生通过英语输入实现资讯获取，而且可以使跨文化交际能力和批判性思维能力在学生和语言输入内容产生积极互动中生成和发展。

（一）新闻主题式口语教学在思政功能上的体现

和以获取信息为主的传统英语技能训练不同，思政视阈下的研究生新闻主题式口语教学紧紧围绕立德树人根本任务和研究生核心素养培养展开。新闻主题式口语教学更关注相关英语新闻的立场和主要观点，引导学生区分观点和事实以及观点、立场的呈现方式等。

"语言学家斯特恩认为，语言学习会相应影响到学生的思维、情操、价值观、态度等各个方面。"[4] 国内主流媒体的英语新闻思想性突出，新闻性强，在政治新闻方面能较好地反映我国的全球战略和国际政策，在社会新闻方面能够反映基层民生等，以社会现象来引发人们的深思，其内涵丰富、语言简洁凝练、与时俱进，可对社会起到积极正面的激励和引导，具有天然的思政功能，这与课程思政的要求不谋而合，因此被越来越多地作为语言输入语料应用于研究生英语口语教学之中。国内主流媒体的相关英语新闻通过对典型事件（如北京冬奥会的成功举办、党的二十大胜利召开、疫情防控进入新阶段——新冠疫情全面放开、黄大年先进事迹、中国网络文明大会等）的描述，体现"中国故事"的深刻内涵。教师通过组织学生讨论、分析社会重大事件的英语新闻报道，让学生直接接触权威消息，有助于学生感受到我们国家在民生保障、国内国际重大事件上的大国担当，理解当今国内外语境，提升学生讲好"中国故事"的能力，为培养学生家国情怀和弘扬中国精神打好基础。

与此同时，国外一些主流英文网站的报道虽然是真实的语料输入，"但其背后隐藏的立场倾向和意识形态，却未必有利于大学生社会主义核心价值观的培养"[5]。鉴于此种情况，教师应从价值观、网络安全等方面对学生加以引导，从而提高学生对西方媒体报道的警惕性。

学生通过讨论、评价和分享相关英语新闻中蕴含的知识和经验，逐渐提高思想表达能力，潜移默化地受到其中所蕴含的价值观等影响，感受传统文化的凝聚力，增强对传统文化的认同感。由此可见，研究生英语新闻主题式口语教学的思政功能和语言学习的思政性质具有一定的内在一致性。

（二）新闻主题式口语教学在思维能力培养上的作用

文秋芳曾在《口语教学与思维能力的培养》一文中提出了在口语教学中思维能力发展的重要性和必要性，并提出了这样的建议："设计的口语活动一定要对学生的思维水平具有挑战性，培养归纳和抽象能力，培养辩证逻辑思维能力和创造性思维能力。"[6]

在研究生阶段，学生已经具有较高的知识文化素养和学习能力，如果还只是强调语言技能训练中的模仿训练，或是"你有什么样的爱好？介绍下自己、家庭、家乡……"之类的简单话题在口语任务中占很大比例，那本质上仍然是在重复本科阶段甚至高中阶段的操练，导致学生无法在思维层面上得到提升，也无法解决学生在实际口语交际（如跨文化交流或学术交流中）出现的输出的语言缺乏中心观点、言语含糊，以及不知如何推动对话深入等实际问题。

在新时代的发展需求下，为满足受众的理性心理和思辨需求，主流媒体的相关英语新闻已经不再是仅仅报道事件本身，而是集中反映和表现社会现实中的矛盾冲突，往往从时代背景、因果关系、发展趋向等多角度阐释新闻事件的本质，其本身就具有很强的思辨性，因此经常被作为训练思辨能力的教学素材。批判性思维作为一种高级的思维方式，需要以全局性视角，核查事实，警惕偏见，基于理由和证据进行判断和评价等。对此，教师需要先引导学生熟悉新闻材料，并在此基础上结合社会大环境背景和个人经历，对英语新闻主题从新闻的舆论引导、事件本质和身边小事等方面来进行深入分析。新闻背景虽然不是新闻事实本身，但对"深化新闻主题、增强新闻的可读性、体现报道的倾向性以及消除媒体偏见"[7] 起着至关重要的作用。以 *China Daily* 的一则新闻 "Down-to-earth approach vital for job-seeking graduates" 为例，教师可以从就业市场、疫情影响、人才培养等方面引导学生"跳出地区和思维局限，在更高的层次上进行思考与判断。当学习者对敏感新闻事件得出较为全面的看法时，其便有意识地选择了自己的立场，作出了独立的判断"[8]。通过教师理性思维的示范引领，学生能够透过学生求职的表面现象，从全局出发，提高对人才培养的内在本质和社会环境的认知，增强对社会性、普遍性问题的敏感度，提高解决实际问题的能力。

在思维能力培养上，孙有中提出，"思辨能力不是天生的禀赋，也不是偶尔表现的行为，而是经过反复训练养成的良好思维习惯"[9]。教师应秉承这一原则，设计具有思维挑战性的活动，鼓励学生独立思考，从全局整体出发，倾听他人观点，以促进思辨能力的发展。

总之，新闻主题式口语教学需要外语教师改变传统口语教学模式，有意识地利用相关英语新闻所蕴含的丰富育人内涵与资源，以思想、思维训练引领语言交际能力发展，尽早使学生摆脱语言"模仿"阶段，在以新闻为载体的真实语料中，结合教材、本专业发展，让学生的批判性思维能力得以生成和发展，并自觉运用批判性思维进行思考，在跨文化和学术交流中进行有效的语言输出。

（三）新闻主题式口语教学在重构口语课堂内涵上的作用

新闻主题式教学对研究生口语课堂的创新的另一个体现是提高了教学内容的开放性。"英语新闻语料涉及新闻时事、气象报道、文艺、广告、评论等各个方面的内容，在很大程度上可以丰富英语口语教学内容。"[10] 在新闻主题式教学模式下，口语教学不再局限于教材本身，教师可以引导学生从教材或主要素材中提取出关键词与相关英语新闻主题进行关联。"关键词可以是主题、概念、理论、人物、历史、文化、观点，也可以是新闻时事，是对主要素材中的重要育人元素的超链接聚焦，具有深刻的育人功能。"[4] 因学生各自兴趣、专业背景等因素不同，学生选取的关键词、关联到的新闻主题也会呈现出差异性，结果就是口语课堂上的语言输入词汇、表达方式、内容和题材的多样化。通过这种"关联词查找"的方法，学生可切实感受并参与语言和时代的同步发展。

教师应有意识地引导学生从教材题材视角，或者从本学科、本专业发展等视角收集英语新闻并以其作为口语素材，从语言输入端控制好语言输出的高度，让学生在语言技能发展过程中了解本学科思维的范式和方法，从而在真实的语境中掌握语用规则，在跨文化交流和学术交流中进行较为深刻的分析、阐释和解读。

四、评价

在研究生英语口语新闻主题式教学模式下，教学中应遵循语言习得规律，秉持培养学生思辨能力的教学理念；教师应基于相关英语新闻口语素材设计一系列口语活动，并关注语言输出的价值意义。新闻主题式口语教学评价应从以下两方面进行。

第一、对学生而言，要突破以语言能力为唯一评价标准的局限，而是要体现学生的语言输出能否较全面、多角度的分析问题，是否体现英语新闻和教材、本专业等的相关性及其内在思想性，要把思辨能力作为一个重要评价维度。

第二、对教师而言，孙有中在《思辨英语教学原则》中提出，"是否设计有效的任务促进思辨能力与语言能力的融合发展，是否重视对学生思辨品质的培养，是否发挥了教师的思辨示范作用"[9] 等方面的教学原则。换言之，在教学中任务设计需要体现思辨目标和定位。

五、结语

研究生口语输出能力的培养不仅是拔尖人才培养的需要，而且是人才培养全方位发展的需要。本文从英语新闻在思政、思辨能力培养和口语课堂内涵重构等方面对研究生口语教学模式进行探索，充分发挥"大思政"教育背景下英语新闻的价值功能，构建新闻主题式研究生口语教学模式，以促进思政和语言交流能力培养的有机融合，促进学生思辨能力的生成与发展，并重构口语教学内涵，培养学生家国情怀和国际视野。

参考文献

[1] 从丛. 博士生英语教学改革的实践与思考 [J]. 中国高教研究，2004（6）：48-51.

[2] 郭丽丽. 博士研究生英语口语输出有效性实证研究 [J]. 英语广场，2016（8）：74-76.

[3] 白建华. 主题式教学在对外汉语课程设置中的应用 [J]. 对外汉语教学与研究, 2013 (0): 1-11.

[4] 张敬源, 王娜. 外语"课程思政"建设: 内涵、原则与路径探析 [J]. 中国外语, 2020 (5): 15-20.

[5] 朱琼莉. 英语新闻教学中的核心价值观教育 [J]. 新闻战线, 2015 (13): 108-109.

[6] 文秋芳. 口语教学与思维能力的培养 [J]. 国外外语教学, 1999 (2): 1-4.

[7] 金蕊. 新闻背景在英语新闻报道中的价值与应用 [J]. 品位·经典, 2022 (23): 1-3.

[8] 闻博华. 论英语学习的有效途径之英语新闻阅读 [J]. 语文学刊·外语教育教学, 2012 (4): 168-169.

[9] 孙有中. 思辨英语教学原则 [J]. 外语教学与研究, 2019 (6): 825-837.

[10] 杨迪. 新闻语料在大学英语口语教学中的应用 [J]. 新闻与写作, 2020 (7): 114.

文化历史类通识课程中思政元素的挖掘与应用

——以拉美文化为例

赵天宇*

【摘　要】通识教育的思想源远流长，通识选修课程是大学生开拓视野、增加知识深度和广度的重要环节，也是高校对学生进行思想政治教育的重要阵地。文化历史类通识课程中蕴含着丰富的思政元素。本文以拉美（即拉丁美洲）文化为例，梳理并探讨此类课程中思政元素的挖掘与应用，从课程教学目标、思政目标、课程评价等方面进行课程思政设计并展示思政内容实例，努力做到将思想政治教育有机融入课程教学的各环节和各方面，以实现知识传授与价值塑造、能力培养相统一。

【关键词】通识选修课　文化历史　课程思政　拉美文化

一、引言

中文"通识教育"一词是根据英文"General Education"的思想翻译转换而来的，同时借鉴了中国传统文化对于"通"和"识"的解释。也有学者将其译为"博雅教育"、"普通教育"或"通才教育"[1]。不论在古代中国还是古代西方，通识教育的思想都源远流长，主张培养通情达理，兼备多种才能的人。在现代教育中，通识教育也备受关注，许多世界知名大学都积极加强通识课程建设，如北京大学的"通识教育文库"与芝加哥大学的"名著课程计划"，都试图通过通识课程使学生兼备科学素养和人文素养，增加学生知识的广度和深度。同样，通识课程也是高校对学生进行思想政治教育

---

* 作者简介：赵天宇，北京信息科技大学外国语学院讲师，研究方向为西班牙语言文学、拉美国别研究。

的重要阵地。将思政教育贯穿通识选修课程，是实现"立德树人"的有效手段之一[2]。

教育部颁布的《高等学校课程思政建设指导纲要》中指出，要围绕政治认同、家国情怀、文化素养、宪法法治意识、道德修养等重点优化思政内容供给，而文化历史类通识课程正是培养学生家国情怀，提升文化素养的绝佳阵地。本文将以通识课程拉美文化为例，梳理并探讨此类外国文化历史类课程中思政元素的挖掘与应用。

二、教学现状

目前，和高校通识课程存在的普遍问题一样，拉美文化也存在对思政教育重视程度不够以及思政欠缺等问题。就学生层面来讲，大部分学生为了完成学分要求而选择课程，对课程不够重视，不认真听讲，把选修课程当作"自习课"。在教师层面，和专业课程比起来也是对课程不够重视，在备课和授课过程中都降低标准要求自己，只是按照教学大纲机械化授课，忽略思政元素的挖掘和应用。整体来说，思政教学效果欠佳，亟待提高。

三、课程教学与思政目标

（一）教学目标

拉美文化是面向高校学生开设的通识选修课。本课程通过对主要拉丁美洲国家的历史、文化、经济、政治等知识的梳理，让学生较为系统地了解这些国家，辩证地认识它们的发展现状，从而了解世界文化的多元性和丰富性，理解、包容其他民族文化，拓展学生的国际化视野，并培养他们全方位、多视角、多维度分析问题及解决问题的能力[3]。

（二）思政目标

如前所述，通识课程是高校进行思想教育的重要阵地，是实现立德树人的有效手段之一。结合拉美文化的课程内容，本课程的思政目标如下。

第一，通过中西方文化对比的相关内容，使学生更深层次地认识、热爱、认同中华优秀传统文化，增强学生的民族文化认同感和自豪感。教师不仅要加强政治理论学习，提高思政素养，丰富课程思政内容建设，而且要加强自身传统文化知识储备，在授课过程中讲解拉美文化的同时，有能力引导学生科学、辩证地将本国本民族的传统文化与拉美社会文化进行对比。

第二，激发学生的家国情怀，通过认识历史发展引领学生认识到在不同国家和历史时期，家庭和睦与国家兴盛、个人前途与社会发展都是紧密相连的。在历史的长河中，不论是中国还是拉美地区，都有无数的爱国者为了祖国的独立或统一而艰苦奋斗甚至献出生命，体现了"天下兴亡，匹夫有责"的家国情怀。尽管在不同的社会背景和历史时期下，家国情怀有着不同的表现形式，但这种先国后家、家国一体的价值理念没有改变，这是中华民族凝聚力、向心力和生命力的集中体现，并在各个历史时期激励着一代又一代中华儿女不畏艰难、砥砺奋进[4]。

第三，在讲解拉美各民族国家形成发展历程的过程中，通过中国和拉美各国的对比（如拉美地区各部族联合起来反抗欧洲殖民者的战争和中国的抗日战争，以及拉美各时期的考迪罗主义和中国共产党的以人民为中心等），启发并引导学生回顾、思考中华民族在形成和发展中遇到的类似问题和解决办法，让学生深刻认识体会到如今的幸福生活来之不易，对此应时刻心怀感恩。

第四，通过学习相关国家的历史，要求学生在具体历史背景下思考和分析有关历史问题，培养学生的明辨性思维能力。

四、课程思政教学改革策略

根据教学大纲，本拉美文化通识选修课为 32 个学时。为了使学生能够对拉丁美洲整体的历史脉络有较为清晰的认识，授课内容以拉美各国家的形成发展为主线。教学章节按照哥伦布发现新大陆前的美洲、发现和征服、独立时代和当代拉美等的时间顺序进行编排。思政内容结合不同历史阶段的发展特点有机融入，可分为以下主题：民族起源、抗争精神、历史事件和人物、代表性文化等。在讲授过程中，应真正做到课程内容和思政有机融合，激发学生的思辨和体悟。拉美文化课程思政内容实例如下。

（一）民族起源

拉美这一名称的由来是本课程的一个基础知识点，它并不是一个地理性的名称而是一个文化性的称呼。在这片大陆上的大部分国家，以同属拉丁语系的西班牙语和葡萄牙语为官方语言，欧洲文明和美洲原生文明共生混合，所以称之为拉丁美洲，由此彰显了独特的文化意蕴。在讲解拉美名称由来的同时，教师可以提出有关中国以及中华民族名称由来的问题，引发学生思考并结合相关历史知识进行讲解、介绍。由此帮助学生了解民族文化，增强学生对民族文化的认同和自豪感，引导学生树立正确的国家观念和爱国情感。同样，在课程中作为附加内容，教师会介绍常见的西班牙语姓氏以及西语中姓氏的来源，并可以同时介绍中国姓氏的来源，既可以增添课程趣味性，也可以作为有效的思政素材。

（二）南美三大文明和中华文明现状的对比及思考

中国和拉丁美洲相距遥远，然而两地的文明和民族有着不少相似之处。南美当地文明即印第安文明①为本课程的重要内容。在介绍其中具有代表性的玛雅文明、阿兹特克文明和印加文明②时，可以结合中国文明引发学生的思考，展开思政教育。中国文明为世界四大文明之一，印第安文明也有着悠久的历史，取得了不凡的成就。中华文明得以传承延续至今，并在世界舞台上发光发热，但印第安文明的现存状况堪忧，这是为什么呢？通过上述南美三大文明和中华文明现状的对比和思考，激发学生的家国情怀，正所谓"天下兴亡，匹夫有责"，只有每个中华儿女艰苦奋斗，砥砺奋进，才有文明的传承和国家的兴盛。

（三）历史事件

历史总是惊人的相似，综观中国和拉美两地，都有着反抗外来侵略者，求取地区和民族统一的对应历史阶段，因而在历史人物的历史事件上也有很多相似之处。在拉美的被殖民时期，出现了很多原住民部落奋起反抗欧洲殖民者的历史事件。19世纪初，拉丁美洲各处都爆发了独立战争，最终结束了绝大部分区域的殖民统治，一批共和国诞生。教师以此为切入点，引入中国人民在波澜壮阔的历史中为了争取民族独立、人民解放而历经的抗日战争和解放战争，从而让学生牢记历史，忆苦思甜，进而珍惜今天来之不易的美好

---

① 印第安并非指一个民族或种族，而是对所有美洲原住民（除因纽特人外）的统称。

② 印加文明是指古代南美洲的印第安文明，其同玛雅文明、阿兹特克文明并称为"印第安三大古老文明"。

生活，激发起爱国之情和报国之志。

（四）历史人物

中国和拉美在相应的历史阶段出现了很多相似的历史人物。在拉美有建立了近代史上第一个黑人国家的著名英雄杜桑、被拉美多国奉为国父的玻利瓦尔、著名的共产主义战士格瓦拉、古巴国父卡斯特罗等。在中华民族的历史长河中也涌现出了无数的爱国英雄，在国家、民族危难之时，他们用生命铸就了中华民族的爱国传统。在本课程中选择性地介绍、重温这些历史人物，可激发同学们的爱国情怀，正如习近平总书记在 2022 年青年节之际向各族青年提出的明确要求："广大青年要做社会主义核心价值观的坚定信仰者、积极传播者、模范践行者，向英雄学习、向前辈学习、向榜样学习，争做堪当民族复兴重任的时代新人，在实现中华民族伟大复兴的时代洪流中砥砺奋发、勇毅前进。"

还有一些历史人物，教师需要引导学生辩证地进行评价，如"新大陆的发现者"哥伦布，大航海时代西班牙航海家科尔特斯、皮萨罗等。这些人物是具有双重身份的历史人物。作为开拓者，他们"发现"和"征服"了新大陆，使新旧两个大陆建立了联系，推动了历史的向前发展；作为殖民者，他们设立的针对美洲印第安人的奴隶贸易和奴隶制，却又给印第安人带来了前所未有的灾难乃至种族灭绝。在辩证评价历史人物的过程中，应培养学生不受西方主流价值观影响，多视角、全方位、客观公正地评价历史人物，增强思维明辨能力。

（五）代表性文化的对比

想要了解一个民族的传统文化、社会发展，衣食住行是一个重要环节。不同民族有着不同的衣食住行的特点。在介绍拉美相应的基础社会文化（如传统服饰、特色菜肴、建筑风格等）时，可以结合同时期中国的相应文化特色，让同学们通过对比，增强对优秀民族文化的认同感和自豪感，提高学生的民族文化自信。

据不完全统计，拉丁美洲在节庆活动的数量和规模上名列全球各大洲第一[5]。节庆活动也是深入了解一个民族文化的重要途径。以墨西哥亡灵节和中国的清明节为例，在本课程中可以引导学生就节日起源和庆祝方式展开对比和思考。例如，两个节日都表达了对逝者的怀念和对生命的敬意，也都体现着家族的凝聚和文化的传承。但是在庆祝形式上差异显著：在中国人的传统观念里，"死亡"是比较避讳谈及的，所以清明节的整体基调是沉重的、悲伤的；墨西哥的亡灵节则更像是一场庆祝生命和死亡循环的狂欢，正如电影《寻梦环游记》中呈现的那样，节日当天人们会精心布置祭坛，用万寿菊为亡灵铺路，其寓意为指引亡灵回家，营造了一种愉快的节日氛围。通过对比，使学生认识到世界文化是丰富的、多元的，并且理解、包容以及尊重其他民族的文化，培养学生成为具有国际视野、胸襟开阔的世界公民。

五、课程评价改革

课程考核方面，拉美文化课程考核由以下几部分组成：出勤、课堂表现和课程论文。课程论文的要求为：根据课程内容，由学生以小组的方式自选主题，经过一定的学习与研究，在课程结束前展示相关主题报告并提交纸质论文。

为保证课程思政效果，教师会在日常的教学活动中结合相关内容开展思政主题讨论，并要求学生在课程报告中融入思想价值观等态度的评价，以此对学生进行思政考核。同时鼓励学生结合拉美文化课程的内容，多维度、深层次地挖掘了解中国历史文化，进而扩展学生的文化知识，更好地扎根中国民族文化，增强民族文化自信，讲好中国故事。

六、结语

正如叶方兴所说："课程思政实质是一种课程观，不是增开一门课，也不是增设一项活动，而是将高校思想政治教育融入课程教学和改革的各环节、各方面，实现立德树人、润物无声。"[6] 作为课程思政建设的主体，一线教师应该提高课程思政建设意识，同时加强自身政治素养和中华传统文化知识储备，通过理论学习、集体教研、构建课程思政案例库、学生反馈等方式不断提升自身思政教学能力，从而保证思政教学效果，真正做到在通识选修课中发挥好思政教育的作用。

参考文献

[1] 北航高研院通识教育研究课题组．转型中国的大型通识教育：比较、评估与展望大学 [M]．杭州：浙江大学出版社，2013：2.

[2] 张玉超．课程思政视域下通识选修课教学改革探索 [J]．高教学刊，2023 (2)：163-169.

[3] 魏志强．通识教育与核心价值观塑造 [J]．当代教育科学，2018 (9)：93-96.

[4] 蒋凯，王涛利．加强历史文化教育 增进香港青年学子家国情怀 [N]．光明日报，2022-08-23 (12).

[5] 朱凯．西班牙-拉美文化概况 [M]．北京：北京大学出版社，2010.

[6] 叶方兴．观念·原则·活动：正确理解课程思政的三重维度 [J]．思想理论教育导刊，2022 (10)：138-141.

关于大学英语课程思政内容重点的思考

赵玉华*

【摘　要】课程思政内容重点是教育部《高等学校课程思政建设指导纲要》中规定的，各高校各专业、各类课程进行课程思政建设时需要重点优化的内容。本文通过梳理与大学英语课程思政相关的文献，发现《高等学校课程思政建设指导纲要》和《大学外语课程思政教学指南》在宪法法治意识这一内容重点上存在差异，并进行了政策对比分析。围绕为什么有关宪法法治意识的思政内容应当成为大学英语课程思政内容重点，以及大学英语围绕宪法法治开展思政教学时需要注意哪些问题展开讨论，在此基础上从教师、管理者和政策制定者、教材编写者和学生等四个方面提出加强大学英语宪法法治意识方面思政教育的建议。

【关键词】大学英语　课程思政　内容重点　宪法法治意识

一、引言

以立德树人为根本任务的课程思政是当前高校在强化思想政治教育，提高课程育人过程中所形成的新理念。2014 年 4 月，教育部颁布了《关于全面深化课程改革，落实立德树人根本任务的意见》，深入回答了"培养什么人、如何培养人"的问题，提出构建"学生发展核心素养体系"的理念，并以此推动课程改革和教育发展。

2020 年，教育部发布《高等学校课程思政建设指导纲要》（以下简称《纲要》）全面推进高校课程思政建设。《纲要》要求，把立德树人根本任务落

---

* 作者简介：赵玉华，北京信息科技大学外国语学院讲师，研究方向为英语语言教学、法律英语、法律翻译。

实到各个角落，要在全国所有高校、所有学科专业全面实施课程思政，要围绕全面提高人才培养能力这一核心点，围绕"政治认同、家国情怀、文化素养、宪法法治意识、道德修养等重点"优化课程思政内容供给，在价值塑造、知识传授、能力培养"三位一体"的人才培养目标中，要突出价值塑造的重要性。

外语课程思政与其他专业课程思政有相同或相似之处，也有其特殊性。在建设课程思政的背景下，大学英语课程应该针对哪些思政内容重点开展教学活动？如何有机融合思政目标和教学内容，使之既保存语言学习的本质以提升学生综合语言能力，又能有效实现思政教育目标为国育才？都成为摆在外语教育者面前的新课题。

二、文献综述

大学英语课程思政是一项系统工程，大学外语界对此进行了大量的研究，提出了很多有启发性的意见和建议。对外语课程思政的研究从价值追问、内涵界定，逐渐发展到外语课程思政建设六个要素[1] 的全方位探讨，再到主要聚焦于"做什么"① 和"怎样做"这些课程思政建设的核心问题。

文秋芳设计了外语课程思政的实施框架，指出"四条思政链，内容链是核心"[2]。刘正光、岳曼曼认为，"现有教材内容难以满足新的教学要求与目标。教学内容重构，教材建设是关键的一环"[3]。向明友指出，大学英语课程应关注学生"思想道德修养、人文素质、科学精神、宪法法治意识、国家安全意识和认知能力"的培养[4-5]，并提出是否可在大学外语教学实践中引入供给侧结构性改革的新理念，重塑以学生为中心的教育理念，引入以内容为基础的技能训练思想，探索人文与技能融合的新模式[6]。

刘建达引用梅德明、王蔷 2018 年有关高中英语新课标的解读并指出，依据《普通高中英语课程标准》，高中英语课程内容有六大要素：主题语境、语篇类型、语言知识、文化知识、语言技能和学习策略[7]。其中，主

---

① 笔者在黄国文、肖琼提出的六要素说的基础上，将前两个要素合并为"是什么"，把第二个要素修改为"做什么"，以更加突出当下在内容选择上的困惑及其重要性。

题语境包括人与自我、人与社会、人与自然三个方面，涵盖健康的生活方式、积极的生活态度、优秀品行、正确的生活态度、公民义务与社会责任、重要国际组织和社会公益机构、法律常识和法治意识，这些为大学外语教材的修订提供了很好的范例。马燕生的研究指出，国际组织人才需要有中国情怀、国际视野和世界胸怀，熟悉国际政治、经济、社会、文化、法律等领域公认的原则、法则、办事规律，这些内容都需要在大学外语教材中有所体现。

赵雯、刘建达在阐述《大学外语课程思政教学指南》的内容重点时，介绍了基于课程思政内容重点在大学外语教师中开展的问卷调查。其中，有关宪法法治意识的课程思政内容调研结果显示，90%以上的教师认为有关宪法法治意识的课程思政内容应包括习近平依法治国理念、思想、战略，对于其他方面（如宪法法治文本、宪法法治案例、法律文本、法治案例、中外宪法法治比较等），教师的认同度介于20%到40%之间。对此，本课题组进行了差距需求分析，认为"主要因为教师认为宪法法治方面的内容较为专业，与大学外语教学内容结合有一定难度"[8]。

以上研究均不同程度地聚焦于"内容"的重要性，表明大学英语应围绕哪些内容重点开展课程思政建设已是当下的一个重点问题。关于宪法法治意识是否应该成为大学英语课程思政建设的一项内容重点，则目前尚未达成共识，依然处于探索和研究阶段。

三、政策对比分析

《纲要》是高校课程思政建设总的指导性文件。就大学英语而言，教育部高等学校大学外语教学指导委员会制定的《大学英语教学指南（2020版）》[9]（以下简称《教学指南》)和《大学外语课程思政教学指南》（以下简称《思政教学指南》)是在综合外语课程学科特点和思政教学要求、现状等基础上制定的更有针对性、更具体的课程思政指导性纲要，对全国大学英语课程的思政建设和课程思政教学发挥了重要的指导作用。

笔者在研究中发现，《纲要》与《思政教学指南》在课程思政建设内容重点上有差异，现进行对比分析如下。

（一）差异所在

《纲要》指出："课程思政建设内容要围绕政治认同、家国情怀、文化素养、宪法法治意识、道德修养等重点优化课程思政内容供给，系统进行中国特色社会主义和中国梦教育、社会主义核心价值观教育、法治教育、劳动教育、心理健康教育、中华优秀传统文化教育。"接下来，《纲要》具体阐述了五个方面的课程思政内容：其一，推进习近平新时代中国特色社会主义思想进教材进课堂进头脑；其二，培育和践行社会主义核心价值观；其三，加强中华优秀传统文化教育；其四，深入开展宪法法治教育；其五，深化职业理想和职业道德教育。

《思政教学指南》提出，从政治认同、家国情怀、文化素养、专业知识、道德修养等五个方面确立课程思政内容重点[7]。

由此可以看出，《纲要》明确列出了应当重点优化课程思政内容供给的五个方面，其中有四个方面在《思政教学指南》中保持不变，只有"宪法法治意识"被换成了"专业知识"。关于"专业知识"的描述中，也没有包含与宪法法治相关的专业知识。

《思政教学指南》中对专业知识的描述为："在专业知识方面，面向国家战略需求，主动服务人工智能、集成电路、储能技术、生物育种、公共卫生、生态环境、国际新闻传播等领域的紧缺人才培养，并将相应学科的专业知识融入课堂教学"[7]。

（二）差异分析

《思政教学指南》研制工作组中的教学重点组认为：《纲要》中的政治认同、家国情怀、文化素养、宪法法治意识、道德修养等五个方面是课程思政内容重点的应然情况，即认可了宪法法治意识当然地应当是思政内容重点之一，应当进行供给优化。但是，教学重点组排除"宪法法治意识"作为大学英语课程思政的"内容重点"，是在调研的基础上作出的。

针对课程思政内容中的五项重点应然内容和我国大学外语思政教学的实然情况，教学重点组分别设计了问卷，在 6 个地区 31 个省、自治区、直辖市1 860 名教师中开展了调研。从调研的区域和人数来看，该调查结果具有代表性。如前所述，调查结果显示，教师对宪法法治课程思政内容中"其他方面"

的认可度仅为 20%～40%，是所有受调查项中最低的。这反映出教师对于大学英语课程思政内容重点的理解还不全面，尤其是对大学英语应当加强宪法法治方面课程思政建设的认识相对薄弱。甚至"（有）教师认为宪法法治方面的内容较为专业，与大学外语教学内容结合有一定难度"也成了《课程思政指南》将"宪法法治意识"排除在"内容重点"之外的原因。

笔者认为，经过需求分析，厘清当下大学外语教学中课程思政的应然与实然情况，结合大学外语课程教学实际确立《课程思政指南》内容重点是尊重客观事实，分步骤、分阶段落实《纲要》中内容重点的理性选择。

但是，这不代表与宪法法治意识有关的思政内容不应当得到重视。相反，与宪法法治意识有关的思政内容更应该得到大学英语界的重视。宪法法治思政内容和大学英语课程思政的关系值得深入探讨，逐步形成共识。

四、讨论和建议

（一）为什么与宪法法治意识有关的内容应当成为大学英语思政内容重点之一并得到供给方面的优化？

《纲要》将"深入开展宪法法治教育"规定为课程思政内容重点之一，体现了宪法法治教育的重要性和对宪法法治教育的重视，并且其中的 5 项重点内容存在环环相扣的紧密关系。"宪法法治意识"是与政治认同、家国情怀、文化素养、道德修养一脉相承、有机统一的整体。"政治认同"需要有宪法法律的确认和保障，"家国情怀"重点体现在自觉遵守和维护宪法、法律上，"宪法法治意识"的培养增强又促进了"政治认同"；"宪法法治意识"体现出的是一种法治文化素养，而"法治文化素养"也是当代大学生应当具备的一种文化素养；道德与法律不可分离，法律是最低的道德，法律也必须体现内在和外在的道德性。凡是法治不及之处，皆是道德用武之地，因此加强宪法法治意识与提高道德修养并行不悖。

"深入开展宪法法治教育"，不仅有利于政治认同、家国情怀等方面大学英语课程思政目标的实现，而且有利于满足学生对法律素养的需求。1986 年 9 月，国家教育委员会印发《关于在高等学校开设"法律基础课"的通知》。自此，"法律基础"开始进入思想品德课程系列，体现了国家对于加强社会主义民主法制的要求。从法律基础课程内容的变迁来看，也体现了大学生思想道德素质发展的要求。"正是因为广大学生对法律知识的要求，法律基础课程成为'基础'课程稳定的教育内容"[10]。如今，课程思政要求把"深入开展宪法法治教育"作为思政内容重点而渗透到高校各项课程中，不仅是中国社会进入法治时代后对大学生法治素养提出的要求，而且是适应大学生扩展知识和提升能力的需求。此举顺应了学生对法律素养提升的渴求和双语表达宪法法治认识的需求，也成为大学英语课程思政变化发展和课程内容不断优化的内在动力之一。

有相当一部分英语教师认为，宪法法治方面的内容较为专业，与大学外语教学内容结合有一定难度，而这正是需要进行课程思政内容重点建设的原因。为了保证思政内容重点建设的科学性、系统性、连贯性和大学外语教学结合的紧密性、适度性，对于有一定专业性的宪法法治方面的思政素材建设，更需要有指南来指导和引领。

（二）大学英语中开展有关宪法法治内容的课程思政应注意哪些问题

1. 思政性强弱问题

大学英语是公共基础课，其课程思政与思政课程和专业课程既有区别，又有联系。既要保证课程思政与思政课程同向而行，又要避免课程思政完全变成了思政课程而脱离了语言学习的本质。肖琼，黄国文认为，从思政性强与弱的角度来看，思政课程、课程思政和传统的专业课程处在"强—弱"这个连续统（continuum）的不同的坐标位置，外语专业因其较强的思想文化内涵，应该更靠近"强极"一端[11]。

2. 宪法法治部分难度的问题

宪法法治方面的大学英语思政内容可参考高校思政必修课"思想道德与法治"课（原"思想道德修养与法律基础"课更名后的名称）中的法治部分，其难度并不高于后者。更名后的"思想道德与法治"课依然是公共基础课，表明其专业知识的难度不会太大；其中的"法律基础"部分在进一步精简具体法律知识的同时，"对法律精神、法治理念、法治思维的强调更加突出，更加有助于在青年大学生心目中树立法律的权威，培养学生的基本法律素养。"[10] 同时，宪法法治方面的外语思政课不是取代思政课来进行专业知识的讲解和传授，而是为同学们提供了双语视角看待宪法法治内容的机会，以此巩固和升华法治理念和法治思维。

3. 宪法法治教育与教学文本的问题

围绕宪法法治教育开展的大学英语思政教学不应该脱离宪法法治文本。只有基于宪法法治文本的学习，才能使学生的语言习得与思政领悟相得益彰，深刻体会宪法法治文本中的文化自信，同时从宪法法治英文文本中理解翻译的精准性要求和国家意识。例如，从"中国共产党"的英译出发，辨析其正确译法 the Communist Party of China 与外媒使用的译法 Chinese Communist Party 的区别[12]，深刻体会介词 of 的用法和翻译中的国家意识；又如，对于"人民民主专政"一词的英译版本 people's democratic dictatorship，需要引导学生从追寻词汇本源的角度去探究，这个词与马列主义政党学说、社会发展阶段、阶级矛盾学说有关，因而需要回到原著和译著中去考查。反之，脱离教学内容和文本的思政教育很可能流于表面。

4. 教学方法的问题

在上课形式上，提倡基于问题、基于项目、基于案例的教学方法。鼓励生生讨论、师生对话、质疑和辩论；课堂教学中应体现一定的高阶性，采用思辨和辩论等教学方法，培养学生求解问题、语言表达、信息素养、批判性思维等可持续发展能力。

5. 外语教师的认识问题

大学外语教师对宪法法治方面的内容进入大学外语思政内容重点的范围存在明显的犹豫和畏难情绪，一定程度上反映出大学外语教师对大学外语教学中课程思政内容重点的理解还不全面，也反映出整个社会对于宪法法治方面的内容的关注还有待加强。大学外语课程思政宪法法治内容重点如何有效地与大学外语教学内容相结合，有待进一步的探索。

（三）建议

大学英语宪法法治思政教学应当遵循从易到难、循序渐进的步骤，做好需求分析和调研，完善教学设计，既要避免思政要素的直接灌输，也要避免思政内容与教学内容脱节或牵强联系。对此，可借鉴法律英语及法律翻译的教学研究成果，创新教学方法和多样化评价模式。思政是思想意识领域的交流和互动，人的因素至关重要。以下，笔者就教师群体、教学管理者和政策制定者、出版者、学生群体等方面分别给出一些建议。

第一，大学英语教师应该转变认识，关注与宪法法治有关的思政内容，加强自身的学习和体会，为更好地开展思政教学做好储备。

第二，大学英语教学的管理者和政策制定者可以引导、组织教师开展与宪法法治相关的思政教学研讨和教学研究，分享和交流教学经验，提高教师对宪法法律意识内容进课堂重要性的认识，并加强相关思政教学团队的建设。

第三，大学英语教材的编写也应当充分考虑并反映宪法法治方面的基础内容和重点内容，借助多种媒介和形式丰富的相关思政教学素材，整理和完善素材的体系化建设。

第四，重视大规模学生群体对宪法法治方面思政素材的态度、反馈等，有助于了解学生的需求。对此，应适时在广大大学生中开展大学英语宪法法治思政教育的需求分析，以利于更全面地认识大学英语宪法法治思政教育的必要性、紧迫性和教学要点、教学方法等问题。学生的态度和体验又与其他多种因素紧密联系，如有趣而又生动的教学安排、科学合理的考核方法、丰富而又符合大学生心智发展的教学素材和整个社会尊重宪法法治的文化氛围等，都会对学生的选择产生影响。

五、结语

依法治国实践的深入和法治社会建设的完善，必然要求增强全社会的宪法法治意识。加强大学英语课程思政在宪法法治方面的建设不仅有助于学生在中英双语视角下理解中国宪法和法治，而且有利于学生在面临中外文化比较、跨文化交际时用英语表达自己对中国宪法法治的信心和理解。大学英语课程思政建设是一项长期的艰巨的任务，大学英语课程思政在宪法法治方面的建设还需要包括大学英语教师在内各方的共同努力。

参考文献

[1] 黄国文，肖琼. 外语课程思政建设六要素 [J]. 中国外语，2021（2）.

［2］文秋芳．大学外语课程思政的内涵和实施框架［J］．中国外语，2021（2）.

［3］刘正光，岳曼曼．转变理念、重构内容，落实外语课程思政［J］．外国语，2020（5）.

［4］向明友．顺应新形势，推动大学英语课程体系建设：<大学英语教学指南>课程设置评注［J］．外语界，2020（4）.

［5］向明友．基于《大学外语课程思政教学指南》的大学英语课程思政教学设计［J］．外语界，2022（3）.

［6］向明友．新学科背景下大学外语教育改革刍议［J］．中国外语，2020（1）.

［7］刘建达．课程思政背景下的大学外语课程改革［J］．外语电化教学，2020（6）.

［8］赵雯，刘建达．《大学外语课程思政教学指南》内容重点研制与阐释［J］．外语界，2022（3）.

［9］教育部大学外语教学指导委员会．大学英语教学指南［M］．北京：高等教育出版社，2020.

［10］佘双好．"思想道德修养与法律基础"课建设历程和发展走向［J］．学校党建与思想教育，2021（9）.

［11］肖琼，黄国文．关于外语课程思政建设的思考［J］．中国外语，2020（5）.

［12］张法连，马彦峰．《民法典》英译中的文化自信［J］．解放军外国语学院学报，2022（1）.

基于思政主题的大学英语教学设计与实践

周晓航[*]

【摘　要】基于思政主题的大学英语教学设计与实践以由主题式教学模式衍生的跨学科主题学习理念为指导，以北京信息科技大学非英语专业本科公共基础必修课程——大学英语为载体，基于课程使用的教材《全新版大学进阶英语综合教程》（1~4册），深入挖掘教材单元主题引申出的思政主题和内涵，精心挑选视听材料，设计丰富多样、适合不同学生层次的练习和教学活动，引导学生深入理解单元主题及其蕴含的思政元素，探索实现立德树人的课程思政建设目标的有效路径。

【关键词】课程思政　大学英语　主题式教学模式　跨学科主题学习　教学设计

一、引言

2020年5月28日，教育部印发了《高等学校课程思政建设指导纲要》的通知，要求在全国所有高校、所有学科专业全面推进课程思政建设，并强调要发挥每门课程的思政作用，目的是进一步提高高校人才培养质量。《大学英语教学指南》（2020版）指出，大学英语教学体系应该自觉与学校的课程思政体系相融合，以实现立德树人的根本任务。其教材内容应该有意识地融入社会主义核心价值观和中华优秀传统文化，培养学生正确的世界观、人生观和价值观。

本文聚焦主题式教学模式及其相关理论，通过教学案例解析如何从教材单元主题入手，挖掘课程思政元素，并通过蕴含课程思政元素的视听材料设

---

* 作者简介：周晓航，北京信息科技大学外国语学院副教授，研究方向为应用语言学。

计多种教学活动，让学生在理解单元相关话题的同时接受思政教育，从而实现立德树人的课程思政目标。

二、理论背景

（一）主题式教学模式

主题式教学模式（Theme-Based Approach）属于内容教学法（Content-Based Approach）的一种。李祖祥综合国内外学者对主题教学概念内涵的界定，认为主题式教学模式是一种建构主义学习理论和多元智能理论共同指导下的教学模式，它通过对跨学科领域的主题探究和教师设计的相关活动来发挥学生的创造性和主观能动性，从而帮助学生实现全面发展[1]。

袁春艳认为，主题式教学模式能够实现语言的形式学习与意义学习的统一。主题式教学模式重视和强调对语言所表达的意义的学习，同时也不忽视对语言形式的学习。学生通过对主题的建构，学习有关社会文化和社会生活等知识，并学习语法、词汇、结构等语言细节，这样就把语言意义的学习与语言形式的学习结合起来了[2]。

由此可见，建构主义理论指导下的主题式教学模式以主题为中心进行教学设计，核心突出，内容丰富。它的核心是与学习需求密切相关的"主题"。教师努力为学生营造学习情境，让学生在参与多种教学活动的同时，接触与主题相关的方方面面的学习内容，帮助学生从各个角度反复操练所学到的知识，从而达到提高学生语言综合运用能力的目的。

（二）跨学科主题学习

2023年，伍红林等结合主题学习和跨学科学习理论提出跨学科主题学习的概念[3]。跨学科主题学习指的是以某一学科为主体，围绕其主题与其他学科的知识进行整合，从而形成跨学科主题学习单元，教师设计以跨学科主题为核心的各种学习任务，学生通过合作实践等方式进行学习。跨学科主题学习的主要目的是培养学生的跨学科素养。跨学科主题学习包括四个类型，其中基于超学科真实问题的主题学习的含义是：超越学科的界限，将人生经历、科学前沿、社会问题、全球趋势和人类命运等融入教学中，以开发跨学科主题的教育价值，这样可以激发学生以超越学科的心态和方法自觉地进行学习和探索，提升他们在真实情境中理解、认识和解决复杂综合问题的能力。这种主题学习对于培养批判性思维、协作共享的价值观和社会性品格具有重要意义。简而言之，这种教学方法能够帮助学生思考和解决综合性问题，培养他们的合作精神和社会责任感。

基于思政主题的大学英语教学设计符合基于超学科真实问题的跨学科主题学习理念。由教材单元主题挖掘和引申与之相匹配的课程思政主题和内涵，围绕单元主题和课程思政主题进行教学设计。通过选取与单元主题相匹配且蕴含丰富思政元素的视听材料，全面培养学生的语言综合应用能力，充分利用启发式讲授、互动式交流、探究式讨论等方法，让学生在教学活动中自然而然地接受思政教育，并将其内化成自己的行为，这对学生情感、价值观的塑造和课程思政教育的成效取得具有积极意义。

三、基于思政主题的教学设计案例

本教学设计案例选取上海外语教育出版社《全新版大学进阶英语综合教程》第一册第五单元，教学内容为单元的主题导入，案例的长度为两个课时。单元的主题是"友谊"。教学设计由如何维系人与人之间的友谊拓展到国与国之间应该如何建立相互尊重、公平正义、合作共赢的伙伴关系，引导学生深刻领会我国提出并被国际社会广泛认可的"构建人类命运共同体"的理念，从而培养学生坚定的家国情怀。

（一）设计思路

案例教学设计旨在通过视听材料拓展教材的课程思政内涵，从而达到立德树人的目的。为此，教师选用与单元主题相关，具有思政教育意义的高质量视听学习资源，设计适合不同基础学生的练习，既有填空、回答问题、翻译、写作，也有讨论、辩论、课堂展示等。目的是在训练语言知识和技能的同时训练学生的跨文化能力、讲好中国故事的能力，以及批判性思维的能力；使学生在学习知识和培养技能的同时；坚定对社会主义核心价值观的信念，深入理解造福全球的中国智慧。

（二）教学目标

教师从知识传授、能力培养、价值塑造等三个方面设置教学目标。一是知识传授：使学生掌握从视频中所学到的重点词汇，掌握"构建人类命运共同体"的内涵及其五个视角的表达方式。二是能力培养：一方面，基于视频资源，培养学生的英语综合运用能力，涵盖听说读写译的各项技能；另一方面，就如何维系友谊以及社交媒体对于维系友谊的作用进行批判性思考，培养学生的人文思辨能力。三是价值塑造：紧扣单元主题，深入理解社会主义核心价值观中"友善"的内涵，提高个人的友善修养；明确维持并推进友谊的方法；倡导人与人、国与国友善平等共处的关系，培养正确的价值观及坚定的家国情怀；理解发展各国长期友好关系的中国原则（也是中国对世界和人类的重大贡献）——构建人类命运共同体。

（三）教学过程

如图1所示，本教学过程采用线上线下相结合的混合式教学模式，包括课前、课中和课后三个环节。

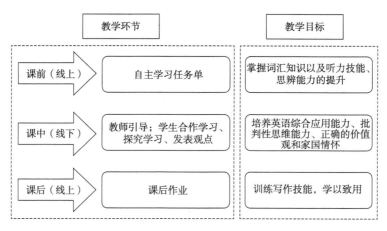

图1

课前，教师在超星学习通平台发布包含课前预习任务的自主学习任务单，请学生观看选自教材出版社平台的视频 Guides to Maintaining Friendships（保持友谊的指南），做听力练习，用听到的词块完成五个句子并回答四个问题，既有基于视频内容的问题，也有启发学生思考视频中观点的开放式问题。学生通过视频可以了解保持友谊的方法，学会正确对待朋友并思考如何保持好友谊。课前预习环节着重于词汇的掌握和听力技能的提高，同时提高学生的思辨能力。

在课中环节，首先，根据单元的主题"友谊"，教师向学生展示四幅图片，请学生讨论这些图片的含义。这些图片凸显了人与人之间、动物之间、人与动物之间，以及国家之间都存在友谊。这个练习使学生了解友谊不只存在于人与人之间，如果没有友谊，任何社会性的生物和组织，不论大小，都无法确保自身的安全和幸福。此处也为随后引出国与国之间的伙伴关系埋下伏笔。

其次，给学生五个关于友谊的英文名言，让学生通过讨论读懂其深意。五个名言主要是讲友谊对人的重要性和什么是真正的友善。友善是建立在充满善意的心态之上，对他人表现出的宽容友好态度，也体现为助人为乐的行动。友善的基本要求包括尊重他人、宽容待人、谦虚有礼，以及关心和帮助那些处于困境中的人。社会主义核心价值观提倡的友善既包括理解、宽容和尊重的基本道德素质要求，也包括扶危济困和助人为乐的较高层次的价值诉求[4]。此练习可以使学生深刻理解和领会友善的内涵和要求，积极培育和践行社会主义核心价值观。

讲评学生课前自主学习任务单的完成情况并再次观看视频。引导学生注意视频中的一个观点：社交媒体会让我们觉得自己与朋友的联系比实际要多。你可以从社交媒体上获知朋友的重大生活改变，如恋爱、毕业、搬家等，但朋友的生活细节和维系友谊不可或缺的闲聊却无法通过社交媒体随时获得和实现。接下来，询问学生对此持何种观点，即社交媒体会加强还是破坏他们自己的友谊，并请学生展开讨论和辩论。同时，引导学生辩证地看待社交媒体的作用：一方面，现在很多年轻人在社交媒体和网络上投入了过多的精力，甚至有一个相当奇怪的现象——FOMO（Fear of Missing Out）（害怕错过）。它指的是，一个人由于意识到自己可能被排除在别人在社交媒体上分享的体验之外而产生的焦虑和痛苦的感觉；另一方面，社交媒体在让我们及时了解朋友的信息和保持友谊方面发挥着至关重要的作用，尤其是由于距离等原因不能经常见面的朋友。因此，应该正确对待和使用社交媒体，提倡的态度和做法是"适度"，即既利用社交媒体和网络保持和亲朋好友的沟通和联系，又不沉迷其中。这个活动既能培养学生的批判性思维和全面、客观的辩证思维能力，也可引导学生形成正确的价值观。

深厚的友谊之于个人，就如同良好合作之于主权国家。本课程由探讨人与人之间的友谊类比国家之间的伙伴关系，其中的思政教育也由人文情怀过渡到家国情怀。针对在目前人类面临诸多挑战的大背景下如何维持国家之间的伙伴关系，各国如何平等、和睦相处等问题，2013 年 3 月 23 日，国家主席习近平首次提出"构建人类命运共同体"的全新理念，表明中国愿意为解决全球问题作出贡献，来推动全球合作和发展。

此处，要求学生朗读习近平主席阐述的"构建人类命运共同体"这一理念的内涵，并将其从英文翻译成中文；讨论并用英文展示自己对于这一理念及其意义的理解。

习近平主席在 2017 年瑞士日内瓦的演讲中进一步详细阐释了"构建人类命运共同体"的内涵，并提出了更好地解决重大国际问题的五个视角。对此，要求学生根据给出的中文，从方框里选出正确的表达方式并完成五个视角的英文翻译。此练习可使学生掌握相关表达方式，并使学生了解"构建人类命运共同体"的含义和深远意义，从而培养学生的家国情怀，建立文化自信和民族自豪感。

在布置课后作业时，要求学生写不少于 120 字的关于真正朋友的最宝贵的品质，要求用到在本课中学到的表达方式。此任务旨在训练学生的写作技能和学以致用的能力。

（四）教学实践反思

通过案例的教学实践，学生从听说读写译几个方面获得了语言输入，锻炼了语言能力，通过批判性思考培养了辩证思维能力，深刻理解了社会主义核心价值观中的"友善"和我国提出的"构建人类命运共同体"理念，达成了教学目标。教学活动包括描述图片、讨论名人名言、视听训练、回答问题、批判性思维讨论、辩论、课堂展示、英译汉、汉译英和写作等，丰富的教学活动充分激发了学生的学习兴趣。

需要注意的是，教学中有些学生在表达自己的观点的时候词汇和表达方式还比较贫乏。例如，在表达社交媒体对保持友谊的作用上，学生有自己的观点，但需要教师鼓励、引导和提示才能说出来。对此，教师在表达观点的练习中可以根据学生的实际情况提供适当的词汇和结构，为其搭建语言"脚手架"，帮助学生组织语言和增强表达观点的信心。

四、结语

教学实践证明，基于思政主题的大学英语教学设计围绕单元思政主题进行教学活动设计，使教学目标和教学过程具有针对性、完整性和约束性。课程思政是高等教育的重要组成部分，通过跨学科主题学习理念进行教学设计，可以使大学英语课程之培养学生核心素养的目标潜移默化地贯穿教学过程始终，实现语言知识、语言技能和价值塑造的统一，从而落实立德树人的根本任务。

参考文献

［1］李祖祥．主题教学：内涵、策略与实践反思［J］．中国教育学刊，2012（9）：52-56.

［2］袁春艳．当代国际外语教学法发展研究［D/OL］．南京：南京师范大学，2006［2023－10－11］. https：//kns. cnki. net/kcms2/article/abstract？v＝3uoqIhG8C447WN1SO36whBaOoOkzJ23ELn＿－3AAgJ5enmUaXDTPHrFhrFT-bBdQ8ywmIRvuBhCVDIdXzDEXYVC0EklWjhkjIs&uniplatform＝NZKPT.

［3］伍红林，等．跨学科主题学习：溯源、内涵与实施建议［J］．全球教育展望，2023（3）：35-46.

［4］黄明理．社会主义核心价值观研究丛书：友善篇［M］．南京：江苏人民出版社，2015：3-4.

第二篇　教学实践

混合式教学模式下大学英语写作教学的POA实践

顾红文*

【摘　要】英文写作作为一种重要的语言产出技能，是检验学习者语言能力不可或缺的重要指标之一。受课时和师资所限，虽然英语写作在高校各类考试中占有较大分值，但多数高校尚不具备为非英语专业学生单独开设大学英语写作课程的条件，长期以来大学英语写作教学的效果也不尽如人意。本文介绍了笔者依托线上线下混合式教学模式，以"产出导向法"（POA）为理论指导开展的大学英语写作教学实践，充分调动、发挥学生主体作用与教师引导作用，重视学生的学习体验、同伴互评与过程性评价，践行了"学生中心说"的教学理念。通过小组同伴互评、教师反馈和多轮讨论、评价与修改，增强了学生的学习参与度和写作积极性，锻炼提升了学生的沟通技巧与表达能力。POA写作教学实践达到了预期效果，收到了较好的学生反馈。

【关键词】产出导向法（POA）　同伴互评　大学英语写作教学

在传统的大学英语写作教学中，教师是学生习作的唯一读者，学生习惯于被动学习，很少会去主动分析、反思自己作文中存在的问题。依托现代通信技术搭建的学习通教学平台和句酷批改网等，为学生提供了丰富的教学场景与多样化的学习方式，笔者也借此开展了学生课前线下互评、课堂讨论+线上评价、教师课堂点评与课后在线评价等形式多样的教学活动，以实现资源共享、全员参与，包括学生相互评价、编辑修改小组成员作品等。这种合作

---

* 作者简介：顾红文，北京信息科技大学外国语学院讲师，研究方向为语言测试与英语教学。

与互助可以展现不同观点和视角，有助于学生拓展自己的思维认知边界，提高对写作技巧的掌握，加深对语言内涵的理解。学生在多次练习和修改中锻炼提高了自己的沟通能力与写作水平，提升了学习的参与度和获得感，切实感受到自身的成长和进步，体验到学习的乐趣，从而增强了学习的主动性与自信心。

一、大学英语写作教学中的问题与对策

长期以来，大学英语教学对学生阅读能力的培养较为重视，而对写作教学的重视与投入往往相对不足。传统的大学英语课堂教学模式比较单一，课时偏少，在实践中存在明显局限，难以有效激发学生的学习积极性，学生的学习态度较为被动。同时，英语写作方面的教学评价体系也不尽合理，如针对学生英语知识掌握情况的考评较多，而对其英语应用能力进行的直接考核相对不足，这也使得学生对英语写作在主观上缺乏充分重视，普遍投入不足，学生对英语写作的畏难情绪难以得到有效化解，学生写作水平长期得不到提升。过度依赖写作模板，或抄袭网上良莠不齐的各类"范文"，成为相当一部分学生应付写作任务的常规性操作。此外，由于当前大班教学比较普遍，教师个人时间精力有限，面对动辄上百篇学生习作，难以全批全改并及时予以反馈。总之，英语写作教学遭遇诸多困境。

对此，笔者尝试运用产出导向法（production-oriented approach，POA）理论，通过线上线下混合式教学，开展以学生为中心的写作教学活动——学生全员参与，多维分层，同伴磋商，小组互评，通过师生、生生之间的密切互动，以评促写，以写促学[1]，取得了较好的教学效果。

二、基于 POA 理念的写作教学实践

POA 是文秋芳提出的一种英语教学理念[2]，以该理念为基础提出的英语教学方法旨在解决我国英语教学中"学用分离"的问题，提倡课堂教学活动的设计和开展要以促成"有效学习的发生"为目标，注重学生的主动参与和实践，在大学英语写作教学中已得到普遍重视与广泛应用。

POA 法的核心教学理念是"学习中心说"，强调学生是学习的主体，教

师存在的意义就是帮助和促进学生完成整个学习过程。首先，教师可以根据对学生现有写作水平的了解，按照学生的语言能力将学生分成若干4~5人的互助小组。分组的原则是保证每组梯队都体现出一定能力层次，确保组内成员的差异性与互补性，便于拆解写作任务，为后续的协作学习做准备。小组成员之间的互动能以强带弱，带动基础薄弱同学的自主性和自发性，水平较高的学生起初承担更多的责任，在互帮互学中实现相互促进和共同进步。其次，教师需要给学生提供"可理解性输入"，通过搭建与学生语言能力相适配的"脚手架"，为其完成意义建构、实现写作输出做好知识储备，促成写作任务的顺利完成。最后，教师在布置任务时需要给学生提供明确的写作评价标准，使学生的小组讨论、评价与修改有据可依，更具针对性和可操作性[3]。在小组讨论互评过程中，学生所经历的分析问题、发现问题和修改作文的过程其实就是自我反思的学习过程，学生通过自评与互评熟悉评价标准，认识到自身写作的优势与不足，有利于发生学习迁移，触类旁通，不断精进英语学习策略和写作技巧，提高沟通能力与鉴赏水平。

POA法强调学生在教学中的主体地位。为此，笔者重视学生主观能动性的发挥，在大学英语写作教学中对驱动、促成与评价三个环节做了精心组织安排，学生在小组合作中经过多次讨论磋商、评价修改，有效地提升了自己的思维认知与语言能力，增强了英语学习的主动性与自信心。

（一）驱动（motivating）

该环节是POA法的着手点，教师借助具有交际意义的任务来提升学生的学习自主性。笔者课前给学生预留每单元的话题任务（task），要求学生完成与此相关的主题演讲或项目。学生则以小组为单位进行分工协作，准备期间在互联网上搜集整理信息，确定演讲主题，制作图文并茂的PPT文档，信息搜集渠道包括必应搜索、encyclopedia类网站、BBC纪录短片、B站英文视频和TED演讲等。在准备过程中，教师指导学生厘清思路，筛选演讲内容，优化PPT文档结构，润色演讲文稿，并对学生制作的文字与视频内容提出修改意见。课堂上，每个小组选出代表完成与单元主题相对应的报告，并与现场听众进行互动对话。小组展示完毕后，听众（班级同学）通过教学平台在线评价打分，教师根据各组的课堂展示和互动表现进行点评，明确其优缺点并给出改进建议。

（二）促成（enabling）

在促成环节，基于对综合教程精读课文的学习，学生在教师引导下探寻文章的写作特点与写作技巧。此外，教师可精选与学生语言水平相匹配的相关语料进行拓展教学。通过教师讲解结合个人思考，学生明确了本次写作话题的相关要求，仿照本单元文章中可资借鉴的行文思路、框架结构、论点展开及语言表达等，独立完成相关主题的短文写作，按要求提交至句酷批改网平台，并在平台信息反馈的基础上对初稿作出修改完善，以初步达成写作任务的。

（三）评价（assessing）

该部分的主要目标是依据单元写作要求，对学生习作作出评估，学生借助课堂讨论、小组互评、组间互评几个环节认真反思反复修改，持续提升个人写作"产出"水平。评价环节不仅具有显著的"促学"反拨作用，有助于提升学生的学习积极性，帮助学生相互学习，实现可感受的共同进步，而且有助于教师跟踪了解现实教学效果，及时改进教学方法，提高教学效率[4]。

在评价环节，学生需要先明确写作评价的几个基本维度，如文章主题与题目的契合度、整体结构是否完整合理，段落是否逻辑清晰语义连贯，主题句是否得体恰当，语法（尤其是时态与人称）和用词的准确度及行文表达的多样性等。课前，教师检查小组写作完成情况，提供书面反馈；同时，学生以小组为单位，从思想内容、框架结构和语言表达等三个层面作出自评与互评（组内与组间），如文章内容是否切题，中心是否明确，重点是否突出，结构是否完整，层次是否清晰，段落衔接是否连贯顺畅、语言表达是否准确得体等，而不是仅仅发现和找出文中存在的语法和拼写错误。课上，教师选取有代表性的学生习作作为课堂教学的重点，学生针对该典型习作进行课堂讨论，探讨习作的若干优缺点，随后教师给予点评，明确具体改进建议。课后，学生据此评价思路与标准对同学作文作进一步研讨，选择一到两篇本组成员的作业作重点修改，最终形成定稿并上传提交至学习通作业平台。在后续阶段，各组针对修改后的二稿进行组间互评，教师再次提供书面评价与反馈意见，并有选择地在课堂上作分享与讲解，完成整个教学流程（如图 1 所示）。

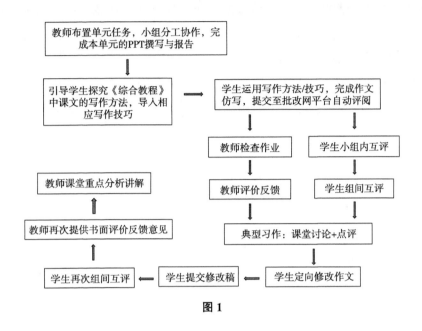

图 1

三、拓展教学内容，提高教学成效

在教学实践中，笔者发现部分学生总觉得无从下笔，写作能力难以提高。究其原因，可能与以下因素有关：一是学生比较年轻，缺乏丰富的人生经验，积累相对不足，而写作能力与自身的生活阅历密切相关，依赖人生经历中的长期沉淀与积累。二是学生过度依赖标准化的写作模板，很多学生写文章时只是机械套用或照抄范文中既有的句型格式，而对行文的思路脉络和布局谋篇缺少仔细琢磨和深入领会。三是下笔前缺乏独立缜密的深入思考，论点笼统空洞，言之无物，乏善可陈；篇章结构不尽合理，逻辑上条理不清，上下文缺乏应有的连贯性；语言基础不扎实，句法错误较多，时态或人称不当误用频繁……凡此种种，不一而足，都是学生英文写作长期举步维艰的重要原因。对此笔者在教学实践中尝试了以下做法，收到了较好的效果。

（一）"输入"丰富有效的内容

学生由于外语能力较弱，加之害怕语言出错的心理，使得他们的写作内容与表达严重受限，其语言表达无法与思想内容相匹配。基于阅读和写作在英语学习中是相辅相成、互利共赢的有机整体，在写作教学中，教师可以补充与课文内容同一题材的阅读材料，启发学生进行多维度思辨，同时"以读促写"，提升学生遣词造句的能力[5]。

此外，教师还可以选择一篇与学生综合教程所学单元主题相关的短文听力，确保短文内容简洁明了，有清晰的逻辑架构。教师引导学生分析短文篇章结构，明确文章主题、论点、结论，帮助学生理解作者行文思路、观点与表达方式；或引导学生通过思维导图勾勒短文的基本框架，要求学生提取出文章的主旨句、主要观点以及相关论证，圈出其中的关键词，帮助学生组织思路、理清脉络，"以听促写"。

（二）引入英汉对比教学

介绍英语和汉语表达中的思维差异，强调清晰的逻辑结构对文章质量的重大影响。

在大学英语写作初期，培养学生建立主题句的概念和总－分结构（general-specific）的意识至关重要。需要让学生深刻认识到，在英语写作中，总－分结构的逻辑框架是组织思想和表达的重要工具，这种典型架构使文章脉络清晰、逻辑连贯，而这种英文中几乎默认的结构和表达方式可能是我们作为外语学习者需要主动学习和适应的。此外，英语和汉语在布局谋篇、组织结构、衔接与连贯方式上存在显著差异，如英语表达要求先说重点，再说背景；先说目的，再说理由；先说主体事件/动作，再补充次要信息。这些需要仔细领会并逐渐习得、内化后方能恰当运用。

英文写作练习成败，重在主体段落，而要想提升段落写作质量，必须写好段落主题句（topic sentence）。主题句提纲挈领，全段所有文字都围绕主题句展开，英文写作中开门见山的段落展开方式与中文的先铺垫背景后画龙点睛的起承转合之法迥然不同，前者要求学生在动笔之前就要对文章脉络与整体架构了然于胸，并注重行文逻辑和层次衔接。

那么，如何才能构建一个恰当得体的主题句呢？首先，学生需要构思撰写提纲，对篇章主题句与主体段落的功能、作用和关系有全局规划，明确主题句既不能流于空泛，也不能太过具体，以至于难以按照 general-specific 的思维范式对段落作进一步扩展。其次，要把握好主题句中的关键词，关键词要尽量写得具体明确。这里的"具体"包括两个方面，一是要明确到能把控限定段落展开的尺度，二是要具体到契合段落展开的方向。再次，要撰写合适的扩展句（supporting details），以对主题句做细节说明，或进一步分析事实，或举例阐释。句与句之间既相互独立又连贯一致，通过恰当的关联词衔接，体现出段落的层次感。最后，段落结尾处可重申主题句中要点，或得出结论，或引入下一段的过渡句。

教师通过对结构与逻辑的刻意训练，帮助学生整理思路、理清脉络，使学生在互评与修改中熟悉和掌握英文写作的基本框架和逻辑关联，这有助于学生体会语言表达的丰富性与差异性，培养学生的语言敏感性与跨文化思维，提高学生的跨文化意识与交际能力。

（三）融入思政教育元素

大学英语课程作为覆盖面最广、课时最长的公共基础课之一，兼具工具性与人文性，在培养大学生综合素质和全面发展方面具有举足轻重的作用。新时代背景下，大学英语课程需要发挥通识课程的育人功能，培养具备独立思考和创新思维能力的高素质人才，有必要将传授语言知识、培养语言技能及开展思政教育有机地融为一体[6]。为此，笔者在日常教学中，纳入了一些与社会现象、文化热点相关的主题，以引起学生兴趣并启发思考；或补充一些聚焦热点人物及新闻事件的语料素材，深化英语课程与思政教育的自然融合，引导学生有意识地运用英语为媒介传播中国故事与本土文化，坚持民族自信与文化自信。例如，在以旅游或休闲活动为主题的记叙文写作中补充"淄博烧烤"（New Capital of BBQ：Zibo）与"贵州村超"（Guizhou Village Super League）等新闻报道，不仅可以丰富学习材料，提升学生的学习兴趣，而且有助于增强学生的主人翁意识，培养兼具国际视野与家国情怀的优秀人才。

参考文献

[1] HOVARDAS T, TSIVITANIDOU O E, ZACHARIA Z C. Peer versus expert

feedback：an investigation of the quality of peer feedback among secondary school students［J］. Computers & Education，2014（71）：133-152.

［2］文秋芳. 构建"产出导向法"理论体系［J］. 外语教学与研究，2015（4）：547-558.

［3］文秋芳. 专栏引言："产出导向法"教学流程再解读［J］. 外语教育研究前沿，2020.

［4］张伶俐. "产出导向法"的教学有效性研究［J］. 现代外语，2017（3）：369-376.

［5］詹秀伟. 基于"产出导向法"的大学英语写作教学实践研究［J］. 北京城市学院学报，2021（4）：64-69.

［6］王颖. "产出导向法"视域下"课程思政"在英语专业写作教学中的体系构建［J］. 外国语文，2021（5）：147-156.

大学英语高阶课程线上教学学生满意度研究[*]

李爱民　　王朝晖^{**}

【摘　要】三年新冠疫情期间，为了既避免大面积的疫情传播又保证大学生正常学习生活，传统的课堂教学基本被在线教学所取代，疫情防控期间在线课程覆盖面之广堪称史无前例。为此，各大学全力保证学校网络的平稳运行，为学生搭建起坚实的在线学习信息网络平台；教师花大量的时间提升在线教学的实际操作能力和质量，过程性评价和学习的全过程管理在提升大学英语在线教学质量中发挥着重要的作用。本文通过对新冠疫情期间（2022 年）北京信息科技大学非英语专业的拓展课程（大学英语高阶）研究发现：教师根据教学大纲精心设计在线英语学习的教学内容和教学方法，合理使用在线英语学习平台和学习资源，积极地对课程的在线学习进行过程性评价和全过程管理，引导学生完成个性化在线大学英语学习内容，大多数学生也非常满意大学英语高阶的在线教学效果。希望本文中的研究为后疫情时代更好地开展大学英语线上线下混合式教学模式的教学内容、教学方法、在线学习的全过程管理、在线学习资源使用情况等方面提供借鉴。

【关键词】新冠疫情　线上教学　通用英语　需求分析

一、引言

持续了三年之久的新冠疫情对大学的教学活动产生了巨大的影响。为了

---

　*　基金项目：本文系北京信息科技大学 2017 年高教研究课题"中美大学英语宣传片互动意义构建的多模态话语分析——以北京信息科技大学和斯坦福大学宣传片为例"（项目号：2017GJYB06）的阶段性研究成果。

　**　作者简介：李爱民，北京信息科技大学外国语学院讲师，研究方向为话语分析；王朝晖，北京信息科技大学外国语学院副教授，研究方向为应用语言学。

避免大面积的新冠疫情传播，传统的课堂教学被在线教学所取代。各大学全力保证学校网络的平稳运行，为学生搭建起坚实的在线学习信息网络平台；投入大量的资金和人力物力来给教师和学生提供在线教学的优良的学习资源和硬件条件，如中国大学 MOOC（慕课）、雨课堂、学习通、科大讯飞的 FIF 智慧教学平台、批改网、外教社的 WE Learn 随行课堂、U 校园智慧教学云平台等大型在线教学平台。任课教师花大量的时间提升在线教学的实际操作能力，熟悉各种在线教学平台上相关课程的教学内容、教学方法和教学质量，选择适合学生的教材，以及适合学生学习难度、适合学生在线学习风格的优质在线课程，以满足学生个性化和多样化的大学英语学习需求。

开展在线英语教学时，教师发现在线学习的过程性评价和学习全过程的管理非常重要。在线学习的特点包括学生自主安排学习时间，自主选择学习方法和学习内容等。刚开始，学生对在线学习的新学习方式感兴趣，能积极自主学习。在三年的新冠疫情期间，学生对新生事物的兴趣褪去，怠学现象悄然发生，学生上课参与积极性下降，课后作业大量拖延甚至不完成。这时候，教师和学生都意识到在线学习的全过程管理非常重要，必须把在线学习的过程性评价和学习全过程管理好，教师要下功夫、花时间对学生在线学习的过程进行客观的评价，并将其阶段性的学习情况及时反馈给学生，通过学分管理来引导学生合理规划自主学习的内容和进度，从而实现教师在线指导学生循序渐进、持之以恒，保持良好的英语学习状态和学习效果的目的。

国内的学者关于新冠疫情期间各个学科在线课程教学模式、在线教学的质量评价、在线学习全过程管理、后疫情时代混合式教学模式的探索等方面进行了大量的研究。在线上教学质量影响因素方面，徐晓青等认为，交互（包括学习者之间的交互、学习者与教师之间的交互以及学习者与内容之间的交互）、网络自我效能感、自我调节学习等影响大学生线上教学质量的重要因素[1]。戴心来等基于顾客满意度理论来构建 MOOC 学习者满意度指数模型，并通过实证研究发现课件内容、师生交流、生生交互是影响 MOOC 教学质量的关键因素[2]。郭庆对疫情防控常态化背景下影响大学生在线学习投入的四个因素（自我效能感、感知教师支持、在线学习平台体验和在线课程内容质量）进行了研究[3]。刘欢分析了三所民办高校学生的在线英语学习心理状态、在线英语学习行为、在线英语学习形式等问题，其中重点分析了在线英语学习中的学习状态、在线英语学习效果、在线英语学习影响因素等[4]。覃盛华等依托税收筹划与管理课程了进行线上线下混合型教学设计，推进系统性、可操作性的线上线下学习评价体系的构建[5]。薛招腾等对远程虚拟仿真实验在线教学模式进行了探索与实践，为今后在理论课及实践课教学中引入虚拟仿真提供了一些成功的经验[6]。周广宇等对新冠疫情期间肾脏病学在线教学进行了研究，通过在线教学反馈、课程考试成绩和调查问卷等方式对肾脏病学在线教学效果进行了评价[7]。周远以雨课堂在大学综合英语课程教学中的应用为例，对疫情防控下线上教育教学模式进行了探讨，结合实际在线教学经验和调查问卷对依托雨课堂进行在线教学的优点和缺点分别进行了阐述[8]。自 2020 年春节后至当年 5 月 8 日前，全国 1 454 所高校开展了在线教学，103 万教师开出了 107 万门在线课程，合计开课 1 226 万门次，参加在线学习的大学生共计 1 775 万人，合计 23 亿人次[9]。由此可见，疫情防控期间在线课程覆盖面之广史无前例。通过对疫情防控期间在线大学英语课程的研究，总结在线大学英语课程的教学模式、教学质量评价和学生在线学习体验的等方面的经验，对后疫情时代提升线上线下混合式教学质量具有重要意义。因此，本文将通过对疫情防控期间（2022 年）北京信息科技大学非英语专业的拓展课程（大学英语高阶）的教学内容、教学方法、在线学习的全过程管理、在线学习资源使用情况和学生在线学习体验等方面进行研究，希望为后疫情时代更好地开展大学英语线上线下混合式教学提供经验。

二、大学英语高阶的教学目标

大学英语高阶课程是在北京信息科技大学非英语专业大学英语课程建设改革之后，为非英语专业本科生提供的限定选修类课程，在大二的第二个学期开设，属于通用英语课程的发展级别课程。一周 2 学时，一学期共 32 学时、2 学分。本课程的教学目标，一方面是培养学生的批判性阅读能力，另一方面是使学生的英语应用能力达到大学英语六级的水平。本课程采取任务型教学法，课程内容涉及英语听、说、读、写、译等各个方面的能力训练以及指导学生阅读题材广泛的各种英语文章，在理解英语文章的基础上对英文文章观点的真实性、有效性和价值等进行质疑、分析、推理、判断和取舍，从而形成学生自己的理解和判断，并在此过程中培养和提升学生的思辨阅读能力，使学生了解中西文化，增强本民族文化自信，学会用英语介绍中国文化以及发展成就。

三、大学英语高阶在线教学的教学设计与满意度调查

（一）大学英语高阶在线教学的教学设计

2022 年 3 月到 7 月，该大学英语高阶课程主要通过腾讯会议直播和结合使用学习通在线学习平台，以及微信英语学习群等进行在线教学。笔者的教学班级是 4 个班共 126 名大二学生。大学英语高阶在线教学实施方案如表 1、表 2、表 3 所示。

表 1　课前环节

教师	使用在线平台	学生
在线布置预习任务	学习通的作业板块	在线提交电子版预习作业

表 2　课中环节

教师	使用在线平台	学生
课堂二维码签到	学习通的学习活动的签到	扫码签到记录考勤
课堂在线讲解教师制作的英语课程 PPT，解答学生的学习疑问，在线点评完成得好的作业	腾讯会议直播——共享屏幕	在线听课，可以打开麦克风或者视频，与教师进行学习互动：提问、回答问题、辩论，得到教师关于英语学习的点评、鼓励和反馈

表 3　课后环节

教师	使用在线平台	学生
制作和布置课后作业、批阅作业、资料推送、统计作业完成情况	学习通的作业、章节测验、分组任务、资料、消息、通知等功能板块；FIF 口语训练 App；批改网	在线提交作业，在线提出学习疑问，在线查阅作业正确答案；在线进行口语和听力练习；在线写作（关于课文主题和英语六级考试的作文练习）

教师	使用在线平台	学生
定期反馈学生英语学习阶段性评价的成绩，对学生在线学习进行全过程管理	微信英语学习班级群，定期发送各项英语学习任务成绩。对于学习进度慢的同学，通过微信私信提醒和沟通英语学习情况	根据教师在线批改的作业和阶段性评价成绩，调整英语学习进度和学习质量

大学英语高阶在线以学生为中心，教学活动以学生的需求为基础和前提。以大学英语高阶的一次课 2 课时的教学为例，选取王一普、简悦主编的《新大学英语思辨阅读》的第 6 单元的 Social Media：Friend or Foe 这篇课文。根据课程整体设计原则和本课时的教学要求，具体课时内容设计见表 4。

表 4 大学英语高阶教学内容（2 课时）

教学环节	教学内容	教学设计	达成目标
课前自学环节	1. 学生根据教师发送的 "Unit 6 study guide"，有学习目标地对课文进行课前预习，学习掌握课文里出现的地道的英语表达和语言现象，以及文章的写作特点等。 2. 学生在线观看教师发布的和主题相关的英语短视频：video on social media addiction。	1. 教师在学习通 "作业" 板块发布课前学习任务：教师精心编辑课文预习指南 word 文档，向学生传授英语学习词汇语言点、英语语法、翻译技巧和英文写作知识等。学生将自学作业电子版提交到学习通上，由教师批阅。 2. 教师在学习通 "章节" 板块相应的课时里发布与主题相关的英语短视频：video on social media addiction。视频由教师在互联网上进行筛选，选择和主题相关，英语发音标准、清晰、内容准确的英语视频	1. 通过主题课文预习，提高学生的英语阅读能力，增加词汇量，提高英译汉的能力。 2. 通过英语视频的观看，提高学生的英语听力水平；课前对用英语讨论 social media 这个话题并进行思考；学会一些合理使用社交媒体的方法

续表

教学环节	教学内容	教学设计	达成目标
在线课堂教学	1. 课题引入：学生完成一个英语问卷，题目为"Are you addicted to social networking site?"，让学生了解自己是否合理利用社交媒体。 2. 课堂知识讲解与学生	1. 教师在学习通"讨论"板块发布有关"social media addiction"问卷的讨论，引导学生身临其境地去思考关于社交媒体过度依赖的问题，学生在学习通讨论板块用英语发表自己关于"social media addiction"的看法。 2. 教师通过腾讯会议视频直播，模拟课堂教学，并结合与课文相关的PPT，与学生共享屏幕，以和学生打开麦克风互动的方式和腾讯会议弹幕等方式，通过问题引导学生思考并回答问题，以语言翻译和分组讨论的方式来学习文章中的语言点、长难句，从而理解作者的观点，提升阅读的思辨能力。学习文章的写作结构，学习"社会现象类作文"的英语写作思路和写作风格	吸引学生注意力，引入主题：Social Media：Friend or Foe。学生使用英语完成这份生活息息相关的问卷，练习独立思考能力和英语写作能力。 1. 在长难句的分析中，在鲜活的语言现象中学习英语语法。学习英译汉的翻译方法。 2. 知识问题驱动，用英语习惯来思考和理解作者的观点。由学生进行批判性分析和判断，形成自己的观点并用英语表达。客观看待社交媒体使用对人们生活带来的积极和负面影响，学会应对社交媒体过度依赖的问题。学生能通过书面和口头方式用英文流畅地表达自己关于社交媒体话题的看法。 3. 分析英语文章的整体结构，提高英语写作水平
课后巩固提高	课后英语学习任务 1. 完成章节测验：学习通——"章节"——大学英语高阶Unit 6 章节测验的内容判断题。 2. 小组任务：4个人一组写一份英语辩论稿，辩论的题目为：Social Media：Friend or Foe。 3. 大学英语词汇在线测试题：CET 6 word quiz	1. 教师在学习通——"章节"的相应课时里布置和这两次课时学习内容相关的英语章节测验题，检测学生课上学的情况 2. 教师在学习通——"班级活动"——"分组任务"中布置和英语课文主题相关的小组活动英语辩论赛：Social Media：Friend or Foe。单数组号的小组为正方：Social media is friend for human being. 双数组号的小组为反方：Social media is foe for human being. 3. 教师在学习通的"作业"板块布置在线词汇测试客观题	1. 在理解课文作者的观点的基础上，根据原文和学生的思辨能力来完成章节测试。 2. 学生运用课堂学习中关于Social media的英语词汇和观点，用英语表达自己的观点，并运用思辨能力巧妙地进行辩论，以此提升英语写作能力，提高英语口语水平。 3. 通过六级词汇测试督促学生循序渐进地提高英语词汇量

（二）大学英语高阶在线教学的满意度调查和分析

2022 年 7 月，大学英语高阶课程结束后，笔者通过问卷星发送大学英语高阶教学效果问卷调查，了解学生对大学英语高阶在线教学的看法，为今后教师进一步改善教学方法、教学内容和提高教学质量提供参考。此次先收到 76 份有效问卷，其中女生 49 人，占 64%，男生 27 人，占 36%。

1. 在线课前预习环节

表 5 的数据说明，学生对在学习通 "作业" 板块里每两周完成 "英语课文预习作业" 的满意度（非常满意与满意）为 96.06%。数据显示，学生接受和喜欢上在线课前自主学习指定的英语学习内容，可见利用在线教学资源进行课堂反转是可行的。

表 5　学生对在线课前预习的满意度

选项	小计	比例
A. 非常满意	58	76.32%
B. 满意	15	19.74%
C. 一般	3	3.95%
D. 不满意	0	0%
E. 非常不满意	0	0%

2. 在线课堂教学环节

表 6 的数据说明，学生对在线学习大学英语高阶课程的体验的整体满意度为 98.69%，没有 1 位学生选择 "不满意" 和 "非常不满意"。表 7 的数据说明，通过这门课的在线学习，学生们的英语阅读理解能力、词汇量和写作能力有显著提高，学生对这部分教学非常满意的比例分别为：英语阅读理解能力 82.89%、词汇量 71.05% 和写作能力 57.89%。

表 6　学生对在线学习大学英语高阶课程的整体满意度

选项	小计	比例
A. 非常满意	60	78.95%
B. 满意	15	19.74%
C. 一般	1	1.32%

续表

选项	小计	比例
D. 不满意	0	0%
E. 非常不满意	0	0%

表7 学生在线学习大学英语高阶提升的英语能力

选项	小计	比例
A. 阅读理解能力	63	82.89%
B. 写作能力	44	57.89%
C. 翻译能力	36	47.37%
D. 提高词汇量	54	71.05%
E. 口语表达能力	26	34.21%
F. 听力理解能力	26	34.21%

表8的数据说明，学生对在线使用腾讯会议直播学习大学英语高阶课程的满意度为97.37%。数据显示，在新冠疫情期间，对把传统的课堂授课调整为腾讯会议的直播功能加以展示的做法，学生是接受的。

表8 学生对在线使用腾讯会议直播学习大学英语高阶的满意度

选项	小计	比例
A. 非常满意	60	78.95%
B. 满意	14	18.42%
C. 一般	2	2.63%
D. 不满意	0	0%
E. 非常不满意	0	0%

在腾讯会议在线英语课堂教学中，每次课让每位同学开麦克风回答问题，教师对回答问题的质量打分做记录，并计入课堂表现分的情况。表9的数据说明，学生选择非常满意的比例为71.05%。值得注意的是，有1名学生对这种在线授课方式选择非常不满意，另有1名学生认为这样的在线授课方式效果一般。这说明新冠疫情期间，大多数学生能接受在线教学的方式，也有个别学生对这种在线教学方式和内容不太接受或不太喜欢的。

表 9　学生对在线课程让学生开麦克风回答问题和教师记录打分的满意度

选项	小计	比例
A. 非常满意	54	71.05%
B. 满意	20	26.32%
C. 一般	1	1.32%
D. 不满意	0	0%
E. 非常不满意	1	1.32%

3. 课后在线学习环节

表 10 的数据说明，学习通上大学英语高阶的"章节"板块的精读课文 PDF 文件、课文相关英语短视频、课上学习的 PPT、章节测验，以及"资料"板块的课文相关学习资料和大学英语六级课程资料等，对课上和课下学习英语有帮助，73.68% 的同学选择非常满意。表 11 的数据显示，对在学习通"章节"板块里每周完成"章节测验"来督促和复习课上学习内容，76.32% 的学生选择非常满意。这说明为了方便学生课上和课下英语学习，使之不受学习时间和地点的限制，可以利用学习通在线学习平台，向学生分享直播上课的主要学习内容，以备学生课下复习；可以向学生英语分享学习相关的电子资料，以便学生选择个性化的英语学习资料；利用学习通"章节"板块的章节测验部分，可以每次课督促学生在线学习认真听讲，每次在线学习后，养成复习、温故知新的习惯。学生能很好地接受这样的在线英语教学内容和教学方法。

表 10　学生对学习通上的课上和课下大学英语高阶的英语学习资料的满意度

选项	小计	比例
A. 非常满意	56	73.68%
B. 满意	19	25%
C. 一般	1	1.32%
D. 不满意	0	0%
E. 非常不满意	0	0%

表 11　学生对学习通每周完成"章节测验"来督促和复习英语学习的满意度

选项	小计	比例
A. 非常满意	58	76.32%
B. 满意	16	21.05%
C. 一般	2	2.63%
D. 不满意	0	0%
E. 非常不满意	0	0%

表 12 的数据说明，对在学习通"作业"板块里完成"大学英语六级词汇"系列测试来提高六级词汇量，77.63%的学生选择非常满意。表 13 的数据显示，对在学习通"作业"板块中每周完成与主题内容相关的六级阅读理解题来提高英语阅读能力这一点，75%的学生选择非常满意。这说明大多数学生喜欢通过在线练习来提高词汇量和英语阅读理解能力。

表 12　学生对学习通"作业"板块提高六级词汇量词汇系列测试的满意度

选项	小计	比例
A. 非常满意	59	77.63%
B. 满意	16	21.05%
C. 一般	1	1.32%
D. 不满意	0	0%
E. 非常不满意	0	0%

表 13　学生对每周与主题相关的六级阅读理解在线提升练习的满意度

选项	小计	比例
A. 非常满意	57	75%
B. 满意	18	23.68%
C. 一般	1	1.32%
D. 不满意	0	0%
E. 非常不满意	0	0%

表 14 的数据说明，对在精读学习完英语课文后使用批改网完成每个单元

主题相关的英语作文来提高写作能力，选择"非常满意"的同学为 73.68%。
这说明大多数学生喜欢大学英语高阶课程教师在线系统地讲解英语写作知识，
并配有课下相关类型作文的在线练习和批阅。同时也要看到，有 1 名学生对
在线写作练习不满意。批改网会对作文自动批阅并加上教师的人工批阅，而
学生对在线作文批改不满意的现象也是存在的。

表 14 学生对使用批改网在线写单元主题相关的英语六级作文满意度

选项	小计	比例
A. 非常满意	56	73.68%
B. 满意	18	23.68%
C. 一般	1	1.32%
D. 不满意	0	0%
E. 非常不满意	1	1.32%

表 15 的数据说明，学生对教师在线英语学习的过程性评价的客观性和公
正性的非常满意比例为 76.32%。由表 16 可以看出，对教师定期公布学生在
线英语平时学习任务的成绩，在线督促同学按时完成英语学习任务，学生非
常满意的比例为 77.63%。由此推断，对于教师对学生在线英语学习的过程性
评价和全过程管理，大多数学生是满意的。

表 15 学生对大学英语高阶在线英语学习过程性评价的客观性和公正性的满意度

选项	小计	比例
A. 非常满意	58	76.32%
B. 满意	17	22.37%
C. 一般	0	0%
D. 不满意	0	0%
E. 非常不满意	1	1.32%

表 16 学生对定期公布英语平时成绩、督促同学按时完成英语学习任务的满意度

选项	小计	比例
A. 非常满意	59	77.63%
B. 满意	16	21.05%

续表

选项	小计	比例
C. 一般	1	1.32%
D. 不满意	0	0%
E. 非常不满意	0	0%

　　如表 17 所示，39.47%的学生希望在线公布英语平时学习任务的成绩的频率为一周一次。30.26%的学生希望在线公布英语平时学习任务的成绩的频率为一月一次。由此推断，教师在对学生在线学习进行全过程管理时，在线定期给学生反馈英语平时成绩最长不能超过 1 个月，最好一周反馈一次学生的在线英语学习情况。

表 17　在线英语学习的过程性管理（学生希望在线公布英语平时成绩的频率）

选项	小计	比例
A. 一周一次	30	39.47%
B. 两周一次	21	27.63%
C. 一个月一次	23	30.26%
D. 两个月一次	2	2.63%

　　表 18 的数据说明，在学习通"讨论"板块，对和单元主题相关的话题用英语进行讨论，65.79%的学生选择非常满意，三名学生选择效果一般和不满意。这说明，在线让学生就课文话题用英语进行讨论的教学内容和教学方式需要进一步改进。值得注意的是，在表 19 中，对学习通"班级活动"的"分组任务"中用英语检索课文相关背景知识和进行课堂展示的小组活动，学生非常满意的比例为 61.84%，学生选择一般和不满意的学生为 7 人，比例为9.21%。这是这次问卷调查中满意度最低的一项，说明在学生无法面对面交流的情况下，利用学习通分组任务进行小组项目的做法让学生合作学习英语的教学内容和教学方式需要改进和提高。

178

表18 学生对学习通"讨论"板块单元主题相关的话题用英语进行讨论的满意度

选项	小计	比例
A. 非常满意	50	65.79%
B. 满意	23	30.26%
C. 一般	2	2.63%
D. 不满意	1	1.32%
E. 非常不满意	0	0%

表19 学生对学习通"分组任务"中用英语检索课文相关的背景知识和课堂英语展示活动的满意度

选项	小计	比例
A. 非常满意	47	61.84%
B. 满意	22	28.95%
C. 一般	6	7.89%
D. 不满意	1	1.32%
E. 非常不满意	0	0%

四、结语

本文就新冠疫情期间北京信息科技大学2021—2022学年第二学期非英语专业的语言拓展课程大学英语高阶，对笔者任教的4个班级在线教学的教学内容、教学方法和在线英语学习平台使用情况进行研究。大学英语高阶在线教学经过新冠疫情三年的探索和实践，设计为课前预习环节、课中指导学习环节、课后温故和语言操练环节，根据教学大纲、线上英语教学的资源和学生在线学习的特点来设计在线英语学习内容、活动和过程性评价的方案。在线教学使用的学习平台有学习通、腾讯会议、微信、批改网和FIF口语训练等，通过三年时间逐渐把大学英语高阶课程的传统线下教学内容和活动转变为在线英语学习的数字化资源。

综合以上研究发现，学生对在线学习大学英语高阶课程的体验的整体满意度为98.69%，通过该课程的在线学习，学生的英语阅读理解能力、词汇量和写作能力有显著提高。大多数学生对该课程的在线英语学习非常满意的方面有：在学习通上完成"英语课文预习作业"；通过腾讯会议直播课堂教学；在直播课堂中，轮流让每位同学回答问题，教师对回答问题的质量打分并计入课堂表现分；线上和教师一起学习大学英语六级写作能力提升知识，课后在线使用批改网练习相应类型的英语作文；通过学习通，学生可以个性化选择课内外的英语学习资料；利用学习通"章节"板块的章节测验部来检测学习效果并督促学生在线学习认真听讲；学生喜欢做学习通上作业的"大学英语六级词汇"测试中和主题相关的六级阅读理解题来提升英语词汇量和英语阅读能力；教师对学生在线英语学习的过程性评价的有一定客观性和公正性；学生希望在线公布英语平时学习任务的成绩的频率为一周一次，最长不要超过一个月一次。

在此次问卷调查中，满意度最低的两个方面是：①在学习通"讨论"板块，对单元主题相关的话题用英语进行讨论；②学习通"班级活动"中"分组任务"用英语检索课文相关的背景知识和课堂展示的小组活动。笔者认为，如果英语讨论话题选取的是学生感兴趣的话题，并且教师和学生对学生英语观点给以点评和互评，这样效果会更好。学生建议学习小组固定分组而不是随机分组，以便进行小组讨论和合作学习，小组任务的内容和主题结合教学目标可以根据学生的需求来选取。

笔者发现，在线教学过程性评价和全过程管理很重要，但是在线批阅学生作业的工作量非常大，定期统计学生阶段学习的情况的工作量也很大，此外学生在线提交作业存在不诚信的可能性，在线直播授课中存在无法了解每一个学生学习情况的可能性。在今后的教学和科研中，笔者将继续探索在线教学的方法。希望此次关于对新冠疫情期间在线英语教学的研究可对后疫情时代开展线上线下混合式英语教学模式的建设提供有益的借鉴。

参考文献

[1] 徐晓青，赵蔚，刘红霞. 大学生在线学习满意度影响因素研究 [J]. 中国远程教育，2017（5）：43.

［2］ 戴心来，郭卡，刘蕾. MOOC 学习者满意度影响因素实证研究 ［J］. 现代远距离教育，2017（2）：17.

［3］ 郭庆. 疫情防控常态化背景下大学生在线学习投入影响因素研 ［D］. 大连：辽宁师范大学，2023：56.

［4］ 刘欢. 民办高校大学英语在线教学实施情况的调查研究 ［D］. 南昌：南昌大学，2022：15.

［5］ 覃盛华，钟陈，张旭. 线上线下混合式学习评价体系模型构建 ［J］. 经济研究导刊，2022（5）：104.

［6］ 薛招腾，徐浩. 新冠感染疫情下远程虚拟仿真实验及在线教学探索与实践 ［J］. 高教学刊，2023（22）：130.

［7］ 周广宇，于佳卉，王艺璇. 新冠肺炎疫情下肾脏病学在线教学的探索与实践 ［J］. 中国高等医学教育，2023（6）：65.

［8］ 周远. 疫情防控下线上教育教学模式的探讨 ［J］. 外语教育与翻译发展创新研究，2020（9）：49.

［9］ 张倩，马秀鹏. 后疫情时期高校混合式教学模式的构建与建议 ［J］. 江苏高教，2021（2）：93.

非英语专业大学生英语自主学习能力培养的研究

刘　颖[*]

【摘　要】本文结合大学英语教学实践，针对非英语专业大学生自主学习能力的提高，从四个方面提出了培养路径，分别是激发自主学习动机及增强自主学习意识、培养学生的自主学习策略、教师角色的再定位和构建自主学习共同体，以此帮助大学生提高自主学习能力。

【关键词】自主学习能力　学习策略　自主学习共同体

一、引言

信息化时代和学习型社会的日益强化凸显了自主学习的价值。当今社会，知识更新的速度超过以往任何时代。大学英语教学应着重培养大学生高效自主学习的能力，以使学生满足社会对终身学习型人才的需求。《大学英语教学指南》（2020 版）把发展学生的自主学习能力作为大学英语的教育目标之一[1]。大学英语教学在教育形态多元的场景下，不断适应教育形态的时代变化，培养大学生的英语自主学习能力，提高其英语综合应用能力，以与时俱进，满足未来社会形态对人才的需求。

自主学习能力的培养是课程论领域里的一项重要目标，自主学习是教学论领域里的一种学习方法，自主学习是学习论领域里的一种学习方式[2]。文秋芳于 2018 年提出了大学外语课程目标的六种能力培养[3]，学习能力的培养是其中之一，并强调自主学习能力是大学生实现学习目标的有效手段。本文

---

* 作者简介：刘颖，北京信息科技大学外国语学院副教授，研究方向为语言学与应用语言学。

接下来就英语自主学习能力的培养进行探讨。

二、自主学习的概念

自主学习能力与学习效果和终身学习理念密切相关。20 世纪 60 年代至今，国内外语言教育专家对此一直在进行系统研究。随着自主学习理论的发展以及全球背景下人们对英语学习的重视，自主学习能力的培养已经成为外语教学及语言研究的热点。

基于不同的研究视角和不同的自主学习理论，国内外语言教育专家对自主学习的定义也有所区别。霍勒克（Holec）于 1981 年率先将自主学习概念引入语言学教学领域，他认为自主学习是对自己负责的一种能力，既要确定目标和内容，又要选择学习方法，还要自我监控和自我评价[4]。庞维国在 2003 年用横向和纵向的两个角度对自主学习进行了阐述[2]，并指出，自主学习需要有明确清晰的动机、制定明确的学习策略和规划、具备严格的自我管理能力，在完成自主学习计划过程中需要对进程进行实时的监控，并及时作出反馈和评价。自主学习需要学生具有主动学习的愿望，有对获取知识的渴望，还需要学生明确学习方法，知道运用恰当的元认知策略、认知策略等学习策略。针对自主性英语学习能力，徐锦芬在 2004 年从教学目的、学习目标和计划、学习策略、监控与评估等方面进行了论述[5]。随着互联网的飞速发展和信息技术的迭代更替，徐锦芬于 2020 年重新对英语自主学习进行了界定，在原有定义的基础上，又赋予了自我情绪管理能力和多元互动学习能力等理念[6]。

三、自主学习能力的培养

通过对国内外语言教育专家文献的研究，结合现代英语教育生态，本文从以下四个方面提出了英语自主学习能力的培养路径。

（一）学习动机的激发及学习意识的强化

自主学习的效果既取决于学生的学习动机，又受到学习意识的影响。学习动机是自主学习的原动力，是激发人们行动的心理动因，它能及时唤醒学生的认知和情绪，促使其自主学习意识的加强，从而激发学生更加努力地达到学习目标。

建立学生自主学习的目标，是教师的首要责任，既要使学生认识到自主学习的重要性，也要清晰了解自主学习获得成功的方法、步骤。这样，学生的学习规划会更加清晰可行，更有利于激发大学生的学习兴趣和学习动机，从而实现自我价值。清晰的目标、明确的动机与高效的行为相互交织，互为因果，有助于进一步挖掘学生的潜能，使自主学习的能力进一步得到提高。教师不仅仅是知识的传授者，更要针对每个同学的个人特质因材施教，帮助他们细化自己的短期和长期的学习目标，并督促学生为之全力以赴。学生在成长过程中，能够逐步了解自己的优势、特长，能够体验和感受到自己的学习行为是否与学习目标正相关，并为实现目标而积极主动学习。

学生在自主学习中所获得的成就感以及学习积极性的不断增强，也是教师的主要责任。学生完成了具体的学习任务或是在某个场景下能熟练使用英语解决问题，会给他们带来成就感，这有助于其在后续学习中自信心和主动性的培养，并激发学生自主学习的动机，从而更好地完成自己确定的学习目标。

明确的动机和清晰的意识能高效地帮助学生提升英语能力和水平，增加其自信心，学生可以将自主学习的方法和策略用于所学的其他课程，以促进专业技能的提升和发展。

（二）自主学习策略的培养

学生只有掌握了一定的学习策略，才能保障其自主学习的效果，所以学生先要做到"会学"。自主学习策略并不是一成不变的，而是需要在学习实践中持续地丰富、调整并及时验证。学生需要不断探索并寻找适合自身的学习策略。文秋芳将学习策略定义为有效学习所采取的措施，并将策略分为管理策略和学习策略[7]。

自主学习能力强的学生，对于学习策略的使用能够做到运用自如，这也是衡量学生自主学习能力的标志[6]。大学英语自主学习策略的培养，必须结合学习策略进行，以丰富学生的学习方法，加强自主学习技巧的培养，让学生体验到新型的学习方式，培养学生的英语思维意识，不断挖掘学生自主学习的能力。对学生进行自主学习策略培养，符合学生终身学习的教育理念，与《大学英语教学指南》（2020 版）以及《中国教育现代化 2035》的目标要求相一致。

培养自主学习策略，就要让学生对它有充分的认识并在学习中加以具体应用。教师通过讲座、研讨、实际操练等，使学生对各种认知策略具备理论层面的理解。此外，教师还可以在教学活动中渗透并训练学生的认知策略。学生只有经过有意识的策略训练，才能有效地使用学习策略。

（三）教师角色的再定位

相比传统教学中的教师角色而言，在非英语专业大学英语自主学习能力培养过程中，教师需要及时调整自己的角色，以便更有效地提高学生自主学习能力的效果。教师是自主学习教学改革的重要的引导者、管理者和参与者。

当学生在自主学习中遇到困难时，教师应及时引导学生，针对学生的问题提出恰当的建议，帮助学生找到适合自己的学习模式，及时跨越障碍并实现自主学习的目标，鼓励学习能力强的学生自觉地丰富学习内容，汲取更多知识。教师在学生自主学习过程中的角色依据课堂设置、教学内容的变化而变化，而这需要教师在具体教学中不断地再定位。

教师在学生自主学习能力培养中起着不可替代的作用——由原来的"教"变为"引"，在"引"的过程中如何把握好"度"，则对教师素养提出了新的更高的要求[6]。教师依据教学大纲要求组织教学，直接影响到学生对英语知识的掌握。培养学生自主学习的过程也是教师定位不断调整的过程。在此过程中，教师应引导学生对自主学习进行科学的管理，激发学生学习的潜能；鼓励学生根据自身的学习目标制定适合的学习计划和策略；积极创造条件，及时指导学生开展以小组或以任务为中心的自主学习活动，充分发挥学生的主观能动性和独特性；根据学生学习能力的个体差异，尽可能地做到因材施教。

此外，教师还要引导学生通过自主学习活动和个人体验不断提升自主学习能力，这种能力形成的前提是培养学生的自主学习习惯。例如，要求学生设定学习闹钟或是学习进度提醒等。对于学习动机明确且具有学习能力的学生，他们的自主学习能力会得到不断提升，并在自主学习中收获理想的成绩。

（四）自主学习共同体的构建

大学英语自主学习既是个体活动，又离不开团队的合作，因为团队成员间的评价以及相互帮助可以有效地避免自主学习效果不佳甚至学习被迫中断的问题。由有共同的学习目标并且拥有共同期待的成员组织而形成的学习团队，可以一起分享获取知识的方法。这种同伴支架式的学习活动与社会交往活动共存的形式就是自主学习共同体。教给学生如何在一种学习者共同体的背景下自主学习，已成为许多自主学习干预项目中的一个重要目标[8]。合作学习本质上是一种集体的自主学习[2]。自主学习共同体是一种学习模式，也就是自主-合作-探究的模式。共同体成员互为依托，既支持了同学，也得到了同学的帮助。在自主学习共同体成员之间，学生分享学习经验并共同探讨，彼此促进，共同成长，更好地完成学习任务并不断获取更多知识。

在大学英语教学中，可以宿舍为单位组织班级自主学习共同体，完成任课教师依据教学任务布置的学习内容。这种举措更于共同体成员间自主讨论，相互提出问题并解决问题，高质量完成自主学习共同体的学习任务，从而增加学习主动性，不断提升英语的实际应用能力。

四、结语

培养学生自主学习能力是大学英语教学指南明确的教学目标之一，也是人工智能（AI）和信息化大数据迅速发展对于个人独创型、创新研发型人才的需要。大学生获得知识的渠道及获取知识的途径与其自主的学习能力密不可分。大学英语教师面对大学英语教育现状和时代提出的要求，要加强学习，更新观念，在传授英语知识的过程中特别关注学生自主性学习能力的培养，帮助学生设计自主学习的模式，引导学生由被动学习逐渐转变为主动学习。在此过程中，学生的知识会得到不断更新，学生的学习方法和学习技巧也能不断丰富，从而满足国家和社会对适用型人才的需求，同时有助于个人潜能得到最佳发挥。

参考文献

［1］教育部高等学校大学外语教学指导委员会 . 大学英语教学指南（2020版）［M］. 北京，高等教育出版社，2020：5.

［2］庞维国 . 自主学习：学与教的原理和策略［M］. 上海：华东师范大学出版社，2003.

［3］文秋芳 . 新时代高校外语课程总关键能力的培养：思考与建议［J］. 外语教育研究前沿 2018（5）：3-11.

［4］HOLEC，H. Autonomy and foreign language learning［M］. Oxford：Pergamon Press. 1981：3.

［5］徐锦芬 . 学生自主英语学习能力模糊综合评价［J］. 高等工程教育研究 2004（3）：84-86.

［6］徐锦芬 . 外语类专业学生自主学习能力的构成与培养［J］. 外语界 2020（6）：26-32.

［7］文秋芳 . 英语学习者动机、观念、策略变化的规律与特点［J］. 外语教学与研究 2001（2）：105-110.

［8］LENZ B K. Self-managed learning strategy systems for children and youth［J］. School psychology review，1992（21）：211-228.

基于融媒体教材的大学德语教学实践初探[*]

罗颖男**

【摘　要】《德语入门》作为一本针对大学德语通识选修课程的融媒体教材，以及链接纸质教材、数字教材、慕课多维一体的立体化教学资源，为学生搭建了共享共进的德语学习社群，为教师提供了教、学、测、评、研一站式的数字化教学方案，由此形成以学生为主体、教师为主导的立体化教学模式，为大学德语教学改革提供了更多更有益的思路。

【关键词】融媒体教材　大学德语　立体化教学

随着元宇宙、人工智能和大数据分析等新兴数字技术在高等教育领域的大规模运用，传统教材开始向基于互联网技术的融媒体教材逐步转型。由于外语学科在培养学生听说能力时需要借助各种配套资源，外语类教材很早就开始探索数字化建设，在这方面英语教材略胜一筹，小语种教材则呈现后发态势。本文以《德语入门》为例，介绍融媒体教材在大学德语教学中的应用实践。

一、融媒体教材的特点

融媒体教材是将现代信息技术全方位融入传统纸质教材的一种新形态教材，主要具备以下特点。

首先，融媒体教材的发展并不意味着完全抛弃传统纸质教材。纸质教材

* 基金项目：本文系北京信息科技大学 2023 年教学改革立项项目（重点）"基于'慕课+融媒体教材'的大学德语立体化教学方法改革与实践"（项目号：2023JGZD05）的阶段性研究成果。

** 作者简介：罗颖男，北京信息科技大学外国语学院讲师，博士，研究方向为大学德语教学、德国汉学史。

作为学生的核心学习材料，虽然在表现方式上相对单一，但仍然具有无可替代的地位。融媒体教材实际上拓展了纸质教材的数字化边界，将文本内容与信息技术有效结合，为学生提供了更丰富多样的学习渠道。

其次，融媒体教材的核心是"文本内容+二维码"，借助二维码技术将传统纸质教材的文本内容与音视频、动画、图像等媒体资源融为一体[1]。融媒体教材相当于构建了一个数字资源库，需要作者和出版社将不同类型的媒体资源进行智能化重构。学生在阅读纸本内容的基础上，可以使用手机等移动智能终端扫描纸质教材中的二维码，从而实现自主化、个性化学习。

最后，融媒体教材的延伸是在线开放课程平台。融媒体教材的数字资源库是建设在线开放课程（慕课、微课、SPOC）的基础，其共同为学生提供"纸质教材+二维码+在线平台"多维一体的立体化学习环境。学生既可以离线开展碎片化学习，也可以在线使用慕课平台记录自己的学习进程和效果。

融媒体教材以5G通信技术和人工智能为支撑，将纸质教材、在线开放课程平台、各类移动终端与数字化资源有机整合，从而突破传统的教学模式，为教师和学生提供更高效、更丰富的学习内容和学习资源。

二、《德语入门》基本情况

《德语入门》由国家开放大学出版社于2020年出版，是国内第一本针对大学德语通识选修课程编撰的融媒体教材[2]。该教材由纸质教材、数字教材和慕课构成。

纸质教材正文共18课，其中语音部分5课，会话部分13课。语音部分（1~5课）每课由读音–字母–例词表、发音规则、练习、德语小知识等组成。会话部分（6~18课）每课包括情景会话、语法、练习和德语国家文化常识等四部分。

数字教材①提供电子书、简易PPT和外教音频等学习资源。学生可借助电子书随时随地记单词、读对话，并使用书签和笔记等功能。学生还可以反复离线收听外教音频，进行听辨和跟读练习。

---

① 手机扫描纸质教材封面二维码并下载"开放云书院"App即可使用。

慕课①以授课视频为核心，设置了作业练习、主题讨论和参考资料等教学活动环节，学生可根据课程进度循序渐进地加强自我训练，自主创造德语实践环境。

（一）坚持立德树人、学以致用、以人为本

《德语入门》以立德树人为根本目标，探索德语教材课程思政新模式。其价值取向的传递策略是：选取契合学生实际需要的题材内容和呈现方式，在会话部分专设"德语国家文化常识"模块，借助丰富的图片和特色视频，通过中西方文化对比的方式弘扬社会主义核心价值观，培养学生跨文化交际能力和对中国文化的认同和热爱。后续，该教材的数字内容中将设置"党的二十大精神"专栏，以更加突出课程思政示范引领的作用。

该教材注重学以致用，以求贯通德语教材的通识性与实用性。针对公共选修课的性质以及学生的现实需求，该教材将教学内容重点放在日常情景会话、跨文化拓展等方面，适度淡化语法讲解和词汇练习，并对基本表达意向和常用习语进行归纳，使学生能够逐步积累德语语言技能和文化背景知识，提升语言实践能力。

该教材遵循以人为本的原则，强调以学生为中心的教学理念。该教材将技术与教学深度融合，对各种媒体资源进行了一体化设计，在纸本的基础上开发了数字教材和慕课。通过多维一体的融媒体资源，该教材充分发挥了在移动互联网时代手机、PAD等设备"随时、随地、随人"的特点，学生既可以使用手机等智能终端登录数字教材读课文、听音频，又可以在慕课平台上观看授课视频。

（二）内容针对性强，设计模块化

《德语入门》专为通识选修课学生设计，根据选课学生多样化、个性化的学习需求，以"实用性、简明性、趣味性"为原则，在会话部分设计了"在德国旅游"的主线场景，引入用餐、问路、搭乘交通工具、参观等主题内容，培养学生掌握初步的实用会话能力，为进一步学习打下基础。

该教材采用模块化设计，会话部分每课均包括情景会话、语法、练习和

---

① 慕课网址为 https://huixuexi.crtvup.com.cn/index/auth/detail/course_group_id/35。

德语国家文化常识等四个模块。学生可根据每个模块不同的学习任务，借助数字教材和慕课随时随地开展自学，加强与教学内容之间的交互性。模块化设计便于学生进行碎片化学习，起到导学、助学的作用。

（三）提供多模态、立体化的融媒体资源

《德语入门》以纸质教材为基础，以慕课为核心，有效整合各种文字、录音、视频资源，给学生提供一站式、综合性的德语学习平台，构建线上线下、课内课外深度融合的立体化教学模式，满足学生移动学习、在线学习的需求，进而实现灵活学习、碎片化学习。除了可以登录使用数字教材和慕课之外，学生还可以用手机扫描纸质教材内设置于语音部分、情景会话、语法和德语国家文化常识等处的二维码，直接听音频、看视频。

该教材引导学生积极利用数字教材、慕课等立体化教学资源提高自主学习能力，保持与教学内容之间的交互性，进而保持学习兴趣，提升学习效率。学生在自学时需要注意针对不同内容采用不同方法：反复听录音，模仿语音语调；观看视频资源，透过情境掌握语言表达，加深对会话和文化常识的理解；充分利用慕课完成相关作业练习和主题讨论，积极与教师和其他同学进行沟通与交流。

该教材还致力于提升大学德语教师的数字化教学能力。基于融媒体教材的立体化教学模式将信息技术高度融合到课堂教学中，既能体现学生在学习中的主体地位，又能发挥教师在教学中的主导作用，形成"自主、探究、合作"的新教育模式。在此过程中，教师不断学习最新的数字教育手段，通过慕课全面跟踪学生的学习进程，并根据统计数据有针对性地改进教学方法，进而推进资源共享，增进团队协作，最终达到助推教学质量提升的效果。

三、立体化教学实践

以融媒体教材《德语入门》为基础构建的立体化教学模式，不仅能够促进传统教学资源和多媒体教学资源的优势互补，而且有助于实现大学德语的多元化教学目标，更有利于提升大学德语教师的综合素养。接下来，本文以北京信息科技大学本科生通识选修课——德语为例，结合近年来的教改经验和成果，详细阐述立体化教学模式的应用实践。

（一）教学设计

按照时间先后顺序，德语课程的立体化教学可以划分为课前、课中和课后三个阶段[3]。课前阶段，学生借助融媒体教材《德语入门》，采用线上线下相结合的方式，按照教师布置的要求进行自主学习；教师通过慕课平台掌控学生的预习情况。课中阶段，教师充分利用面对面的实体教学环境，针对不同的教学模块采用多样化的教学方式，加强与学生之间的互动，使学生由被动地接受知识转变为主动地掌握知识。课后阶段，学生借助融媒体教材的慕课平台完成教师布置的作业练习，并针对教学重点难点再次开展自主学习，积极与教师和同学进行线上讨论，共同创建德语学习社区。

（二）应用举例

本文以《德语入门》第 10 课"用餐"的情景会话部分为例，说明立体化教学模式如何贯穿课前、课中和课后三个阶段，以及学生如何在教师的指导下使用多媒体资源实现学习目的。

1. 课前阶段

教师依托慕课平台，提前向学生公布自主学习任务。值得注意的是：布置的自主学习任务应难度适宜。以第 10 课"用餐"的情景会话为例，教师可以要求学生观看相应的授课视频，并回答导入问题：在点餐时如何用德语表达"我想要……"

学生扫描教材中的二维码进入慕课相应章节预习，并针对教师设置的导入问题在主题讨论区发表观点或提出疑问。教师通过慕课后台数据掌握学生的自主学习情况，并根据主题讨论区里的共性问题及时更新课堂教学设计。

2. 课中阶段

课堂教学分为三个步骤。

第一步，教师采取问题导向式[3]的教学方法，帮助学生厘清知识框架。教师提前将收集到的问题汇总，重点向学生解释易错、易混淆的知识点，如möchten 一词在点餐时的用法等。学生则可以继续提出自主学习后新发现的问题。

第二步，教师采取情景交际[3]的教学方法，引导学生归纳、掌握所学的三段情景会话。教师对学生进行分组，每组通过抽签确定负责的对话主题，即"点餐""谈论食物"和"买单"三选一。小组讨论的任务包括归纳各自主题的表达法，语音模拟练习，以及提出拓展该主题的其他德语表达方式等。在此期间，教师往返于各组之间，倾听并给出辅导意见，重点帮助进度较慢的小组。

小组讨论结束后，每组派一名学生代表依次在黑板上写出该组所负责主题的德语表达法，以及可替代的相近表达法。写完后，教师加以修改和总结，引导学生开拓思路，进行补充，并组织学生使用相关表达法造句。

第三步，每组派两名学生代表依次上讲台进行课堂展示，采用情景再现的方式。学生除了要注意语音语调准确性、表达连贯性之外，还要再现对话中的非语言交际行为，如餐厅服务员的目光、手势、姿态等。在此基础上，教师和其他组的学生对本组的课堂展示打分，综合选出表现最优的一组并予以奖励。

3. 课后阶段

课后，学生进入与融媒体教材配套的慕课，完成教师布置的线上作业，包括练习题和章节测验题。慕课针对不同模块都设计了习题，可满足学生巩固语言技能的多样化需求。学生也可以使用平台中的主题讨论区、班级群等功能与教师进行交流。

四、结语

随着现代网络技术的发展，教育数字化已成为教育未来发展的必然趋势。在教育数字化的情境下，外语教材面临教学资源、实践路径等方面的优化升级，融媒体教材应运而生。融媒体教材集音频、视频、图像于一体，借助二维码技术，大大拓展了传统教材的边界。

《德语入门》作为国内第一本针对大学德语通识选修课程的融媒体教材，在纸质教材、数字教材、慕课一体化整合方面做了精心设计，不仅可以促进学生泛在学习，培养数字化思维和习惯，而且能够推动德语教师充分利用数字技术，强化数字教育技能。

基于融媒体教材《德语入门》的立体化教学模式，可帮助学生构建无界共享的资源空间，激发自身学习主动性和主体性意识。教师也能够在立体化教学实践中收集、评估教学数据，通过浸入式、互动式体验解决教学问题，提升教学素养和能力。

参考文献

［1］庞海龙．浅谈融媒体教材研发中编辑角色的转变与应对［J］．出版广角，2023（8）：60-63.

［2］罗颖男，董悦．德语入门［M］．北京：国家开放大学出版社，2020.

［3］王凤，邢佳．基于 MOOC 的混合式教学模式在基础德语课中的应用与实践［J］．长春大学学报，2018（4）：98-102.

基于泛雅网络教学平台的大学英语混合式教学探索

沈 明*

【摘 要】多年来，我国高度重视教育信息化建设，持续推进以信息化引领的教育理念和教育模式的创新。随着教育技术的飞速发展，混合式教学逐渐成为大学英语教学的主流模式。为应对新冠疫情，全国各级学校开展的线上教学客观上加速了现代信息技术与教育的全面、深度融合。后疫情时代，我们应继续发挥在线教学的优势，开展线上线下相结合的混合式教学，实现从"教师中心"向"学生中心"的转变。学习通平台集课程资源、课程教学、课程管理、统计分析为一体，依托该平台开展大学英语混合式教学有助于提升教学效果和质量，引导学生从被动学习向主动学习转变，实现知识、能力、素养的共同提高。

【关键词】学习通 大学英语 混合式教学

2012 年 3 月，教育部印发了《教育信息化十年发展规划（2011—2020 年)》，明确提出在教育改革和发展中要充分发挥教育信息化的支撑和引领作用，开发优质的数字教育资源，打造信息化的学习和教学环境。由于国家对教育信息化的高度重视以及大力支持，几年来我国教育信息化体系建设突飞猛进，推动了我国教育事业的科学发展，翻转课堂、混合式教学等依托信息技术的教学模式改变了传统的课堂教学。疫情防控期间，信息技术为全国各地各级学校开展线上教学提供支持，学习通、中国大学 MOOC、FIF 智慧教学平台、

---

* 作者简介：沈明，北京信息科技大学外国语学院讲师，研究方向为英语文学和英语教学。

U 校园智慧教学云平台、腾讯会议、钉钉等多个在线课程平台搭起云间课堂，助力全国学子进入线上课堂进行学习。这使得广大师生信息素养大幅提高，同时也为教育信息化积累了大量的实践经验。后疫情时代，我们不应该抛弃这些宝贵经验，正如教育部有关负责人指出的那样，"融合了'互联网+''智能+'技术的在线教学，已经成为中国高等教育和世界高等教育的重要发展方向"。

多年来，北京信息科技大学外国语学院一直十分重视信息化技术与教学的融合，疫情前大学英语团队已在教学中使用出版社课程平台及 AI 赋能的口语训练和写作批改平台，师生对教学中使用信息技术的适应性良好。疫情防控期间，为应对无法线下授课的难题，大学英语教师在原有课程平台的基础上，使用腾讯会议等工具开展线上直播授课，并以学习通平台配合进行学习管理和学习评估。一个学期下来，从磨合摸索到渐入佳境，学生的学习自主性、师生互动、生生互动水平等都得到了很大提高。并且，通过信息技术培训、在线教学实践和教研交流等，教师们的信息技术能力也得到迅速提升。回归线下教学后，在线教学和课堂教学有机融合、无缝衔接的混合式教学成为大学英语教学的"新常态"。学习通平台提供了资源分享、教学活动、课程管理、学情监控和统计分析等多重便利，成为大学英语混合式教学的得力助手。

一、混合式教学的概念

混合式学习并不是一个新概念，其本义是指各种学习方式的结合，是传统英语课堂中经常采用的教学方式。例如，在传统的"黑板加粉笔"的课堂中引入幻灯、录音、录像等视听媒体，以及"计算机辅助学习方式与传统学习方式相结合，自主学习方式与协作学习方式相结合等"等含义。进入 21 世纪后，随着信息技术的发展和互联网的普及，混合式学习被赋予了新的含义，即把传统学习方式的优势和数字化/网络化学习的优势结合起来，在发挥教师"引导、启发、监控教学过程的主导作用"的同时，调动学生的"主动性、积极性与创造性"[1]。发展到今天，混合式教学已成为高校英语教学的主流模式。

如今说起混合式教学，一般是指结合在线教学和传统教学优势的一种

"线上+线下"的教学方式，但这并不是在线学习与课堂面对面学习的简单混合，而是"有关'教与学'多个维度和方面的组合或融合……在多种教学理论的指导下，将课堂教学与网络学习环境有机整合，注重双主角色（即学生为主体、教师为主导）和辅助角色（教学管理员、技术客服等），注重学生的自主学习、协作学习和个性化学习"[2]。

二、笔者所在学校大学英语混合式教学现状

北京信息科技大学外国语学院高度重视信息技术与教学的融合，大学英语课程教学团队一直积极利用信息技术开展教学改革与课程建设，提高学生主动学习和自主学习的能力。早在 2012 年，外国语学院就将 AI 辅助下的智能写作批改网引进英语写作教学中，极大缓解了大学英语课程难以向学生提供实时反馈、个性辅导等问题。之后不久，随着移动技术的发展和智能手机的迅速普及，大学英语一部推广使用依托人工智能、大数据、云计算等技术的 FIF 口语训练 App，进一步实现了信息技术与教学场景的融合。另外，笔者很多同事还使用外研社和外教社各自推出的 U 校园和 WE Learn 在线教育平台（网站+App），这两个平台不仅有与教材配套的数字资源，而且可在平台完成班级管理、学情诊断、形成性考核等。

2020 年突发疫情，之后三年间为最大限度保障师生身体健康和生命安全，各学校都根据疫情防控所处形势实行了线上线下教学的无缝对接。北京信息科技大学的大学英语教学得益于前期打下的课程教学与信息技术相融合的良好基础，充分利用已有在线教学资源和学习平台，并配合学习通、腾讯会议、雨课堂等，保障了大学英语教学的顺利进行。其中，学习通包含各种教与学相关的微应用，而且与学校教务系统对接，因此，任课教师无须自建班级导入学生，使用起来十分方便。学习通在疫情防控期间的大学英语线上教学和考试中发挥了重要作用。恢复正常线下教学后，学习通配合其他在线教学资源共同使用，成为开展大学英语混合式教学的有力助手。

三、基于泛雅网络教学平台的大学英语混合式教学

2020 年春季学期伊始，北京信息科技大学与包括超星泛雅、中国大学

MOOC 等在内的几个网络教学平台建立合作，以应对突如其来的疫情。经过培训和试用，笔者选择了泛雅网络教学平台作为学习管理系统，腾讯会议为直播授课工具，配合之前已经在使用的课程 App（U 校园、WE Learn、FIF 口语训练等）开展教学，取得了较好的效果。经过三年的教学实践，笔者发现，泛雅网络教学平台易用且稳定，依托该平台开展混合式教学有助于提高学生学习效果，培养学生自主学习能力，提升教师教学和课程管理效率，加强师生、生生互动，在后疫情时代恢复线下课堂教学后也能发挥积极的作用。

泛雅网络教学平台包括网页版和移动端"学习通"App，集课程资源、课程教学、课程管理、统计分析于一体，用户界面十分友好。教师先在网页版完成创建课程和班级或激活课程（适用于教务处已预先统一建立课程并完成班级导入的情况），然后就可以生成课程单元，编制单元目录和编辑单元内容了。课前一周，教师发布学习任务，如在平台观看微课、参与讨论、准备小组任务等。上课时教师提问、点评任务完成情况，讲解疑难点，学生参与课堂活动。这些课堂活动有些是完全在学习通上完成的，如问卷、随堂练习，有的则是在学习通辅助下完成的，如用学习通来抢答，然后口头回答问题；或者在学习通提交分组任务成果，小组成员进行课堂演示，然后由教师和学生在学习通给任务组评分，发点评。每次课结束前，教师会发布新一轮任务。课后学生继续在平台上完成基于课文学习的任务及拓展任务，并可以在平台及班级群里与教师、同学进行交流。平台设有统计模块，教师可以随时了解学生学习情况，学生也可以查看自己的课程积分。总之，依托学习通平台的混合式教学，使课堂教学与网络学习融为一体，线下学习和线上学习紧密衔接，知识传递与能力培养同步进行。

（一）编辑课程内容

新课程建立后，点击创建好的课程就进入生成单元界面，可以选择由系统按教学周或学时自动生成单元，也可以不自动生成单元。笔者选择根据学期授课内容并按照教材单元创建平台课程章节，此外再加一个"附录"章节。

每个教材单元章分成主题导入、词汇语法、课文学习、翻译、写作、课程思政、拓展阅读和单元自测等 8 个小节，小节里有微课视频、补充视听和阅读资料、讨论话题、自测练习等内容。课程资源分为两种：与教材课文配套的资源和与教材单元主题相关的拓展资源。与课文配套的资源主要是来自出版社和慕课平台发布的微课、音视频、PPT 等资料，覆盖了词汇语法、课文讲解、课后练习辅导等。拓展资源主要来自出版社网站、慕课平台和其他互联网资源。拓展资源的筛选原则是以社会主义核心价值观为导向，兼顾国家培养人才的需求和学生个体需求，避免盲目堆叠资源造成信息超载；其主要选择的是与单元主题相关的具有中国元素的课程思政内容。

附录一章里有学习平台介绍，列出了各学习平台网址或 App 名称、激活方式、班级码、账户密码等。学期中很可能会有学生因为更换手机等原因而重新安装 App 时不记得这些平台信息，所以很有必要放一张表以供随时查阅。另外，有关于课程其他说明、考试要求、学习资源推荐等也收录在附录里。

（二）混合式"教"与"学"

上课前一周，教师在班级群发布学习任务，要求学生完成学习通课程单元中指定内容的学习，包括观看微课视频，进行在线自测，以及参与在线主题讨论等。微课内容有主题导入、词汇语法学习和课文讲解等。视频可以设置成防拖拽、防窗口切换，还可以选择允许开启弹幕。学生观看视频后，要完成在线自测的词汇语法练习，在讨论话题下回复发言。虽然课程内容会一直开放到学期末，但教师会督促学生按要求时间完成，在平台查看学生学习进度，并在课堂学习时通过提问和随堂练习来检查学生是否真正学习了课程内容以及存在哪些问题。

进入课堂学习时，先有一个热身环节。教师可以就课前学习的内容给出反馈，查缺补漏，通过学习通抢答、选人（提问）、随堂练习来检查学习情况，分享在线讨论中部分学生发言，鼓励学生用回复功能来彼此交流。然后进入课文文本剖析环节。教师会提前在 FIF 口语训练 App 上传朗读作业，课上根据课文结构和段落长度分批次发布朗读任务，让学生通过完成朗读任务熟悉课文文本。每完成一个朗读任务（可能是一长段或几小段课文）后，教师会先就这部分课文中的重点难点进行提问，再进行概括梳理。上述环节完成后，即可发布新的学习任务，包括个人任务和分组任务。个人任务有观看平台课程中翻译、写作小节的微课，观看课程思政小节的视频或完成拓展阅读等。分组任务中，有的单元是准备与单元主题有关的带有中国元素的 PPT

或视频，并于下次课堂上做展示和分享。课本靠后的部分单元则是要学生在看过微课后，由各组学生来完成课堂授课，每组负责一个部分。这样一来，学生对自己负责的部分可以从学习讲授过程中获得更深刻的理解。听别组同学讲课的学生则要在学习通里进行打分和点评，生生互动可以增添学习乐趣，同学的正面反馈也可以增强学习信心。

课后，学生应完成依托平台的各项学习任务，遇到问题时可以在课程群里与教师和同学交流，也可以在学习通里与教师"私聊"。教师则继续在平台关注学生完成情况，并及时给出反馈。

（三）学习管理与评估

作为学习管理平台，学习通在课程管理和统计分析方面也十分优秀。

首先，平台设置了签到、抢答、选人、随堂练习、主题讨论、分组任务、问卷、投票、评分、群聊等多种学习活动模块，为教师开展课堂活动提供了便利。例如，它的签到功能非常实用。除了提供多数平台采用的数字、手势签到方式之外，学习通的二维码签到可选择每十秒刷新一次签到码，这样可以较有效地防止同学代签。教师可以在统计模块查看所有学生本学期签到详情，关注缺勤较多学生的情况。出勤情况也是形成性考核的重要组成部分。学习通分组任务模块的设计也优于其他一些学习 App，该模块提供多种分组方式，支持上传多种类型的文件，评分方式也有多种组合方式可供选择。

其次，学习通也是方便的课程社交工具，很多模块都有师生之间、学生之间互动交流的功能。例如，在"讨论"模块，学生可以发起讨论、参与教师或同学发起的讨论，教师和同学可以在别人的回复下发言互动。平台的班级群聊类似微信群，可供师生、生生进行互动。教师在学习活动里发起群聊，则可就特定主题进行交流。发布分组任务后平台也会自动生成小组群聊，方便小组成员协商合作。教师可以在平台发布通知，查看学生读取通知的情况，并通过平台给未读同学发微信、短信、电话等类型的提醒。教师和学生也可以双向发起平台私聊。

平台提供的统计数据非常全面，包括任务点、章节学习情况、课堂活动、作业统计、章节测验、考试统计、课程积分等，教师可以随时了解学生的学习情况并及时作出反馈或调整课程安排。学生在线学习表现会被平台实时呈现并记录下来，作为课程形成性评价的组成部分。教师可在成绩管理模块预设各部分所占的权重，并设置成"允许学生查看成绩"，这样系统就会实时更新学生成绩，对学生学习起到督促的作用。

四、结语

依托学习通平台开展混合式教学，可以结合线上线下教学模式的优势，充分发挥教师在教学过程中的主导作用，提高教学效果和质量。在线教学资源有利于学生进行个性化学习，丰富便捷的互动途径增强了学生与教师以及同伴学习交流的兴趣，与学习进度同步的成绩变化提高了学生学习的主动性和积极性。总之，基于泛雅网络教学平台的混合式教学有助于从"教师中心"向"学生中心"的转变，是提高大学英语教学质量的有效模式。

参考文献

[1] 何克抗. 从 Blending Learning 看教育技术理论的新发展：上 [J]. 电化教育研究，2004（3）：1.

[2] 钟玉琴. 大学英语混合式教学探究 [M]. 北京：电子工业出版社，2017：35-36.

大学英语移动学习口语教学模式探究[*]

滕义莲^{**}

【摘　要】本文通过问卷调查，总结出大学英语口语学习中遇到的四大困难：交流障碍、学习环境障碍、自身知识技能缺乏、英语功底不深。对此，笔者运用大学英语移动学习口语教学模式，在两个班级进行对比研究，实验班采用课堂口语活动和以 FIF 口语训练为主体的课下拓展活动相结合的方式，对照班则采用传统教学模式。对实验班的同学进行问卷调查和访谈后，得出了大学英语移动学习口语教学模式对解决学习困难的效果显著的结论。学生的英语发音有明显提高，英语表达变得多样自如，增强了英语表达的自信心，练习英语口语的积极性有所提高。在此基础上，教师还要更好地激发学生的积极性，充分发挥 FIF 口语训练的长处。

【关键词】学习困难　移动学习　口语教学模式

　　近年来，大学英语课程改革一直在如火如荼地进行，在听说方面的一个显著成效是，口语测试已经逐步纳入大学英语课程考试，在有些大学英语期末考核中，它成为每学期总评成绩的必要组成部分。大学英语四六级计算机化口语考试在全国已经全面铺开，该考试的测试任务类型丰富，考生结对参加考试，实现了考生之间的互动交流，有效测试了大学生的英语口头交互能力[1]。学生可以通过网上报名参加口语考试，这对教师的大学英语教学提出了更高的要求和挑战。移动设备和无线网络的普及使得移动学习越来越受当代大学生欢迎，移动学习已经成为大学生英语口语学习中不可或缺的组成部

---

　*　基金项目：本文系北京信息科技大学 2015 年教学改革立项项目"课堂活动与英语口语网络平台相结合的大学英语口语虚拟实践教学环境建设"（项目号：5111523801）的阶段性研究成果。

　**　作者简介：滕义莲，北京信息科技大学外国语学院讲师，研究方向为 TEFL、外语教育技术。

分，移动学习是对大学英语课堂的有益补充。本文采用移动学习手机 App "FIF 口语训练"，通过研究对象亲身体验参与移动学习、填写调查问卷和接受深度访谈等三个环节，了解并掌握研究对象在英语口语学习中遇到的困难、大学英语移动学习口语教学模式对解决学习困难的效度、大学英语移动学习对提高研究对象英语口语能力的促进作用等。

一、英语口语学习中遇到的困难

（一）研究样本的选择

本文中的研究是在北京信息科技大学进行的，研究对象是大二在校学生，具体选取的是经管学院会计学两个班共 75 名学生，其中男性 21 名，占 28.0%；女性 54 名，占 72.0%。学生平均年龄为 20 岁，他们都是智能手机的忠实用户，每天使用手机的平均时间为 2.3 小时。其中相当一部分时间用于休闲娱乐，还有一部分时间用于英语移动学习，学习内容有单词类、听力类、写作类和口语类。FIF 口语训练则是他们使用的其中一种移动学习软件。他们的高考入学成绩平均分接近，第一学年末的口语考试平均分相差 2 分。

（二）研究方法

研究者先对研究对象进行问卷调查，并从中了解到学习者在英语口语学习中遇到的困难。本调查问卷共有 10 个问题，通过对口语学习中的困难进行划分提炼，总结出大学生在英语口语学习中面临的四大困难：交流障碍、学习环境障碍、自身知识技能缺乏、英语功底不深。问卷采用 Likert 五级量表的形式，5 表示完全同意，4 表示基本同意，3 表示不确定，2 表示基本不同意，1 表示完全不同意。该问卷共发放 75 份，有效问卷是 74 份。

（三）研究结果

1. 交流障碍

交流障碍由两个问题体现，即用英语进行口语表达时：①我不会恰当得体地表达；②我不会组织内容。根据调查结果，对第 1 题持肯定、否定和态度不确定的受访对象几乎各占 1/3，表明对于用英语是否能恰当得体地表达，受访对象意见很不一致。对第 2 题持肯定意见的受访对象有 33 位，占 44%，持否定意见的有 20 位，占 26.7%，表明受访对象中能熟练组织内容的只是少数，绝大部分没有掌握组织内容的要领。

2. 学习环境障碍

学习环境障碍可由以下四个问题集中体现：①英语口语课时不够；②课堂英语口语材料（课本、阅读资料、教师的补充资料等）不够；③英语课上口语练习少；④课下英语口语练习少。对第 3 题受访对象中完全同意的有 34 人，基本同意的有 24 人，即持肯定意见的比例高达 77.3%，持反对意见的仅占 12.0%，表明绝大部分受访对象感觉英语口语课时不够。对第 4 题，受访对象中无人完全不同意，只有 11 人基本不同意，持肯定意见的达 53 位，占 70.7%，表明绝大部分受访对象感觉课堂口语材料不足。对第 5 题持肯定意见的受访对象多达 62 位，占 82.7%，表明受访对象普遍认为英语课口语练习较少。对第 6 题持肯定意见的受访对象多达 64 位，占 85.3%，态度不明确的仅有 4 位，是全部 54 道问题中表示不明确的人数最少的一题，表明受访对象普遍认为课外口语练习太少。

3. 自身知识技能缺乏

自身知识技能缺乏由以下两个问题集中体现：①我缺乏英语文化背景知识；②我直接将汉语的一些语言规则运用到英语口语中去。对第 7 题持肯定意见的受访对象有 39 位，达 52%，持否定意见的有 16 人，占 21.3%，表明绝大部分受访对象缺乏充足的英语文化背景知识。对第 8 题持肯定意见的受访对象有 36 位，占 48%，态度不明确的有 23 位，占 30.7%，持否定意见的有 16 人，占 21.3%，表明受访对象中只有少部分人能排除汉语规则在口语交流中的影响，大部分人都会有意无意地在英语口语中运用汉语规则。

4. 英语功底不深

英语功底不深的问题可经由以下两个问题集中体现：①用英语进行口语表达时，我的词汇量不够；②用英语口语表达时，我的语法错误多。对第 9 题受访对象中完全同意的有 20 人，基本同意的有 43 人，持肯定意见的比例高达 84%，表明绝大部分受访对象感觉英语口语词汇量不足。对第 10 题受访对象中持肯定意见的有 40 人，占 53.3%，持否定意见的有 15 人，占 20%，表明受访对象中只有少部分人能在英语口语交流中正确运用语法，大部分人都会出现语法错误。

针对英语口语学习中遇到的这些困难，研究者认为借助英语网络学习平台和手机客户端 App 是行之有效的方法。英语网络平台可以丰富、补充课堂口语活动和练习，加强和提高学生的英语练习频率和强度，对学生的英语口语有十分重要的扩展延伸作用，能够为创设虚拟英语情境服务，从而可以有效提高学生的英语口语输出和生成能力。因此，研究者采用了大学英语移动学习口语教学模式，课堂上开展各种形式、丰富多彩、有趣有效的课堂口语活动，解决学生的交流障碍和自身知识技能缺乏问题。课下主要利用 FIF 口语训练手机 App，主要解决学生的学习环境障碍，鼓励学生自主学习，针对词汇量少和语法薄弱等问题加强自身的英语功底。

二、移动学习在大学英语教学中的应用

（一）移动学习的概念内涵

移动学习（M-learning，mobile learning）这一概念由基更博士于 2000 年引入中国以后，受到了国内研究者的重视，虽然我国对移动学习的研究不到 20 年[2]，但是已经取得了不少成果，我国教育领域以及计算机领域对移动学习尤为关注[3]。移动学习是脱胎于电子学习和网络学习的一种现代化学习方式。根据黄怀荣的定义，移动学习是指学习者在非固定和非预先设定的位置下发生的学习，或通过有效利用移动技术而发生的学习[4]。

移动学习具有随时随地随需的特点。学习者可以在任意时间、任意地点按照自己的需求来进行学习，这就打破了传统的固定地点、固定时间上课的模式。为学习者提供了学习时间、学习地点和学习需求的自由维度。因此，移动学习是传统课堂的有益补充，为课堂内外提供了无缝衔接。移动技术支持的各种网站、App 能给学习者提供海量的学习资源，从而极大地节约了学习者查找资料的时间，更加方便了学习者有效地获取资源。

移动学习具有及时更新的特点。互联网技术和移动计算技术保证了移动学习的资源能够以最快的速度更新，学习者可以同步获得世界最前沿、最新颖的学习资料，而以前受技术和地域的限制，总是要等待一段时间才能跟上先进者的步伐。视听材料的及时更新，让大学英语学习与世界无缝接轨。

移动学习具有相对的互动性特点。使用移动设备进行的移动学习不仅可以让学习者与移动设备进行互动，而且可以实现师生之间与生生之间的互动。首先，智能语音识别技术、录音、自动评分、多样性反馈等有助于学习者和移动设备之间的互动。其次，现代的移动技术已经可以实现文字互动和语音互动，这些都非常有利于语言学习，因为学习者通过文字和语音便能够与教师或其他学习者进行互动。

（二）大学英语移动学习口语教学模式

为了推进大学英语教学改革，现代信息技术尤其是多媒体网络技术被广泛使用。随着智能手机的普及以及校园网和无线网的优化，学生使用手机进行学习的便利性愈发凸显，移动学习越来越为当今大学生所关注所接受。在大学英语教学领域，移动技术支持的大学英语混合教学模式逐渐受到研究者的关注。鲍松彬以"大学英语"课程为研究对象，论证了大学英语课融合移动学习的必要性和可行性，并提出融合移动学习的大学英语教学新模式[5]。张洁从社会文化理论出发，构建了移动技术支持的大学英语听说混合式教学模式，包括课前的移动自主学习、课中的教师讲授与学生互动、课后的移动式合作学习以及贯穿课堂内外的形成性评价等环节[6]。要文静、范京晶认为，大学英语"4A+4S"移动微学习新模式能够改善传统的大学英语学习模式，实现教学形式的多样化、学习形式的合作化、学习内容的丰富化[7]。

三、大学英语移动学习口语教学模式的实际应用

大学英语移动学习口语教学模式，由课堂口语活动和以 FIF 口语训练为主体的课下拓展组成。课堂口语活动包括课堂展示、主题演讲、小组讨论、短剧表演等。根据统计，这些都是学生最喜欢的课堂口语活动。大部分学生认可接受而且喜欢课堂展示，认为课堂展示的目的是娱乐和激励[8]。毋庸置疑，学生课堂展示能够锻炼学生的语言组织、表达能力，对学生在英语口语准确性和流利度方面的要求较高，学生也因此会有一种成就感。主题演讲是对学生极具挑战性的一项口语任务。相关研究及随后的问卷调查发现，在大学综合英语课程中开设演讲活动能够产生以下的效果：增强学生正式讲话的自信心及交流意识，给学生提供用英语交流思想的平台，提高学生的思辨能

力，提高学生综合运用英语的能力[9]。并且，大学英语四六级口语考试的第三项考察内容是个人陈述，即要求考生经过准备后根据考官的指令和屏幕上的提示发言，考查考生用英语进行连贯的口头表达的能力。除此之外，小组讨论也是学生喜欢的活动之一。学生参与小组讨论、辩论的好处在于：增加了语言练习的机会，提高了谈话的质量，有利于因材施教和创造良好的学习气氛。短剧表演也是每学期都会进行的大学英语口语活动之一。教师与学生协商后选取材料，把学生进行分组。学生自己根据现有教材进行场景的安排、剧本的编写、角色的确定等。为了提高课堂效率，充分发挥学生的特点，由一些组在课堂上实际表演，一些组在课下拍摄录像。经过一个星期的准备，对短剧进行验收，教师和评审团进行点评。评审团由每组抽调一名成员组成。

从 2014 年开始，由外语教学与研究出版社开发的 FIF 云学习平台口语训练系统在北京信息科技大学投入使用，主要是用于非英语专业大学生每学期所进行的口语测试。测试题型包括句子跟读、段落朗读和话题阐述等。该测试系统具有一定的可信度，为广大英语教师和学生提供了非常便捷实用而高效的研究和使用平台。此后，该口语训练系统又开发出了手机 App，更加方便了学生的移动学习。本文关注的是 FIF 口语训练中的 App 使用，它的资源丰富、功能强大。首先，题库中包括校本题库《新视野视听说》，与所使用的教材配套，其中包含模仿句子、角色扮演、交际表达、小组讨论等。这是对大学英语视听课的绝好补充，需要学生在课下完成。其次，是考试类的四六级口语、托福口语和雅思口语。最后，是生活类的旅游出行、海外生活、校园生活和交际策略，职业类和基础技能类（见图 1）。此外，教师还可以自组题库。这些口语资料非常方便学生在课余时间使用，不仅可以进行语音训练，而且可以熟悉不同场景的表达，并学习交际策略和技巧。

四、研究过程

笔者对两个班的学生进行了一个学期的调研，将两个班第一学期和第二学期参加 FIF 口语考试系统的口语成绩进行对比。调研结束后，就学生使用大学英语移动学习口语教学模式对解决英语口语学习困难的情况进行问卷调查并得出调查结果。

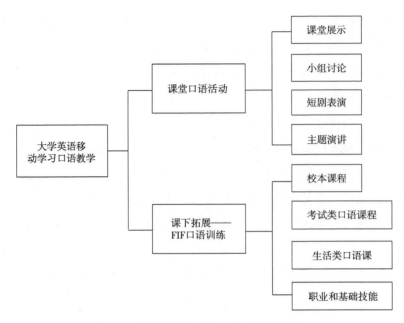

图1　大学英语移动学习中的口语教学组成

实验班和对照班的学生都使用同样的大学英语教材，组织同样的课堂口语活动。但是，实验班课下要求使用 FIF 口语训练，教师会每周布置一次 FIF 口语训练的作业，帮助学生改进他们的语音面貌，进而促进学生学会很多地道的表达（见表1）。因此，实验班的教学模式包括比对照班多出 1 课时的移动学习，使用 FIF 口语训练 App，完成教师布置的任务，并可以根据学生自己的兴趣、时间和需求，自主使用 FIF 口语训练进行学习。

表1　实验班和对照班学习模式的比较

	对照班	实验班
每周课时	读写 2 课时 听说 2 课时	读写 2 课时 听说 2 课时 移动学习 1 课时
使用教材	《大学英语综合教程》 《新视野大学英语视听说》	《大学英语综合教程》 《新视野大学英语视听说》 FIF 口语训练
学习要求	完成各项课堂口语活动	完成各项课堂口语活动+ FIF 口语训练布置任务

续表

	对照班	实验班
学期总评	平时成绩（25%） 期末成绩（60%） 口试成绩（15%）	平时成绩（15%） 期末成绩（60%） 口试成绩（15%） 移动学习评价（10%）

　　经过一个学期的实验，大学英语移动学习口语教学模式初见成效。实验班的学生学习英语的积极性更高，课堂气氛更好，计算机口语考试成绩也有了提高。实验班和对照班的第一学期口试成绩分别为 72.37 和 74.31，对照班的成绩比实验班还高出了将近 2 分。但是经过一个学期推行不同教学模式在两个班级中，第二学期 FIF 口语考试系统进行测验以后的成绩发生了高低转化，实验班和对照班分别为 75.97 分和 74.06 分，实验班的成绩比对照班高出了 1.91 分（见表 2）。

表 2　实验班和对照班第一学期和第二学期期末成绩和口试成绩统计（平均分）

班级类型	第一学期口试成绩	第二学期口试成绩
实验班	72.37	75.97
对照班	74.31	74.06

　　调研结束后，研究者又对实验班的学生进行问卷调查。实验班共 40 名学生，调查问卷仍然围绕着英语口语学习的困难展开，还是按照 Likert 五级量表进行。把完全同意和基本同意都视为肯定意见，基本不同意和完全不同意视为否定意见，不确定视为不确定。图 2 说明了持有肯定意见的学生比例。学生反映收获最大的是课上口语练习充分（90%），课下扩充了口语练习（85%）。这说明，课堂活动与课下口语练习的有机结合是帮助学生提升英语口语水平的最佳途径。

五、结语

　　信息化时代，网络信息资源无所不在，这是对课堂教学极好的辅助和补充[10]。其关键在于，教师如何引导学生使用这些网络资源，为英语学习所

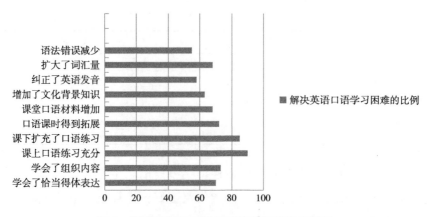

图 2　解决英语口语学习困难的问卷调查结果

用。在英语课堂上，有组织地开展口语活动，调动起了学生说英语的积极性；在课堂之外，鼓励学生使用网络资源拓展英语口语使用空间，这种大学英语移动学习口语教学模式适合当前的大学生，也因此搭建起了一个有机的大学英语口语虚拟实践教学环境。

　　大学英语移动学习口语教学模式给学生带来很多好处。第一，学生有了大量的机会去听、去说纯正的英语，开口机会多，英语表达变得自如流畅，从而提高了他们的英语表达能力和水平，这一点已经反映在了学期末的口语考试中：学生的发音比大一入校时有了明显提高，表达方式更加准确到位并多样化，遇到不同话题时变得"有话可说"。第二，置身于这样一个虚拟实践教学环境中，学生接受了全方位的较为系统的训练，增加了英语表达的自信心。第三，学生经历了每个学期的课堂展示、每次课上口语活动，以及课下相关学习软件的使用。通过持续不断、系统的课上课下学习的有机结合，经FIF 平台测试系统的口语考试验证，学生的语音、语调都有明显的进步和提高，在句子跟读方面能够恰当地使用正确的发音，并能恰当运用朗读技巧。同时，学生学习练习英语口语的积极性有所提高，敢于开口说，乐于开口讲，形成了良性的循环。

　　大学英语移动学习口语教学模式也存在一些问题。首先，课堂上用于口语练习的时间非常有限，不是每个学生都能得到开口说的机会，因此也无法得到教师的相应指导，需要教师创造条件，克服困难，多途径地指导学生在语音语调上存在的问题。其次，学生对于提高口语的愿望不强，所以教师还需要更好地激发学生的学习积极性。英语教学要真正从教学内容和方式上使学生获得乐趣。此外，FIF口语训练是零碎的训练，因此必须积少成多、坚持不懈，才能取得长足的进步。

参考文献

[1] 张琳，金艳. 基于交互观的口语互动能力构念界定 [J]. 外语学刊，2016 (2).

[2] 王佑美，王娟. 近二十年我国移动学习研究现状及未来趋势 [J]. 现代远程教育研究，2013 (1).

[3] 张晓君，顾玥，丁雪梅，曲大为. 基于知识图谱的我国移动学习研究进展可视化分析 [J]. 中国成人教育，2018 (8).

[4] 黄荣怀. 移动学习：理论·现状·趋势 [M]. 北京：科学出版社，2008：8-10.

[5] 鲍松彬. 融合移动学习的大学英语教学新模式 [J]. 实验室研究与探索，2013 (4).

[6] 张洁，王以宁. 移动技术促进英语听说教学的实证研究 [J]. 现代远程教育研究，2011 (3).

[7] 要文静，范京晶. 大学英语"4A+4S"移动微学习新模式研究 [J]. 教育理论与实践，2017 (30).

[8] 滕义莲，王霞，王颖. 对大学英语教学中的学生课堂展示的改进与思考 [J]. 语文学刊（外语教育教学），2012 (11).

[9] 张冬玉. 英语演讲与语言能力的培养：一项综合英语课程创新人才培养的研究 [J]. 外语教学，2007 (3).

[10] 林莉兰. 大学英语口语教学刍议 [J]. 中国高教研究，2006 (5).

浅析多模态隐喻视阈下大学英语小班课堂教学

王晓明*

【摘　要】在现代化科学技术快速发展的背景下，单模态教学模式逐渐向多模态隐喻教学方式转变，为大学英语小班课堂教学开辟了新的视角。基于大学英语小班课堂的特点，教师有条件充分地利用多媒体技术，将多模态隐喻合理地置于大学英语教学中，在激发学生学习英语的兴趣的同时优化课堂教学，实现教学目标。

【关键词】多模态隐喻　大学英语小班课堂　视觉模态　听觉模态

一、引言

隐喻作为认知语言学研究的重要对象之一，不断颠覆着人类的思维方式和对客观世界的看法。西方自古以来就有研究隐喻的传统，分别从修辞学、哲学以及语言学的三个角度研究隐喻如何成为无意识日常语言的一部分，其理论的形成经历了漫长的发展过程。

对于隐喻的定义也存在争议。亚里士多德（Aristotle，前384—前322）在《诗学》（*Poetics*）和《修辞学》（*Rhetoric*）中将其定义为是通过把属于别的事物的词给予另一个事物而构成的，或从"属"到"种"，或从"种"到"属"，或从"种"到"种"，或通过类比[1]。他认为，隐喻是通过将一个事物的特征应用到另一个事物上，来传达新的意义。隐喻创造出的新的比较和联系，使得概念更加生动和形象，可以帮助人们更好地理解和表达某些概念。例如，当我们听到"他是一个勇猛的狮子"时，我们会将这种动物的特点（壮硕，勇猛，所向披靡）应用到这个人身上，帮助我们更好地理解人物的性

---

* 作者简介：王晓明，北京信息科技大学外国语学院讲师，研究方向为语言学。

格特征。作为亚里士多德隐喻学的鼻祖，虽然其隐喻理论仅局限于词汇层面且更强调隐喻的修饰性，具有一定的时代局限性，但他对隐喻学的发展所作出的贡献是不容忽视的。伯克（Burke，1897—1993）的隐喻应用范围则超出了亚里士多德的词汇应用层面，甚至冲破了语言层面，为以后的隐喻研究开辟了先河。伯克将隐喻定义为"一种试图用另外一件事来看待某件事的机制"[2]，提出除词语象征事物外，事物也能体现词语。当某个事物与某个词汇建立了某种联系，这个事物就成为一种符号；当这种符号逐渐被人们所公认并赋予某种意义时，那么这个词就能激起相同概念的所指，从而能够体现概念、价值观和态度。例如，我们一旦被告知即将与一位指挥家会面，那么实际上"指挥家"这三个字所表达出的概念远远超出了字面意义本身，而是具备了"艺术家"的隐喻意义，自然而然会在我们的情感激起方面产生影响。隐喻不单单是一种语言现象，不应该只停留在语言层面，有些非语言事物也可以成为隐喻。以一幢银行建筑为例，它通过向人们展示其建筑材料、外墙设计、建筑高度以及建筑风格而体现出的"牢不可破""气势恢宏""安若泰山"等隐喻意义，促使人们主动走进去存入钱款。像雕塑、绘画、音乐、建筑、电影海报、小说封面、社交礼仪等这些非语言事物，都充斥着作者的信仰、梦想、追求、希望等丰富的思想情感。因此，在伯克看来，隐喻大大扩展了语言词汇的作用，通过将一种事物的通常名称与另一个名称的并置，让我们获取了对该事物的双倍理解力和感知力。到了 20 世纪下半叶，随着更多语言学者对隐喻的思考逐渐超越了语言形式的范畴以及西方哲学的不断发展，越来越多的人开始关注隐喻与现实之间的关系。1980 年，莱考夫（Lakoff，1941—）和约翰逊（Johnson，1949—）共同出版了著作《我们赖以生存的隐喻》（*Metaphors We Live by*），书中提出了概念隐喻这一理论。此理论和思想在语言学领域和哲学界产生了重大影响，并逐步改变了隐喻研究的方向。

　　随着信息技术的不断发展以及语言学研究的不断深入，人们发现单纯的语言隐喻研究已经不能满足当前交流多样化的需求。现在，人们不仅可以通过语言完成交流，而且可以通过语音语调、图像、绘画、文字以及肢体语言等达到沟通的目的。到了 20 世纪末，福塞维尔（Forceville，1959—）为代表的一些欧美语言学家已经把纯语言的概念隐喻拓展至多模态隐喻。至此，隐喻研究到达了一个新的里程碑，完成了第二次突破。国内大学英语教育与时俱进，在不断更新教学手段的同时，也尝试逐步将多模态隐喻应用到实际教学中。鉴于目前国内学者对大学英语小班课堂教学的多模态隐喻研究仍处于探究阶段，因此本文在各位前辈的研究基础上，将多模态隐喻置于大学英语小班课堂教学中，分析其在小班课堂教学中的应用及产生的意义和效果，以期能优化课堂教学，提高大学英语小班教学效果。

二、多模态隐喻

福塞维尔把模态定义为"在实际的感知过程中形成的一种具有阐释功能的符号系统"[3]，并把模态分为五大类型，即视觉或图画模态、听觉或音波模态、嗅觉模态、触觉模态和味觉模态。从古至今，人类一直努力通过多模态形式向外传递信息[4]，其中最常见的是视觉模态，它通过图像、图形、颜色等视觉元素表达语义；听觉模态则利用声音和声音效果表达语义；触觉模态则通过肌肉运动、各种力的作用和温度等感官体验表达语义；味觉模态和嗅觉模态较少被研究，但它们也可以通过味道、口感或气味来表达语义。隐喻是一种传递信息的工具，多种模态同时使用可以弥补纯语言模态形式下表达的不足。多模态隐喻研究的意义在于它可以将几种模态进行有效整合，从而使话语意义的解读更加全面和准确[5]。

三、多模态隐喻视角下的大学英语小班课堂教学

随着现代科技的蓬勃发展，新式教育手段层出不穷，单模态教学模式已不能满足日益增长的课堂教学效果的需求。在当今大学英语小班教学过程中，教师可以合理运用多模态隐喻教学，活跃课堂气氛，激发学生学习动力。例如，利用板书和PPT作为视觉符号，加深学生对知识点的印象；利用动态视频传达语言文化信息，引发学生讨论和思考；利用教师的肢体语言和面部表情加固学生对个别知识点的深刻理解力；利用适当的教学模具并通过传阅的方式，唤起学生的触觉和嗅觉，让学生在集中注意力的同时增加一些学习的趣味性；等等。在传统教学的过程和方式中，合理融入多模态隐喻教学手段，能够增加课堂活跃程度，激发学生学习动力，确保获得良好的

课堂教学效果。

（一）大学英语小班教学特点

目前，全国高校大学英语课堂教学一般采用的是大班授课模式，少则几十、多则上百。但笔者所在的北京信息科技大学，一直以来都坚持大学英语小班授课模式，将每个英语教学班的在籍学生人数严格控制在 35 人左右。英语是一门语言学科，与高数、物理等大学学科有明显不同，具有一定的特殊性。想要习得一门语言，需要教学者有充裕的教学时间，学习者有充分的实践机会，而大学英语小班教学可以给予这方面足够的保障。第一，对于教师而言，由于班级学生人数较少，教师能够对每一个学生的学习状态进行有效评估，及时调整教学方法，从而大大增加了因材施教的可实施性；对于学生而言，在有限的课堂时间内，得到英语语言实践的机会也相对增加了，学习英语的信心和主动性也会因此而增加。第二，大多数学生在英语课堂上都比较腼腆，不愿意主动开口。别人不说我也不说，别人说了我才勉强说一点，如果教师能将课堂气氛活跃起来且人人都能获得回答问题的机会，他们就更愿意主动举手表达，学习效率与教学效果也都会大大提高。第三，小班教学使得课堂管理更有效率，教师甚至能准确喊出每个同学的名字，从而使提问更加具有针对性，尤其是对英语基础较差的学生，适当降低问题的难度有助于他们增加英语学习的信心，这种来自教师的勉励和学生的自我鼓励，会让他们受益终生。

（二）大学英语小班课堂教学中的多模态隐喻分析

大学英语小班教学的特点决定了其教学过程中必不会呈现单模态形式，单模态授课会因为课堂气氛沉闷而导致学生倦怠和无法全程集中注意力。为了确保课堂教学气氛严肃又不失活泼，同时激发学生学习英语的主观能动性，小班教学一般会将若干种不同模态的形式交替使用或同时使用。其中，视觉模态和听觉模态在大学英语小班教学中使用最为常见：图片属于视觉模态，音频属于听觉模态，视频则是两种模态兼而有之。其余三种模态，则要根据所教的内容在原有两种模态下进行有效补充。将多模态隐喻置于大学英语小班教学过程之中，能够充分激发学生英语学习的主观能动性，使教学呈现直观互动以及动态的特点[3]，这不仅可以达到大学英语小班授课的教学目的，

215

而且有利于学生对知识点的充分理解，还能提高教学效果。

以《全新版大学进阶英语综合教程》第一册第一单元的课文"Deaf DJ"为例，本文是围绕一位失聪打碟师的励志故事展开的。在课程导入阶段，为了锻炼学生的听说能力，教师可以用一个视频引出主要人物，让学生猜测这个人的年龄、职业和身体状况，同时引用课本上的部分单词，如 creativity，challenge，software，screen 等，并让学生利用这些单词简要描述视频中的画面。英语小班教学的优势，可以让学生进行充分表达。之后，教师可以在 PPT 中插入部分图片或者音频，简单介绍一下 DJ 这个职业的由来、工作状态以及现代电子音乐的特点，以此作为背景知识的输入。接着分小组进行讨论，以"听障人士在参与音乐的播放和创作时可能遇到的障碍以及解决方案"为主题进行口语练习。由于采取了英语小班教学，教师可以对每一组讨论的结果进行充分点评，并从中挑选几种解决方案现场测试其效果。之后，让学生用双手将耳朵堵住（尽可能做到隔绝外界声音），教师利用手势和面部表情给出节拍并让学生复述；然后教师继续让学生堵住耳朵，但此次让他们将手肘放在课桌之上，教师通过拍打学生课桌并伴随跺脚的方式，使学生感受到节奏并进行复述，进而引出课文的具体情节。就这样，利用视觉模式、听觉模式、触觉模式以及教师的肢体语言，激发学生对课文内容的好奇心，同时让学生逐步体会课文人物所传达的正能量。这种大学英语小班的多模态授课模式，一方面使学生增长了见识，弥补了一些知识点的空白，使学生增加了学习英文的乐趣，从而在轻松愉快的学习氛围中实现听力和口语双重提升；另一方面，丰富多彩的课堂教学模式以及师生间近距离的有效交流互动可以激发学生学习英语的主动性，消除英语教师授课时高高在上的神秘感和距离感，同时带动英文基础较差的学生也参与课堂活动，从而提高全班同学的英语学习效率。

由于多模态隐喻教学的过程颇具趣味与动感，学生不仅能看到图片和视频，而且能欣赏到教师丰富的肢体语言和面部表情，但需要注意的是，如果掌握不好其量和度，反而会分散学生的注意力，与提高课堂教学效果的初衷背道而驰。因此，大学英语小班教学的教师在授课的过程中，还要注意的是多模态隐喻英语教学和传统英语教学的有效结合，只有确保各模态之间的相互协调配合，才能达到既定的教学目的。

四、结语

基于大学英语小班课堂的特点，教师能够充分地利用各种多媒体技术，将多模态隐喻合理地置于大学英语小班教学中，从而有效激发学生自主学习英语的兴趣和参与课堂活动的积极性。因此，随着计算机科学技术的快速发展，教师应顺应多元化时代发展的需求，通过分析教学中多模态隐喻的使用情况，进而分析教学中教师如何进行意义的表达以及如何扮演好引导者的角色，并将该类研究结果反馈到教学实践中，以更好地帮助教师掌握向学生传递知识的技巧[6]，达到最佳的教学效果。

参考文献

[1] 束定芳.隐喻学研究［M］.上海：上海外语教育出版社，2001.

[2] 鞠玉梅.社会认知修辞学：理论与实践［M］.北京：外语教学与研究出版社，2011.

[3] 赵秀凤.《概念隐喻的新发展：多模态隐喻研究：兼评 Forceville & Urios Aparisi《多模态隐喻研究》［J］.外语研究，2011（1）.

[4] BALDRY A，THIBAULT P J. Multimodal transcription and text analysis：a multimedia toolkit and coursebook［M］.London：Equinox Publishing Ltd.，2006.

[5] 谢竞贤.多模态话语分析的理论基础与研究方法［J］.外语学刊，2011（5）.

[6] 李毅，石磊.教学中的多模态隐喻：应用隐喻研究的新方向［J］.外语电化教学，2010（5）.

第三篇　督评促教

非英语专业大学生英语写作质量的影响因素探究

程　莲*

【摘　要】英语写作能力是非英语专业大学生英语学习中的重要环节。笔者经过对大学生英语写作现状的研究，发现其存在语言水平不高、积极性和信心缺乏、文化背景知识不足和自我反思能力缺乏等问题。为提高写作能力，本文对非英语专业大学生英语写作质量的影响因素进行了探究，分析并总结出了内外两种影响因素，其中，内部因素包括语言水平、情感因素、认知思维、知识背景，外部因素涉及情景语境、反馈方式。在此基础上，本文指出，研究英语写作质量影响因素的重要性在于为今后进一步提出科学有效的写作教学策略和学习方法奠定基础，为促进学生英语写作水平的提高作出有益的探索。

【关键词】英语写作能力　非英语专业大学生　影响因素　写作质量

一、引言

进入 21 世纪以来，我国高等教育普及化程度日益增高，越来越多的大学生要学习作为公共基础必修课的大学英语课程。随着大学英语教学大纲不断地改版修订，对课程目标要求也越来越高。根据最新版的《大学英语教学指南》，大学英语教学目标为提高学生的英语应用能力，使他们在学习、生活、社会交往和未来工作中能够有效地使用英语[1]。从历年的全国大学英语四级考试（CET-4）的成绩上不难发现，与听说读译等能力相比，大学生的书面表达能力却发展滞后，亟待提高。

---

* 作者简介：程莲，北京信息科技大学外国语学院副教授，研究方向为英语语言学、英语文学。

发展学生英语写作能力、提升英语写作质量，是中国英语教育界持续关注的问题。笔者从最近二十年知网学术期刊数据库中搜集多篇相关论文进行文献研究后发现，这些研究聚焦于分析学生在英语写作中出现的问题和原因；在英语写作能力的培养、评价、影响以及提高策略等方面，作出了很多有启发性的探索。

但是这些研究也存在不足之处：针对性不强，有些文章写作提升对象是中学生或者是英语专业学生，缺少针对数量庞大的非英语专业大学生的研究；有些研究样本较为单一，仅仅针对某地某所学校的少数学生，不具备全面性；对影响非英语专业学生英语写作质量的因素归纳分析和提供的英语写作能力提高策略不够系统、全面、深入。

本文在研究文献基础上结合教学经验，深入探究非英语专业大学生英语写作困难的现象和原因；对影响英语写作质量的各种因素进行分析、归纳，希望能找到英语写作质量的关键影响因素，为进一步提出有效的写作教学策略奠定坚实的基础，以促进学生英语写作水平的提高，同时促进大学生英语沟通能力，提升其在未来生活、学习和职业发展方面的竞争力。

二、非英语专业大学生英语写作的现状和问题

随着我国高等教育的深入发展，越来越多的非英语专业的大学生接触到了英语写作。但由于非英语专业学生投入英语学习的热情和时间有限，英语水平欠佳，又不能及时进行英汉思维转换，他们在英语写作中往往会出现各种各样的问题。笔者通过研究大量学生写作样本，发现主要问题集中以下四个方面。

（一）语言水平不高

语言水平涉及表达准确性，主题内容相关性，组织结构逻辑性等方面。

首先，语言水平不高主要体现为语言表达力较弱。其中，词汇是最容易出现的语言问题的地方。学生词汇量普遍偏低，在写作过程中容易因混淆单词的词形而出现拼写错误，或混淆语义导致表达不准确；或者重复使用相同的词汇，使得行文语言单调。

语法结构方面也常出现问题：学生经常出现一些基本的语法错误，如单

复数、动词时态、主谓一致、冠词使用不当等，这些词法句法错误严重影响了文章的可读性和连贯性；学生没有很好掌握各种句型的用法，在写作时出现颠倒语序、过长或过短的句子结构、不会使用平行结构和名词性从句等错误，这些都会影响句子的流畅度和可读性[2]。

其次，语言水平不高体现为内容与主题相关性较差。很多非英语专业大学生在写作时往往没有明确的主题和中心思想，导致读者无法很好地理解其思想和观点；一些学生在写作时对主题缺少深入思考，机械套用写作模版或范文，因而他们的写作在表达内容和形式上存在一定问题；或对所写主题的深度和广度的理解和涉猎，所以他们的观点论证不够深入和不具有说服力。

最后，语言水平不高体现为组织结构逻辑性不强。学生没有使用合乎英语规范的语篇结构，包括句子的展开方式、段落的组织方式、使用恰当的衔接过渡词等，这些篇章结构方面的问题对英语写作的流畅度和连贯性会产生直接影响，同时会导致文章的逻辑性差，观点表述不清[3]。

（二）积极性和信心缺乏

研究表明，当学生缺乏英语写作动机、积极性和信心时，他们的英语写作能力会削弱。缺乏写作动机会在一定程度上影响学生对英语写作的重视程度和行动意愿；学生写作积极性不高，也会导致他们缺乏对于写作技术和规范的关注度及对他们的英语写作水平的认识度。另外，学生在英语写作中遇到各种问题，如语法、表达、论文结构、范文缺乏等，都会影响他们的信心，而对英语写作缺乏兴趣和信心，会导致他们的写作效果不佳。

（三）文化背景知识不足

文化差异常常导致大学生缺乏足够的背景知识和文化知识，致使学生在英语写作时出现不得体的表达方式，如逻辑不严谨、语句不连贯、思路不清晰等。例如，学生常常会将中文的思维方式套用到英语写作中，从而出现表述混乱、意思不清等写作效果不佳的情况；有研究者认为，学生缺乏文化背景知识是导致英语写作中出现"翻译式英语"和"中式英语"或"汉式英语"的主要原因之一[4]。

（四）自我反思能力缺乏

学生缺乏反思能力的表现有：完成写作任务以后，往往没有对写作结果进行自我评估；在写作中往往缺乏自觉性和主动性，很少主动思考自己的写作过程；很少进行自我纠错和自我修正，对自己的错误和不足往往视而不见；等等。学生缺乏反思能力，是造成英语写作难度增加的主要原因之一[5]。

非英语专业大学生英语写作的主要问题，出在语言水平不高、积极性和信心缺乏、文化背景知识和反思能力不足等方面。这些问题不仅会影响到他们的英语学习的信心，而且会阻碍各项英语能力的发展。因此，有必要进行积极思考，深入分析问题背后的原因，找出影响非英语专业大学生英语写作质量的各种因素。

三、非英语专业大学生英语写作质量的影响因素

按对写作主体学生的作用，本文划分了内外两种影响因素，其中，内部因素包括语言水平、情感因素、认知思维、知识背景等方面，外在因素包括情景语境和反馈方式等。下面探讨这六种因素如何影响非英语专业大学生英语写作质量。

（一）语言水平

在大学英语写作中，语言水平的高低是决定学生写作能力好坏的关键因素。学生只有掌握了语法知识、一定的词汇量和语言表达能力等关键语言因素，才能写出符合学术规范、生动易懂的文章。语言水平包括词汇量大小、语法规则的掌握和应用、语篇的过渡与衔接、文体是否恰当等。

词汇量是非英语专业大学生英语写作能力的重要基础。研究表明，词汇量的大小会直接影响写作质量的提高。拥有丰富的词汇量可以增强学生对语言的表达能力，使文章更加准确、生动和有趣。

正确掌握语法知识使用语法规则也是非英语专业大学生英语写作能力的关键，包括单复数、时态、语态，从句等方面。语法错误通常会影响文章的准确性和复杂性。研究表明，学习语法规则有助于提高学生写作质量。

语篇结构知识涉及句子的组织方式、段落的展开方式、使用恰当的衔接过渡词等。学会规范的语篇结构知识，将对英语写作的流畅度和连贯性产生

直接影响。语篇教学可以帮助学生更好地理解如何组织自己的思想和表达方式，并提高他们的写作技能[5]。

（二）情感因素

大学英语学习是一个复杂的过程，学生在学习时有强烈的情绪体验，包括对英语学习的喜爱程度、自信心和动机等。学生的情感状态对他们的写作质量和表达能力产生着深远的影响。研究发现，自信的态度和兴奋的情绪对学生写作能力有显著的促进作用，而焦虑和气馁会对写作表达的准确性产生负面影响，将减弱学生的写作能力。

情感因素在大学生英语写作中的作用是多重的，包括情感产生的刺激对写作的动机和积极性的影响等。大学生的情感状态会影响他们对学习和写作的投入程度。一个自信、感到舒适和投入的学生，在写作时可能具有更高的创造性和更高的写作质量[4]。

（三）认知思维

大学英语写作是一个把思想转化为语言的过程，既是思维过程又是信息加工转换过程。学生可以使用思考策略，如分类、比较及分析，来加强他们对信息的理解和解释，提高信息加工能力，同时提高批判性思维能力。

认知因素影响学生的思维过程、信息处理和表达。学生在写作过程合理使用一些认知策略，如组织、规划、反思等，会正面影响写作质量。

在写作过程时进行认真计划和组织，可以让学生明确写作的主题，构思好文章的框架。学生在写作之前可以创建一个大纲，内容包括想要表达的观点和信息，以及如何将它们组织成一篇有序的文章。这个过程可以帮助学生掌握思路，缩短写作时间，并提高文章的质量。

重视反思是提高写作质量的一个重要因素。学生可以反思自己编写的句子和段落是否清晰明了，是否能够阐释观点，并衡量词汇使用是否准确。另外，通过反思，学生也可以更好地发现自己的问题和不足，从而有意识地改进写作技巧并提高写作质量[5]。

（四）知识背景

研究表明，非英语专业大学生需要补充英语写作基础知识，了解写作规范和标准，掌握相应的写作方法和技巧，学会如何组织架构文章和表达思想观点。加强写作训练和写作策略指导是提高非英语专业大学生英语写作质量的重要策略之一。英语教师应该鼓励学生大量实践写作，并及时反馈；可以提供多种写作题材，涉及广泛的话题和领域，以便学生找到自己感兴趣的题材进行写作练习；还可以使用优秀的英语写作范文，让学生学习和了解英语写作风格，从而帮助学生提高他们的英语写作水平[3]。

不同国家的文化和语言背景差异很大，因此，文化意识在英语写作中也是一个关键的因素。学生只有了解不同文化和语言背景后，才能写出更为准确、恰当和符合文化价值观的文章。为此，学生可以通过积极参加跨文化活动，阅读跨文化文学作品，了解不同文化传统等方式来提高自己的文化意识。强调文化背景知识的学习和提高跨文化意识，可以避免写作中出现"中式英语"和"翻译式英语"[4]。

（五）情景语境

非英语环境的学生往往面临语言环境上的挑战。如果学生缺乏在英语语境中适应的机会，不听英语电台、不看英语电影或电视节目等，那么他们的英语水平很难得到提高。因此，英语教师应该尽可能地创造英语语境，鼓励学生进行英语交流，以增强学生的语言环境适应能力。

在实践中，英语教师要注意在课堂上为学生创造一个放松、愉快、互动和充满发现的环境。这有助于学生放松心情，更容易参与英语写作和学习；应该及时地给学生正面的鼓励和认可，让学生感到自己的努力和成果受到了重视。这种正面激励可以帮助学生自我肯定和自我激励，从而提高他们的学习动机和情感态度。此外，可以通过合理的任务安排和渐进式难度的训练来激发学生的学习成就感。这将让学生体验到满足感和挑战感，从而引起他们学习英语和英语写作的兴趣和积极性[6-7]。

（六）反馈方式

为了提高大学生英语写作质量，教师通常会采用不同的反馈方式来帮助学生改进写作技能。传统批改方式是一种线性反馈模式，教师将评论和评分贴在学生的作文上，学生在看到评论和分数后作出改进。然而，研究表明，传统批改方式只会对表面问题如拼写错误、语法错误进行更正，而不能促使学生进行更深入的思考，如思考文章的逻辑性、关联性等更深层次的问题。

可能会限制学生的思想和创造力，让他们局限于表面上的检查。

　　对此本文建议，教师可以结合使用学生自我评估和同伴评估，因为这是一种交互式的反馈方式，形式更加灵活，能够倾听学生的想法并针对性地给出建议。这样的反馈方式可以让学生既关注写作的结果也注意写作的过程，经过多次反思和修改，更有可能提升写作质量[8]。

四、结语

　　本文探究了非英语专业大学生英语写作质量的影响因素，为以后针对这些因素提出可行的教学策略打下了基础，以指导学生更好地进行英语写作。研究发现，影响非英语专业大学生英语写作质量存在多种因素，本文认为值得关注的主要有四种内因——语言水平、情感因素、认知思维和知识背景，此外还有两种外因——情景语境和反馈方式。未来的研究可能需要深入探讨如何提供更有效的教学策略和学习方法，并通过不断学习、练习和应用这些策略和方法，以切实提高学生的英语写作质量和英语写作能力。

参考文献

[1] 闫洪勇，曲秀艳. 最新版大学英语教学指南中高校英语人才培养方式的要点解读 [J]. 经济研究导刊，2017（8）：59-60.

[2] 郭晓莉. 从大学生英语写作错误看写作教学改革 [J]. 河南大学学报（社会科学版），2004（6）：77-79.

[3] 韩志花. 探析大学英语写作中存在的问题及解决的对策 [J]. 赤峰学院学报（自然科学版），2014（6）：208-209.

[4] 王金巴. 大学生英语写作中的回避现象调查研究 [J]. 外语教学，2010（3）：55-59.

[5] 郭晓英. 近十年国内大学英语写作研究回顾与展望 [J]. 大学外语教学研究，2017：75-92.

[6] 成利军. 语境理论发展述评 [J]. 安阳师范学院学报，2017（1）：

122-127.

[7] 陈颖．独立写作中语境特征量对写作质量的影响 [J]．解放军外国语学院学报，2013 (2)：54-58.

[8] 张慧军．试论运用多种反馈提高大学生英语写作水平 [J]．教育与职业，2009 (2)：146-147.

混合式教学背景下研究生英语多元评价体系的建构

郭丽萍*

【摘　要】互联网+时代，混合式教学在研究生英语课程中的应用已经成为必然趋势。在混合式教学背景下，传统的课程评价方式和体系已经难以适配新的教学模式，阻碍了学习方式的变革。本文介绍了混合式教学在研究生英语课程中的应用，分析了现存研究生英语评价体系的问题，并以多元评价理论为依据，从评价目标和原则、评价内容和标准、评价方式、评价手段和评价主体等方面探讨了研究生英语多元评价体系的建构，以期为研究生英语教学改革和创新实践提供参考。

【关键词】混合式教学　研究生英语　多元评价体系

一、引言

研究生教育是培养高层次人才和释放人才红利的主要途径，是实施创新驱动发展战略和建设创新型国家的核心要素①。作为研究生教育教学中最重要的基础课程之一，研究生英语在实现研究生教育国际化目标以及实施信息化教育改革上具有得天独厚的优势。在"互联网+"时代背景下，混合式教学正在成为未来教学的"新常态"[1]。近十几年来，研究生英语一直在尝试和探索将慕课（MOOC）、微课和私播课（SPOC）等应用在教学中，但总体来看，研究生英语的混合式教学仍旧处在摸索阶段[2]。

　＊　作者简介：郭丽萍，北京信息科技大学外国语学院副教授，研究方向为跨文化传播、英语教育。
　①　见 2017 年国务院学位委员会、教育部发布的文件《学位与研究生教育发展"十三五规划"》开篇序言。

评价是一门课程的重要组成部分，是链接课程各个环节的桥梁，为课程体系提供反馈信息并推动课程循环式提升[3]。构建完善的评价体系能够实现以评助思、以评促学、以评优教，为课程教学目标的实现提供保障。在混合式教学的背景下，教学设计和教学组织活动等都被重构，传统的课程评价方式和体系已经难以适配新的教学模式和要求，阻碍了学习方式的变革，限制了最新教学手段的有效运用。面临这样的挑战，研究生英语课程亟待构建新的评价体系。

二、混合式教学模式在研究生英语教学中的应用

混合式教学（blended learning）较为宽泛的概念是指在线教学和面授教学的混合。混合式教学发端于 20 世纪 90 年代，经历了前期技术应用和中期技术整合的发展阶段，重视信息技术以及交互式学习环境对教学的影响。互联网+教育时代的到来赋予了混合式教学新的含义，移动技术和面对面教学结合为学生创造出的高参与度和个性化的学习体验成为最新的关注点[4]。混合式教学不是教学空间和教学方式的简单组合，而是线上线下的深度融合和优势互补，是一种创新性的教学解决方案。

随着移动互联网的普及，MOOC 在 2010 年前后逐渐进入国内外的高等院校，开启了高校混合式教学的实践和发展。2017 年 1 月，国务院发布的《国家教育事业发展"十三五"规划》明确提出，全力推动信息技术与教育教学的深度融合，利用混合式教学等多种方式，形成线上线下有机结合的网络化泛在学习新模式。同期，教育部发布《学位与研究生教育发展"十三五"规划》，提倡加强优质数字教育资源的开发与共享，构建信息化学习与教学环境，满足个性化学习需求。这给研究生英语的教学开辟了新的前景和思路。2020 年，受到疫情的影响，教育部指示全国各地高校部署开展研究生在线教学。疫情延续期间，线上教学和回归线下课堂的两手准备虽是必需之举，但是混合式教学的特点已让师生的教学和学习理念悄然改变。后疫情时期，研究生英语混合式教学的开展已经成为大势所趋。

研究生英语课程覆盖面较广，学生层次各异，需要在课程设置和课程资源上为混合式教学提供足够的支撑。有条件的高校，普遍将研究生英语从一

门课程扩充为包含其他高端课程的课程体系，并展开分级教学，以满足不同层次学生的学习需求；在课程资源上，除了为不同层次的学生引进或自编教材外，还积极建设 MOOC、SPOC、微课、精品课程等线上资源，同时充分挖掘辅助在线学习平台的资源和功能。此外，结合课程设置和资源，各校可以对不同层次的学生提出必修、选修和免修，以及线上线下结合等差别组合模式。

在教学过程中，混合模式体现在课前、课中和课后阶段的双线轮换和互补。课前，教师根据学情和学习动态分析通过不同平台或软件推送学习资源，发布学习任务。课中，教师依托智慧教学工具进行课堂面授，随时发起线上线下结合的课堂活动，及时和学生交互反馈。课后，教师通过学习平台布置作业，进行课后答疑和在线辅导。在混合式教学中，教师发挥了引导、启发和监控教学过程的主导作用，而学生作为学习过程主体，其主动性、积极性和创造性也得以体现[5]。学生享有一定自主空间，成为学习体验的控制者。混合式教学模式契合了研究生科研任务较重、自主学习能力较强的特点，又在一定程度上解决了研究生英语课程课时少、生师比大、专业及学术需求差异大、分级教学难以落实等实际问题。

三、传统研究生英语教学评价体系的问题

混合式教学设计的价值体现依赖于评价阶段[6]。建构相应的评价体系对于确保教学活动的可持续发展具有重要意义。混合式教学模式改变了研究生英语原有的教学内容、实施程序、实现条件、教学手段等，因而原有的评价体系也变得也难以立足，具体问题凸显在以下几个方面。

（一）偏重应试，过程评价不足

在传统的研究生英语教学模式下，为了保证评价的标准性和所谓的公平性，往往会把期末考试作为主要的评价手段和依据。标准化测试具有相对快捷、准确、易于实施的特点。但是研究生英语课时少，上课频次低，这种以终结性评估为主的评价应试导向突出，无法及时反馈学习效果，容易错失学生的学习和成长过程，难以激励学生形成正向循环。此外，形式单一的定量评估，对一些非智力因素难以捕捉，对学生个体发展呈现不足，无法真实、

全面反映学生的能力。

（二）标准划一，评价内容片面

研究生教育和本科教育最大的区别，是前者强调科研实践能力以及思维创新能力。然而，目前研究生英语的期末考试以及平时考核对学生的能力测试主要停留在知识和语言层面，学习过程中学生的价值观念、情感态度等因素都很难被体现。另外，期末考试采用的书面测试本身也只限于对部分语言能力的考查，一些口语能力强的学生就得不到相应肯定，学习积极性受到严重打击。片面的评价内容和标准忽视了学生的实践和创新能力，压制了学生的优势发展，与研究生的培养目标不符。

（三）渠道单向，评价主体缺失

教师是教学评价的主体，地位突出。但是，混合式学习和研究生阶段的学习特点决定学生需要进行大量的在线自主学习和探究，研究生英语普遍班型大，教师任务重，教师对学生的个人学习过程难以全程跟进和监督，对学生的评价依据不足。此外，受到教师个人评价素养和信息素养的影响，教师单向的评价效果难免具有主观性和片面性。在学生主体地位突出的混合式教学中，单纯依靠教师来评价的方式已经落伍。

四、多元化评价体系概述

多元评价体系是指通过多元化的评估主体、评估方式、评估工具、评估内容、评估标准对教学过程进行多方位评价的体系[7]。以建构主义理论和多元智能理论为基础的多元评价体系是对传统评价方式的挑战。建构主义学习理论认为，学习是个体对于学习内容积极主动的加工，是具有主动建构意义的过程，学习者充当了知识建构的主体，因此，评价应基于学习者在知识建构过程和成果方面的表现来进行。多元智能理论则认为，人类思维和认知方式具有多样性，个体拥有自己的独特的优势智能和劣势智能。多元智能理论反对将测试脱离现实生活，主张评价要在日常教学活动和生活环境中进行；抵制评价内容的单一化，主张辨识和发现个体的智能优势，释放个体潜力；反对使用一刀切的评价标准，主张评价应充分尊重个体差异[8]。

建构主义学习理论和多元智能理论给多元评价体系注入了两个核心理念。

一方面，评价需要注重学习过程。过程性体现在评价中不以学习结果的检验为重点，不以考试分数或者等级作为学习结果评定的唯一标准，而是注重对学习过程的监控和反馈。另一方面，评价需要注重个体差异的存在。差异性体现在需要考虑学习情境和学生个体的差异，采用差异化的评价设计，注重智能差异和个人发展需求。本文认为，多元评价体系中的"多元"有两层含义，一是作为评价体系建立基础的个体智能的多元化，二是前述概念中体系结构本身的多元化。总之，多元评价的理念和混合式教学模式注重学生个性化学习体验的特点深度契合，建立多元评价体系有利于混合式教学模式的有效实践。

五、混合式教学背景下研究生英语多元评价体系的建构

研究生英语混合式的教学评价由线上教学评价和课堂教学评价构成，但绝不是两者的机械组合。相反，混合式教学的评价体系应该是在评价内容、评价方式、评价手段和评价主体上的多元化建构和有机融合。

（一）评价目标和原则

教学评价不仅仅是为了评定学生的学习情况和检验教学质量，其最终目标是促进学习者的发展。因此，研究生英语的教学评价首先应该遵循发展性原则，弱化仅仅以评价学生学业成绩高低为唯一标准的单一功能，不只关注学生的知识水平和体系，而是关注如何综合发展学生学习工作态度、实践能力、科研创新意识及核心素养等。评价过程旨在推动学生主动学习、自主学习和个性化学习，以实现其提高和发展。

此外，研究生在英语基础、知识结构、专业特点和身份特征及未来发展等方面已经形成了明显差异，其智能表现和语言能力的发展并不平均衡，统一评价标准容易挫伤学生的自信心和积极性，导致学生探究能力和创新能力的缺失。因此，采用差异性评价原则更能兼顾学生的全面发展和个性发挥，最终达到促进学生良性发展的目的。

（二）评价内容和标准

在传统课堂教学中，标准化知识的传递占主导地位，而混合式教学中个性化知识的习得甚至创造性知识的生成更受关注。这使得混合式教学的评价

必须关注从"知识本位"到"学识+能力本位"的转变。《非英语专业学位研究生英语教学大纲》（2020）明确指出，研究生英语的教学目标是"巩固和提高学生的通用英语能力，培养学生的专用（ESP）英语能力特别是学术英语能力，加强学生的自主学习能力和科研能力"[9]。因此，研究生英语混合式教学评价应该包含语言能力、学习和科研能力两方面内容的评估。

1. 语言能力

语言能力是语言类课程需要测评的基本能力。研究生英语在评价学生听说读写译这些通用语言技能的同时，还要重视和加强对学术英语能力的评价，包括学术文本的阅读能力、学术讲座的理解能力、学术演讲能力、学术写作能力、参与学术讨论的能力等。这些能力直接关系到学生的专业及学术发展，影响到专业人才的国际竞争力。

2. 学习和科研能力

学习能力直接决定了研究生的科研能力，前者给后者奠定基础，后者则是前者的发展和深化。具体来看，学习和科研能力包括自主学习能力、自我规划和管理能力、信息资源的收集及处理能力、思辨能力、创新能力、团队沟通合作能力、跨文化交际能力、学术表达能力和科学精神等。创新和实践能力正是"十三五"规划中研究生培养模式改革目标对高素质人才的要求。

（三）评价方式

在混合式教学的理念中，教育不是一次性事件，而是一个持续的过程[10]。相比传统教学模式，混合式教学更加注重形成性评价，关注学习过程。

1. 形成性评价

首先，研究生英语应该加大形成性评价的权重，凸显研究生的学习特点和混合式教学对过程的重视，其比例应该不低于终结性评估。其次，形成性评估不应只关注学生作业完成情况、课堂问答情况、日常测验成绩、出勤情况等硬性指标的汇总，而是还要具体针对教学和学习的所有环节，包括学习目标的合理性设定、学习计划的制订、学习方法和策略的选择、学习态度的表现，以及学习进步和遇到的困难等。同时，各个教学阶段学生展现出的情感、态度等非智力因素也不能忽略，如课前准备阶段学生对教师提供资源的吸纳程度、信息素养、问题意识、交流意识等，课中阶段体现出的价值观、对课堂活动的参与态度、思维的活跃度、重难点问题的解决、小组活动贡献度、师生和生生的互动情况等，课后阶段的总结反思意识、研究探索意愿、创新精神等。这些因素的纳入能够更客观、动态地反映学生学习过程中的自我建构能力和学术素养，而这也是多元评价理念重过程、重情境的体现。

2. 终结性评价

作为终结性评估的最普遍的形式，研究生英语的标准化考试可以采用内部考试和外部考试相结合的方式。内部考试不需要过于追求高度标准化，而是可以从实际教学情况出发设计题型以及和教学内容密切相关的考点。外部考试则更偏重学生语言水平的测试，如有三十多年历史的北京地区研究生英语学位课统考，就对测评研究生的语言水平具有一定参考性。此外，终结性评估应该突破标准化考试这种单一形式，替换或者补充其他一些形式。在通用语言能力的考核上可以增加口语考试，或者其他单向能力测试，关注学生的智能差异。需要注意的是，与本科阶段不同，研究生的语言技能考核应该更多地关注内涵和问题的解决，而非语言形式。在学术英语能力的考核上，可以采用撰写与本专业相关的英文论文、提交英文项目研究计划、进行英文学术陈述、个人或小组总结汇报等方式。多元化的终结性评价形式不仅能提升考试效度，而且能减少学生的应试导向，鼓励学生重视学习过程，激发学生的自主性和个性化学习。

（四）评价手段和渠道：

一套完善的英语教学评价体系，应该实现定性和定量评价的结合。在混合式教学模式下，定性评价的地位和作用显得尤为突出。研究生英语可以增加定性评价，采用定性分析和定量评测相结合的手段，具体包括课堂点评、学习档案、问卷调查、反思报告、教学日记、师生座谈和访谈、阶段性测试、校内统考、外部统考等。定性定量结合的评价手段能够对学生的学习行为表现、情感表现和学习效果提供更全面和详细的反馈和指导，通过对学生学习过程的监督、调控和激励，帮助他们及时改进学习策略。

此外，混合式教学模式下学生在线上的大量学习活动应该得到及时评价。例如，MOOC 或 SPOC 学习的成绩可以方便直观地呈现其学习状况。同时，现有的智慧学习平台普遍能够提供量化的统计数据，如学生的平台登录次数、在线学习时间、观看视频的次数、学习进度、线上测试的成绩、讨论区发帖量、提问次数等。在课堂面授中，教师通过平台发放的奖励积分等也能一起计入平台数据。研究表明，在线访问次数、视频观看时长等数据和学生课程考试成绩显著相关[11]，这些数据不仅为评价提供了相对客观的依据，而且便于师生分析解读，能够激发学生的学习动机，提升其意志力和自我效能。

（五）评价主体

混合式教学强调以学生为中心的原则，学生的主体地位不仅应该体现在教学上，而且应该贯穿在评价过程中。例如，在项目式学习或小组任务中，小组成员可以对项目的贡献度和合作能力进行互评，这既能形成正向激励，又解决了教师难以跟踪项目实施情况的难题。学生的自评也是一个督促学生进行反思的机会，如让学生评价自己的英文口头陈述或文献阅读计划等。学生作为学习的主体更了解自己在学习过程中的态度、热情、努力值等个人因素，自评能帮助学生改进学习策略，提升自主规划能力。同伴互评、学生自评和教师评价的结合有助于获得更全面和客观的评价结果。在混合式教学中，学生还可以对教师和学习资源作出评价，师生一起成为互评和共评的主体。教师和学生共同设计和参与评价活动，体验评价过程，感受评价所带来的激励和推动[12]。研究生作为高阶学习者，具有相对较强的自评和互评能力，在给出评价框架和细化标准的情况下，他们的评价对同学和教师都颇具参考意义。

六、结语

研究生阶段英语学习需求的应试导向弱化，语言学习上更偏向间接性的远景动机。因此，一个遵循研究生教育规律的科学的评价体系更能够促进学生在英语学习上的持续发展及个性化发展。在混合式教学背景下，研究生英语的评价体系应该力争实现多重评价功能、多元评价标准和主体、多样评价方式和手段，通过调整形成性和终结性评估的比例和形式，补充定性评价和线上评估渠道，增加评价主体等方式实现科学的多元评价，并在此基础上修正教学设计和实施环节，通过迭代式的循环，实现混合式教学模式的最优实践。当然，研究生英语多元评价体系的构建也对学校、教师和学生提出了挑战，评价活动的开展需要教师投入大量精力并提升自身的评价素养，此外需要学生积极参与和协作，以及教学管理层给予更多的理解和支持等，但这毋庸置疑是顺应时代发展之举，是健全高等教育质量评价之举，是推动研究生培养改革创新之举。

参考文献

［1］ 冯晓英，吴怡君，庞晓阳，曹洁婷 . 混合式教学改革：教师准备好了吗：教师混合式教学改革发展框架及准备度研究［J］. 中国电化教育，2021（1）：110-117.

［2］ 何中清 . 互联网+背景下研究生公共英语混合式教学设计与实践［J］. 中国冶金教育，2023（1）：29-34.

［3］ LYNCH B. Language programme evaluation［M］. Cambridge：Cambridge University Press，1996.

［4］ 冯晓英，王瑞雪，吴怡君 . 国内外混合式教学研究现状述评：基于混合式教学的分析框架［J］. 远程教育杂志，2018，36（3）：13-24.

［5］ 何克抗 . 从 Blending Learning 看教育技术理论的新发展：上［J］. 电化教育研究，2004（3）：1-6.

［6］ 李逢庆 . 混合式教学的理论基础与教学设计［J］. 现代教育技术，2016（9）：18-24.1.

［7］ 熊焱冰 . 多元评价体系及其教学应用探析［J］. 中国成人教育，2010（1）：137-138.

［8］ 加德纳 . 多元智能新视野［M］. 沈致隆，译 . 北京：中国人民大学出版社，2008.

［9］ 北京市高等教育学会研究生英语教学研究分会 . 非英语专业学位研究生英语教学大纲［M］. 北京：中国人民大学出版社，2020.

［10］ RAO C S. Blended learning a new hybrid teaching methodology［J］. Journal for research scholars and professionals of english language teaching, 2019 (13)：1-6.

[11] 李逢庆，韩晓玲．混合式教学质量评价体系的构建与实践 [J]．中国电化教育，2017 (11)：108-113.

[12] 金艳．体验式大学英语教学的多元评价 [J]．中国外语，2010，7 (1)：68-76，111.

外语教学多元评价与质量控制浅议

李 萍[*]

【摘 要】外语教学承担着培养大国公民"国际视野"、通外语、精专业优秀人才的重要任务，为实现教育强国具有重要战略意义。外语教学评价和质量控制是确保教育质量的重要内容。本文从外语教学的特点出发，探讨为顺应新时代外语教学人才培养质量的全面提高，如何建立健全质量控制机制，确保教学过程的有效性和教学质量的提高；制定多元化评价的过程考核体系，全面了解学生的学习情况，促进学生的全面发展。本文旨在为外语教学的评价和质量控制提供一些思路和参考。

【关键词】外语教学评价 过程性考核 质量控制

一、引言

2019 年，中国教育界颁布了两个重要文件：《中国教育现代化 2035》（以下简称《2035》）和《关于深化本科教育教学改革全面提高人才培养质量的意见》（以下简称《意见》）。前者服务于 2035 年国家基本现代化目标，发挥教育强国的支撑作用；提出教育 2035 年的发展目标，"总体实现教育现代化，迈入教育强国行列，推动我国成为学习大国、人力资源强国和人才强国"。为实现这一目标，教育部发布了《意见》，旨在全面提高人才培养质量的，从管理、改革、育人、保障等四个方面落实《2035》精神。围绕学生、教师、管理、效果，"深化本科教育教学改革，培养德智体美劳全面发展的社会主义建设者和接班人"。有了教育的总目标、本科人才培养的指导意见还需要有科学的评价，用以确保正确的教育发展方向。2020 年 10 月出台的《深化新时代教

* 作者简介：李萍，北京信息科技大学外国语学院副教授，研究方向为英美文学、英语教学。

育评价改革总体方案》，提出了四种评价，即"改进结果评价，强化过程评价，探索增值评价，健全综合评价"，以全面科学的评价来引导办学，克服"五唯"的顽疾。

各地高校根据"总体方案"和《意见》，制订了相应的实施方案；层层落实，加强督导督学监控。承担全校基础课的大学英语，覆盖面广，对标专业多，因此，实现高质量教学显得尤为重要。如何做好质量控制，确立科学有效的评价体系，引导高效的教和学等问题，成为重中之重。

本文将从外语教学的特点出发，试图探讨为顺应新时代外语教学人才培养质量的全面提高，应如何建立健全质量控制机制，制定多元化评价的过程考核体系，疏通问题反馈渠道，形成持续改进的动态调整闭环。

二、建立健全外语教学的质量控制机制

督导是实现外语教学质量控制的有效手段之一。应发挥督导督学监控机制，有效把好教学质量控制关。首先，成立院级教学督导组，建立结构合理的督导队伍；督导人数依据教学单位及专业规模而定，设组长一名；督导组实行聘任制，督导员既要有廉洁高效的思想政治素质，又要有精湛的业务素质，需要有多年从事教学工作、教学管理工作经历，一般应具有外语专业的高级职称。其次，明确督导职责：在主管教学工作院长或主任的领导下，监督、检查本科教学工作和教学管理工作。学期初，督导组长制订工作计划，明确工作重点，期末进行总结，并将计划和总结上交学校教务处备案；通过学期初教学常规检查、期中检查、期末教学文档检查，分析问题，监控教学，并提出有关建议和意见，以指导规范教学。

（一）常规检查

常规检查包括对理论教学、实践教学及新开课、开新课试讲进行听课，对教学文档进行检查等。学期初教学检查期间，检查学生到课状态、教师课程准备状态等。期中教学检查期间，成立专门检查小组，督导组督导作为主要小组成员，对理论教学课程进行全面听课，收集听课过程中发现的问题，同时记录观察到的亮点；分析问题，提出指导性建议；将课程亮点总结，一并提交学院，为全体教师提供教学参考。

（二）阶段性检查

期中教学检查期间，各系部应召开会议，对照课程建设要求、质量保障指标进行讨论；同时进行教学研讨，如寻找信息技术与教育教学深度融合的契合点等；此外，还应对课程教学活动、教学资源和学生成果进行广泛的交流和推广。因此，督导应下沉到所在系部进行倾听，发现问题，总结问题，全面掌握教学动态；凝练特色，做好外语教学榜样的推广。

（三）归档检查

文档检查通常是指对期末文档进行的规范性检查。首先，检查试卷对考核学生综合运用理论知识分析和解决问题能力的达成情况，以及试卷对课程目标指标点支撑的达成情况。其次，对实践教学和毕业设计（论文）文档进行检查。

为切实加强高校意识形态工作、落实立德树人根本任务，提高教学质量，文档检查还包括对公开出版教材及自编材料的意识形态进行教师自查和规范性审核。对此，应将教材审查纳入常规检查中。

《关于深化新时代教育督导体制机制改革的意见》（2020 年）指出，教育督导存在机构不健全、权威性不够、结果运用不充分等突出问题，不适应新时代教育改革发展的要求。因此，真正发挥督导监督管理机制，树立权威性、有效性，将督导反馈落到实处，具有重要意义。

三、制定多元化评价的过程考核体系

督导质量控制体系从外部对教师教学进行监控管理；教师需要从内部建立多元化的评价体系，保证学生学的质量。金艳指出，教育部高等教育司于 2007 年颁布的《大学英语课程教学要求》在教学评价等方面亟待修订，修订中应体现多元评价主体和多样化评价手段的理念。她认为，在大学英语宏观、中观、微观三个评价层面中，微观评价最有利于促进发展[1]。应结合外语教学特点及教学目标，制定多元化形成性评价体系，确保教学质量，发挥评价促教促学的作用。

根据以学生发展为中心、坚持科学规范、产出导向的指导原则，应以各种形式检测学生学习的全过程。在预习、自学、上课、复习等各个阶段，通

过口语、写作、翻译、背诵、课堂展示等练习，组织多样化语言输出教学活动。活动设计体现外语教学实践性、跨文化、思辨性等特点，全面评价学生在学习全过程中的综合表现，落实教学管理讲求实效的精神，引导教师提高课堂参与度，激发学生提高学习积极性。

（一）评价载体多元化

《关于深化本科教育教学改革 全面提高人才培养质量的意见》（教高〔2019〕6号）（以下简称《意见》）提出，"积极发展"互联网+教育"，探索智能教育新形态，推动课堂教学革命"。现代教育技术与课堂深度融合成为当今教育的主题。因此，多元化的学习内容呈现的载体不仅限于课堂、黑板和书本。《大学英语教学指南（2020年）》提出："大学英语教师要充分利用网络教学平台，为学生提供课堂教学与现代信息技术结合的线上线下自主学习路径和丰富的自主学习资源，促使学生从'被动学习'向'主动学习'转变。"评价内容呈现的载体应实现网络平台多样化，保证学生不间断、高质量的充分学习。例如，通过 FIF、WE learn、Ucampus、iWrite、雨课堂、试译宝、灯塔阅读、腾讯文档、批改网和学习通等平台，可以布置任务、记录学习情况、机器评阅、统计分析学习效果，为师生提供了跟踪学习的便利手段。以 FIF 平台为例，其可以布置口语朗读练习，练习素材广泛，涉及各专业相关知识以及口语考级备考练习等。线上线下混搭式教学模式，利用多种教学平台提高学生学习的效率，拓宽学习面，增加学习巩固提高的机会，可以将课上有限的教学活动延伸到课下。

考勤形式也可以借助智能平台，如 WE Learn、学习通、雨课堂提供的扫码考勤签到功能。

（二）评价主体多样化

多平台、多任务、多活动，巨大的工作量对评价工作提出了挑战，教师无法承担全部评价任务。《意见》提出建立健全助教岗位制度。助教承担辅导、答疑、批阅等任务，由新入职教师、研究生、优秀高年级本科生等担任助教。实施助教教辅制度，确保评价的及时、全面、有效；主讲教师展示、点评优秀作业。

现有各大教学平台都提供了 AI 评阅功能，不论是随堂在线测试作业，还是课下练习作业，提交后教师可实时评阅；耗时较多的主观题评阅也可以实现机阅，如 iWrite 和批改网提供翻译、写作练习及智能评阅；教师对初评进行抽检、复核。平台通常具有记录学习时长、起止时间等功能，便于教师了解学习过程，掌握是否多台设备同时刷学习记录等情况。平台的后台监控、反馈可以由助教辅助完成。

以学生自评、互评作为教师评价的补充。学生评价有助于强化巩固对相关知识点的理解，培养批判分析能力，提供互相取长补短的机会，此举也可使考核更透明、更公平公正。

因此，确立主讲教师为主、助教为辅，AI 初评、同学互评等多种评价体系，有利于提高教学效率、学习效果，锻炼学生批判学习能力。

（三）评价内容多元化

《意见》要求严格教育教学管理，"增加学生投入学习的时间，提高自主学习时间比例……合理增加学生阅读量……以适当方式纳入考核成绩"。《大学英语教学指南》（2020 年）以及外语专业教学质量的国家标准，都强调发展、培养（学生）自主学习能力、跨文化交际能力和思辨能力，这与教育部的意见（教高〔2019〕6 号）一脉相承。因此，评价内容应确保充分自主学习、语言能力全面发展。教师在课前、课中、课后布置多样化语言产出练习，保证学生持续学习量，让学生养成良好学习习惯，收到良好的学习效果。

课前，进行 5 分钟个人口语展示，主题可以和课文相关，也可以是热门话题、名著鉴赏、流行歌曲等。例如，在某高校二外选修课上，学生展示的主题是西班牙建筑风格，学生将语言学习和文化拓展结合在一起。课前资料准备又是培养学生自主学习之很好的方式。

课中，采用任务式、合作式、项目式、探究式、讨论式、参与式等教学方法。《大学英语课程要求》提出，从"以学生为中心"的教育理念出发，体现"以教师为主导、以学生为主体"的教学理念，使教学活动实现由"教"向"学"的转变。分组学习（Group Study）是培养学生提高语言交际能力的一种有效教学法，有利于增强学生的合作意识和团队精神。每组 3 至 4 人，小组学习的内容包括各种形式的课堂活动和课后作业及练习，如课本剧表演、篇章分析、句子释义等；讨论过程及课堂汇报反映出学生的学习状态及问题；学生的学习成果，一方面作为平时成绩评定的依据之一，另一方面用以指导教学，帮助教师调整教学内容。

课后，除布置课本练习以帮助学生理解消化课堂内容外，还可增加相应的阅读内容，开拓学生人文知识视野。课前、课中、课后的任务成为教学评价的主要内容。

多样化的学习活动、作业和任务、阶段测验、出勤等构成了多维度考核评估体系，教师可根据课程目标，确定各部分考核系数，如有些课程的网络平台自主学习和测试分别占平时成绩的四成。

四、疏通问题反馈渠道，形成持续改进的质量保障体系

健全督导管理机构，完善外语教学环节质量标准。根据学校文科课程课堂教学质量标准，完善外语课程同行评价表，用质量标准和评价标准引导外语教师提高课堂教学质量。

（一）三级反馈

树立监控的权威性，疏通反馈渠道，充分运用反馈结果指导教学。反馈渠道可以分为上、中、下三层，即学院（教学单位）—系部（课程单位）—本人。反馈形式包括填写检查表、听课单，撰写检查报告总结。文档保存作为未来本科评估考核质控的支撑资料。汇报和直接交流更直观，能及时反馈结果。

首先，进行顶层反馈，建立定期党政联席会议汇报制度。将检查中发现的问题及建议向院级党政领导班子汇报。在期中教学检查结束时，督导组长做总结发言，汇报检查对象、检查过程、特色亮点、问题和不足等。

其次，进行中层反馈，由督导反映给所在系部主任、课程组长，由基层组织整改。整改意见及效果将反馈至督导及教学院长，作为新的一轮检查的考核起点。督导在教研活动中应及时收集问题，参与讨论解决。

最后，反馈至本人。在听课后，督导员就听课中发现的问题直接与被听课教师进行交流，肯定其优点，打消压力和抵触情绪，让教师听课成为教师发展的推动力。

（二）考核与激励

为确保质量保障落到实处，应完善考核和激励机制。将系、部教学质量反馈与整改情况纳入系部二级考核内容，形成教学质量反馈与整改长效机制；整改的效果作为系部年底考核，教师年终考核、评聘及各种推优的依据之一；激发教师教学改进的积极性和创造性，促进教师反思教学，为科研挖掘素材源泉，形成科研反哺教学的良性发展。建立学生评教、教师自评、同行专家评教三位一体的综合评价体系，强化信息反馈的跟踪改进效果。加强"评价—反馈—整改—检查，再评价—反馈—整改—检查"的闭环质量监控，持续改进教学质量。

五、结语

外语教学承担着培养大国公民"国际视野"、造就"会语言、通国家、精领域"的优秀人才的重要任务[2]，对进行教育强国建设具有重要战略意义。因此，应建设多元化的评价体系，建立健全质量控制保障体系，形成旨在全面提高教学质量的监管机制。将现代教育技术与外语教学管理更高效结合，做好信息反馈跟踪，持续改进教学研一体化，成为未来研究中笔者将继续努力的方向。

参考文献

[1] 金艳. 大学英语课程评价体系的构建 [J]. 山东外语教学，2013 (5)：60.

[2] 教育部高等教育司. 大学英语课程教学要求 [M]. 北京：高等教育出版社，2020：16.

认知心理视阈下的中国大学生英语写作错误探析

韦毅民[*]

【摘　要】关于二语（第二语言）写作的研究始于 20 世纪 80 年代，且大多数研究的重点在于写作策略。本文基于认知心理学的信息加工处理观、建构主义观和社会文化观三大观点，分析二语（英语）心理表征的形成机制，以及二语写作过程中的心理认知过程，并对中国大学生作文中存在的问题进行分类和分析，指出中国大学生写作中出现错误的主要原因，是缺乏二语心理表征的积累。为解决这些问题，本文提出了英语写作教学应结合阅读教学，从而为中国学生提供建构英语心理表征的充分信息，提高中国学生写作能力的观点。

【关键词】认知　心理表征　外部表征　心理词汇　二语写作

一、引言

随着全球化的发展，国际化已经成为一种趋势和必然，国家之间的联系越来越紧密，不同国家的人们在生活、文化、工作等不同领域进行的交流与合作越加广泛和深入。在这样的背景下，语言交流变得十分重要，它既可以促进中国学习和接纳他国的文化与技术，也有利于中国向他国传播自己的文化与思想。为了促进大学英语教学，教育部发布了多版《大学英语教学指南》（以下简称《指南》），其中 2020 版为目前的最新版本。在听、说、读、写、

---

　*　作者简介：韦毅民，北京信息科技大学外国语学院讲师，研究方向为翻译、二语习得、英语教学。

译这几个语言基本技能中，《指南》为书面表达能力设定的基础目标为：能用英语就感兴趣的话题撰写短文，描述个人经历、观感、情感和发生的事件等；能撰写常见的应用文；能就一般性话题或提纲以短文的形式展开简短的论述、解释、说明等，语言结构基本完整，中心思想明确，有论点和论据，用词较为恰当，衔接手段多样，语意连贯，能运用基本的写作技巧。在实际的教学过程中，对标《指南》中提出的基础要求，中国非英语专业大学生在英语写作方面存在的问题较多，因此，有必要对中国大学生的英语写作问题进行分析和研究，以期找到更好的解决问题的办法，提高大学生的英语写作能力。

二、文献综述

（一）二语写作研究范式

1. 以成果教学法体现的行为主义理论范式

该范式认为写作与语言知识相关，并且认为二语写作的关键在于正确使用词汇、语法和衔接手段[1]。强调学习者被动接受语言知识的刺激，从而形成反射，但忽略了学习者的心理认知过程。

2. 以过程教学法体现的交际理论范式

这种研究范式开始于 20 世纪 70 年代。该范式认为，写作是一种语言交际。根据交际理论，语言交际能力的实践不是一次性完成的，因此，这种范式将写作视为一个过程。古斯将写作过程划分为触发、资料收集、成文、修改和编辑等五个阶段。秦秀白将二语写作分为范文分析、模仿写作和独立写作阶段[2]。

3. 以体裁教学法体现的体裁分析理论范式

体裁论认为交际目的是写作体裁的决定性因素，不同的语篇体裁被用来实现不同的交际目的，如求职信、寻物启事、科研论文等。体裁教学法也强调三阶段的写作教学模式：范例、仿写、写作。

4. 二语写作的跨文化研究范式

关于二语写作的跨文化研究，国内外有很多学者开展了不少活动。丰国欣在国内外学者的研究基础上，从跨文化交际的角度，对英语作为第二语言的写作进行了关联理论的解释，提出了"英语跨文化写作"这一科学概念，并阐述了这一概念的三个层面：社会文化层面、认知心理层面和成品表征层面[3]。

（二）认知心理学的主要观点概述

认知心理学是研究人类如何对信息进行加工的学科，它于 20 世纪 50 年代中期在西方兴起，20 世纪 70 年代开始成为西方心理学的一个主要研究方向。它研究人的高级心理过程，主要是认知过程，如注意、知觉、表象、记忆、思维和言语等。与行为主义心理学家相反，认知心理学家主要研究那些不能被观察到的内部机制和过程，如记忆的加工、存储、提取和记忆力的改变等。

概括来说，认知心理学有三个基本的观点。其中，最核心的观点是信息加工处理的观点。这一观点认为，人类的认知活动可以类比为计算机的信息处理过程。人类通过各种感官感应外界环境的信息，并将信息传到大脑，大脑将这些信息进行编码、存储、检索和加工，产生思维活动。人类的信息加工系统结构如同计算机的信息处理结构，人类的感官类似于计算机的输入、输出设备，它外界环境的信息传入大脑，同时，它会把大脑将作为内部表征的记忆与新输入的信息进行处理加工后的信息作为外部表征输出。人类的信息加工系统结构与计算机的信息加工系统结构十分相似，人类的大脑既类似于计算机的处理器，具有计算和逻辑判断的能力，能够对通过感官输入的信息进行加工和处理，同时，它又类似于计算机的存储器，对加工处理后的信息以记忆的方式储存，人脑信息加工系统结构如图 1 所示[4]。

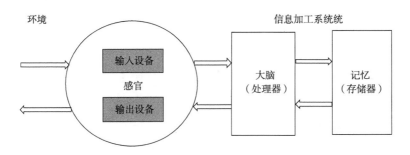

图1　人脑信息加工系统基本结构

信息加工处理观点强调，人类的思维具有像计算机一样的特性，即人类的思维过程是有序而规则地获取信息和加工信息。例如，人们在解决问题的时候，会根据已有的知识和经验，对问题进行分析和处理，检索输出解决方案。当外部信息这种外部表征经过人类的感知而进入大脑后，经过大脑加工，以记忆的方式储存在大脑里，成为内部表征，或者称为心理表征。当新的信息进入大脑后，原先的心理表征就会反过来帮助大脑对这些新信息进行加工，理解新的信息（外部表征），或者过滤掉新信息（外部表征），从而又在大脑中形成新的心理表征。人脑对信息的处理加工和心理表征的形成过程如图2所示。

图2　人脑对信息的处理加工和心理表征的形成过程

认知心理学的另一个重要观点是建构主义观。它认为人类的认知活动是通过主动构建和重建知识和经验来进行的。人们根据自己的经验和观察，将外部的信息（外部表征）和内部的知识（心理表征）进行整合和重组，从而形成自己的认知结构，即新的心理表征。这个观点强调个体的主动性和主观性，认为人们在认知活动中不仅仅是被动地接受信息，而是会主动加工和重塑信息，形成新的心理表征。例如，当高中生在学习高中数学时，他会将高中学习的内容与初中数学知识进行联系，整合成一个更加完整的数学知识体系。

认知心理学的第三个基本观点是社会文化观。它认为人类的认知活动受到社会和文化因素的影响，人的思维和行为都是在特定的社会和文化背景下形成的。社会文化观点强调人类思维的社会性和文化性，认为人们的思维活动往往受到社会规范、价值观和文化传统的制约。例如，不同文化中的人们对同一事件的理解和解释可能会有所不同，这是由他们对该事件的认知框架和文化背景，即其大脑中已形成的心理表征不同造成的，因为这些心理表征会帮助大脑对新的外部表征进行理解和过滤。认知心理学的社会文化观点有助于为跨文化研究和跨文化交际提供理论支持。

三、认知心理学视阈下的二语（英语）写作

（一）第二语言心理表征

1. 第二语言心理表征的内涵

语言心理指的经过大脑神经的感知和理解，外部语言材料所负载的信息通过中枢神经系统的传递和心智模块协同处理，转化成一种心理形式，并储存在大脑中[5]。这种信息储存的方式称为心理表征，即记忆。记忆的积累，即心理表征的积累，有助于人的理解，心理表征与理解是相辅相成的关系。第二语言的心理表征指的是第二语言经过神经感受器接受后所形成的感知和理解通过大脑神经和心智模块协同处理的形态[5]。母语的心理表征与第二语言的心理表征的认知网络结构和内涵是一样的，但是二者也存在着差异。首先，二者形成时的大脑神经发展成熟度不一样。母语心理表征开始形成时，大脑神经发育还处于发展成熟的过程中，而当第二语言心理表征形成时，大脑神经发育已经十分成熟。其次，大脑中的母语心理表征先于第二语言心理表征而存在，因此，后形成的第二语言心理表征会受到先形成的母语心理表征的影响，会对第二语言的外部心理表征进行理解和过滤，形成第二语言心理表征。正是由于母语心理表征的参与，第二语言心理表征的形成或得到推动，或受到阻碍。

2. 第二语言心理表征的内容

上文提到，信息储存的方式被称为心理表征，即记忆，因此，第二语言心理表征的内容即记忆的内容。那么，第二语言心理表征的内容是什么呢？英国心理学家巴特利特（Bartlett，1886—1969）为探明这个问题进行了实验。实验结果发现，被试对故事的表层编码（即原文的措辞、句式等语言形式）记忆不确切，且保持的时间很短，但对故事的内容记忆时间长达数年[5]。

下文转引丰国欣在其著作《第二语言习得论》中引述的另一个实验，该实验由万纳（Wanner）开展。他的实验过程如下：

实验之初，被试听 4 个测试句子中的一句作为自己的导向句，其中，有一半被试被事先告知要回忆导向句的词序，另一半被试则没有被告知这一要求。当被试听完 4 句中的一句后，主试让他们翻到测试手册的下一页，要求

他们勾出其中呈现的哪个句子与他们听到的导向句完全一样。呈现的句子包括两类，一类句子为早先听过的句子，另一类句子或词序发生变化，或词序和语义都发生了变化。实验人员设想，如果人对词序和意义的变化同样敏感，那不管呈现的迷惑句只有词序变化，还是词序和意思都有变化，他们都应当容易认出先前听过的导向句[5]。

最终，万纳的实验得出的结果显示，当迷惑句改变了导向句的意义，或者仅仅改变了导向句的词序时，被试作出正确反应的百分比会随着被试事先是否被提示要注意语序而改变。事先没有被提示的被试很容易就能辨别出意义与导向句相同的句子，正确率几乎达到100%；事先被提示的被试，其辨别出与导向句意义相同的句子的正确率也很高，大约为90%；而对于词序改变的迷惑句，事先没有被提示的被试作出正确判断的比例仅有50%，即使是事先得到提示的被试，其做出正确判断的比例也不到80%。这一结果如图3[5]所示：

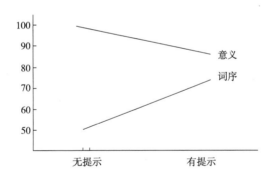

图3　被试作出正确反应的百分比图示

该实验结果表明，能在人脑中形成心理表征的是意义（命题），而不是作为意义（命题）的表达方式的词、句、语序等表层语言编码。意义作为心理表征，可长期存储在人脑中，在需要的时候，如在写作的时候，就可以将这些心理表征转换成外部表征，即文本。

（二）二语写作中的心理认知过程

心理语言学中运用认知理论对人的语言运用和学习的过程进行分析，从而获得人们在语言习得过程中的心理活动认知规律。这种分析方法也可以应用于二语写作。不过，二语写作与母语写作存在一定的不同：母语写作建立在学生掌握了母语系统的基础上，而在二语写作时，学生尚未掌握第二语言系统，他们还在持续积累二语的心理表征，努力建设第二语言系统，但这个二语系统往往还会受到母语系统的影响。这可以理解为，当学生写作时，其大脑神经会将新信息与大脑中原有的心理表征结合起来进行加工处理，建构新的心理表征，并通过大脑神经和心智模块的机制将这些新的心理表征通过文字的形式输出，从而又转变成为外部表征。所以，二语写作的过程是一个思维过程，这个思维过程会受到母语、二语心理表征和社会文化的影响。从认知心理角度分析第二语言的写作过程，对于进一步揭示外语写作过程中的问题本质，提高外语教学水平具有指导意义。

（三）中国大学生二语（英语）写作问题分析与启示

1. 中国大学生二语（英语）写作中的错误分类

在大学生外语教学过程中，教师往往发现学生在二语（英语）写作过程中存在一些共性的问题。对这些共性的问题加以研究，有助于在教学上有的放矢，提高二语写作教与学的效果。为探索这些共性问题，笔者随机抽取了30份中国大学一年级学生的英语作文，并对其中的词汇、语法句法、篇章三个方面的错误进行了标记和统计。其中，词汇方面的错误包括拼写错误、词汇误用和搭配错误等，语法和句法方面的错误包括主谓不一致、时态错误、语态错误、句子成分残缺、标点符号错用、句子支离破碎等；语篇错误主要包括离题、文章结构不完整、段落之间缺乏衔接过渡手段、段落内容缺乏统一性等。

2. 错误数据提取与分析

按照错误类型的分类，对随机抽取的30份大学一年级学生的作文出现的错误进行标记和统计，得出的结果显示如下。

总的错误点共188处，其中，词汇错误94处，约占总错误点的50%，语法句法错误82处，约占出现的总错误点的44%，语篇错误12处，约占总错误点的6%。从几类错误内部的细分情况看，词汇错误中，拼写错误12处，约占词汇类错误的13%，词汇误用50处，约占词汇类错误的53%；词汇搭配错误32处，约占词汇类错误的34%。语法和句法错误中，句子支离破碎不完整的错误最多，为 21 处，约占语法句法类错误的 26%；出现的错误次数排在句子支离破碎不完整之后的是成分残缺，有 20 处之多，约占语法句法错误的 24%；主谓不一致的错误排在第三位，有 15 处，约占语法句法错误数量的 18%；其后是时态错误和标点符号错误，均为 12 处，各约占语法句法类错误的 15%；错误量最少的是语态，有 2 处，约占 2%。在语篇错误中，缺乏段落过渡、衔接的错误出现得最多，有 8 处，约占此类错误的 67%；段落内的内容不统一，句子间缺乏逻辑与关联的错误有 3 处，约占篇章错误的 25%；文章结构不完整的错误有 1 处，约占篇章错误的 8%。随机抽取的 30 篇文章基本都能切题，没有出现文章跑题的问题。该统计结果如图 4 所示。

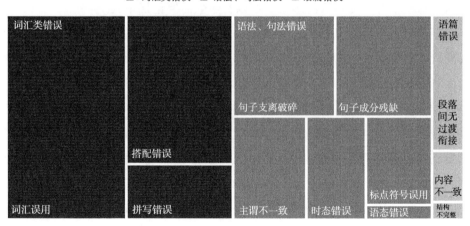

图 4　二语写作错误抽样统计结果

从认知心理学的视角来看，二语（英语）写作是一个将二语心理表征转换成外部表征的过程。由以上数据可知，学生在英语写作过程中出现错误最多的在于词汇和语法句法方面。这个现象说明：大学生的大脑中存储的英语词汇心理表征和英语语言使用规则的心理表征不够丰富，英语心理词汇匮乏，英语心理语言规则缺失。事实上，大脑中储存的二语词汇心理表征越丰富，写作者就越能自如地调用这些心理词汇，写作者大脑中的英语语言规则心理表征越明晰，其在写作过程中就越能自如地将这些心理语言规则实践到写作当中。反之，写作者大脑形成的二语心理表征就会受到母语心理表征的影响，其在将二语心理表征转换成外部表征的时候，就需要调用大脑中的母语心理表征，而这就是学生写作过程中产生词语误用，搭配错误，以及语法、句法和语篇错误的缘故。

3. 启示

目的语的输出是以心理词汇作为动力机制的[6]。人的大脑中需要储存一定量的目的语概念心理表征和各种与这些心理表征同现的知识。这样，在目的语输出的时候，人脑的神经机制才可以调用这些表征和知识。因此，学生在进行英语写作的时候，他们的大脑中需要存储英语词汇心理表征，简单地说，需要有英语词汇的积累。那么，如何增加英语词汇的心理表征呢？从认知心理学的角度看，增加英语词汇的心理表征需要给大脑增加信息刺激，使大脑将这些信息转变为心理表征。所以，学生需要记忆单词。

但是，孤立地记忆单词是不能解决英语写作的问题的。上文提到的万纳实验表明，能在人脑中形成心理表征的是意义（命题），而不是作为意义（命题）的表达方式的词、句、语序等表层语言编码。意义作为心理表征，可长期存储在人脑中，在需要的时候，如在写作的时候，就可以将这些心理表征转换成外部表征，即文本。因此，在英语写作的教学实践中，更佳的策略是将英语阅读与英语写作相结合。在缺乏英语语言环境的情况下，应给学生提供充分、恰当的阅读材料，以尽可能多地让学生接受英语语言信息的刺激。由于文本中的语言信息不仅是词和句，而且具有语言规则与习惯及社会文化的内涵，因此，学生能够全方位地接受相关的语言信息刺激，从而促进其语言心理表征的形成。

当然，有了足够的英语心理表征，还需要将这些心理表征转化为外部表征，需要增加写作的练习和其他应用语言的训练。

四、结语

在国际化浪潮和国际交流影响深远的情况下，语言输出能力变得非常重要。因此，英语写作教学需要得到更多的重视。教学中，很多教师和学生在写作方面投入了不少时间和精力，但二语写作受多种因素的影响，如写作训练的方式和强度、个人语言能力的高低等，因此，学生的写作能力虽然有所提高,但总体来说效果并不明显。各种写作教学方法的尝试虽然积累了一些经验,但是教学中更多强调的是写作技巧和方法,对学生写作过程的认知心理思维分析则不够透彻,忽视了写作的本质与学生的认知心理之间的联系。本文从认知心理学的角度,分析学生写作出现的错误,提出写作教学需要与阅读教学相结合的观点。当然,影响二语写作的还有其他很多因素,如跨文化交流、母语迁移、个人大脑生理情况等。总之,关于英语写作,还有很多研究视角值得挖掘。

参考文献

[1] 韩金龙. 英语写作教学:过程体裁教学法 [J]. 外语界,2001(4): 35-40.

[2] 秦秀白. 体裁教学法述评 [J]. 外语教学与研究,2000(1):42-46.

[3] 丰国欣. 论英语写作中的关联参与 [J]. 外语与外语教学,1999(8): 27-29.

[4] 车文博. 西方心理学史 [M]. 杭州:浙江教育出版社出版,1998:592.

[5] 丰国欣. 第二语言习得论 [M]. 北京:清华大学出版社,2017.

[6] 丰国欣. 英语跨文化写作中的认知心理机制 [J]. 外语与外语教学, 2001(4):21-23.

国内外二语听力学习策略研究综述[*]

吴　迪^{**}

【摘　要】本文旨在呈现国内外听力学习研究的现状和趋势，发现国内听力学习研究中的不足，并给出相关参考。本文认为，听力学习研究涉及面甚广，涵盖了词汇、语音、阅读、语法、认知等各个方面的理论视角。国外听力学习研究多从认知科学的角度进行，国内相关研究也在某些方面吸收、借鉴了国外研究。但与国外研究不同的是，国内研究更多侧重于运用听力学习理论指导教学实践，是带有实验性质的教学实证研究。

【关键词】二语听力　学习策略　图式理论　任务型　心理词汇

一、引言

提高学生英语听力能力是英语学习能力的重要组成环节，也是学生英语能力提升的主要瓶颈。在我国高等院校开展大学英语教育的初期，对大学英语听力的研究主要聚焦于听力教学模式方面的研究，近几年的研究则更靠近国外的最新研究发展，即专注于认知层面的听力学习策略研究，趋向定量研究和实证研究。2016 年前后，随着信息技术的发展，英语听力学习研究也向混合式学习和自主学习转变。同时，随着中国大学公共外语教育政策的改革以及新文科英语专业教学指南的颁布，英语听力学习相关研究与外语政策的导向更加息息相关。

---

　*　基金项目：本文系北京信息科技大学 2020 年高教研究课题"以思辨能力为核心的大学生英语听力深度学习研究"（项目号：2020GJYB18）的阶段性研究成果。

　**　作者简介：吴迪，北京信息科技大学外国语学院讲师，博士，研究方向为英国文学与戏剧、大学英语教学法。

二、听力学习策略研究

听力学习策略（listening learning strategies）是学习者"在听力任务过程中采取的心理行为和实际可见的行为措施"[1]。学习策略的概念源起于二语习得的认知策略研究领域，美国认知心理学家布鲁纳在1956年提出了"认知策略"，在此基础上形成了学习策略这一概念，听力学习的观念因而得以转变。

英语听力的习得过程在传统意义上通常被认为是与教师教授词汇与语法的传统语言学习机制同等的过程，然而随着学习策略概念的逐步兴起，很多学者开始反思听力学习的内在独特性，并逐渐意识到听力学习并非被动接受语言的过程，而是积极获取的探索，因此，对于听力理解的研究随之转为对听力学习策略本身的研究。孟德尔森[2]与查莫特[3]等学者经过研究发现，听力二语习得者并不能像学习母语那样运用学习技巧，由此倡导听力外语教师把教学重心从传授知识转移到学习策略的培训上。

国外学者马尔里于1990年发表的论文《二语习得中的听力理解策略》是听力学习策略研究的代表作。在文中，作者根据认知学习信息处理理论把学习策略分为三大类：元认知策略（metacognitive strategies）、认知策略（cognitive strategies）和社会-情感策略（social-affective strategies）。元认知策略是指从学习者的自我管理学习，包括听者的计划、审查、监管、选择、更正和评价等。认知策略是指听者解码信息时表达的重复、翻译和信息重组、从概括到具体、重组、意象、听力表征、关键词以及语境化、信息的扩展、新旧信息的交换和推测等。社会-情感策略是指学习者之间的信息交互和对自己心理状况的控制管理[4]。听力学习的元认知策略主要从听前、听时和听后三个阶段来把握。听前阶段主要包括建立学习目标，预测重点信息，对听力学习过程、步骤制订详细规划等。听前计划策略中最核心的部分是学习目标的设立，学习目标的难易度直接影响学习效果。听时监控策略是指学习者在听力学习过程中依据学习目标、计划对学习的进程、方法、效果等进行有意识的自我监督和调节。其中，判断学习方法是指采取精听还是泛听的方式，或是采用更为具体的方式（如逐句听写、大意归纳等），该策略有利于筛选目标信息。听后评价策略是指学习者在听力训练结束后对自身学习过程的评估，包括目标与计划完成情况、学习者进步情况、策略使用效果等的分析与评估[5]。通过元认知策略的学习，学生可以预测重要信息，通过伙伴间的相互交流完善听力笔记，聚焦学习目标，提高记笔记的准确率和效率，从而能够快速简记所听语料的重点，并根据已有知识背景进行联想推理，再经过小组合作交流之后，能够将所听语料的主要内容及重要细节作口头表述及讨论。研究者指出，低水平听力学习者尤其要注重提高元认知学习策略。

从认知策略角度看，听力理解是一种信息加工的复杂思维活动，包括代码转换（decoding）和思维推理（inferencing）等多个思维过程。首先，听者在思维结构中记忆形象与符号；其次，将已知相关知识进行有效迁移，建立理解。对于研究者而言，听力理解学习策略是听力编码和解码的双向过程。解码是指语音感知、词识别和词序识别的过程，编码则是利用他们记忆中存储的先前信息对信息进行理解、解释乃至重构的过程[6]。因此，听力理解也被视为包含推理和思辨的一种隐秘的过程，在这个过程中，听众更多根据推理得出他们所听到的信息，包括语言知识和非语言知识[7]。

研究者安德森[8]将解码过程简化为三个阶段：①听者感知信息并将其储存在短时记忆中；②听者将短时记忆的信息切分为单词、短语、句子等微小语言单位，经过概念和意义的解读，其概念和意义得以储存在长期记忆中；③听者把长期记忆中的信息进行结合运用，从而准确理解听力材料。罗斯特[6]则将听力理解的过程定义为四个阶段，分别为信息收取、信息搭建、信息协作与信息转移。其中，信息协作侧重于听者和说话人之间的互动与信息协作；而信息转移侧重于听者在参与、想象和共情（empathy）中生发的新信息。

三、听力学习的图式策略研究

从认知策略的解码与编码过程中，研究者聚集图式理论认知策略，社会文化心理图式能激活听者的潜在知识，促进其吸收、消化目标材料内容。相关社会背景知识和学科知识可以帮助听者作出判断，消除由文化障碍造成的听力理解问题，从而降低学习者的语音依附性。

20世纪30年代，英国著名心理学家巴雷特[9]如"图式"（schema）作出定义："图式是对过去经验的反映或对过去经验的积极组织。"张婷婷认为，图式是学习者头脑既有信息对新信息发生作用的过程，通过这一过程，学习者融合已有信息并连接新信息，将其与脑中已存的图式相匹配，从而完成信息处理过程[10]。

卡瑞尔进一步将图式分类为语言图式、内容图式及形式图式。语言图式包括听者掌握的语音、词汇、语法知识等。内容图式是指认知世界的方式以及听力材料背景知识。形式图式是指篇章结构及修辞知识等[11]。图式理论与英语学习者听力理解的关系是许多学者研究的重点。周相利[12]、李慧敏[13]的研究认为，在听力教学中，语言图式是听力理解的基础；而内容图式的背景知识可以提升理解能力，弥补理解缺陷。陆国君和吴兴东的研究侧重语调对语篇结构的标记作用，强调语篇结构的形式图式能帮助学习者把握主要论点和论据，有助于听者排除歧义、准确判断，图式有助于听者对上下文进行预测和推理[14]。

在《图式理论在英语听力教学中的应用》一文中，研究者在图式理论的基础上进一步探究听力信息加工机制在听力理解中的作用，其经过归纳后认为，虽然背景知识是英语听力理解的必要条件，但若没能找到知识存储与语料语境的相似点，听力理解的准确度就会失真；反之，即便学习者头脑中没有语境背景资料，但如果能通过分析语境信息和语篇结构推断出材料的背景知识，听力理解的准确度也会得到提高[4]。

也有研究者从心理词汇角度研究图式策略对听力学习的帮助。心理词汇是指永久记忆中的词汇表征，又称内部词汇[15]。心理词汇的有效激活和迅速提取是听力理解的关键[16]。激活扩散网络模型认为，心理词汇的组织不是完全分级的，一个节点上词汇的激活可以带动其临近点上其他词汇的激活，在此基础上听者会加强对所听内容的理解。影响心理词汇提取的因素有很多。第一个因素是词频效应。心理词汇在提取空间里按照使用频率区分，高频词在前，低频词在后。在交际过程中，高频词汇比低频词汇更容易被提取。第二个因素是词汇性效应，又称为真词/非词效应。一般而言，拒绝非词的时间长于接受真词的时间[16]。第三个因素是语义性效应。有语义联系的词汇可以比无语义联系的词汇更快地被辨别出来。第四个因素是形象性效应。显然，相比那些形象性低的词汇，形象性强的词汇更容易被提取出来。第五个因素是语境效应，有效利用语境的作用可以促进词汇的辨认。

在提取中可能出现歧义。心理词汇理论有助于人们了解语言的表征和使用，提升人们在听力理解过程中的心理词汇提取的速度，心理词汇理论对提高人们在语言学习中的听力理解效率有着较大促进作用。

四、听力学习的自主学习策略研究

在听力学习策略中还有一种研究趋势是自主学习策略，自主学习策略是指学习者对媒体资源的自主选择和使用。传统听力学习方式以教师的主导作用为核心，主要体现在教师对学习环境的设置以及对学生学习内容的规划上，如"情境创设"、"信息资源提供"和"合作学习组织"等环节的设计[17]。外语教学领域最早对学习者自主概念的探讨始于西方 20 世纪 80 年代中期。霍勒克在其专著《自主性与外语学习》（*Autonomy and foreign Language Learning*）中首次将自主性学习列入核心概念，将自主学习界定为对自身学习负责的能力，即学习者能够自主制定学习目标、自主监测学习过程与调节学习策略的能力。其认为所谓的语言自主学习是指"在单一的学习环境中学习者拥有绝对的自主权，范围包括学习者有权选取最合适自己的学习教材、学习方式、学习速度"。学习者有权安排适合自己的学习方式、调整学习节奏并取得阶段性学习效果。

在听力自主学习策略这方面，档案袋学习法被广泛使用。档案袋评价作为形成性评价的常用方法之一，于 20 世纪 80 年代在西方教育领域开始逐步得到推广和运用。瓦日斯[18]、汉考克[19] 等都对档案袋进行了研究。瓦日斯将持续使用档案袋作为对学生的学习监督过程，可以衡量学生学习持之以恒的态度。汉考克则较为重视档案袋的评价机制，认为档案袋有利于持续收集学生学习成果，并构成与终结性评价互补的形成性评价[20]。通过动态、持续的评价机制，档案袋可以让学生有目的并有选择地评价自身听力学习成果[21-22]；同时，在阶段性对比中，学生获得过程性的成长，具有直观化的学习体验，并可以通过不断修改、完善学习方法，调整学习目标以及学习步骤而实现成长[23]。档案袋式评价关注学生听力学习的过程，从而具有全方位、多维度、客观性的特点；档案袋评价还可以协助学生对自身的学习过程进行反思与评估，使他们更加明确下一阶段需改进的目标方向，从而获得事半功倍的学习效果[24]。

五、听力学习的任务型学习策略研究

听力任务占据了听力学习的大部分。根据威利斯[25]的研究，教学中的任务分为举例型（exemplification）、排序型（sequencing）、分类型（categorizing）、交际型（communicative）、解决问题型（problem-solving）、创意型（creative）这六种类型。研究发现，这六种任务类型几乎涵盖了听力学习中的大部分任务类型。

部分研究者以听力学习策略为参照，细分不同听力任务与听力策略的关联，从而从听力任务设置的维度探讨听力学习策略对听力提高的作用。在《任务类型对中国英语学习者听力策略的影响研究》中，作者从术策的角度分析不同英语听力任务对听力学习的提高作用。根据国外相关学者的定义，术策指的是"实现策略的具体方法，是策略的操作化定义"[26]。例如，"重构"策略可以用"根据所听单词重构意思"和"根据笔记重构意思"两种术策进行操作化，具体细化见表1。

表1　听力策略种类、定义及术策示例

类别	策略	定义	术策示例
认知策略	推测	填补缺失信息和猜测生词意思	利用上下文线索
	联想	润色理解，使之有意义、完整	运用世界知识
	预测	在听音前和听音时对文本内容进行预测	预测主要内容
	语境化	将新信息与更广范围的熟悉背景相联系	将所听信息放到社会或语言背景中
	翻译	先将单词、词组或句子译成母语，然后再理解	翻译一小段话语
	固着	将注意力集中在理解一小部分信息上	思考生词拼写
	视觉呈现	在脑海中呈现所听信息	想象正在被描述的场景、事件和物体等
	重构	根据关键词重构意思	根据笔记重构意思

续表

类别	策略	定义	术策示例
元认知策略	听前准备	为听力任务做好精神和情感两个方面的准备	预览任务内容
	选择性注意	听音时注意信息的特定方面	注意信息结构
	定向注意	监控注意力，避免注意力分散	遇到困难后继续听
	理解监控	在听音过程中检查/确认理解	确认理解发生
	对输入信息进行实时评估	决定输入信息特定部分的价值	评估所听信息中造成听力困难的部分的重要性
	理解评价	听音结束后检查理解的准确性、完整性和可接受性	根据先验知识检验理解

该研究发现，从认知策略看，听力选择题的任务更利于学生进行单词推测和预测，听力填空任务更利于学生掌握单词拼写，听力简答题任务有利于学生通过推测和预测的能力进行意义建构。从元认知策略看，有以下原因，做选择题时，学生在语言拼写等形式方面耗费注意力较少，从而有更多精力对文本主旨等语篇结构进行理解。相比之下，简答题则对学生的注意力要求较高，不仅体现在语言形式方面，而且在篇章结构以及综合语言输出能力方面的要求也更高。在填空题方面，表格填空为学生理解文本结构和寻找答案提供了便利。这些结论揭示了不同任务"要求学生去操纵和重塑所听信息的程度"[27]。同时，此研究也打开了学生在听力理解结果差异方面的在除去语言基本功方面另一扇窗，为了解学生听力理解的认知过程提供了更新颖的视角。该研究启发教师在教学中使用多种类型的听力任务，从而提高学生听力理解的学习成效[28]。

六、听力学习障碍排除研究

障碍排除研究隶属于任务型学习策略研究，研究者采用描述性统计结果提出听力学习者面临的主要障碍包括"听力紧张"、"辨词障碍"、"语音混淆"、"连接词障碍"、"口音障碍"、"关键信息理解障碍"、"熟词辨析障碍"、"信息整合障碍"、"区分要点障碍"和"话题理解障碍"等。频率较低的障碍为"意图理解障碍"、"目的理解障碍"、"单词整合障碍"和"中心理解障碍"。高分组和低分组的听力理解障碍频率对比结果显示，高分组听力理解障碍频率较高的主要为"听力紧张"、"辨词障碍"、"语音混淆"和"连接词障碍"；低分组则主要为"意图理解障碍"、"目的理解障碍"、"单词整合障碍"和"中心理解障碍"等[29]。

有研究者在多位国外学者的研究成果基础上[30] 提出，部分学习者听力水平不高并非源于其英语词汇和语法储备量以及所学背景知识的积累不足，相反，其症结主要在于心理词库中形成的语义映射未被完全激活[31]，其源头则在于我国高中英语课堂教学重读写而轻听说的教学实践。该实践导致大部分英语学习者的听觉词汇量较小[32]，导致其在练习听力过程中即便成功辨别语音信息，有时也会因映射失败而无法理解词汇的含义。

从听力障碍研究的角度入手，研究者也区分了高阶听力能力者和低阶听力能力者之间的区别，认为低阶听力能力者不仅面临图式激活困难，并且即便勉强建立起听力学习心理表征，也无法在话语关键信息、话题、目的等层面加深对听力材料的理解。在语篇连贯方面，因我国英语专业学习者往往在语篇连贯方面能力不够，故而更加无法解决篇章预测、推断和图式建构类问题，因为这些问题考察的往往是学习者在语篇衔接机制基础上的综合理解能力。

听力学习障碍研究是听力学习策略研究的延伸，因其正是建立在听力学习策略研究的基础之上，综合考察听力学习的心理词汇机制、记忆词汇库提取以及元认知学习策略，诸如预测、推断与主旨判断等。听力学习障碍研究是在问题设置基础上的研究，其揭示了听力理解的题型设置方法，并反向启发学习者围绕学习问题调整自己的学习策略。

七、结语

二语听力学习是学生学习中的难点和重点。研究者从学习策略的各个角度展开深入研究。从学习者的学习能力角度看，研究的热点已从学习者语言能力对听力理解的影响转向元认知能力，如学习任务难易度、学习目标设定、个体心理与情绪控制等。近年来，研究的热点趋势更趋向于信息提取与加工模式，研究者聚焦心理词汇的提取成效，围绕背景图式、图式激活因素、交互模式等多重因素对学习者听力学习策略进行研究，此类研究渗透于认知过程中编码和解码的全过程。与此同时，档案袋式的过程性评价机制和同伴交流互动式的学习模式也被纳入听力理解因素的研究视野。从听力学习的任务设置角度看，研究者针对不同听力课堂学习任务考察相关学习能力并提出听力学习策略的建议，启发学习者在关注不同类型的听力任务时应该采取何种听力策略，并建议采取多元学习任务混合的方式。综上，听力学习策略的研究涵盖了学习目标、学习主体、学习方法、学习内容等多方面，并朝着激励学生创新性、批判性以及综合素质型学习等方向发展。

参考文献

［1］ O'MALLEY J, CHAMOT A. Learning Strategies in Second Language Acquisition ［M］. Cambridge：CUP，1990.

［2］ MENDELSOHN D J. A Guide for the Teaching Second Language Listening ［M］. San Diego，Dominie Press，1995.

［3］ CHAMOT A U. The role of Learning Strategies in Second Language Acquisition ［M］//Breen M P. Learner contribution to Language Learning：New Directions in Research ［M］. Harlow，England：Longman. 2001.

［4］ 刘梦迪. 图式理论在英语听力教学中的应用 ［J］. 沈阳大学学报（社会科学版），2018：356-359.

［5］ 陆丹. 基于网络自主学习平台的大学英语听说策略训练研究 ［J］. 湖南人文科技学院学报，2017（34）：124-128.

［6］ ROST M. Teaching and researching listening ［M］. Foreign Language Teaching and Research Press，2005.

［7］ BUCK G. Assessing listening ［M］. Cambridge：Cambridge University Press，2001.

［8］ ANDERSON J R. Cognitive psychology and its implications ［M］. 8th ed. New York：Worth Publishers，2015.

［9］ OXFORD R. Language learning strategies: what every teacher should know. Rowley MA ［M］. Newbury House, 1990.

［10］ BARTLETT F C. Remembering: A study in experimental and social psychology ［M］. London: Cambridge University Press. 1932.

［11］ 张婷婷 . 图式理论视角下的汉语新闻听力教学模式研究 ［J］. 现代语文, 2023（6）: 84–90.

［12］ Carrell P L, Eisterhold J C. Schema theory and esl reading pedagogy ［J］. TESOL quarterly. 1983, 17（4）: 553.

［13］ 周相利 . 图式理论在英语听力教学中的应用 ［J］. 外语与外语教学, 2002（10）: 24–26.

［14］ 李慧敏 . 从图式理论看大学英语听力教学 ［J］. 北京第二外国语学院学报, 2006（8）: 94–97.

［15］ 陆国君, 吴兴东 . 语篇结构图式与语调范式对英语听力理解的影响 ［J］. 外语教学与研究, 2007（2）: 177–122.

［16］ Carroll. Psychology of language ［M］. Beijing: Foreign Language Teaching and Research Press, 2000.

［17］ 王海生 . 论心理词汇对公外英语听力教学的作用 ［J］. 通化师范学院学报, 2004（3）: 92–94.

［18］ 莫锦国 . 大学英语自主式教学资源开发初探 ［J］. 外语电化教学, 2005（2）: 36–39.

［19］ VARUS L. Put Portfolios to the Test ［J］. Instructor. 1990（100）: 48–53.

［20］ HANCOCK C R. Assessment and second language study: what and why ［J］. ERIC digest. 1994.（7）: 1–7.

［21］ BURNER T. The Potential formative benefits of portfolio assessment in second and foreign language writing contexts: a review of the literature ［J］. Studies in educational evaluation（2014）43: 139–149.

［22］ 陈爱民 . 档案袋评价在英语写作课堂的应用 ［J］. 教育与职业, 2011（35）: 155–156.

［23］ DUNG L Q, HA N T. Portfolio–an alternative form of assessment in EFL

Context〔J〕. International journal of scientific and research publications, 2019: 9 (1): 439-445.

[24] 钟启泉. 发挥"档案袋评价"的价值与能量〔J〕. 中国教育学刊, 2021: 340 (8): 67-71.

[25] 张英杰, 档案袋评价在高中英语写作教学中的应用〔J〕. 海外英语, 2021 (9): 161-162.

[26] Jane Wills. A framework of task-based learning〔M〕. London: Longman, 1996.

[27] GOH C C M. Exploring listening comprehension tactics and their interaction patterns〔J〕. System. 2002 (2): 185-206.

[28] FIELD J. Listening in the language classroom〔M〕. Cambridge: Cambridge University Press, 2009.

[29] 曹洪霞, 丁言仁. 任务类型对中国英语学习者听力策略的影响研究〔J〕. 外语教育研究前沿, 2020 (5): 65-72.

[30] 陈锋. 英语篇章听力理解中的语块模因认知机制及其作用研究〔J〕. 语言教育, 2020 (8): 24-30.

[31] GHOLAMI J, KHEZRI S. Teach listening through interactive input enhancement: interactive focus on form and its role in EFL learners' listening comprehension〔M〕. Saarbrücken: LAP Lambert Academic Publishing, 2012.

[32] 于翠红. 中国英语学习者心理词汇量、组织模式和词汇知识深度的关系〔J〕. 中国外语, 2014 (5): 56-65.

概念隐喻视阈下大学生跨文化思维能力培养策略[*]

吴银燕[**]

【摘　要】随着教学改革和研究的推进，对大学生跨文化思维能力的培养成为教育教学的重要目标之一。但跨文化教学内容庞杂、宏观且分散，教师不妨以隐喻为抓手，进行跨文化词汇解析和语义理解。根据概念隐喻理论，隐喻不只是修辞手段，更是思维方式。人类共有的生理结构和情感基础决定了隐喻思维的共性，但由于社会文化因素不同，经历了长时间沉淀的民族心理和隐喻思维表现出差异性。因此，在比较的视野中分析隐喻表达的差异性可发掘出文化差别，为培养学生跨文化思维能力提供契机。

【关键词】概念隐喻　跨文化教学　文化差异

一、引言

　　语言是文化和社会价值观的载体，文化和价值观蕴含于语言之中。英语语言教学的一个重要目标就是实现跨文化理解和交流。英国学者拜拉姆（Byram）认为，要进行有效的跨文化沟通，就要对目标文化的隐喻系统有一定的理解。他指出，没有对目标语言国家的文化知识、背景和实际情况进行解释或亲身体验，就容易带入母语文化视角，从而形成异族人观点[1]。再者，培养大学生的跨文化交际能力是一个宏大且抽象的工程，且因跨文化庞杂且缺乏系统性而让教师难以下手。隐喻可为跨文化教学提供一个良好的抓手。

---

　　[*]　基金项目：本文系北京信息科技大学 2022 年教学改革立项项目"认知视域下大学英语教学中的隐喻能力培养策略研究"（项目号：2022JGYB37）的阶段性研究成果。

　　[**]　作者简介：吴银燕，北京信息科技大学外国语学院讲师，博士，研究方向为英美文学、英语教学。

"许多深层次文化内容在很大程度上通过隐喻来表达和传承……通过隐喻进行文化教学是外语教育中文化教学的一条可行途径。"[2] 1980 年，莱可夫（Lakoff）和约翰逊（Johnson）提出概念隐喻（conceptual metaphor），把隐喻从修辞手法上升到人类认识世界的思维方式高度，大大拓展了隐喻的研究领域。他们认为，隐喻的产生机制具有共性，就是将不熟悉的目标域（target domain）概念映射（mapping）到另一个更为熟悉的源域（source domain）概念上[3]。这种映射关系并非任意而为，而是受到"不变原则"（invariance principle）的引导和限制，在保持与目标领域内在构造相一致的条件下，保留源域的意向图式结构[4]。由此可见，人类的思维和表达往往有赖于隐喻，隐喻反映了人类共有的生理心理结构和情感基础，但受特定的生存环境、历史文化影响，群体间的意象图式结构表达千差万别，展现出明显的差异性。因此，概念隐喻对于理解跨文化交流中的概念和想法非常重要。本文旨在探讨概念隐喻如何能够以及采用何种方式方法在大学生跨文化思维能力培养方面起到积极作用。

二、隐喻教学与跨文化词汇解析

培养跨文化思维能力是学习者达到深层次文化理解的关键，隐喻词汇的文化解析能够很好地锻炼学生的跨文化思维能力。喜悦、愤怒、恐惧、悲伤是人类从经验上、行为上对外界事物的一种自然生理反应和表达，伴随意识和认知的产生过程而产生。英语和汉语中都有诸多关于情绪的隐喻表达，但在不同的文化背景下，情绪词的内涵表达殊异。在西方人看来身体就是一个容器，皮肤将身体与外界分开，情绪是身体容器里的液体。喜悦是身体容器中液体充盈完满的状态。（We are full of joy. She is filled up with happiness.）愤怒就像液体要从皮肤容器中喷涌而出。（He was flushed with anger.）而恐惧是液体在体内冻结。（His blood ran cold when he witnessed the house catch fire. The car crash made her blood turn to ice.）悲伤则会冲破人体容器溢出，将当事人包围，使之沉浸在这种情绪中难以自拔。（He brimmed with sorrow when she left him.）西方将情绪隐喻为液体，可以追溯到古希腊的希波克拉底（Hippocrates，前 460—前 370 年）的气质体液说：多血质、胆汁质、黏液质、抑郁质形成了人体的性质，"疾病因体液过盛或不足而形成"[5]。情绪被视为身体里流动的液体的隐喻在西方根深蒂固。在中国，有关情绪表达隐喻的基础是情绪，而情绪是由身体里的气体决定的：他怒发冲冠，拔剑相向；他吓得魂飞魄散；他有勇气，胆识过人。中国情绪气体隐喻可追溯中医典籍《黄帝内经 素问》中："百病生于气也，怒则气上，喜则气缓，悲则气伤，恐则气下……老则气耗，思则气结。"[6] 由此可见，中国传统文化认为身体里有"气"在运行。

颜色是人类与外部世界相互作用最为绚丽的感知。颜色隐喻依赖于人类认知模式的共性，橙色代表活力，绿色代表自然等，但由于认知视角、源域的凸显程度不同而有着不同的民族性。中国人崇尚红色，它代表温暖、光明、热烈，还表示吉祥、辟邪。红色是中国古代皇室和贵族显要的建筑物常用的颜色，代表权势和富贵。及至近代，红色与革命先烈为正义事业抛头颅洒热血及拳拳赤子之心相联系。西方国家往往视红色为危险、暴力、革命、血腥，如 red-ruin（战祸），have red hands（犯杀人罪）。英国人崇拜蓝色，对蓝色的崇拜源于其所生活的岛国环境，大海的颜色是蓝色。英语中蓝色象征"有权势，出生高贵"。He's a real blue blood.（他是真正的贵族。）对于黄色的认知，中西方文化也显示出较大的差异。中国人认为，世界是由五种基本颜色——青色、红色、黄色、白色和黑色——演化而来的。在这五种颜色中，黄色（yellow）被认为是最核心的，具有至高无上的地位。在古代只有皇帝才可着黄色的服装。但黄色在西方被赋予令人厌恶的负面含义，如 yellow-dog（卑鄙小人），yellow belly（懦夫，胆小鬼），yellow looks（阴沉多疑的神色）。

中西文化对待动物词的文化心理殊异。蟋蟀（Cricket）在汉文化中作为诗词意象代表秋天的到来、寒衣的准备、时光的流逝等，暗含悲戚和愁苦。杜甫用"促织甚细微，哀音何动人"的诗句表达背井离乡、颠沛流离的哀伤。蒲松龄《促织》中的蟋蟀是横征暴敛的官僚制度下百姓生活的缩影。在希腊神话中，蟋蟀是阿波罗神庙的保护神，被视为音乐和艺术的象征，代表着快乐，如 as merry as a cricket。济慈在《蝈蝈与蟋蟀》中有 "The cricket's song, in warmth increasing ever" 之表述。蟋蟀富有生命力、给诗人带来温暖的歌声激发出他积极向上的生活热情。在中国文化中羊通"祥"，有吉祥之意，如三阳（羊）开泰。羊在西方文化中的喻义为温顺、易受骗、落入坏人之手的人，如：A sheep among wolves（好人落入恶人之手）；As a sheep among the shearers（俎上肉）。

隐喻赋予词汇深厚的文化底蕴，揭示词汇背后的文化差异。作为培养跨文化思维能力的手段和途径，隐喻不但提供了文化知识对比的平台，促进语言能力的发展，更重要的是让我们能够从中挖掘出语言差异背后不同的社会文化等客观因素，以及经历长时间沉淀千差万别的民族心理和思维模式。从单纯关注语言形式（也就是对文字本身的解析），转变为对语言、社会和文化的积极认知，进而理解词汇的深层含义，并能够将词汇的概念化过程融入具体的语境，这是一种极大的进步[7]。因此，教师可利用概念隐喻分析词汇语言现象，使学生了解不同民族对相同的事物寄托不同情感的原因，从而有意识、有目的地培养学生跨文化思维能力。学习者通过对词汇隐喻形式及功能和文化意蕴的洞悉，增强跨文化觉察（consciousness）程度和敏感（sensitivity）程度。

三、隐喻教学与跨文化语义理解

隐喻差异源于文化异质性，不同的民族对于隐喻语义的理解千差万别。在"好的教师是什么"的隐喻句创作中，中国学生普遍写的是：A good teacher is a gardener. A good teacher is a parent. 而较少写 A good teacher is an expert. A good teacher is a friend. 中国学生受"一日为师终身为父"的传统文化影响，也受"春蚕到死丝方尽，蜡炬成灰泪始干"等赞美教师的诗句影响，对教师的管教功能、无私奉献的精神刻骨铭心。但外国学生更喜欢把教师比作朋友和专家，他们重视平等的关系，也钦佩教师专业的学识。这些隐喻反映出不同理想型师生关系和学生对教师的不同心理期待。

俗语传递了字面意思无法传递的人民智慧，也是培养学生们跨文化思维能力的一个重要维度。例如：如果将"A good sailor is not known when the sea is calm and water fair."直译成"在天气晴朗和大海平静时看不出好水手"，则意蕴大打折扣，其实际意义相当于中国的"疾风知劲草"。"There are many other fish in the sea."直译就是海洋里还有很多其他的鱼，相当于中国的"天涯何处无芳草"。"Eat like a horse."译为食大如牛。"Love me love my dog."

译为爱屋及乌。"Killing the goose that lays the golden eggs." 译为杀鸡取卵。虽然表达的喻义相同，但本体和喻体截然不同。学生在进行中英文俗语的语义对比中，采取归化的译法窥见不同民族的思维差异。就其表达的隐喻差异可归结为不同的地理环境：中国是一个陆地、农耕文化较发达的国家，而英国是一个岛国，关于海洋、水手等的表达较多，二者在喻体的选择上有明显的差异。

隐喻根植于文化，并带有文化的烙印。王守元和刘振前提出，隐喻与思维之间的关系可以被视为一种认知网络，这种网络超越了个人的思维范畴，进入了文化世界。他们强调隐喻的公共文化表现具有一种不可或缺的认知功能[2]。可见，语言表达的隐喻系统不仅反映了个人的智力结构，而且受其背后文化模式的支配。这种模式具有更广泛的预设和群体接受基础。要排除跨文化交流的障碍、误解和冲突，寻找嵌有文化基因编码的隐喻，为不同文化背景的说话者和听话者建立起理解关系就显得尤为重要。教师可利用语义偏离现象激发学生的好奇心，如让学生思考为何不同民族认识和反映客观世界的方式不尽相同。在隐喻的文化差异研究过程中，学生可领悟隐喻的原理、规律，洞悉人类认知过程，发掘不同文化的形态和其背后的动因。

四、结语

隐喻能够让学习者明确目标语的认知机制，帮助他们认识这种差异并跨越这种差异，从多角度判断和理解异国文化，尊重对方的思维方式，包容文化的多元性，从而减少因误会而引起的无谓争端。在此过程中，学生学会了换位思考，而不是只为证明孰优孰劣而陷入二元对立的泥沼。同时，中西隐喻对比也让学生在文明互鉴的基础上对本国的文化特质有更深刻的认识，符合新文科视阈下提高学生国际化视野以及全面提升国际传播效能的需求，"讲好中国故事"时注重语言选择与表达，增强文化差异的敏感性。具体而言，第一步，教师可立足基本学情，引入概念隐喻的由来、定义和类别并辅以翔实的例子给学生以理性和感性的认知。第二步，让学生完成经由概念隐喻设计出的大量超越孤立知识点的练习，让他们进行隐喻的对比分析，提供跨文化词汇解析和语义理解机会，寻找语言背后的文化关联，经由自我感知的挖掘而更有获得感。第三步，让学生成为认知主体，参与发掘隐喻背后的跨文化现象。从词汇、句子、篇章、翻译等方面收集隐喻中的跨文化案例，进行隐喻词汇分析和语义理解总结汇报，并最终将隐喻分析技能转化为跨文化思维能力。概念隐喻可以成为大学英语跨文化教学好的抓手，帮助教师挖掘跨文化内涵，丰富英语教学。教师可通过隐喻对比的方式引导学生理解跨文化思维差异，从而开发出一种能够具体应用到实际情况中的新理解方法。同时，学生也能从隐喻视角窥探跨文化的精髓，以见微知著的思维敏锐力建立更多更广泛的关联，提高对英语学习的兴趣。

参考文献

[1] BYRAM M. Culture studies in foreign language education [M]. Clevedon：Multilingual Matters，1989：121-122.

[2] ［8］王守元，刘振前. 隐喻与文化教学 [J]. 外语教学，2003（1）：48-53.

[3] LACKOFF G, JOHNSON M. Metaphors we live by [M]. Chicago：University of Chicago Press，1980：5.

[4] 束定芳. 论隐喻的运作机制 [J]. 外语教学与研究，2002（2）：98-106.

[5] 希波克拉底. 希波克拉底文集 [M]. 赵洪钧，武鹏，译. 合肥：安徽科学技术出版社，1990：228.

[6] 傅景华，陈心智点校. 黄帝内经 素问 [M]. 北京：中医古籍出版社，1997：63.

[7] 刘瑾. 隐喻机制：词汇联想教学的理论基础 [J]. 贵州师范大学学报（社会科学版），2002（6）：106-110.

基于网络的英语专业毕业论文教学管理系统的实践研究

杨韩钰*

【摘　要】 传统的英语专业毕业论文教学指导和管理模式已经不能满足信息时代的要求，将现代信息技术应用于英语专业毕业论文的教学管理工作是当前的趋势。本文以北京信息科技大学英语专业 2018 级毕业生的毕业论文教学管理情况为例，研究该校毕业论文教学管理系统平台的使用对于学习者、教育者和管理者的影响。英语专业毕业论文教学管理平台系统是针对该校英语专业毕业论文教学管理方面的特点和实际情况而研发设计的，笔者在对此系统平台历时一年的使用和调查研究后发现，该系统具有将学生自主学习和教师管理相结合、加强师生之间的合作和优化教师指导和管理等特点、该系统平台的投入使用是优化毕业论文的教学管理、提高教学水平和工作效率的一次有益尝试。

【关键词】 英语专业毕业论文　教学管理系统　实践研究

一、引言

（一）英语专业毕业论文教学管理现状分析

高等学校英语专业毕业论文是检验毕业生英语学习的综合能力，评估学生是否能运用所学基本概念和基本知识去解决实际问题的重要方式，是培养英语专业人才必不可少的组成部分，也是毕业生从在校进行理论学习到自己

---

* 作者简介：杨韩钰，北京信息科技大学外国语学院副教授，研究方向为大学英语教学、美国文学。

独立完成研究任务的一次有益尝试。英语专业毕业论文是学士学位资格认定的重要标准，是评价英语专业教学质量的重要内容，毕业论文的科学有效管理是保证毕业论文质量的前提。毕业论文管理应根据语言教学的规律，用科学、规范、可操作的管理方法，通过对毕业论文写作的检查、论文指导的监督与评价、毕业论文质量的评估，改进影响论文质量的各种因素，从而有效控制并管理毕业论文写作这一实践性教学环节[1]。因此，加强和规范英语专业论文写作的过程管理对论文写作教学和论文质量的提高具有重要意义。

目前，高校对于毕业论文的教学和管理还大多停留在手工或者手工和计算机相结合的模式。毕业论文指导教师的指导通常是通过面授、邮件、电话和手机短信等常规方式来完成的。毕业论文的过程管理主要依靠指导教师和学生提交相关材料至论文小组，论文小组再提交至学院之层层管理的方法来实现。不论是在毕业论文指导还是管理方面，传统的方式都存在很多不足。首先，传统的毕业论文教学管理方法会出现指导教师和学生交流沟通不顺畅的问题，因为毕业论文写作往往安排在毕业前一年寒假和大学的最后一个学期，学生们会因为考研、就业等原因而不在校，指导教师的面授往往遇到阻碍。其次，传统的毕业论文教学管理下指导教师需要上交很多电子和纸质表格和文件。在此过程中，由于指导教师重复、机械的工作而可能导致工作失误，也会浪费大量的物质和时间资源。再次，不同指导教师的指导标准不统一，管理不规范会降低毕业论文指导的效率和水平。最后，学生可利用的本专业毕业论文相关论文资料等资源不够全面，毕业论文写作格式不够规范等。

正如上文中笔者对于英语专业毕业论文重要性的研究和目前毕业论文教学管理过程中的诸多问题所示，加强毕业论文过程管理以提高毕业论文写作质量和提高论文过程管理的效率显得十分必要。

(二) 理论依据——建构主义学习理论

建构主义理论是当代西方兴起的一种学习理论。该理论认为，学习是指每个学习者从自身角度出发，建构起对某一事物的各自看法，在此过程中，教师只起辅助作用。建构主义提出了自己独特的学习理论：学习是学习者利用感觉吸收并建构意义的活动过程，这一过程不是被动地接受外部知识，而是同学习者接触的外部世界相互作用的结果；学习包括建构意义和建构意义系统两个部分。建构主义理论的倡导者们十分重视建构主义理论同教育教学实践的密切结合，提出了支架式教学、抛锚式教学以及自上而下式教学等许多教学方法与模式，并成功开发了不少出色的教学软件，从而推进了基础教育的教学改革，对传统教学模式产生了前所未有的冲击。在建构主义的观点之下，知识是学习者在一定的情境下借助于他人的帮助，利用必要的学习资料，通过意义建构的方式而获得的。知识的获得取决于学习环境中的四大因素：情境，协作，会话和意义建构[2]。基于网络的英语专业毕业论文教学管理系统的应用和实践，符合建构主义学习理论的要求，强调利用网络和多媒体技术为学习者、教育者和管理者三方搭建起一个平台。

目前，针对毕业论文管理系统应用于英语专业毕业论文教学管理的实践研究还较少，也很少有调查毕业论文教学管理系统与学习者、教育者和管理者相互关系的研究。笔者为北京信息科技大学外国语学院英语教师，担任该校初次使用毕业论文教学管理平台的论文第三组组长，本文以学校英语专业2018 级毕业生的毕业论文教学管理情况为例，研究其毕业论文教学管理系统平台对学习者、教育者和管理者的影响。具体研究问题包括：①在线毕业论文教学管理平台是否为毕业生创建了学习情境，从而影响毕业生论文写作的动机和理念？②在线毕业论文教学管理平台是否优化了指导教师指导毕业论文的教学效果？③在线毕业论文教学管理平台是否有助于提高管理人员的管理水平？

二、基于网络的英语专业毕业论文教学管理平台模式的构建

基于网络的毕业论文教学管理平台，是基于该校的教育教学特点的具体情况而设计创建的。该系统平台分为学生用户界面、指导教师用户界面和教研室主任用户界面等。

（一）学生界面

学生界面（表1）涵盖了学生论文写作过程中的各项步骤。包括学生自身论文写作的必要组成内容、提交各项表格和与指导教师沟通等在内的各环节均可在该系统平台上体现。

表1 学生界面

学生界面									
选题浏览	任务书	开题报告	过程指导记录	中期检查	论文	答辩和成绩	历史警告	下载	指导评教

其中，"任务书"板块主要提供电子版任务书的上传和下载等操作。"开题报告"板块主要提供开题报告状态以及电子版开题报告上传和下载等操作。"过程指导记录"板块主要提供过程指导记录，即教师和学生对论文的即时交流。"中期检查"板块涵盖了毕业论文中期检查表状态、电子版中期检查、中期文档和历史审核意见等。"论文"板块涵盖了毕业论文电子版、论文所需材料电子版、论文状态、指导教师意见和评阅教师意见等。"答辩和成绩"板块涵盖了答辩历史记录、答辩安排（包括开题答辩和论文答辩的具体时间、地点、顺序号和答辩小组具体信息等）、答辩成绩（包括总成绩、成绩等级、优秀论文情况等）。"历史警告"板块包括学生是否因论文写作过程中的不规范写作而被指导教师警告及具体情况。"下载"板块包括本次论文写作应提交的所有电子版文稿。"指导评教"板块的设计是学生对指导教师的论文指导过程教学的评价，以监督促教学和提高教师指导毕业论文的水平。

（二）指导教师界面

指导教师界面（表2）包含指导教师论文指导工作所需的所有组成部分，包括对学生毕业论文的指导、论文评阅、为他人评阅等内容。

表2 指导教师界面

指导教师界面													
课题申报	学生选题管理	过程管理	答辩成绩录入	答辩安排及答辩	为他人中期检查	为他人评阅论文	学生文件下载	优秀论文推荐	论文库检索	答辩资格管理	指导工作总结	指导评教	学生警告管理

"课题申报"板块涵盖了该指导教师今年以及往年所指导的毕业论文的一般基本信息情况。"学生选题管理"板块包含了该指导教师历年指导学生的毕业论文选题情况和该指导教师名下所带学生的基本信息、毕业论文名称等信息。"过程管理"板块包含任务书、开题报告、过程指导记录、中期检查和论

276

文几个部分，各部分均为论文指导过程的重要环节。"答辩成绩录入"板块包括开题答辩成绩录入和论文答辩成绩录入两部分，供指导教师录入答辩过程中学生的各项成绩。"答辩安排及答辩"板块记录开题答辩和论文答辩的基本信息。在"为他人中期检查"板块中，指导教师根据具体安排对相关学生的论文写作进行中期检查，通过或驳回相关学生的中期检查并生成"中期检查表"。在"为他人评阅论文"板块中，指导教师根据安排为论文组长已经指定的相关学生评阅论文，包括网上打分、网上写评语及确认定稿等。"学生文件下载"板块是为指导教师下载毕业论文的相关文件而创建的。"优秀论文推荐"板块可供指导教师推荐评优论文之用。"论文库检索"记录了该指导名下所带学生的毕业论文的详细情况。"答辩资格管理"板块可对学生在论文答辩前所写的论文仍未达到答辩资格的情况予以推迟答辩处理，或者对论文较差、态度恶劣的学生予以取消答辩资格的处理。"指导工作总结"板块方便指导教师记录历年指导论文的新的体会，有利于论文教学工作的长足发展。在"指导评教"板块中，指导教师可以看到学生对于指导教师指导论文的打分情况，了解学生的满意度。"学生警告管理"板块用于在学生未按照毕业论文规范要求写作或是指导教师无法联系到所指导的学生等特殊情况时，指导教师对学生发出警告处分。

（三）教研室主任界面

教研室主任相当于毕业论文各小组组长，论文小组组长往往既要承担指导学生的工作，又要对本组的指导教师和本组学生的毕业论文全程工作进行管理，是连接学生，指导教师和论文工作总负责人的纽带。因此，教研室主任界面（表3）兼有指导教师界面的所有内容和教研室主任工作所需的相关必需板块。

表 3　教研室主任界面

教研室主任界面												
教研室管理	指定中期检查教师	指定论文评阅教师	过程管理	过程文档回退	学生选题管理	开题答辩分组	论文答辩分组	答辩分组查询	课题分类汇总	毕业成绩汇总	优秀论文推荐	统计与报表

　　"教研室管理"板块包括对本毕业论文小组的基本信息以及教师及任务管理、课题审核和过程监控等操作。在"指定中期检查教师"板块中，论文组长可以完成将本组学生的论文中期检查任务指定给本组相关指导教师的操作。在"指定论文评阅教师"板块中，论文组长可以完成将相关对组的学生定稿论文指定给本组相关指导教师的操作。在"过程管理"板块中，组长可以看到本组所有学生的论文写作进程的相关记录。在"过程文档回退"板块中，组长可以将本组学生中有问题的开题报告、中期检查、论文等相关文件资料驳回重做。在"学生选题管理"板块中，组长可以监控本组所有学生的毕业论文选题情况。"开题答辩分组"板块要求组长在开题工作前建立好本组的开题答辩组，并录入开题答辩相关基本信息。"论文答辩分组"板块要求组长在论文答辩前建立好本组的论文答辩组，并录入对组学生答辩情况的相关基本信息。"答辩分组查询"板块可供组长查询答辩分组具体情况。"课题分类汇总"板块将本组论文课题进行细化，分成不同板块，为不同研究方向的教师指定学生提供便利。在"毕业成绩汇总"板块中，组长可以看到对组所有学生的论文各项成绩及最终成绩。在"优秀论文推荐"板块中，组长可将本组指导教师推荐的优秀论文从这个界面上报。"统计与报表"板块包括成绩汇总变、统计表、指导教师指导论文统计表、不及格或无成绩学生统计表、历年课题相似情况等常用报表，此外还包括优秀论文比例、论文成绩分布、历年所有论文数和历年未评定成绩等级论文等内容在内的饼状图和柱状图，使得毕业论文的各项情况一目了然。本论文教学管理系统还包括总管理员账号，为英语专业毕业论文工作总负责人所有，此账号可以查看、指导和监督各个论文小组的工作进展情况，为毕业论文工作做统一部署和安排。

三、基于网络的毕业论文管理平台与英语专业毕业论文写作教学

（一）学生自主学习及完成论文写作

　　2014年，北京信息科技大学2010级英语专业学生第一次通过系统平台进行论文写作和提交，这些年来平台不断得到改进和完善。学生的选题主要有两种方式：教师指定和学生自拟。学生在选题时与以往不同的是，在本系统平台上有一个"历年毕业论文题目库"板块，学生们可以提前查阅该库再进

行选题，从而弥补了多年来相似论文题目反复出现，论文缺乏创新性的问题。在毕业论文撰写过程中学生可以同指导教师面对面交流，如果遇到特殊情况不能见面，还可以通过"过程指导"板块同指导教师沟通论文写作中的问题。学生在论文写作期间需要上交的所有表格和文件资料均可从系统平台上直接上传电子版，这种方式方便快捷，不受时间和空间的限制。

（二）教师指导及管理

毕业论文智能教学管理平台的科学性，体现在其交互性对指导教师教学的积极影响。教师在指导论文过程中可以通过"公告栏"板块向学生下达有关毕业论文事宜的相关各项通知，向学生及时传达学校和学院对毕业论文的各项要求和上交各项材料的时间节点。在论文指导中，除了论文指导过程的各项表格文件资料和论文评语等均要在线提交以外，教师还可以通过"过程指导"板块和学生交流撰写论文的注意事项和提出问题；学生应及时登录系统查看教师的问题并回复教师，修正论文存在的问题。同时，指导教师对学生毕业论文各个稿次的指导修改均在网上系统平台完成教师只要在有网络覆盖的环境下就可以完成论文指导修改的工作。指导教师在指导过程中遇到学生一再拖延交稿时间或写作不认真的情况时，可以通过"警告"板块发出通知，使有关学生引起注意和重视，以提高其毕业论文的写作质量。

（三）教研室主任和管理员监督管理

教研室主任界面和管理员界面是该系统平台特有的管理界面，尤其是教研室主任账号下的很多操作是完成整个毕业论文工作中必不可少的。以2018级毕业论文的情况为例，本年级毕业生人数有100人左右，被分成8个论文指导小组，每组12~13人。每个论文指导小组组长也都拥有教研室主任账号，负责通过毕业论文系统平台将论文工作各项安排下达给本组教师和学生。同时，论文指导小组组长在论文工作的不同阶段监督和协调指导教师的工作，在相应时间内完成该阶段论文写作和指导的所需的相关工作，以保证毕业论文指导工作的顺利、高效完成。具体工作内容包括：在开题答辩和论文答辩时建立小组和小组成员，录入相关信息；在论文指导过程中，组长有的查看各项相关小组的论文资料权限，完成设置定稿和撤销定稿等工作；在论文答辩前制定论文评阅教师和录入答辩成绩和答辩评语；等等。毕业论文教学管理平台的创建极大便利了论文组长的工作，实现了组长工作的网络化。同时，论文主要负责人即为管理员，可以通过毕业论文网络系统平台查看论文各组的工作进展情况，调取所需的材料并检查其合理性，从而针对检查结果，对论文工作提出合理性建议，以利于改进毕业论文教学指导工作，使之更加完善。

四、毕业论文智能管理平台的实践效果

目前，2018 级毕业论文教学指导工作已经顺利结束，此次对于基于网络的英语专业毕业论文教学管理系统平台的使用历时一年，2018 级毕业论文指导工作效率、指导水平有了明显的提高。为了进一步验证使用该系统平台的可行性，笔者通过访谈、调查问卷等形式在使用此系统平台的 2018 级毕业生、指导教师和组长中展开了调查研究。针对学生的调查主要体现在：①该系统平台是否有利于学生及时和指导教师沟通？②该系统平台是否有利于学生提高论文写作的质量？③该系统平台是否有利于学生提高论文写作的效率？④该系统平台的功能是否完善？针对指导教师的调查主要体现在：①该系统平台是否有利于教师指导论文？②该系统平台是否有利于指导教师管理和监督学生论文写作？③该系统平台是否有利于提高指导教师指导水平？④该系统平台是否有利于提高指导教师论文指导的工作效率？针对论文组长的调查主要体现在：①该系统平台是否有利于提高组长监督学生和辅助教师的工作？②该系统平台是否有利于提高论文管理工作的效率？③该系统平台是否有利于提高论文写作质量？笔者通过对学生、指导教师和组长对此平台的使用情况和以上问题的调查结果进行统计与分析，为基于网络的英语专业毕业论文教学管理系统的应用提供了一些启示。

（一）优点

该平台的优点有：①学生普遍认同此种论文写作模式，认为该系统平台有快捷、方便、省时和便于同指导教师沟通等特点，在选题、写作和提交等方面节省了很多时间和精力，有利于他们投入更多的精力去研究论文内容本身；②大多数指导教师认为用该系统工作节省了以往层层提交表格的时间和工作量，提高了工作效率，节省了工作时间；③同时，指导教师普遍认为网

上工作节省了纸张等资源，以往论文表格填写有任何疏漏均要重新打印，现在只要在系统上修改提交即可；④网上论文系统除了提供常规指导功能以外还提供了很多便捷功能，如果能加以运用，会对论文指导工作更加有利；⑤大多数论文组长认为，该毕业论文系统中教研室主任工作界面减轻了组长的工作量，组长可在网上操作监控和管理本小组的各项情况，组长还可以有针对性地表达指令，如撤销、驳回填错的表格等。这些功能简单实用，但在传统方式下，要实现以上步骤则需要层层审批；⑥学生、指导教师和教研室主任界面下均设有通知板块，方便组长通知本组指导教师和指导教师通知学生论文工作的相关事宜，如交各项表格的时间节点等相关信息，这样不仅可省去很多时间，而且能让学生和指导教师们逐步养成上系统工作的习惯。

（二）不足之处

据部分指导教师和学生反馈，该系统的不足之处在于指导教师和学生的沟通不能完全实现在系统上进行。部分指导教师反映，他们和学生的沟通（尤其是疫情防控期间）多是以发电子邮件、打电话和发微信等方式完成的，一方面是由于这是教师和学生习惯常规的沟通方式，另一方面是因为网上论文系统在师生互动沟通的功能方面还有待完善。另外，有时因为网络的问题论文系统出现过无法登录的情况。

（三）启示

笔者通过对基于网络的毕业论文教学管理系统的使用和历时一年的研究，尤其是对使用该系统平台的学生、指导教师和组长的调查，得出了该系统平台的优越性和存在的不足，同时调查研究中的反馈也为该系统平台的进一步升级完善提供了必要的基础。未来，系统平台的改造将进一步有利于指导教师改进自己的教学和指导，有利于学生在线学习和沟通，同时可进一步提高组长及管理者的工作效率。

五、结语

英语专业毕业论文教学管理平台系统，是针对笔者所在学校英语专业毕业论文教学管理方面的特点和实际情况而研发设计的。笔者在对此系统平台调查研究后发现，该系统具有将学生自主学习和教师管理相结合，加强师生之间的合作和优化教师指导和管理等特点，可见该系统平台的投入使用是优化毕业论文的教学管理、提高教学水平和工作效率的一次有益尝试。当然，本项研究时间较短，实验对象数量有限，还存在一定的局限性和不足。根据上述研究的结果和启示，笔者今后将会继续对毕业论文教学管理平台做历时更长、实验对象更广的相关研究，以进一步探讨系统平台对毕业论文教学管理的影响，使之更有效地为英语专业毕业论文教学管理工作服务。

参考文献

［1］张奕，王健．构建多维立体化的英语专业本科毕业论文管理体系［J］．中国高教研究，2005（9）：71-72.

［2］杨维东，贾楠．建构主义学习理论述评［J］．理论导刊，2011（5）：77-80.

新时代大学英语课程促学评价体系的建构[*]

张广奇[**]

【摘　要】在大学英语教学中，进行有效的课程评价是一个不可或缺的步骤，全面、公正、科学、合理的评价对于实现大学英语教学的目标具有极其重要的作用。本文所进行的研究在混合式教学背景下，基于多元智能理论，将形成性评价和终结性评价融为一体，突出了评价主体、评价方式以及评价标准的多元化，从而激发学生在大学英语课程学习中的主动性和创造性，也有助于提高大学英语教学质量。

【关键词】形成性评价　终结性评价　评价体系　多元化

一、引言

在数字化及智能化的环境下，当代信息科技已经成为教育的核心工具，并提供了全新的教育方法、学习途径以及丰富的教学资源。教学可以使用在线开放课程、线下课程、线上线下混合课程、虚拟仿真实验课程等精品课程，实施混合式教学模式，使学生朝着主动学习、自主学习和个性化学习方向发展。长久以来，大学英语课程主要依靠终结性评价，也就是用考试分数衡量学生的知识水平：重定量测试，轻定性评价；重考试结果，轻学习过程。终结性评价方式缺乏开放性和灵活性，忽视学生的个性发展和个体差异，并且对学生的实际应用能力重视不够，不容易调动学生学习的积极性，极大地降低了学习的效率。中共中央、国务院印发的《深化新时代教育评价改革总体方案》（2020）明确指出："全面贯彻党的教育方针，坚持社会主义办学方

---

　* 基金项目：本文系 2017 年国家社会科学基金项目"信息技术支持下高校英语教师专业发展路径和机制研究"（项目号：17BYY096）的阶段性研究成果。

　** 作者简介：张广奇，北京信息科技大学外国语学院副教授，研究方向为语言学、英语教学。

向，落实立德树人根本任务，遵循教育规律，系统推进教育评价改革，发展素质教育。"方案指出："坚持科学有效，改进结果评价，强化过程评价，探索增值评价，健全综合评价，充分利用信息技术，提高教育评价的科学性、专业性、客观性。"[1]《大学英语教学指南》（2020）进一步强调："建立科学的评价与测试体系，系统地采集有关大学英语课程和大学生英语能力的信息，通过多维度综合分析，判断大学英语课程和大学生英语能力是否达到了规定的目标，并为大学英语课程的实施和管理提供有效反馈，推动大学英语课程的改革和发展，实现大学英语教学质量和大学生英语能力不断提高的总体目标。"[2] 在新的形势下，促学评价（assessment for learning）对于大学英语课程教学改革具有重要的现实意义。

二、多元智能理论与促学评价

多元智能理论（theory of multiple intelligences，简称"MI 理论"）是美国教育学家和心理学家加德纳（Gardner）博士于 1983 年提出的。智能是多元的，每个人身上至少存在七项智能，即语言智能、数理逻辑智能、音乐智能、空间智能、身体运动智能、人际交往智能、自我认识智能[3]。随着研究的深入，学者们又鉴别出了更多的智能类型或者对原有智能分类加以修改，如加德纳于 1996 年就提出了第八种智能——认识自然的智能。

MI 理论的内涵和新时代的素质教育有密切的内在联系，是对素质教育的绝佳诠释。因为每个人的智力都有独特的表现方式，每一种智力又有多种表现方式，所以很难找到一个适用于任何人的统一的评价标准，来评价所有人的聪明或成功与否。每个学生都有一种或数种优势智能，只要教育得法，每个学生都能成为某方面的人才，都有可能获得某方面的专长。MI 理论在注重全面发展学生的各种智能的基础上，更加注重个性的发展，将"全面发展"与"个性发展"有机地统合起来，教学就是要尽可能创设适应学生优势智力发展的条件，使每个学生都能成才。

促学评价是 20 世纪 90 年代在西方基础教育改革中出现的一种评价理念和方法，其设计和实施的首要目的在于促进学生学习的评价[4]。1998 年，英国学者布莱克（Black）和威廉（William）对英国基础教育的学生评价状况进行了调查研究，并相继发表了一系列研究报告，如《暗箱内探：透过课堂评价提高学习水平》（*Inside the Black Box：Raising Standards Through Classroom Assessment*）[5]、《促学评价：超越暗箱》（*Assessment for Learning：Beyond the Black Box*）[6] 等，这些研究成果引起了国际教育界极大的关注，并推动英国教育界进行了促评价改革。英国的评价改革小组（the Assessment Reform Group）在大量实证研究的基础上提出的"基于研究的课堂教学十大指导原则"[7]。

促学评价从 21 世纪初开始在中国受到越来越多的关注[8]，一些学者和学校对此进行了比较系统的研究和实践。促学评价反映了教学评价在基础教育不同发展阶段的变化，以及不同的评价观念和价值取向。该评价既关注学习结果，也关注学习过程，其目的在于促进学生学习的成功。随着信息技术在教育领域的深度融合，传统的学业评价方法已经不能适应新的教学模式的快速发展，如何将线上学习评价与线下课堂学习评价有机融合，探索构建科学的学业评价体系，是今后教学改革重点要解决的问题。因此，通过多种渠道、采取多种形式、在多种不同的实际生活和学习情景下进行的促学评价，是一种超越了传统的以标准化的智力测验和学生学科成绩考核为重点的评价取向[9]。

三、大学英语课程促学评价的多元化

多元智能理论强调以人的发展为本的价值取向，以人的综合素质为评价重点，坚持评价主体、评价方式和评价标准的多元化，全面真实地评价学生的潜能、学业成就，以提供改进教学的信息，促进学生的全面发展。

（一）评价主体多元化

在大学英语课程中，评价主体是多样化的，其中以教师评价、学生自评、同伴互评为主，家长评价、社会评价为辅，鼓励评价主体和被评价者之间进行互动与合作。

1. 教师评价

教师可以关注学生的学习状况、促进学生的发展。根据学生在大学英语教学活动中的各种表现，对其学习过程、态度、效果等进行评价，有助于为学生调节、计划、指引、改善学习模式提供支持。根据评价的结果，教师能

285

够更有效地指导学生的学习，对其不足进行弥补，从而最大程度地将学生的潜能挖掘出来。在这个过程中，侧重对学生学习质量的评判，为他们提供了有益的建议。

2. 学生自评

学生自评体现了以学生为中心的教学理念。学生自我评价的内容包含学习过程、学习态度、学习手段、努力程度、学习优缺点、学习结果等。学生可以了解自己在学习上的差距并寻求改良的策略，这给他们提供了持续反省、提升及自我优化的可能性。在大学英语学习的过程中，学生设定自身的学习目标、学习进度，以达到独立、自律的学习状态，奠定终身学习的基石。

3. 同伴互评

同伴互评主要是通过学生之间的了解、合作和沟通来实现的。提升学生的协作理念及创造力被视为教育的核心使命之一。在大学英语教学中采用"小组学习"（group study）可以引导学生构建良好的社交环境，并激发他们的探究创新思维，从而让课堂教学更贴近学生自我驱动的学习方式，以多样化的主导实践活动为基础，推动他们在主观态度、实际操作等多个方面的成长。所以，有效的同伴互评不仅能够实现教学评测的多维度和公正性，而且能够助力学生提升其交际智慧。

4. 家长评价

一个人的成长离不开家庭的教育。父母积极投入大学英语教学评估环节，既能协助学校的工作，也能与孩子有更为深入的互动，从而彻底转变以分数论高低的想法，不仅重视学业成果，而且关心学生的成长历程。对于学子而言，父母的角色从监视者变为助学者，可以激发他们更乐于向父母寻求支持和建议，获得更多的激励和指导。

5. 社会评价

社会评价表现出了公众对国家人才的殷切期望，通过对外部评判结果的了解，学生能清楚地知道社会对自己有何期待，从而在大学英语课程的学习中更具针对性，并清晰自己的努力目标。社会评价以积极的方式协助激发学生明确自己未来的发展之路。

（二）评价方式多元化

大学英语课程促学评价方式具有主观和客观的双重属性，评价方式多元化可以关注学生学习状况、发展情况和学习成效，促进教学相长。

1. 定量与定性相结合

评价时，可以运用各种传统方法，如试卷考试、口头测验和听力检测等来实施定量评测。这些方式有助于追踪教育流程并提供教学数据，从而推动学生的全方位进步。通过检查学生学习历程的测试纪录，能够深入理解每位学生的优势、潜力及不足，同时也能关注他们的成长进程及其需求。结合线上和线下的混合型教学策略，灵活使用独特的评价方式，如利用课堂互动和课后活动记录、网络自主学习记载、学业档案记录、访问和讨论等，可以观测和监控学生的学习行为，进而促成他们的高效学习。

2. 静态与动态相结合

静态评价是对学生目标达到程度的评价，考查学生在特定时空范围内的现实状况。动态评价是对学生的历史情况、发展水平及发展趋势进行评价，并研究其对一定社会需要的敏感程度和响应能力。应当根据教学活动的发展情况，对评价目的、内容、标准和方式进行不断调整，以保证评价结果的持续修订。采用动态评价可以有效地引导和激发学生的积极态度，从而明确其前进的方向。

3. 自评与互评相结合

自我评价作为自我教育的核心要素，对学生的思维方式、动机、行动及个性有着深远的影响，这不仅决定了他们学习的热情和社会活动参与度，而且还塑造了他们的社交互动模式。通过自我评价，学生能够发现并改正自身的不足之处，同时发挥其优势，在大学英语教学过程中充分发挥自己的作用。此外，互评客观性强，即用他人的新角度审视同一事物，从而避免了主观片面性；真实性强，即可避免对自己评价过低或者评价过高，从而比较认真负责地完成评价工作。

4. 线上与线下相结合

互联网具备高度互动、广阔的信息传递能力以及时空上的开放性等特性。在线评价意味着对大学英语课程的目标和内容进行全面评测，并非将其拆解为多个层面，这样学生可通过网络自我评估他们的学习成果。相较于线下的客观评价方式，在线评价更注重个人的自主管理，标志着从传统被动式评价到新颖主动式评价的转变。在线评价是理想的评价手段，有助于挖掘个人潜力并提升品质。

（三）评价标准多元化

对于大学英语课程的促学评价，设定一套评价标准至关重要，这关系到评价的可靠性、公正性。如果缺乏评价标准，那么就无法有效地评估任务完成情况。

1. 内容全面到位

大学英语课程涉及大学英语教学目的、目标等方面的价值定位。评价人员需要对教育的基本宗旨或者目标有着准确和深度的理解。如果他们在评判过程中只关注学生的课本知识水平而忽视他们的智能成长情况，只比较学生的考试成绩而不考虑其个人品质和人格发展的完整程度，那么这种评价方式只会对全人教育起误导作用。

2. 方法科学合理

评价的方法与手段必须与评价的对象或内容相适应，且应充分考虑学生的学习能力及个体差异。评价的目标或者内容有所不同，适用的评价策略应随之调整，评价准则与其所承担的责任和目标保持合理的联系。总之，关乎大学英语课程促学评价的方法与手段的科学性、合理性和可行性不容忽视。

3. 程序民主公正

评价不仅是一种技术活动，而且是一种人文活动。其内容应完全适应于大学英语教学目标以及新时代对于人才培育的需求，涵盖学生的综合素养。客观的评价必须符合教育专业的伦理准则，不论是评价的方法、手段和程序，还是评价的标准，都必须是正当的、合法的。评估标准的设立应该通过民主的过程来完成，并且一旦确定下来，就需要一直坚持下去。

4. 效果积极向上

多元化的评价能助力学生的智能成长，激发他们的需求、愿望，增进他们与人协作的技能，培养其自主思维及创新能力，并且塑造社会主义核心价值观所要求的全面素质。在设定评价指标时师生需要充分沟通，评价指标应当简洁且容易理解，确保学生能彻底掌握并遵循这些指标，以保证其可信性和有效性。

四、大学英语课程促学评价体系的建构

语言学习是一个漫长的过程，需要日积月累，大学英语课程促学评价要做到形成性评价和终结性评价有机地结合。加德纳主张，评价应以人为本，应该尊重学生智力发展的多样性，尊重学生智力组合的差异和特色，应该是持续的、动态的[10]。评价不仅在学生学习过程中注重培养和提升，而且也关注他们在结束学业后的表现情况，通过测试来对其所掌握的知识和技能作出总体评估。多元的评价结果可用于下个阶段教育的诊断性分析，从而为其后续教学活动提供了一定程度的基础参考信息。

在混合式学习环境下，大学英语课程促学评价依据教学大纲要求和目标，结合新的教学模式的特点，制定较为科学的、系统的、个性化的综合评价体系。首先，形成性评价和终结性评价力求科学和客观，作为促学评价的主要依据。其次，为了确保评价结果更加公平和合理，而且对日常教学具有良好后效，量化其评价结果的各项比例。例如，大学英语课程促学评价=形成性评价×40%+终结性评价×60%（见图1）。

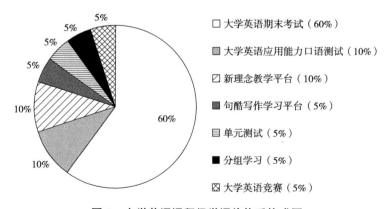

图1　大学英语课程促学评价体系构成图

（一）形成性评价

形成性评价是大学生英语教学过程中的重要组成部分，它体现出学生发

展的全貌，同时协助教师掌握大学英语的学习状况，以便制定后续的教育策略与学习目标。具体评价分布如下：

单元测试（5%）：课堂教学单元阶段性测验；

分组学习（5%）：学生小组活动和团队合作完成作业情况；

句酷写作学习平台（5%）：网络写作评价系统中学生所完成学习内容、进度和质量情况；

新理念教学平台（占10%）：网络学习的完成进度、口语能力、听力表现以及阅读水平；

大学英语应用能力口语测试（10%）：课堂教学期间学生进行5分钟的英语"小小演讲"（mini-speech），以及学期末学生使用手机客户端FIF口语平台进行的口语能力测试；

参与各类素质教育活动（如演讲比赛、口笔译竞赛、英语写作竞赛、英文诗歌竞赛、英文影视配乐大赛和全国大学生英语竞赛等）的成绩在大学英语竞赛中占有5%的比例。

（二）终结性评价

终结性评价就是对课堂教学的达成结果进行恰当的评价，是在教学活动结束后为判断其效果而进行的评价。终结性评价以大学英语课程期末考试为基础，试题由主观题和客观题两部分构成，分别占45%和55%，主观题包括选词填空（5%）、匹配题（10%）、写作（15%）和中译英（15%），客观题包括听力（25%）、阅读（20%）、词汇和结构（10%）（见表1）。

表1　大学英语课程期末考试题型及分值比例

	客观题（55%）	主观题（45%）
听力理解25%	新闻、长对话、短文（25%）	
阅读理解35%		选词填空（5%）
	阅读理解2篇（20%）	
		匹配题（10%）
综合测试40%		短文写作（15%）
	词汇与结构（10%）	
		中译英（15%）

五、结语

大学英语课程促学评价是一个具有综合功能的多元评价体系，通过形成性评价与终结性评价的有机结合，学生学习英语的积极性可有较大程度的提高，大学英语教学效果也有明显的提升。丰富的大学英语课堂活动及平时成绩学习档案对于学生熟练掌握和灵活运用知识具有不可替代的促进作用，有利于培养学生的自主学习能力、合作能力和创新精神，同时巩固其知识，拓展其视野。鉴于实际情况不同，在实施操作的过程中应根据具体情况对该评价体系作出适当的调整，使之更具有操作性，更能反映教学的真实性，从而实现"以评促教、以评促学、教学相长、提高质量"的大学英语教学目的。

参考文献

［1］ 新华社．深化新时代教育评价改革总体方案［EB/OL］（2020-10-13）［2023-10-13］．http://www. moe. gov. cn/jyb_xxgk/moe_1777/moe_1778/202010/t20201013_494381. html.

［2］ 教育部高等学校大学外语教学指导委员会．大学英语教学指南［M］．北京：高等教育出版社，2020.

［3］ GARDNER H. Frames of mind：the theory of multiple intelligences［M］. New York：Basic Books，1983.

［4］ 丁邦平．学习性评价与课堂教学改革：以《科学》课评价为例．中国教育学刊，2005（11）.

［5］ BLACK P，WILLIAM D. Inside the black box：raising standards through classroom assessment.［2023-07-13］. http://www. kcl. ac. uk/depsta/education/publications/blackbox. html，1998.

［6］ Assessment Reform Group. Assessment for learning：beyond the black box.［2023-07-13］. http://www. assessment-reform-group. org. uk，1999.

［7］ Assessment Reform Group. Research-based principles to guide classroom practice. ［2023－07－13］. http：//www. assessment－reform－group. org. uk，2002.

［8］ 丁华. 混合式教学模式下大学生学业评价改革研究 ［J］. 中国大学教学，2021（50）：72-76.

［9］ 刘枫. 西方学习性评价理论对我国课堂实践的启示 ［J］. 教学与管理，2008.

［10］ 加德纳. 多元智能 ［M］. 沈致隆，译. 北京：新华出版社，1999.

浅析现代信息技术背景下大学英语教学中教师角色变化

赵 彬*

【摘 要】本文通过分析现代信息技术在大学英语教学中的应用模式，探讨大学英语教师角色的变化，并指出这种变化对教育实践的影响。同时，本文也提供了大学英语教师适应这种变化的技能和策略，并强调大学英语教师专业发展的重要性。通过适应新技术和教学策略，大学英语教师将能够更好地应对现代信息技术背景下英语教学所面临的挑战，为学生提供更加丰富和有效的学习体验，进而推动英语教学质量的提升。

【关键词】现代信息技术 大学英语教师 在线学习平台 个性化需求 教学策略 跨文化交流 评估和指导

随着现代信息技术的不断进步，英语教学中大学英语教师的角色正在经历显著的变化。

首先，大学英语教师在现代信息技术英语教学中更注重充当学习的引导者和促进者。传统的教学模式侧重于大学英语教师的讲授和学生的被动接受，而现代信息技术使得学生能够更加主动地探索和发现知识。大学英语教师不再是简单地传授知识，而是通过激发学生的学习兴趣和能力，引导他们在信息平台上进行查询、研究和学习。

其次，大学英语教师在现代信息技术英语教学中更加注重学生的个性化需求和差异化教学。传统教学往往难以满足每个学生的个性化需求，而现

---

* 作者简介：赵彬，北京信息科技大学外国语学院副教授，研究方向为应用语言学。

代信息技术使得大学英语教师可以通过在线学习平台、教学软件和应用程序等，根据学生的学习状况和兴趣提供个性化的教学内容和学习活动。这种个性化的教学方法可以更好地适应学生的学习特点和需求，提高其学习效果。

再次，大学英语教师在现代信息技术英语教学中更加注重协作和合作学习的推动。信息技术不仅使学生能够在线上进行交流和协作，而且使大学英语教师能通过在线平台促进学生之间的合作学习。大学英语教师可以组织学生参与虚拟团队项目、在线讨论和合作活动，提升学生的交际能力和协作能力。

最后，大学英语教师在现代信息技术英语教学中更加注重提供及时的反馈和评估。在传统教学中，大学英语教师的反馈和评估往往需要等到考试或者作业才能得到，无法及时指导学生。现代信息技术则使大学英语教师可以通过在线测验和作业、实时反馈工具等，提供即时的评估和个性化的反馈，促进学生的学习进步[1]。

当谈到现代信息技术英语教学中英语大学英语教师的角色变化时，以下是一些具体的例子。

第一，从传统的知识传授者到学习引导者。

● 结合在线课程和学习平台，大学英语教师可以根据学生的兴趣和学习需求，引导他们选择适合自己的学习路径。

● 大学英语教师可以利用虚拟实验室、模拟软件和多媒体资源等，帮助学生进行实践和探索，引导学生主动学习和发现知识。

第二，从课堂管理者到资源管理者。

● 大学英语教师可以整合在线资源如教学视频、电子文档和互动课件等，丰富课堂教学内容，使学生随时随地获取所需的学习材料。

● 大学英语教师可以鼓励学生使用在线翻译工具、语料库和在线词典等，帮助学生扩展词汇量和加深理解。

第三，从评估者到学习支持者。

● 大学英语教师可以通过在线测验和自动化评估工具，及时了解学生的学习进展和掌握程度，并提供个性化的反馈和指导。

- 大学英语教师可以利用在线讨论平台和协作工具，鼓励学生相互交流和合作学习，提供学术和情感上的支持。

第四，从单一的教室到全球化学习环境。

- 大学英语教师可以通过在线视频会议工具和教育平台，与其他国家的学生和同行进行跨文化交流、合作课程和项目。

- 大学英语教师可以利用在线社交媒体和博客平台，促进学生与全球社区进行英语互动和交流。

通过上述例证可以看出，现代信息技术发展对大学英语教学中大学英语教师的角色产生了诸多影响。大学英语教师不再是简单的知识传授者，而是更加注重引导学生的自主学习、互动学习和跨文化交流能力的培养。大学英语教师需要掌握并灵活运用现代信息技术，为学生提供个性化学习支持、实践项目学习、社交媒体互动、在线授课等多种教学手段。同时，大学英语教师也需要关注和培养学生的信息素养和批判思维能力，以应对信息时代的挑战[2]。

首先，现代信息技术为学生提供了更多的自主学习机会。在没有互联网和电子设备的时代，学生只能依赖大学英语教师的讲解和书本来学习英语。现在，学生则可以通过网络查找各种教学资源，如学习视频、听力材料和练习题等。并且，现代技术还提供了在线学习平台和英语学习软件，学生可以根据自己的需求和兴趣进行学习。因此，大学英语教师不再是学生唯一的知识源，而是更多地成为学生学习英语的指导者和引导者。他们需要帮助学生找到合适的学习资源，引导他们进行有效的学习，同时关注学生的学习进展，进行适时的评估和指导。

其次，现代信息技术提供了更多的互动学习方式。传统的大学英语课程通常是大学英语教师单向传授知识，学生被动接受。现代信息技术则打破了这种传统的教学模式，为学生提供了更多的互动学习机会。例如，大学英语教师可以利用在线讨论平台或社交媒体与学生进行交流和讨论，使学生积极参与课堂教学。此外，大学英语教师还可以设计一些基于技术的互动活动，如在线游戏、虚拟实验等，激发学生的学习兴趣，并促使他们主动思考和合作。因此，大学英语教师的角色不再是简单的知识传授者，而是需要具备设计创新教学活动和引导学生互动学习的能力[3]。

再次，现代信息技术改变了大学英语教师的评估方式。过去，在没有电子设备和在线平台的情况下，大学英语教师通常通过考试和作业来评估学生的英语水平，现代信息技术则提供了更多的评估方式。大学英语教师可以设计在线测验和练习来检测学生的语言能力，同时利用技术工具进行自动化批改和评分。此外，大学英语教师还可以利用数据分析工具来分析学生的学习数据，了解他们的学习情况和问题所在，并据此进行有针对性的教学。因此，大学英语教师需要掌握一定的数据分析和技术应用能力，以更好地评估学生的学习成果和指导他们的学习。

最后，现代信息技术提供了更多的跨文化交流机会。随着国际交流的不断增加，学生学习英语的目的已不再仅仅是通过考试获得高分，而是能够在跨文化环境中有效地交流。现代信息技术通过视频会议、社交媒体和在线合作平台等工具，为学生提供了与来自不同文化背景的人交流的机会。在这个过程中，大学英语教师需要扮演着促进学生跨文化交流的角色，引导学生了解和尊重不同的文化，提高他们的跨文化交际能力。因此，大学英语教师需要具备一定的跨文化意识和教育策略，帮助学生在跨文化环境中更加自信和成功地交流[4]。

除了上述提到的例证外，以下通过更多的的影响和措施来说明现代信息技术的发展如何造成了大学英语教学中大学英语教师角色的变化。

其一，提供个性化学习支持：现代信息技术可以根据学生的个性化需求和水平提供定制化的学习支持。大学英语教师可以利用学习管理系统或学习平台来有针对性地为学生提供学习资料和资源，并根据学生的学习进展和兴趣推荐适合他们的学习内容。大学英语教师需要根据学生的反馈和数据进行分析，适时进行调整和优化，以提供更好的个性化学习支持。

其二，引入项目学习和现实情境：现代信息技术的使用为大学英语教师提供了更多开展项目学习和现实情境教学的机会。大学英语教师可以设计一些基于实践、项目和情景的教学活动，通过与学生共同解决实际问题和应对现实情境来提高学生的英语能力。在这个过程中，大学英语教师需要扮演项目的指导者和组织者角色，引导学生进行合作学习，并帮助他们将所学知识应用到实际场景中。

其三，利用社交媒体和协作工具：现代信息技术为大学英语教师提供了与学生进行更紧密互动的平台，如社交媒体和协作工具。大学英语教师可以创建在线社交群组或课程平台，鼓励学生在其中分享学习资源、交流观点和互相批评。通过这种方式，大学英语教师可以更好地了解学生的学习需求和困惑，及时提供帮助和指导。同时，大学英语教师还可以促进学生之间的互相学习和合作，构建创新的学习社区。

其四，开展远程教学和在线授课：现代信息技术的发展使远程教学变得更加便捷和可行。大学英语教师可以利用视频会议、在线教室和虚拟白板等工具进行远程教学和在线授课。这不仅可以不受地域限制，让大学英语教师与学生在不同地方进行实时互动，而且提供了更多的灵活性和便利性。大学英语教师需要熟悉这些远程教学工具，并灵活运用，以提供优质的在线教学体验。

其五，发展学生的信息素养和批判思维：现代信息技术的广泛应用要求学生具备良好的信息素养和批判思维能力。大学英语教师需要帮助学生辨别信息的可靠性和准确性，培养学生对信息的理解和分析能力。大学英语教师可以设计一些信息素养的教学活动，引导学生有效地搜索、评估和利用信息，从而提高他们的自主学习能力和批判思维水平。

综上所述，现代信息技术的发展使得英语教学中大学英语教师的角色发生了重大变化。大学英语教师不再是学生唯一的知识源，而是更多地成为学生学习英语的指导者和引导者；大学英语教师需要具备设计创新教学活动和引导学生互动学习的能力；大学英语教师需要掌握数据分析和技术应用能力，以更好地评估学生的学习成果和指导他们的学习；大学英语教师需要扮演促进学生跨文化交流的角色，帮助学生提高跨文化交际能力。这种变化要求大学英语教师具备更广泛的教学技能和知识，同时需要不断学习和掌握现代信息技术的应用，以更好地适应并引领现代信息技术背景下英语教学的发展。

参考文献

［1］蔡龙权．学习分析［M］．上海：上海教育出版社，2000：14-15．

［2］大学英语大纲（高等学校本科用）［S］．上海：上海外语教育出版社，2002：11-12．

［3］胡春洞．英语教学法［M］．北京：高等教育出版社，2006：17-18．

［4］束定芳，庄智象．现代外语教学：理论、实践与方法［M］．上海：上海外语教育出版社，2004：24-25．

论高校教师 "正知正见" 之养成

郑　瑞[*]

【摘　要】教学环节中有两个主要实践要素，一是授课主体——教师，二是授课对象——学生。这两个要素可以统称为"人"的因素，既然是"人"，就会有"人"的主观能动性，在"传道、授业、解惑"中就会由于"机心"的差异，而对"教学效果"和"育人方向"造成极大偏差。教得好，自然人才辈出，利国利民；教不好，恐怕就要误人子弟，甚至祸国殃民了。可见，作为高校教师，要通过"言说"和"力行"启发学生心智，运用所学知识造福社会的职业，其价值和意义之重大不言而喻。因此，笔者试图从授课主体（高校教师）的角度，阐释什么是师者的"正知正见"以及怎样树立师者的"正知正见"等问题。

【关键词】高校教师　"正知正见"　养成

高校教师的授课对象主要是大学生。他们所在的转换人生角色的"中转"通道——大学，连接了校园和社会，是学生们专业知识与技能学习的场所，也是他们正式步入社会前的"实验站"。

"教师"职业的主要价值就是通过"言说"传授知识，启迪心智；通过"力行"为人师表，率先垂范，而能够指导"言说"和"力行"的力量，笔者认为就是"知见"。这个概念的界定属于哲学范畴。哲学对此有不同的用语，儒家讲"良知"，道家讲"道心"，佛家讲"自性"。虽然说法不同，但其核心本质都是直指同一"本体"，就是这个"本体"促成了人的一言一行。

既然是"知见"，人们总要考虑一个问题。这里不得不提及当下通过网络

　＊ 作者简介：郑瑞，北京信息科技大学外国语学院讲师，研究方向为翻译研究。

299

曝光的有关高校教师"失德失范"的例子：某高校教师在"言说"中价值观导向偏差，被学生抢话筒，赶下台事件；某高校教师生活作风问题，微信聊天记录被举报；等等。我们可以把它归结为"道德"出了问题，但笔者认为"道德失范"还是"行"的体现，"行"之所以会出问题，关键还在于"知见"问题，是"正知正见"还是"知而不见"或"不知不见"的问题。

所谓"知而不见"，是指明明知道的事情，但却往往不与自己联系在一起，不与"我"起作用。好比绝大多数中国人都知道"中庸"两个字，"知道"是一个层面，但是在为人处世的哲学上是否记挂在心里，随遇即用就是另一层面的问题了。人人知道"中庸"，可是能做到"中庸"的人又有几人？多数时候人们对已知问题的态度都是"知而不见"，"中庸"是"中庸"，"我"还是"我"。所以，作为高校教师群体，所学知识浩如烟海，"知"是不成问题的，但如果选择"知而不见"，那么前面所提的高校教师生活作风"失德失范"的例子就不足为奇了。

所谓"不知不见"，是指本来就不知道，心里从未记挂的问题，自然就不会有所"见地"。好比"我"的概念问题。"我"这个概念由于在"心"上出现了偏差，分成了因"私心"而产生的"小我"，以及因"私心"尽除，以天下为公的"无我"境界，而成就的"大我"。"大我"还是"小我"其实践就是"公心"还是"私心"的问题。如果人们从来不知道"大我"的存在，做起事情的时候，总是以"我"为中心，每一次的起心动念只有"小我"，那么他的世界里对"大我"就是"不知不见"的。就像一部分人所想的，"我都没有了，世界留着还有什么意义"。一个"心"从未"见"到、企及的境界，何谈"知"，何谈"见"。因此，上面提及的高校教师因价值观导向偏差问题，被学生抢话筒，赶下台事件也就不足为奇了。"不知不见"骗得了自己，却骗不了心怀"正念"的人。

简单地阐述了"知而不见"和"不知不见"的问题，接下来就是本文的核心问题——"正知正见"了。

"正知正见"可以简单地理解为"有知有见"，是人们对认知和见地的正确把握。它决定了师者自己会成为什么样的人，会把学生引向何种境界的问题，对"传道、授业、解惑"的完成质量、水平和高度影响重大。

　　首先，一个"正知正见"的师者会在教学过程中润物无声，既能讲好知识，又能启发学生智慧。我们身处一个信息、智能时代，似乎只要有手机、有网络就可以无所不知、无所不晓。就像电视里的某档医疗纪实栏目中，一个医学教授在临床实践中教育他的学生，大概意思就是只要学生肯拿起手机搜索一下，就完全可以把学习中出现的知识漏缺、知识盲点迅速补上。纸质图书、电子图书可以说应有尽有，只有想不到，没有买不到。知识获取的途径很多，但是智慧呢？离开了智慧，知识会走向何方？知识提升素养，智慧点亮人生。这是一个真正的师者，一个心怀"正知正见"的师者该有的教育情怀、教育使命、教育担当。教师既要教学，也要育人，帮助学生点燃那盏智慧的心灯。智慧可见不可说，它会在人的"言行"中体现，但是无法用语言完整、准确地表述出来。笔者曾经给学生讲过一个分饼的例子。为了说明问题，姑且把"我"眼中的世界分成两部分，即"我"和"我以外"。当下，"我"和"我以外"都饿了，眼前正好有一个饼子，通过"我"分饼来看一下智慧问题。这里有三种分法：①"我"把饼子都给自己吃，"我以外"饿肚子；②"我"把饼子分成两个等份，"我"和"我以外"平分吃掉；③"我"把饼子都分给"我以外"，我饿肚子。第一种分法："我"得到饼子，落得了"自私、自利"的坏名声，很"气人"，得不到认同；第二种分法："我"得到半个饼子，获得了"公正、无私"的好名声，有了"人气"，得到认同；第三种分法；"我"失去了全部饼子，成就了"无我利他"的名声，"人气爆棚"，可以不朽。哪种更智慧，看一下"慧"这个字，就清楚明了了。"慧"字有三部分组成，"心"字底上横着一座大"山"，山上是"双丰"，"双丰"也就是"双赢"，让"我"和"我以外"都有获得感才是智慧的，正所谓"自利利他"。其实，想做到并不容易，因为能看到、做到"双丰"的人，内心需要跨过那座"心"和"双丰"之间的"横山"，师者想要帮助启迪学生的智慧，就是要帮助他们跨越那座心中"横山"，看到了山顶的风光，智慧之门才会真正打开，能做到的师者唯"正知正见"方可通达。以"慧"为标准，再来看下三种分饼方法，第一种显然不可行，第二种值得推崇，第三种就是更高境界了，只有王阳明那样"读书为做圣贤"的大儒才能真正做到。寻常之人，能做到第二种已是社会之福，国家之幸。

其次，心怀"正知正见"的师者才能在海量信息冲击人心的时刻，横刀仗剑，止恶扬善。张载有一句传世名言："为天地立心，为生民立命，为往圣继绝学，为万世开太平。"高校教师也要有"为生民立命"和"为万世开太平"的抱负和志向，要"立德""立言""立功"，力求不朽。当下，不少高校教师因"师德"问题被学生举报，高校各级部门敢于纠错，直面问题的同时，也要看到为师者"正知正见"的重要作用。教师就是以"言说""力行"为职业特征的，要说得好、说得对、说得恰到好处、说得一语中的，这些都离不开"正知正见"的"妙"用。

"正知正见"对师者"为人师表"至关重要，那么怎样才能树立"正知正见"呢？我们不妨从以下三点做做看。

一、寻找师者的教育"初心"

人人都有心，做某件事时都会有初发心，即初心。例如，当一个人有意愿去做义工，那么从起心动念一刻起，初发心已经确立，它会伴随完成义工实践的始终。如果一个上午可以完成，那么初发心存养的时间就是一上午，如果三天能够完成，那么初发心存养的时间就是三天。所以，初心即信念，一旦确立即贯穿始终，即便遇到挫折、磨难、考验也不会轻易改变。相反，能够轻易改变的"初发心"只能称为"意动"，因为它生起于某一刹那，而不能被一以贯之。所以，我们也要把"初心"和"意动"区分开来。

明白了初心，就可以解释为什么夏明翰能够在顽敌面前视死如归，甚至为此写下那篇震撼心灵的诀别诗："砍头不要紧，只要主义真。杀了夏明翰，还有后来人。"像他一样坚守初心，方得始终的仁人志士不胜枚举，如为中华之崛起而读书的周恩来总理，放弃国外优渥生活回国报效祖国、奠基科技发展的科学家钱学森，中国现代教育发展奠基人之一的蔡元培，等等。他们的初发心无不是利国利民，他们的事迹后世传送，成为不朽。

作为高校教育工作者，也要寻找自己该有的教育初心。探讨这个问题之前，我们不妨理顺一个重要问题，为什么有些教育工作者可以不计名利地在教书育人的工作中深耕，毫无怨言，鞠躬尽瘁。例如，从教于湖南科技大学的"时代楷模"万步炎教授，扎根海洋勘探技术研究，全力突破关键核心技术，研发了"海牛"系列深海钻机，刷新世界纪录，为中国海底钻探、远洋科考作出了突出贡献。万教授不仅在科研工作中成绩斐然，而且培育了几十名优秀的博士生。还有一部分教师默默地在本职岗位中奉献，他们的名字没有像万步炎教授那样声名远播，但也是兢兢业业、克己奉公，自是"桃李不言，下自成蹊"。教师队伍中有才德兼备的饱学之士，难免也有"有才无德"或"无才无德"之流的存在。既有网络曝光的那些空有才华、师德败坏的某些教授，也有论文造假，利用不正当关系获取资源的某些教授。这些问题都是值得思考的。从以上所列教师们最后的命运结局不难发现，教师初心不同，其结果自然不同。初心好比格局一样，初心越是宏大，对人的实践指导作用力量越大，所能创造的成绩越大，为人类进步、社会发展所作的贡献也就越大。反之亦然。

古有孔孟之道的大儒初心："大学之道，在明明德，在亲民，在止于至善。"北宋张载用《横渠语录》中著名的横渠四句表明初心："为天地立心，为生民立命，为往圣继绝学，为万世开太平。"近代陶行知先生的初心："千教万教教人求真，千学万学学做真人。"当代的教育工作的潜行者万步炎，三十多年深耕教育，潜心钻研，他的初心来自外祖父的教育，来自不服输的倔强，用万步炎教授自己的话来概括就是"别人做不到的，我们一定能做到，别人还没有做到的，我们中国人也有可能先一步做出来！"其实当代还有很多始终坚守初心的优秀教育、科研工作者。例如，中国对海探测新体制雷达理论体系的奠基人，两院院士刘永坦；情系三农，扎根边疆的"农民院士"朱有勇；等等。他们都是当代教育界的"时代楷模"。他们的教育初心"廓然大公"，有如虚空可容万物。他们寻找初心的方法各不相同，有人生而知之，有人学而知之，有人困而知之。那么，对于从事着教育事业的全体高校工作者而言，不妨用"心"觉照一下，无论是生而知、学而知，还是困而知，一定找到师者本有的、该有的初心，不辱教育使命，不忘立德树人。

二、"至诚无息"

"至诚无息"语出《礼记·中庸》："诚者天之道也，思诚者人之道也。"[2] 意为真正的虔诚，不假外饰，源于内心的纯净、纯粹、浑然天成。古人一直强调"诚"字的重要作用。《礼记·中庸》对"诚"的描述为"诚则明矣，明则成矣"，"惟天下至诚能尽其性"，"至诚之道，可以前知。"《礼记·大学》中也提到了关于"诚"字的描述，即"所谓诚其意者，毋自欺也"[2]。近代晚清中兴名臣曾国藩也有过对"诚"的描述，即"唯天下至诚能胜天下之至伪"。可见，"诚"在诚人、诚己、诚意上的作用可其之大。

诚人可以简单地理解为待人至诚。心中有"诚"才能升起敬畏之心，敬畏教师职业，敬畏成就自我的一切人、事、物。相传，曾国藩在官场困顿，郁结于心一病不起之时，偶得一位僧人赠送语联"敬胜怠、义胜欲，知其雄，守其雌"[3]，从此打开心结，乃至成为晚清名臣，可见，他将"敬"看得很重。当代号称中国首善的玻璃大王曹德旺先生也将此联奉为座右铭，挂在办公室里，时刻提醒自己多一分恭敬，多一分从容。心中有"诚"才能升起"为人民服务"的社会情怀。每个人都经历由生到死的过程，都是在向死而生的道路上前行。生命有限，但为人民服务无限。只有服务他人，服务社会，服务人类文明进步才是无限和不朽的。要像雷锋、时传祥一样，恪守本职，以"为人民服务"为宗旨，用有限的生命创造无限价值，激励后人。作为一名高校教师，更需要"为人民服务"的家国情怀、社会情怀。

诚己即待己以诚。心中有"诚"才能时刻觉照，反躬自省，认识自己，于细微处查验自己，才能改正好为人师、高傲自大的毛病。孔子曰"一日三省吾身"，即省察"身、口、意"是否有做得不好、做得不到之处。作为高校教师，心中有"诚"才能敢于面对自己的不足，打破自己认知的"天花板"，才能在从教的生涯中不断突破自我，革新自我。用王阳明的话说就是"格物致知"（无善无恶心之体，有善有恶意之动，知善知恶是良知，为善去恶是格物）。

诚意即起心动念皆至诚。"意"就是起心动念。每一次起心动念都不失赤诚，自然就能做到至真无伪，做真人、做真事，才能在问题面前以恰当、合适的原则加以解决，才能让身处整个问题中的人、事、物各得其所、各安其位。心中有了"诚"意，也是"为人师者"本该具备的品质和能力。

"至诚"二字若能做到，小到可以让普通之人在自己平凡简单的岗位上作出大的贡献，大到可以治国安邦平天下。正如《中庸·第三十二章》所说的

"唯天下至诚，方能经纶天下之经，立天下之大本"。真正能做到"至诚"并不容易，但时刻提醒自己，尝试去做总比不做要好。

三、"知行合一"[4]

王阳明龙场悟道后，提出了"知行合一"的"心"学理念，"知是行之始，行是知之成"，在中国哲学史上为儒家思想的发展增添了浓墨重彩的一笔。大教育家陶行知也倡导搞教育要"知行合一"的理念。阳明先生的"格物致知"中的"格物"是不断纠正、改正自己以往不好的习气、毛病，甚至错误；少一分欲望，多一分天理，少一分机心，多一分自在，通过"格物"的方法找到内心那个无所不能、无所不晓，人人生而皆有、不假外求的"良知"。"格物致知"主要是从"心"地上下功夫，让自己时刻活在"觉照"之下。如果把"知"缩小，放到"教育"这个具体问题上，则意味着为人师者要追求"良知"，具体地说，就是追求提高职业素养。可以把"知"狭义的看成"知识素养"。"真知灼见"不会自己在大脑中生成，要通过"学"来实现。"师者"更要不断学习，提高知识素养。学有三个主要途径，向书本学，向人学、在实践中学。在信息时代的今天，任何不懂不明的知识可以借助网络学习。

学而知的同时，一定要行。"知而不行，只是未知"。对于师者而言，只有"知行合一"才能做到言说教人，力行垂范，得到学生的认同，才是真正做到"传道、授业、解惑"。

四、结语

作为知识、教育的传习者，不能忘记师者本有的初心，树立正知正见，践行教书育人的伟大使命。正所谓"士不可以不弘毅，任重而道远。"

参考文献

[1] 子思. 中庸 [M]. 2 版. 北京：团结出版社，2020.

［2］佚名．大学［M］.2 版．北京：团结出版社，2020.

［3］曹德旺．心若菩提［M］．北京：人民出版社，2020.

［4］思履．王阳明全书［M］．北京：团结出版社，2020.

第四篇　教研相长

双维度量表的编制与校验：教育信息化改革情境下高校外语教师情绪劳动策略实证研究[*]

丁晓蔚　顾　红　王朝晖　张群星^{**}

【摘　要】　本研究编制了双维度《教师情绪劳动策略量表》，校验了其信效度，进而探究了教育信息化改革情境下北京市 204 名高校外语教师面对不同互动对象时的情绪劳动策略特点及其影响因素：①他们使用最多的情绪劳动策略是真实表达，最少的是表层扮演；②与学生互动时使用情绪劳动策略最多，与行政人员互动时则使用最少；面对不同互动对象的情绪劳动策略特点不同；③深层表达策略与表层扮演显著负相关，与真实表达显著正相关；面对不同互动对象的情绪劳动策略均呈显著正相关；④面对行政人员的情绪劳动策略（尤其是表层扮演）具有显著的性别差异。本研究结论对教师研究者、教育改革推行者和教师发展具有启示意义。

【关键词】　情绪劳动策略　量表　外语教师　教育信息化　高等教育

　　大量研究证实，教育改革常常会改变教师原本的教学实践、职业预期和身份认同[1]，激发教师更强的积极或消极情绪体验[2]，教育信息化浪潮中的高校外语教师也不例外。尤其是，新冠疫情应急治理期间教育信息化改革进

---

　　* 基金项目：本文系北京信息科技大学 2021 年重点研究培育项目"教育信息化时代高校外语教师情绪劳动策略研究"（项目号：2021YJPY232）、2022 年国家社科基金项目"混合式教学情境下高校外语教师情感形成机制及调节策略研究"（项目号：22BYY203）的阶段性研究成果。

　　** 作者简介：丁晓蔚，北京信息科技大学外国语学院副教授，博士，研究方向为外语教育、外语教师发展；顾红，北京信息科技大学外国语学院副教授，研究方向为外语教育、翻译学；王朝晖，北京信息科技大学外国语学院副教授，研究方向为外语教育、外语教师发展；张群星，北京信息科技大学外国语学院副教授，研究方向为外语教育、翻译学。

程加速，外语教师普遍将传统的小班化、面对面互动教学方式转变为线上线下灵活切换、相辅相成的混合教学方式。他们在与学生互动、与同事交流、与信息技术人员沟通过程中，时常体验到激动、焦虑、希冀、质疑、困惑、无助等复杂情绪的冲突，对此需要采取必要策略进行情绪调控，即进行情绪劳动。本研究旨在考察近年来北京高校外语教师在教育信息化改革中与不同对象互动时的情绪劳动策略及其影响因素，以期为智慧教育时代的高校外语教师发展提供一些启示。

一、文献梳理

情绪劳动（emotional labor）是指雇员为了产生公众能观察到的特定面部表情或身体表现所进行的情绪管理，从而将原本私密的情绪转变为具有交换价值的商品，是脑力劳动和体力劳动之外的第三种劳动[3]。该概念不仅强调劳动者为表达出机构规定的特定情绪而进行的努力、计划和控制[4]，而且揭示了个体情绪感受及调控与社会结构之间的密切关联[5]。情绪劳动者依据机构情绪规则进行职场情绪调控的方式（即情绪劳动策略），通常包括表层扮演（仅改变表面行为、伪装表达规则要求的情绪）、深层扮演（通过反思、移情、自我劝慰等方法调整情绪，使实际情绪感受与情绪规则相一致）和真实表达（直接表达真实情绪）[3,6]。因此，教师情绪劳动策略，即教师依据教育机构规定的显性或隐性情绪规则，在教育实践中调控情绪的方式。

占主导地位的教师情绪劳动研究多为教师情绪劳动策略量化研究[7]。其中，国内相关研究大多聚焦三类主题。第一类是教师情绪劳动策略量表的开发和验证。例如，尹弘飚基于通用的情绪劳动策略量表（Emotional Labour Strategy Scale）[8] 编制校验的本土化教师情绪劳动策略量表（Teacher Emotional Labour Strategy Scale）[9]，信度、效度俱佳。但该量表仅测量教师面对单一互动对象的情绪劳动策略，而无法测量面对不同互动对象的策略差异。第二类是利用已有量表测量教师情绪劳动策略与相关教育变量的关系，如表层扮演策略与教师的情绪倦怠[10] 和效能感显著负相关，但深层扮演和真实表达能够促进教师效能感[11-12]，并在教师职业认同对教学创新的影响中发挥中介作用[13]。第三类是利用已有量表调查特定教师群体的情绪劳动策略及其影响因素。例如，中学教师的情绪劳动主要受性别、教龄等因素影响[14]，高校教师则主要受教师个体特征、工作要求和资源、师生互动场景等因素影响[15]。其中，高校青年教师情绪劳动策略受学历、教龄和职称的显著影响[16]，但其显著性有待验证。

探索教育改革情境的相关质性研究发现，教育改革常与教师现有教学实践和观念不一致，容易导致教师的抵触情绪[1]；但若教师认同和支持教育改革，则其情绪劳动、情绪投入和师生情绪纽带能为教师提供能量和动力[17]。外语教师也不例外，为了推进课程改革，兼任管理者的高校外语教师更重视团队合作、经常鼓励他人，其真实表达策略远多于专职教师[18]。然而，国内相关文献鲜少聚焦教师情绪劳动策略在外语教育信息化改革中的新特点。

鉴于现有相关文献的局限，本研究开发、校验了多维教师情绪劳动策略量表，以期测量高校外语教师在近年教育信息化改革中使用情绪劳动策略的现状和特点，检验已有文献中教师情绪劳动策略影响因素的显著性，印证补充教育改革情境相关研究结论。主要研究问题如下。

第一，教育信息化改革中，高校外语教师使用了哪些情绪劳动策略？

第二，哪些因素对教师总体情绪劳动策略以及面对不同互动对象的策略产生了影响？

二、研究设计

（一）样本及特征

研究者采用在线问卷调查方法，获得了 204 份有效问卷数据。样本特征（见表 1）反映出北京地区高校外语教师结构现状：从性别和授课语种看，女教师和英语教师占绝大多数；从教龄看，从教 16~25 年的中青年教师最多；从学历看，具有硕士学历的教师最多；从职称看，讲师最多；从职务看，专职教师最多。

表1　样本特征（$n=204$）

人口统计学变量		频率	有效百分比（%）	人口统计学变量		频率	有效百分比（%）
性别	男	16	7.84	授课语种	英语	197	96.57
	女	188	92.16		其他外语	7	3.43
教龄	0~5年	16	7.84	职称	助教	2	0.98
	6~15年	42	20.59		讲师	109	53.43
	16~25年	104	50.98		副教授	81	39.71
	26年以上	42	20.59		教授	12	5.88
最终学历	本科	15	7.35	职务	专职教师	190	93.14
	硕士	135	66.17		专职教师兼管理者	13	6.37
	博士	54	26.47		管理者	1	0.49

（二）研究工具的编制与校验

研究者在教师情绪劳动策略量表[9]及其策略维度基础上，区分了学生、同事和行政人员等互动对象，构成新量表的互动对象维度，将原量表的13题项扩充到27题项，即每类策略9题，每类互动对象9题，并译成中文。题项采用Likert 5点计分法，经Excel随机乱序处理，再经人工复核微调，尽最大可能降低了同类题项干扰。新量表前言指明以新冠疫情以来高校外语混合式教学情境为调查背景，结尾部分包括被调查者的基本信息选项（即人口统计学变量）。

新量表各题项的表述已直接反映出三个互动对象维度，因此量表的探索性因素分析采用了对应策略维度的三因子分析，即因子1反映了真实表达策略，因子2为深层扮演策略，因子3为表层扮演策略。分析结果显示所有题项的共同度值均高于0.4，且KMO值为0.875（>0.6），旋转后的累积方差解释率分别为81.154%，66.044%，65.867%。结合各因子题项及其载荷系数（见表2）可知，策略维度与题项的对应关系与预期基本相符。

表 2　高校外语教师情绪劳动策略量表各因子题项及载荷（$n=204$）

题号	题项	因子载荷系数		
		因子 1	因子 2	因子 3
2	我向学生表达的情绪是真实的	0.668		
5	我在学生面前表现的情绪是我内心最自然的感受	0.709		
15	我在学生面前表现出的情绪是内心情感的自然流露	0.771		
8	在同事面前，我表达的情绪是真实的	0.736		
13	与同事相处时，我表现出的情绪是我自然而然感受到的	0.700		
19	面对同事，我表现出的情绪是自然流露的情感	0.692		
10	在行政人员面前，我所表现出的情绪符合我内心的真实感受	0.698		
21	与行政人员打交道时，我表达的情绪是真实的	0.701		
24	面对行政人员时，我表现的情绪是自然流露的	0.709		
1	我尝试去体验我应该向学生表达的情绪		0.619	
14	我尽力去感受我需要向学生展现的情绪		0.628	
17	我努力在内心形成我需要向学生展现的情绪		0.591	
4	与同事相处时，我设法去体验我应该向他人表达的情绪		0.616	
7	在同事面前，我尽力去感受在工作中需要向他人展现的情绪		0.615	
27	与同事交流时，我努力在内心形成需要向他人展现的情绪		0.561	
11	在行政人员面前，我努力在内心形成需要向他人展现的情绪		0.514	
20	与行政人员接触时，我设法去体验我应该向他人表达的情绪		0.649	
23	面对行政人员时，我努力去感受我应该向他人表达的情绪		0.577	
9	为了要表现出工作中需要的情绪，我会在学生面前掩饰内心的真实感受			0.570
12	面对学生时，我所表现的情绪与我内心的感受不一致			0.648
26	在学生面前，我不会显露内心真实的情绪			0.588
16	面对同事时，我不会表现出内心的真实感受			0.590
25	对工作中需要表现出来的情绪，我只要适当在同事面前装装样子就可以了			0.700
3	面对行政人员时，要表现出适当的情绪，对我而言就如同演员表演一样			0.563
6	面对行政人员时，我表现出的情绪不是我内心的实际感受			0.644
18	与行政人员打交道时，我展现的情绪是经过调整和修饰的			0.633

新量表的验证性因素分析结果显示，3 因子 AVE 平方根值均大于因子间相关系数绝对值的最大值（见表 3），意味着新量表具有良好的区分效度。

表 3　高校外语教师情绪劳动策略量表的 Pearson 相关分析与 AVE 平方根值

	真实表达策略	深层扮演策略	表层扮演策略
真实表达策略	0.710		
深层扮演策略	0.448	0.600	
表层扮演策略	−0.578	0.032	0.589

注：斜对角线数字为 AVE 平方根值。

新量表的 Cronbach. α 系数为 0.758，其中真实表达、深层扮演、表层扮演策略的内部一致性信度系数分别为 0.897，0.822，0.784，说明新量表和表层扮演策略具有较好的信度，而真实表达和深层扮演策略具有很好的信度。总之，新量表的效度、信度均较为理想。

三、研究结果与讨论

（一）高校外语教师情绪劳动策略现状

问卷的双维度均值比较分析（见图 1）直观呈现了近年来教育信息化情境下北京高校外语教师面对不同互动对象的情绪劳动策略现状和特点：

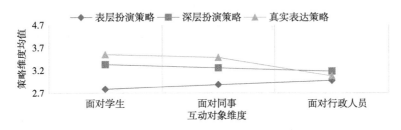

图 1　高校外语教师面对不同互动对象的情绪劳动策略

首先，总体上使用最多的策略是真实表达，深层扮演其次，表层扮演最少。这一结果与现有量化研究[10] 结果相符，但不同于当前质性研究[18] 结论。可见，虽然近年来疫情应急治理驱动下的高校教育信息化改革进程加速、范围扩大，外语教师需要克服畏难情绪，迅速掌握和应用信息技术和资源、适应和建构线上教学共同体，从而体验到了复杂的情绪冲突，但大样本数据显示他们最频繁使用的仍然是真实表达策略，表层扮演策略使用最少。换言之，他们的人际互动仍然比较坦诚，并未因为虚拟互动而采取更多违心或虚假的情绪掩饰。

其次，面对学生时使用情绪劳动策略最多，面对同事次之，面对行政人员最少。这说明高校外语教师在近年的教育信息化改革中最经常面对的互动对象仍然是学生，之后是同事，与行政人员打交道较少，改革情境并未明显改变高校外语教师的人际互动模式。

再次，与学生和同事互动时，高效外语教师更偏好使用真实表达策略，较少使用表层扮演策略（与学生互动时尤为明显）；而与行政人员互动时策略偏好不明显，但深层扮演策略稍多于其他策略。这说明在教育信息化改革中，教师与行政人员互动时情绪调控方式不同于与学生和同事的互动，其原因可能是教师与不同互动对象建构了不同的权力关系。高校外语教师面对学生和同事时最常使用的是真实表达策略，原因有二。一方面，混合式外语教学仍然受尊师重教的文化传统影响，教师处于师生关系中较为权威的一端，经常真实表达积极情绪拉近师生心理距离、营造和谐的课堂氛围，真实表达消极情绪树立教师权威、制止问题升级或扩大，从而恢复课堂秩序[5]。另一方面，高校教师工作的相对独立性和自主性决定了同事间权力关系比较平等，外语教师在线上的教师虚拟共同体中交流探讨时，或者在线下相互学习借鉴混合式教学经验时，其情绪劳动方式倾向于表达真实情绪、坦诚沟通协调。然而，面对行政人员时，外语教师往往处于劳动者－管理层权力关系的弱势地位[19]，寻求行政部门的信息技术、平台资源、网络软硬件支持时，在建设优质线上外语课程、参加外语微课竞赛、接受线上教学考核和评价的过程中，通常处于被考核、被评价或者求人办事的弱势一端，而行政人员掌握着更多信息资源、决策权和话语权，处于相对强势一端。因此，当教师面对行政人员的驳斥、否定或拒绝时，往往通过虚心请教规章、反省自身不足等来调控委屈、愤怒等情绪，即采取深层扮演策略，而非直接宣泄情绪的真实表达策略。

最后，尽管总体上使用表层扮演策略最少，但表层扮演策略的主要对象却是行政人员。换言之，虽然教师较少与行政人员打交道，但由于上述不平等的教师－行政权力关系，教师与行政人员打交道时，往往要带着笑脸，做出谦卑恭敬的样子，是典型的表层扮演策略。

相关性分析结果（见表4）表明，高校外语教师的表层扮演与深层扮演策略无明显相关性（$r=0.032$，$p>0.05$），但与真实表达策略呈显著负相关（$r=-0.578$，$p<0.01$），深层扮演与真实表达策略则呈显著正相关（$r=0.448$，$p<0.01$），验证了楚红丽、杨晓薇[13] 的研究发现。此外，高校外语教师的整体情绪劳动策略以及面对不同互动对象的具体情绪劳动策略均呈显著正相关（$p<0.05$）。三种策略与三类互动对象之间的相关系数均低于0.8，说明策略与互动对象变量之间无严重共线性问题。

表4　高校外语教师情绪劳动策略维度和互动对象维度相关性分析（$n=204$）

策略		表层扮演	深层扮演	真实表达	面对学生	面对同事	面对行政人员
表层扮演	总体	1	0.032	-0.578**			
	学生		-0.083	-0.512**			
	同事		0.033	-0.381**			
	行政		0.116	-0.465**			
深层扮演	总体	0.032	1	0.448**			
	学生	-0.090		0.498**			
	同事	0.103		0.313**			
	行政	0.076		0.305**			
真实表达	总体	-0.578**	0.448**	1			
	学生	-0.418**	0.448**				
	同事	-0.446**	0.418**				
	行政	-0.579**	0.255**				
面对学生		3.394	0.746**	0.526**	1		
面对同事		3.376	0.792**	0.531**	0.686**	1	
面对行政		3.205	0.728**	0.389**	0.494**	0.594**	1

注：** 代表在0.01水平（双侧）上显著相关，* 代表在0.05水平（双侧）上显著相关。

（二）高校外语教师情绪劳动策略的影响因素

对被调查者基本信息数据的 Pearson 相关分析发现，教龄与学历存在显著负相关关系（$r=-0.510$，$p<0.01$），这与高校外语教师越年轻学历越高的师资现状吻合；但与职称呈显著正相关（$r=0.453$，$p<0.01$），这说明相当多博

士青年教师正遭遇"熬职称"的困境。此外，职务与性别呈显著负相关关系（$r=-0.184$，$p<0.01$），却与职称存在显著正相关关系（$r=0.210$，$p<0.01$），这与当前高校管理层性别和职称结构相吻合：女性管理者的比例显著低于专职教师，管理岗位多由具有高级职称的男性担任。可见，在女性占绝对多数的高校外语教师群体中存在着职场的性别天花板困境。

此外，影响因素多因素方差分析结果显示，只有性别因素对高校外语教师情绪劳动策略具有显著影响（$p=0.042$，$p<0.05$），其中高校外语教师与行政人员互动时的情绪劳动策略具有显著性别差异，表层扮演策略的性别差异最为显著（见表5）。具体而言，男教师与行政人员互动时所用的整体情绪劳动策略（$M_男=3.40$）显著多于女教师（$M_女=3.19$），尤其表层扮演策略远远多于女教师（$M_男=3.52>M_女=3.03$）。

表5 性别因素 t 检验分析结果

	性别（M±SD）		t	p
	男（$n=16$）	女（$n=188$）		
表层扮演策略	3.06±0.57	2.93±0.53	0.928	0.355
深层扮演策略	3.56±0.67	3.43±0.54	0.875	0.382
真实表达策略	3.71±0.42	3.58±0.61	0.804	0.422
面对行政人员	3.40±0.33	3.19±0.36	2.219	0.028*
面对同事	3.49±0.31	3.37±0.37	1.254	0.211
面对学生	3.44±0.32	3.39±0.38	0.549	0.584
行政人员-表层①	3.52±0.67	3.03±0.79	2.392	0.018*
同事-表层	2.92±0.66	2.95±0.53	-0.225	0.822
学生-表层	2.75±0.78	2.82±0.69	-0.371	0.711
行政人员-深层	3.46±0.76	3.33±0.62	0.774	0.440
同事-深层	3.62±0.82	3.42±0.65	1.181	0.239
学生-深层	3.58±0.66	3.54±0.69	0.266	0.790
行政人员-真实	3.21±0.82	3.20±0.73	0.032	0.974
同事-真实	3.92±0.51	3.73±0.68	1.079	0.282
学生-真实	4.00±0.53	3.82±0.77	1.269	0.219

注：** 代表在 0.01 水平（双侧）上显著相关，* 代表在 0.05 水平（双侧）上显著相关。

①由于图表字数所限，"互动对象-策略"格式为省略表述，例如"行政-表层"指教师与行政人员互动时的表层扮演策略。

该结果虽与之前研究结论[16]不一致，但验证了最新研究[14]的发现。究其原因，一方面，在教育应急治理驱动的普及性教育信息化改革中，外语教师在混合教学考核与评价、智慧教学竞赛、教学信息技术支持等方面需要相关行政人员的大力支持和帮助，沟通互动增加，情绪劳动频繁，从而比疫情之前非教育改革情境、针对非外语教师群体的研究结果呈现出更明显的差异性。另一方面，这也许涉及男教师的性别社会化观念，即男性更理性，而女性更情绪化。因此，在失衡的教师-行政权力关系中，男教师即使感受到愤懑、不满等情绪，也往往更倾向于采用"不较真"的表层扮演策略，进行情绪调控和掩饰[20]。

单因素组间方差分析结果未发现教龄、学历、职称、职务等因素对高校外语教师总体情绪劳动策略以及面对不同互动对象的策略产生显著影响（$p>0.05$）。这也许与新量表增加了互动对象类型、调查样本覆盖全年龄段有关，也可能是受样本量的限制，有待更大样本的实证研究进行验证。

四、结语

通过编制和校验双维度教师情绪劳动策略新量表，本研究发现：①北京高校外语教师总体上使用最多的情绪劳动策略是真实表达，最少的是表层扮演；②与学生互动时使用情绪劳动策略最多，与行政人员互动时最少；③面对不同互动对象的情绪劳动策略特点不同，与学生和同事互动时使用最多的策略是真实表达，面对行政人员时使用最多的则是深层扮演；④表层扮演与真实表达策略呈显著负相关，深层扮演与真实表达策略则呈显著正相关，面对不同互动对象的情绪劳动策略均呈显著正相关；⑤与行政人员互动的情绪劳动策略（尤其表层扮演）具有显著的性别差异。

本研究有以下三点启示。

第一，为外语教师研究提供了新的研究工具。新量表增加了互动对象维度，有助于揭示出更复杂的教师情绪劳动策略特点，有助于拓展未来相关量化研究思路；新量表不仅适用于高校外语和其他学科教师，而且适用于其他学段教师，如在测量中小学教师情绪劳动策略时，增加"家长"这一互动对象类型即可。

第二，教育改革推行者应重视教师情绪劳动策略的现状调查和诊断分析，及时觉察教师情绪劳动对教育改革的抵触性阻力或支持性助力，以更有效地推进包括教育信息化在内的改革进程。

第三，包括高校外语教师在内的所有教师应正视自己职业实践中的情绪意义，利用不同情绪劳动策略有效调控面对不同互动对象的情绪冲突，以便及时发现问题、创造有利教育条件、改变权力关系[7]，从而促进智慧时代的可持续教师发展[20]。

本研究尚存两个局限：其一，本研究为量化实证研究，未来还需要开展后续质性研究来进行研究资料的三角验证，以深化数据分析解读和研究结论阐释；其二，本研究仅在北京高校外语教师中取样，样本总量低于预期，个别变量（如助教、专职管理者）的样本量较小，无法分析其对应教师群体的数据。未来研究可借助跨地区、跨学科、跨学段教师群体扩大样本规模，使研究结果更全面、更丰富。

参考文献

[1] VAN VEEN K, SLEEGERS P. Teachers' emotions in a context of reforms: to a deeper understanding of teachers and reforms [A]//SCHUTZ P A, ZEMBYLAS M. Advances in teacher emotion researchs. Boston: Springer, 2009: 233-251.

[2] HARGREAVES A. Educational change takes ages: life, career and generational factors in teachers' emotional responses to educational change [J]. Teaching and teacher education, 2005 (21): 967-983.

[3] HOCHSCHILD A. The managed heart: commercialization of human feeling [M]. Berkeley: University of California Press, 1983.

[4] MORRIS A, FELDMAN D. The dimensions, antecedents, and consequences of emotional labor [J]. Academy of management review, 1996 (21): 986-1010.

[5] 尹弘飚. 教育实证研究的一般路径：以教师情绪劳动研究为例 [J]. 华

东师范大学学报：教育科学版，2017（3）：47-56.

[6] ASHFORTH B, HUMPHREY R. Emotional labor in service roles：the influence of identity [J]. Academy of management review, 1993（18）：88-115.

[7] 丁晓蔚. 国内外英语教师情绪劳动研究述评 [J]. 外语教育研究前沿，2021（3）：3-8.

[8] DIEFENDORFF J, CROYLE M, GOSSERAND R. The dimensionality and antecedents of emotional labor strategies [J]. Journal of vocational behavior, 2005（66）：339-357.

[9] YIN H. Adaptation and validation of the teacher emotional labour strategy scale in China [J]. Educational psychology：an international journal of experimental educational psychology, 2012（32）：451-465.

[10] 周厚余. 积极心理学视角的特殊教育教师情绪劳动策略研究 [J]. 教师教育研究，2016（1）：61-66，88.

[11] YIN H, HUANG S, LEE C K. Choose your strategy wisely：examining the relationships between emotional labor in teaching and teacher efficacy in Hong Kong primary schools [J]. Teaching and teacher education, 2017（66）：127-136.

[12] 王光强，曾国权. 情绪劳动对教师课堂管理效能感的影响：情绪衰竭的中介作用 [J]. 教育观察，2022（11）：40-43.

[13] 楚红丽，杨晓薇. 小学教师职业认同与教学创新之关系：情绪劳动的中介作用 [J]. 教师发展研究，2021（4）：89-96.

[14] 赵雪艳，游旭群，秦伟. 中学教师情绪劳动策略与职业幸福感的关系：基于潜在剖面分析 [J]. 华东师范大学学报（教育科学版），2023（1）：16-24.

[15] 郑久华. 高校教师教学中的情绪劳动：基于工作要求-资源模型的质性研究 [J]. 黑龙江高教研究，2022（1）：77-86.

[16] 陈晓宁. 高校青年教师情绪劳动的实证研究 [J]. 黑龙江高教研究，2010（12）：23-26.

[17] HARGREAVES A. The emotional practice of teaching [J]. Teaching and

teacher education, 1998 (14): 835-854.

[18] 高原, 崔雅琼. 英语教师在教学改革中情绪劳动变化轨迹的质性个案研究 [J]. 外语教育研究前沿, 2021 (3): 9-17.

[19] DING X, BENESCH S. Why English language teachers' emotion labor?: an interview with professor Sarah Benesch [J]. Journal of teaching English for specific and academic purposes, 2018 (6): 543-551.

[20] DING X, DE COSTA P, TIAN G. Spiral emotion labor and teacher development sustainability: a longitudinal case study of veteran college english lecturers in China [J]. Sustainability, 2022 (14): 1455.

探析大学英语阅读教学对写作句式有效迁移的路径

董利晓[*]

【摘　要】 大学英语教学中阅读的比重一直很高，阅读方面的提高和成效也相当明显。英语写作的能力和水平则相对而言呈现较低的状态，存在很多需要提高的地方。从阅读中找到读写相通的途径，让写作水平的提高从阅读中借力，不但可以相得益彰，也是事半功倍的一种路径。本文以学习迁移理论为基础，以大学英语教材为依托，探究读写结合在促进写作能力方面的理论和实践依据，并结合具体的学生习作和阅读篇章，探讨读写结合的方式和途径，让阅读实践中的所得可以真正有效地指导和提高写作水平。

【关键词】 读写结合　大学英语　迁移理论

一、引言

多数大学生进入大学英语学习阶段时已经接受了数年的英语学习，但实际的英语写作能力依然不容乐观。一方面，是英语教学长期以来侧重英语阅读和理解能力，对英语写作能力的培养力度不够。语言能力的提升之于母语和外语学习是相通和一致的，母语教学中不仅重视阅读，而且重视写作能力，如日记、周记或作文的练习任务是常态，而英语教学中的侧重点是词汇、语法和阅读能力，于是就在一定程度上造成了较为普遍的学生英语写作能力落后于阅读能力的问题。另一方面，写作能力的提升需要长期潜移默化的输入，

---

* 作者简介：董利晓，北京信息科技大学外国语学院副教授，研究方向为英语语言文学。

需要反复、耐心地输出，单独进行写作能力的练习是不现实和不可行的。如果学生从阅读中掌握的单词和句式无法顺畅、自然地应用到写作当中，就会导致写作模式化和表达僵化。如何从良好的阅读能力中进行能力的迁移，即从阅读教学和阅读内容中找到借力的途径，从而让阅读中的所得能够切实有效地迁移到写作阶段？是值得不断探索的课题。

二、学习迁移理论

学习迁移是指一种学习对另一种学习的影响，或习得的经验对完成其他活动的影响。迁移广泛存在，各种知识、技能与社会规范的学习都涉及迁移的问题。学习迁移可分为广义迁移和狭义迁移。由于学习活动总是建立在已有的知识经验之上的，这种利用已有的知识经验不断地获得新知识和技能的过程，可以认为是广义的学习迁移[1]。教育领域所涉及的学习迁移是狭义的迁移，主要是指前一种学习对后一种学习的影响。大学英语阅读能力对写作能力的影响就属于这种狭义的迁移范围。

学习材料的共同因素决定了学习迁移的达成及其效果。由于材料之间存在着共同的因素，就会产生相同的反应，因而在学习中就会产生不同程度的迁移。阅读教学和写作教学在材料、内容和信息输入方面存在着共同的因素，会产生共通的反应，所以在教学中就可以通过各种途径达到阅读和写作两种方式之间的学习效果迁移[2]。

此外，基于两种学习能力之间的共同因素，学习中的概括和总结能力是能力迁移可以达成的重要条件。概括是迁移的基础，任何学习过程中都要能总结和掌握核心的因素，这样才能做到举一反三，产生广泛或狭义的迁移。英语阅读教学中对阅读材料进行信息的提取、概括、归纳和整理，直接决定了哪些或多少信息量可以顺利迁移到写作之中。所以，探索英语写作中学生经常出现的错误，并结合这些错误反思和改进阅读教学，进一步调整和完善阅读教学的手段与途径，形成以写作产出为导向的阅读教学方法，不但可以完成阅读能力向写作能力的正向迁移，也可以使阅读和写作教学日臻完善。

三、大学英语四级写作常见错误及分析

（一）用词不当，表达冗赘啰唆

这是汉语负迁移的一种表现，面对写作话题冒出的都是汉语的原始句子，在硬性直译过程中总会出现用词不当，或者语言啰唆的现象。

例 1　Due to the pace of development of Internet....

这是学生习作很常见的作文开头，而这里的 pace 就是一个冗余词汇。

例 2　If one people want to share his life.

这里的 one people 也是明显的汉语负迁移现象。

例 3　Recent years have seen a spur of progress in technology.

这里的 spur 明显是不当搭配，学生从阅读中获取的词汇没有正确地迁移到写作的表达之中，这种误用反而影响了观点的正确表达。

例 4　We cannot regardless of the potential risks of the internet.

这种对于 regardless of 的错误使用，不仅是词性不分和汉语语意负迁移的影响，而且是阅读中对于词语的使用没有给予充分的关注，因此迁移到写作中时就会出现这种非常明显的用词错误，从而让阅读的成效在向写作能力转换过程中大打折扣。

（二）句子模式化痕迹明显，不能做到言之有物

这是长期僵化式练习写作的结果，把一些模式化句型反复使用，似乎句型上看起来很端正，其实都是一些言之无物的拼凑或重复，反而冲淡了对于核心观点的关注。

例 1　To sum up, in light of aforesaid above factors, it is natural to reach the conclusion that why students should be encourage to develop effective communication skills.

这个结尾段落中的 to sum up, in light of aforesaid above factors 以及 it is natural to reach the conclusion that... 都是模式化的句型，放置在一起显得重复和冗余，并且从篇幅和力度上都压过了真正的总结性观点。如果能从阅读篇章中分析和提炼结尾段落的表达，就会注意到这种模式化句型在表达效果上的弊端，从而可以真正关注结尾段落所需要表达的内容，而不是拼凑这些句型。

例2 下面这些句子都出自一篇作文中的段落的首句。

With the development of technology, it is a common phenomenon that internet exists in all places.

To begin with, there is no doubt that the internet has a profound influence on our work and life.

However, every coin has two sides.

From the point of my view, I think that the merits of internet outweigh its weakness.

这四个段首句看起来都无可厚非，但根据我们所阅读的篇章构架来分析，这些句子都显得模式化明显，表达啰唆，会在很大程度上消解读者对真正核心观点的关注，是需要在写作练习中进行完善的方面，不应让这种模式化句型成为学生作文中的常客[3]。

（三）段落结构布局混乱

有些学生的作文全文不分段，一段到底，各种观点混杂，思路不清，更无法向读者传达有效的观点。有些学生对于一个段落的内容完整性和主题句的认知不足，在一个段落的开头表达了多种角度，然后戛然而止，没有下文，或者是只在下文中涉及一个角度，从而丧失了段落的整体性。

例1 Internet has a huge impact on our work and life style. Every coin has two sides. Nowadays there is a growing concern over potential risks.

这个段落开头就是各种不同角度观点的混杂，没有分出观点的层次，更没有某一个角度的具体侧重。这样的开头表明，学生对作文的主题没有正确合理的审题和判断，如果不对这种段落进行调整和完善，那作文即使是填充了好词好句，也依然无法传达清晰有效的信息。这就特别需要从阅读篇章的段落中汲取有用的行文知识。

例2 Internet has been invented for many years. It affects our life and work nowadays. The internet has a huge effect on our life, it also brings us many potential risks....But if we have a better looking, it also brings us many benefits.

这篇作文对于观点的安排不清晰，忽略了段落的连贯性。本来是先提到了积极的方面，但行文中却先讲负面的因素，然后在段落中部又跳转到积极的方面，让读者对这篇作文的价值判读产生迷惑。这就是因不关注段落结构而造成的信息传达偏差，同样需要从阅读的篇章中进行营养的汲取才可以得到改善和提高[4]。

（四）写作内容单一和同质性问题普遍存在。

对于作文而言，不论字数长短，内容和观点都是其最核心的环节，是读者要获取的信息，也是作文真正的目的。但学生作文中内容单一和同质化问题比较明显，显示出相关观点输入和思考的不足。例如：

Second, more and more colleges had been built during the past thirty years. The increase of colleges and undergraduates to be more and more so that more and more students can reach the college to get higher education.

这个陈述里面不仅逻辑关系不明晰，而且内容表达上也非常表层的，并且，反复出现的 more and more 更是暴露出表达方面的贫乏。因此，对于任何的题目的作文，学生对主题的掌握和表达都需要基于一定的信息输入，才能在合适的词汇和句式的支撑下做到信息的有效传达。要实现这些必要的信息输入，需要一定的阅读量，并且还要有针对性地把阅读的内容和信息进行适度的加工和整合，让它们能够融入写作者的思维体系，这样才能在正式写作过程中把信息以有效的形式输出。因此，在这个环节，阅读向写作方面的迁移可以说是最重要的一个部分[4]。

四、读写结合的迁移途径

面对大学英语作文中的这些问题，以及大学英语教学中对于阅读的投入，通过合适的途径把阅读中的所得更多地迁移到大学英语写作中，不仅可以真正改善大学英语写作的不良状况，切实提高英语写作能力，而且会极大地推动阅读的教学和阅读能力的提高，让学生更清晰地认识到阅读篇章时要获取的信息，从而完成篇章中词汇、句式和结构的分析和提炼。这种双向互补式的读写结合实施路径是非常值得探索的[5]。

（一）词语运用的吸取以及运用

正如上文所分析的，大学英语写作中词汇运用错误、搭配不当、用词冗余是常见的错误现象，而英语阅读教学中词汇是基本的目标，其实是学生们最容易达成的目标。一般每篇文章都辅以相应的单词列表或标画出重点词汇，这些都很容易进入学生的学习范畴。但阅读教学中的词汇往往只是完成了基本的记忆或识读阶段，没有对词汇进行深入的总结、整合以及进一步的灵活使用，也就未能将词汇及时、有效地迁移到大学英语写作中。提及词汇迁移的路径时，先要在阅读篇章时把词汇的总结、归纳和应用放在核心的位置，即词汇学习的目标不仅仅是记住，而是要能在适当的主题下和语境中将其表达出来。

1. 阅读中同义词语或表达方式的认知和归纳

大学英语阅读教学中的词汇学习如果是以迁移到实际写作中为目的的，就不能只是识别和记忆新词汇，应该注重同义词语的复现以及同义表达方式的整理，这样可以加深阅读篇章的理解和赏析，更能让词汇深刻印记到学生的记忆中，并能在写作输出的过程中加以运用，还可以进行灵活的变通。

以 2016 年四级考试的阅读篇章为例，关于"促进世界经济发展"可以总结出 give a boost to world economy，heat up world economy，stimulate the economy 这三个含义相近的表达方法；关于"油价下跌"，可以整理出 falling oil prices，oil prices sink lower and lower，collapsing oil prices，plunging oil prices，a fall in oil prices，the price drop 等六个表达方法。这些表达方法涉及不同的结构和词性，对于学生词汇量的扩充和全面认知大有助益。如果在学生阅读理解的基础上让学生来以个人作业或小组活动的形式来进行整理，会达到更好的学习效果。

2. 阅读中地道表达方式的认知和归纳

大学英语作文中不地道的、生硬的或者明显错误的搭配方式是很常见的一个问题，非常影响写作的质量和文章内容的正确传达。倒推到阅读教学中，对于词汇的机械性记忆，对于汉语释义的强硬对照是造成这种问题的主要因素。例如，学生习作中出现过这样的例子：

The internet companies can collect our privacy and push things that we may like.

We can increase our recognizing abilities by reading books and newspapers.

I decided to make some changes to ensure a good emotion next day.

这里的 push things, recognizing ability, good emotion 都是这类例子。学生会认为从词性和语法角度这些表达无可厚非，并且会反复使用，让不当的用法在头脑中不断加深。要改掉这种不当表达习惯，就需要从阅读材料和阅读教学中不断获取地道的、自然顺畅的表达方式，并通过写作练习的输出不断加强，真正提升学生对于词汇的认知和运用，让地道的表达真正传达想法和观点，从而有助于写作水平的提高。

在阅读教学中要注重概括和总结英语中的地道表达形式，尤其是那些和中文负迁移表达容易混淆的形式，教师需要主动引导学生主动去认知，形成良好的辨识能力和总结能力，并引导学生在写作中进行运用。例如：

The candidate was productive, or intelligent, or a solid scientist so something that's clearly solid praise.

这个句子看起来并没有艰涩的单词，但可以从中找出三个非常地道的词语来修饰人，分别是 productive, intelligent, solid。尤其是其中的 solid，这个句子中分别出现了 a solid scientist 和 solid praise。所搭配的词语不同，solid 的含义自然也不同。第一个 solid 是指 definitely good and steady but perhaps not excellent or special，意思是这个科学家很不错，但并不是顶级优秀那种科学家。第二个 solid 是指 reliable because it is based on facts，意思是这些赞赏之语都是靠得住的。在阅读过程中通过这种方式进行词汇的学习和整理，会让学生摆脱汉语负迁移对词汇使用造成的影响，并且形成对地道词汇表达的直接认知，不但会提高阅读理解能力，更会迁移至写作能力的提高。

（二）句式结构和段落构架的分析以及仿写

英语写作中词汇的合适表达只是基础性因素，句子结构的使用和变化以及段落架构的分配是更重要的因素。在阅读教学中应引导学生关注每个句子的主题句，分析主题句的语法构成，以及段落中句与句之间的层次安排和承接关系，这些都可以让学生对阅读文章有更全面和深层的理解，并对作文结构形成一定的认知。对于句子的主题句，有些学生的作文会套用好几句模板类型的句子，看起来堆砌了不错的复杂句子，实际上扰乱了主题的清晰表达。例如：

There has been much discussion revolving around the issue of whether students should be encouraged to develop effective communication skills. As far as I'm concerned, I'm in line with the view that students should be encouraged to develop effective communication skills owing to innumerable reasons.

这篇作文的每个句子开头都在套用固定的句型模板，显得啰唆又远离主题。但这些模式化句子对于学生的影响非常大。可见，只有在阅读教学中有针对性地引导学生关注阅读文章中主题句的表达，并在写作练习中反复加以演练，才能让学生找到直接、明确的点题方式，从而增强作文的表达力。

（三）新鲜内容和信息的摄入及应用

在大学英语作文中还存在着一个非常普遍的问题，就是作文表达的观点或呈现的信息简单化或者同质化倾向严重，缺少新鲜的角度和丰富的信息。这个问题的解决并不是依靠加大词汇量或者分析句子、段落结构就可以达到的，真正可行的路径应该是从阅读中吸取新鲜的内容和信息。词汇和结构服务的最终对象就是所要表达的信息，如果头脑中没有输入和积淀丰富的信息，就无异于无米之炊，作文的表达效果肯定就不好。这种输入必须借助阅读教学，让阅读教学超越词汇和结构的层面，进入内容和信息的摄入。这样，阅读教学方可摆脱只见独木不见森林的困境，写作练习也将摆脱无源之水的境地。例如，对于 garbage sorting 这个话题，大家都觉得很熟悉，但作文中几乎都只是提到清洁环境，应积极参与，但具体措施方面则泛泛而言，这样的文章即使词汇和结构都很不错，也很难评定为好作文。阅读相关主题的文章，则可以摄入很多新鲜的视角和信息，不但会打开作文的思路，更可以提高作文的层次。例如，More efforts should be made to improve related laws, build household waste management platforms with information technologies, and promote a garbage sorting publicity week annually aiming to enhance civic literacy and develop an environment-friendly lifestyle among citizens. 这句话里就包含了非常核心的关于如何有效推行 garbage sorting 的具体做法，把这些信息融入作文之中，对于学生的阅读和作文都是大有裨益的。

五、结语

阅读和写作一直以来都是作为语言教学的主要内容。通过有效的阅读，可以积累词汇，学习写作技巧和摄取内容和信息，基于有效阅读的写作能力自然会得到加强和提高。读写结合的途径还有很多，如以读促写、以写促读、互相助力、完成学习的正向迁移等，就英语教学和学生实际能力的提升而言，都是值得进一步探讨的领域。

参考文献

[1] 徐学超．外语教学中的学习迁移影响因素研究［J］．海外英语，2022（23）：102-104.

[2] 赵欢．大学英语四级作文常见错误分析及其应对策略：以复旦大学护理学院高职学生作文为例［J］．考试周刊，2012（61）：1-2.

[3] 周新海．句子成分中的参与者角色：基于大学英语四级写作的中介语研究［J］．文教资料，2018（4）：212-213，201.

[4] 邢玉．语用迁移和大学英语读写教学［J］．现代教育，2014（Z1）：39-41.

[5] 周先红．大学英语四级写作常见错误分析及应对办法［J］．海外英语，2013（3）：83-84.

汉语中字母词的必要性质疑

方　元[*]

【摘　要】随着改革开放以及中国英语教育的普及，汉语中的字母词越来越多，其庞杂和误导性引起人们的关注，本文从汉语中字母词的分类和应用角度，探讨哪些字母词有必要存在，哪些字母词的存在有弊端。同时借助《中华人民共和国国家通用语言文字法》，以证明标准汉语的地位和作用并给出字母词问题的解决建议。

【关键词】字母词　必要性　《中华人民共和国国家通用语言文字法》

一、汉语中字母词定义和分类

（一）汉语中字母词的出现

中国在走向世界的过程中，与西方文化（尤其是英语文化）的接触使得汉语中融入了这些英文字母。汉字中最早的字母词出现在 19 世纪末，是在引进西方自然科学的发明创造成果时出现的。例如，1895 年年底"X 射线"发现后，这一应字母词很快就传入中国，1898 年出版的《光学揭要》就出现了该词。

汉语中字母词的出现还有一个客观条件。1958 年公布的《汉语拼音方案》，规定用拉丁字母作为汉字注音符号，虽然拉丁字母与同形的汉语拼音发音并不一致，但其拼写是相同的。同时需要注意的是，汉语中的字母文字绝大多数来自英语词或者短语。

其实，在最早的东南沿海的通商口岸，英语词多数是以音译的方式进入汉语语系的。在我国新文化运动期间，很多外来语也是以音译的方式进入汉

＊　作者简介：方元，北京信息科技大学外国语学院副教授，研究方向为应用语言学。

语语系的。

再往后，随着英语学习在中国的普及和深入，更多的人对于英文有了一定理解，于是字母词才开始大规模出现在汉语中。对于字母词的思考也相应多起来。它们到底是丰富了汉字的表达，还是混淆了词语意义甚至导致了新的"文盲现象"？这些问题引起很多学者的关注。

（二）字母词定义

刘涌泉 1994 年在《语文建设》第 10 期上给出这样的定义："字母词是指汉语中带外文字母（主要是拉丁字母）或完全用外文字母表达的词。"

但是惠生在《语文建设》1995 年第 7 期上发表了《也谈字母词》，就刘涌泉的定义以及对待字母词的态度提出不同意见，该文提出，"外文的缩写字与中文不同"，即英文缩写字对于中国人来说难以理解，还容易造成沟通障碍。胡明杨（2002）在论文《关于外文字母词和原装外文缩略语问题》中也质疑把外文缩略语当作字母词的做法。

邹玉华（2012）在《现代汉语字母词研究》这本著作中，利用维特根斯坦的"原型理论"对各种定义和理解进行了剖析，避免了二分法过于简单地判定是字母词、不是字母词的问题，提供了更全面准确的分析[1]。

（三）字母词分类

原新梅（2017）在《汉语字母词语研究》一书中根据结构层次把字母词做了分类：①纯字母型字母词语，如 WTO，DIY，Ω，π，sin 等；②汉字型字母词语，如阿 Q、人均 GDP、D 小调、pH 值、B 超、日 K 线、手机 SIM 卡等；③数字型字母词，如 1G、24K、A4 纸、奥迪 A6 等；④符号型字母词，如人民币普通股（A 股）、CD-ROM 等[2]。

在上述分类中的字母词大部分已经约定俗成，其中第二、第三、第四类中的字母词不适合翻译成汉语，即使翻译过来也会产生交流障碍。第一类纯字母词，像符号类的词，如 Ω，π，sin 等是无法翻译过来的，这类字母词在汉语中有充分存在的必要性，而像 WTO 翻译成汉语的缩略词"世贸"更有利于表达明确意义，如果需要与世界接轨，可以在"世贸"后面用括号标出WTO，这样既丰富了汉字，也保证了这个符号的识别度。

（四）字母词的读法

字母词多为拉丁字母，形状与汉语拼音一样，但是读音不同，大多数字母词的读法造成很多的笑话，如春节期间各大电视台，公交车上都能听到"ei-pi-pi"这三个音，它们就是英语缩略词 App，它是 application 的截短词，应按词的发音读，而不是按照字母读，这种使用了英语缩略词，但是却误读的做法，在国际交流中造成了很大误解。类似的例子还有很多，比如 PC（personal computer）这两个字母英语本族语者很少用，因为它很可能指 Personal Check（个人支票），也可能是 Physics Center（物理中心），至于说电脑，他们就说 computer（台式机）或者 laptop（笔记本）。还有在中国大学里非常流行的 PPT，也是外国人难以一下子就理解的，因为他们习惯把它称为 PowerPoint。这些字母词读音的错误，造成了交流的障碍，还会影响中国人正确使用英语。

二、关于字母词的地位

（一）法律地位

2000 年 10 月 31 日，第九届全国人民代表大会常务委员会第十八次会议通过《中华人民共和国国家通用语言文字法》。这是我国历史上第一部关于语言文字的法律，确定和规定了普通话和规范汉字的法律地位，使得国家通用语言文字有了法律上的依据和保障。其中的一些规定与我们所要探讨的话题密切相关。

在该法第一条提到，该法制定的目的是"推动国家通用语言文字的规范化、标准化及其健康发展"。这说明，"普通话和规范汉字"在应用过程中可能存在不够标准、不够规范和发展不够健康等问题。

该法第五条提出，"国家通用语言文字的使用应当有利于维护国家主权和民族尊严"，这充分表明中华民族要建立坚定的民族自信，通用语言的正确使用是一个重要的基础条件。

该法第十一条规定，"汉语文出版物中需要使用外国语言文字的，应当用国家通用语言文字作必要的注释"，可见其对报纸、期刊、书籍等出版物的文字提出了非常清晰的要求。

该法第十三条对公共服务行业使用的文字也有相关的规定："因公共服务需要，招牌、广告、告示、标志牌等使用外国文字同时使用中文的，应当使用规范汉字。"

综上可知，字母词明显处于不合法的地位。其存在不仅严重影响人们之间的语言交流，而且对民族自信心和公民平等也产生了一定的不利作用。具体论证和举例在第三部分详述。

（二）现实中不正确的应用

语言的形成过程中有约定俗成性，用得多了，就会被大家接受。错误的应用会造成长期的不良影响。下面是两个比较突出的例子。

"App"在汉语中铺天盖地的流行，几乎可以称作对英语的"革命性"应用，因为它被误读为"ei-pi-pi"。这个词在英语中是个截短词，即"application"的前三个字母，这类截短词通常保留其剩余部分在原词中的发音，不会按照部分首字母缩写词的读音方式把组成的字母单独读出来。在媒体、大型晚会和公共标识语中使用这种非汉字的字母词（完全可译的类别），并且读错音，不仅没有做到与世界接轨，而且在用英语与英语母语人士交流时还会造成交流障碍。

"做PPT"这个词组如此深入每一个中国大学生的头脑中，以至于当他们走向世界时，才会发现英语母语者竟然不懂该字母词，他们只说"PowerPoint"。原来，"PPT"是中国人自己"发明"的英语。

鉴于上述两个典型范例，字母的使用需要引起我们的注意。为了避免这类字母词的错误使用，我们应该依据《中华人民共和国国家通用语言文字法》来规范语言市场的"新产品"——英语字母词，保证不会因为这些错误使用而影响国际交流和民族自信心。

三、字母词的存在的争议

近30多年里，互联网的普及、中国外语（主要是英语）教学的普及和提高、世界上国际化的进展以及经济和文化的广泛交流，使得汉语中字母词的发展异常迅猛，字母词的影响也引起人们的密切关注。虽然在中国香港地区、中国台湾地区以及新加坡华语圈中字母词也普遍存在，但是汉语中的字母词

的研究主要出现在内地/大陆，或者更准确地说，字母词的负面影响在内地/大陆引起更多关注，

其实，字母词在最初的形成过程中并没有经历这么多的争议，比如最初的维生素/维他命 A、B 超、T 恤衫、24K 金，数学中使用的各种符号如 Σ、sin、cos 等，虽然人们用各式各样的发音读这些符号，并没有人对于它们的合理存在提出异议。

邹玉华指出，目前有三类词语是否可以认定为字母词，存在争议。这三类词是：汉语拼音缩略词、外文缩略语和外文原词[1]。

本文认为，汉语本身的缩略语既能丰富汉语表达力，有促使汉语健康发展，类似像"GB"这类的汉语拼音缩略语同汉字缩略语"国标"比起来，后者更有利于中国人猜测出它的含义，而且"GB"对于外国人来说毫无意义，因此，这类汉语拼音缩略词构成的所谓"字母词"存在的意义很小。

英语缩略词在国际交流中既合适，又有交流意义，但是在汉语中英语缩略词这样的字母词是否合适呢？WHO 同其中文翻译词的缩略语"世卫"在汉语里的应用，哪一个更适合广大民众呢？这个答案是显而易见的："世卫"这个中文缩略语的意义更容易让中国人推断出它的意义，而"WHO"对于普通人来说并不是一个耳熟能详的词，它的意义并不明确。一个不认识"WHO"的中国人很可能因为不认识这三个英文字母而被他人耻笑为"没文化"，从社会学的角度看，他们甚至会有自卑感的产生。作为中国公民，有权利要求自己所读到公共信息是自己的母语。另外，即使要推广 WHO 这类词语，让中国人加强对世界信息的了解，也可以在中文"世卫"后用括号标出 WHO。2009 年 CCTV 更名，说明中国相关部门和民众对于国家通用语言文字的重视有所加强。因此，外文缩略词的字母词在中文里不仅不表意，而且会增加民众的"文盲感"，因而不应该提倡，并应该根据《中华人民共和国国家通用语言文字法》取消不合理的字母词的使用。

外文原词作为完全不同于中文的符号，没有道理不翻译就存在于汉语中，即使没有对等汉字，音译词也是填补中文空缺之很好的对策，如咖啡、幽默、沙发等音译词，极大丰富了汉语的词汇量。

人们的担心不无道理，现在字母词数量越来越多，不规范的构成和发音

引起人们的担心，如汉语作为一种语言是否要保持它的纯洁性，字母词的使用是否让文化水平不够高的中国人产生自卑感和交际失误等。对这些问题需要加以认真分析和梳理，这样才能够保证汉语有一个健康的发展之路。

本文认为下列两种字母词的存在是有必要的。

第一，无中文译文。像维他命 A、维他命 B、维他命 C 中的字母就是不可翻译的，它们的存在无可争议，这些词多数与科学和数学中的一些符号相关。

第二，中文译文基本不用。如 24K 金、4G 网络，它们实际上是有中文对应词的，但是因为在实际使用中已经被普遍接受，并且它们的表达简明扼要，它们的意义在人们头脑中已经有认知。

四、对于外来语的接受态度

英语在发展的过程中与其他民族语言有碰撞和融合，英语对于外来语的吸收方法可以给我们提供一些思考。张维友在《英语词汇学教程》提出英语对于外来语的接受方法有四种[3]。

第一，完全同化词（Denizens）。把来自拉丁语、希腊语、法语等语言的词做英语化构词处理，外形上看起来跟地道英语词没有区别。例如，把拉丁语 portus 转变成英语单词 port，把法语词 changier 去掉法语后缀，变成change。

第二，外来语（Aliens）。它们或者保留着源语言的拼写形式，或者保持了它们的发音（非字母文字或者拼写系统与英语不同），但是人们不会接受非字母的拼写形式，如来自德语的 blitzkrieg，来自中文的 kowtow，来自阿拉伯语的 emir，来自拉丁语的 status quo 等。

第三，译借词（translation loans）。通过翻译原文的意义，把外语吸纳进英语。例如，来自拉丁语 lingua maternal 的 mother tongue，来自法语 humour noir 的 black humour 等。

第四，借义词（semantic loans）。借用同一个词在另外的语言里的另一层意义，丰富英语的表达。例如，dream 这个词原来就是"toy"或者"music"的含义，现在常用的"梦"这个含义是从挪威语里借来的。

英语作为拼音文字，它的借词能力很强。汉语在借鉴外来语时，先要借鉴英语对于外来语的态度，像阿拉伯语、汉语、日语，它们只借其发音，不留其异样的构成。

汉语拼音虽然与拉丁语拼写相似，但是象形文字中加入拼音文字明显是不匹配的，汉语中的字母属于注音系统，不属于文字系统。

蔡基刚在《英汉词汇对比研究》中，对汉语借词现象做了总结，主要方法有音译、意译、音意结合，原词借入，最后一类涉及的是字母词，在他举的例子中有一些字母词可以翻译成地道的汉语，如"IQ"翻译为"智商"，"CEO"翻译为"首席执行官"，"IT"翻译为"信息技术"等[4]。

鉴于以上分析，对待汉语中的字母词的态度要明确，即应该依照《中华人民共和国国家通用语言文字法》规范使用汉语，对于所有可以翻译过来的字母词而言，翻译词比字母词的表达更明确，更有利于中国人之间的顺畅交流和汉语的健康发展，也更有利于中国人对于本民族语言和文化的了解。如果确实需要普及某些英文缩略语，则可以用括号加备注，注明英文缩写。这样既可以丰富汉语表达，也可以帮助中国人了解有关世界通用英语词汇。

参考文献

[1] 邹玉华. 现代汉语字母词研究 [M]. 北京：语文出版社，2012.

[2] 原新梅. 汉语字母词语研究 [M]. 北京：中国社会科学出版社，2017.

[3] 张维友. 英语词汇学教程 [M]. 武汉：华中师范大学出版社，2015.

[4] 蔡基刚. 英汉词汇对比研究 [M]. 上海：复旦大学出版社，2008.

讲好中国产品故事：浅议中国技术传播行业的发展路径[*]

黄 贺^{**}

【摘 要】技术传播行业在中国起步虽晚，但发展迅速，是在中国当前推动经济高质量发展的背景下，适应产业智能化和信息化转型升级，推动高科技产业发展的重要支撑性行业之一。中国应充分认识到技术传播在产业和经济发展中的重要价值，从工具开发、新业态拓展、学科建设以及人才培养等各个方面多措并举，大力发展技术传播行业，支持中国技术传播从业者通过产出高质量的技术内容，更好地服务国内国际用户，讲好中国产品故事，提升中国制造的软实力。

【关键词】技术传播 行业发展 路径建议

一、技术传播的含义及历史

对技术传播（technical communication）的理解和定义有广义和狭义之分。在广义的理解中，具有代表性的是美国技术传播协会（Society for Technical Communication）的定义："技术传播是把往往生发于复杂概念的事实性信息清晰、连贯地表达出来，以供用户透彻地理解及安全有效地使用。"[1] 这种理解意味着技术传播可以是一切较为抽象、复杂的技术知识和信息的传达工作，不仅包括常见的产品技术信息的传递，而且涵盖诸如工程、医疗和软件等较为专业化的领域内知识的教育和培训，甚至包括任何行业内的职场信息交流

＊ 基金项目：本文系北京信息科技大学 2022 年校基金项目"理查德·鲍尔斯作品中的残障思想研究"（项目号：2022XJJ30）的阶段性研究成果。

＊＊ 作者简介：黄贺，北京信息科技大学外国语学院讲师，博士，研究方向为英美文学。

与沟通。

在狭义的理解中，具有代表性是欧洲技术传播联合会（European Association for Technical Communication, tekom）的定义："技术传播是指定义、创造和交付信息内容的过程，目的是让产品（技术系统、软件和服务等）得到安全、高效和有效的使用。"[2] 这种理解意味着技术传播工作紧扣产品进行，认为技术传播是关于产品技术信息的传播，强调技术传播镶嵌并服务于产品的构思、设计、研发、制造、销售和售后服务等各个环节。

中国国际贸易促进委员会商业行业委员会发布的《技术写作人员职业能力要求团体标准》（T/CCPITCSC 097—2022）将技术传播定义为："创建和提供技术信息产品和服务的过程，以保障安全、高效、节省、环保地使用产品。"[3] 可见，中国技术传播业界更加倾向于狭义地理解传播，这既符合当前中国的技术传播工作主要依附于产品开展的实践现实，也凸显了技术传播能够为产品带来的价值。

技术传播作为专门的行业兴起于第二次世界大战后的欧美发达国家，这主要得益于汽车、航空和电子信息等高科技产业的蓬勃发展。这些新兴行业的产品上附着的产品技术信息日益丰富和专业化，其重要性甚至不亚于产品本身。技术传播工作就是把产品技术信息以产品手册、维修手册等多种技术内容出版物的形式呈现给用户、售后以及研发销售人员，供其使用时参阅。在这一时期，技术传播工作者的主要工作内容——技术写作（technical writing）的主要原则和规范开始形成。1949 年，美国工程师查普林（Chapline，1920—2011）为早期电子计算机 BINAC 撰写了用户手册，被视为技术写作领域的开创性事件。

随着产业技术不断升级和产品复杂度的快速提升，产品技术信息也日益复杂和精密，以 DITA（darwin information typing architecture）、Markdown、S1000D 等为代表的结构化标记语言开始广泛应用于技术写作工作中，其优势是让海量的产品技术信息实现易用、易查找、易更新的目标，能够大幅提高产品技术内容的准确性，并降低技术内容生产和更新的成本。

近年来，技术传播行业在信息技术革命中快速迭变，积极拥抱数字化和智能化转型浪潮，不仅在技术内容生产方式上日益数智化，而且在技术内容的呈现方式上也不断多样化和智能化，追求为用户提供更加便捷、高效的信息获取体验。随着智能制造和物联网等技术的迅猛发展和迅速普及，在未来万物互联互通的智能社会中，产品的技术信息及其传播将变得越发重要，技术传播行业也将迎来发展的黄金时期。

二、技术传播的价值

对于企业而言，技术传播发生在企业内部、企业之间以及企业与消费者、政府、标准化组织或科研院所之间，也可能发生在企业外部的传播主体之间，并涉及产品的设计、生产、销售和使用等产品全生命周期的各个环节。技术传播的常见载体包括但不限于产品技术资料、使用说明书、维修手册、技术支持网页、技术信息百科等，这些载体及其承载的技术内容是企业提供产品的核心组成部分。如果说产品本身是企业硬实力的展现，那么技术传播工作所生产的产品技术内容则代表着企业的软实力。技术传播工作对企业乃至产业发展有着多方面的重要价值。

首先，准确、合规的产品技术信息是产品走向市场的先决条件。不论是家用电器、汽车、玩具等日用消费品，还是机械、电子元件等工业消费品，包含准确的产品技术信息和规范的使用及操作说明的产品说明书都是产品得以顺利推向市场供销售的必要条件。例如，《中华人民共和国国家标准GB5296》明确规定，"使用说明是交付产品的必备部分"[4]，并对产品说明中的不同内容做了强制性和推荐性的规定。对于把产品推向海外市场的企业来说，为产品，配备符合出口国法律法规要求或行业惯例的产品使用说明或运行维修手册等产品技术信息也是产品出海的前提。例如，出口的电子电器类产品均要遵守国际标准化组织（ISO）和国际电工委员会（IEC）以及电子和电子工程师协会（IEEE）共同组织制定的产品信息标准 IEC/IEEE 82079-1。若出口至欧盟国家，则还需要在产品说明中增加欧盟委员会要求的产品环保使用规范等内容。

其次，易用、易理解、易查找的产品技术信息保证了产品能够得到正确的使用和维护，这不仅有助于维持企业的产品流通，而且能够降低企业在使用培训和售后服务等环节的成本。一方面，低效甚至错误的技术信息可能会给企业带来严重的经济乃至法律后果。信息同产品不一致的用户手册会导致汽车召回，不严谨的实验数据会给药品企业带来高达数亿美元的诉讼赔偿，现实中因产品技术内容出版物存在纰漏而导致企业担责的事件屡见不鲜。另一方面，高效的技术传播和优质的技术信息可以在产品的售前、售中和售后各个环节为企业节省人力和物力成本。例如，清晰易懂的装配指南可以让用户更快地装配新购入的家具，从而省去企业安装工程师的人力，减少客服人员的压力。

最后，对用户友好的产品技术信息在优化用户体验的同时也对产品进行了营销，无形中提高了企业的形象。高质量的产品只有同高质量的产品技术信息一起，才能为用户提供优质的使用体验，而低质量的产品技术信息即使同高质量的产品一起也无法创造良好的产品使用体验。这也是为什么技术传播业界普遍认可"用户购买产品可能不是因为好的说明书，但肯定会因为不好的说明书而不去购买产品"这样的说法。此外，随着智能制造的发展，产品的信息属性相比其物质属性而言，在给用户创造使用体验中的作用越来越大，这意味着产品技术信息的质量将在产品营销中发挥更大的作用，实际上用户因为好的说明书而购买产品的案例已比比皆是。在部分注重内容营销的企业中，技术传播工作被纳入内容营销，直接服务于产品的营销和企业形象的建设。

可以说，在以信息化、智能化为核心特征的现代化产业体系中，技术传播行业日益凸显出其重要性，成为现代制造和服务产业体系中不可或缺的一环。在诸如高端装备制造、电子芯片、软件信息等技术载量高、生产工艺复杂、产品更新周期短的产业中，高质量的技术传播工作显得尤为重要，甚至成为事关企业生产经营活动成败的关键性因素之一。

三、中国技术传播行业的发展现状及问题

同西方发达国家相比，中国的技术传播行业起步较晚，但发展迅速，且势头强劲。在中国经济腾飞和产业崛起的大背景下，中国的技术传播行业经过了20多年的发展，已达到一定规模，也成立了多个技术传播行业组织。中国国际贸易促进委员会商业行业委员会技术传播行业分会于2022年制定并发

布了《技术写作人员职业能力要求团体标准》，其中详细规定了技术传播工作的相关概念、工作流程以及从业人员能力标准。

当前，中国制造业数字化转型升级的浪潮进一步推动了技术传播行业的发展。从相关行业组织发起的行业调查结果中可以发现，技术传播从业者的人员规模大幅扩张；分布地域进一步扩大，有从北上广深等一线中心城市到西安、重庆、合肥等二线制造业强市扩散的趋势；分布行业更为广泛，从电子电器、通信、汽车等高端制造业延伸至芯片制造、人工智能、工业软件等新兴信息产业。此外，技术传播也是助力中国企业和产品走出去，推动企业国际化战略的关键性支撑行业。进行跨语言、跨文化的国际技术传播是每个扬帆出海的中国企业所要面临的首要任务。因此，越来越多的企业设立了技术传播岗位，尤其是"大型企业对技术写作需求较大，岗位设置较多"[5]。

然而也要看到，目前国内合格的技术传播人才不足、企业技术传播体系不健全等问题制约着行业发展，技术内容质量不高、技术内容生产方式落后、技术内容传播手段单一等现象仍广泛存在。这说明我国在技术传播人才培养和技术传播体系建设方面有待新的发展和突破。

四、中国技术传播行业的发展路径

新形势和新技术的不断涌现给中国方兴未艾的技术传播行业提出更大的挑战，也带来了诸多机遇。我国应充分认识到技术传播在产业和经济发展中的重要价值，多措并举，大力发展技术传播行业，支持中国技术传播从业者通过产出高质量的技术内容，更好地服务国内国际用户，提升中国制造的软实力。

一是开发拥有中国自主知识产权的技术传播工具软件，掌握技术传播工具自主权。目前，技术传播行业所使用的结构化写作、图像处理、内容管理等工具软件大多被国外厂商所主导甚至垄断，形成了较为明显的技术壁垒，也增加了国内从业者的使用成本。对此，我国应加大政策引导，尽快通过资金支持和项目布点等方式鼓励国内厂商和科研院所开发拥有自主知识产权的工具软件，以维护国家工业运行的安全。例如，俄乌冲突发生后，知名代码托管平台 GitHub 开始封锁受美国制裁的俄罗斯开发者账户，这应给我们以足够警示。

二是紧跟信息技术发展前沿，率先开拓技术传播的新方法和新业态。在20多年的发展历程中，中国的技术传播行业经历了向西方学习起步、跟跑到并跑的过程。随着信息技术的发展，技术传播进入智能化信息时代，中国在数字经济和智能技术应用领域的全球领先地位让中国技术传播从业者看到了弯道超车的希望。中国技术传播从业者应主动拥抱人工智能、虚拟现实、增强现实等前沿信息技术，积极开拓技术传播的新方法和新业态，创造沉浸式、场景化的信息体验，提供交互式、智能化的信息获取方式，以领跑者的姿态推动全球技术传播行业的新变革。

三是开展技术传播理论研究，形成特色鲜明的技术传播中国学派。从学科属性看，技术传播是涵盖传播学、信息科学、语言文字学、社会学等多学科的跨学科领域，既有强烈的技术性，也有鲜明的人文色彩。中国独特的历史文化传统与社会商业环境都决定着中国的技术传播实践不是对西方的复制，更不能亦步亦趋地固守西方技术传播的教条，而是应该在遵循技术传播基本规律的基础上探索符合中国国情的技术传播方法。相应地，中国学界也应深植于中国技术传播实践，总结和提取其背后的思路和原理，并勇于拓展学科边界，依循技术传播的跨学科特质，吸收多学科的先进理念，在国内外技术传播研究已有成果的基础上形成切合中国语境、具有中国特色、用以指导中国实践的技术传播理论体系。

四是密切产学研合作，建立技术传播工程师教育及认证体系。推动中国技术传播事业发展从根本上说需要依靠一支懂技术、会传播的高素质技术传播人才队伍来实现。目前，我国专业的技术传播人才较为匮乏，成熟的技术传播人才培养体系尚未建立，业界和学界关于技术传播人才应具备哪些核心素养、如何有效培养技术传播人才等基本问题的认识也亟待厘清。因此，需要大力推进产学研合作，汇聚企业、高校和行业协会等各方力量，以建设技术传播工程师教育及认证体系为主要抓手，通过标准化的教育及认证体系带动发展突出业务能力，注重学用一体的技术传播教育，培养大批合格的技术传播人才。

在中国经济和产业高质量发展的新格局中，技术传播行业的发展前景广阔，其重要性和价值也不言而喻。技术传播工作产出的高质量技术内容不仅是维护产品流通、产业运行的血脉纽带，而且是连接企业同消费者的信息桥梁。特别是在"一带一路"建设的推动下，越来越多的中国产品走向全球，中国需要更好的国际技术传播来讲好中国产品故事、展现中国产品形象。

参考文献

[1] Society for Technical Communication. Definition of technical communication [EB/OL]. [2023 - 7 - 18]. https://www.tcbok.org/about - technical - communication/definition-of-technical-communication/.

[2] European Association for Technical Communication. What is technical communication? [EB/OL]. [2023 - 7 - 18]. https://www.technical - communication.org/technical-communication/defining-technical-communication.

[3] 中国国际贸易促进委员会商业行业委员会. 技术写作人员职业能力要求 团体标准 T/CCPITCSC 097—2022 [S/OL]. [2023 - 07 - 18]. https://www.ttbz.org.cn/Pdfs/Index/? ftype = st&pms = 65280.

[4] 中华人民共和国国家质量监督检验检疫总局和中国国家标准化管理委员会. 消费品使用说明第 1 部分 非书资料：GB5296.1—2012 [S/OL]. 北京：中国标准出版社，2012：3. [2023 - 07 - 18]. https://wenku.baidu.com/view/d03ae03a6f175f0e7cd184254b35eefdc8d315b3.html? _wkts_ = 1697010822128.

[5] 李双燕，崔启亮. 国内技术写作发展现状调查及其对 MTI 教育的启示 [J]. 外语学刊，2018，000 (2)：50-56.

哈桑的言语艺术符号思想研究[*]

李寒冰[**]

【摘　要】哈桑（Hasan）是系统功能语言学理论体系的主要创立者之一。她从语言学的角度，对文学作品中主题意义的解读和文学作品语言的欣赏提出了独到的见解。她构建的"言语艺术符号"模式，阐明了语言符号系统和言语艺术符号系统在表征主题意义过程中的机制，具有鲜明的文学和符号学特色。在理论层面，该模式发展了符号的语义表征潜势；在实践层面，其对文学的学习和教学有重要的指导意义。

【关键词】言语艺术　主题意义　文学性　符号性

一、引言

　　哈桑是国际上颇有影响的系统功能语言学家，她在理论上发展了韩礼德的系统功能语言学理论，在语境理论、变体和语义网络、文体学等方面进行了深入、独到的研究，并将系统功能语言学的框架应用于文体学、语篇分析、儿童语言发展等诸多领域。本文讨论的是她在文体学方面的贡献，这突出体现在她在 1985 年提出的"言语艺术符号"思想中。

二、文学作品的主题意义及言语艺术的文学属性

　　"言语艺术符号"思想的两个核心概念是"主题意义"（theme）和"语言模式"（verbalization）。在哈桑提出该模式以前，主题意义已经是传统文体

---

　　* 基金项目：本文系 2020 年全国高校外语教学科研项目"小说主题的语篇语义研究"（项目号：2020BJ0014）的阶段性研究成果。

　　** 作者简介：李寒冰，北京信息科技大学外国语学院讲师，博士，研究方向为功能语言学和语篇分析。

学研究中的一个重要概念。语言模式是指文学文本中读者能够直观接触到的文字本身以及文学语篇中常用的修辞手法，如比喻、拟人、排比和象征等。下面简要介绍主题意义、主题意义和文学作品形式之间的关系，以及哈桑言语艺术符号思想的文学性和符号性。

（一）主题意义概述

主题意义是文学语篇的主旨，其涵盖了语言以外的事物，既包括客观世界，也包括人的主观世界[1]。主题是某种规律性或统领性原则，具有空间广泛性和时间永恒性。广泛性意味着它往往是"关于宇宙本质、人类与宇宙关系、人类的生存状态等普遍文化（pan-culture）的假设"[2]。永恒性是指主题所涉及的内容都是社团成员最为关切的问题，是"由来已久且尚未解决的问题，甚至是几代人共同面临的问题"[3]。

哈桑认为，在语篇编码的过程中，正是这种规律性原则引导着情景的选择和语言范畴的选择，使来自整个语篇的信息被读者理解为一个连贯的整体。文学作品主题意义的广泛性和永恒性也可以理解为抽象性和概括性。这一思想可追溯至亚里士多德，他认为文学是从特定向一般发展的。从特定文学作品所概括的主题因而也具有普遍性。

（二）主题意义的分析对象和分析方法

主题意义的抽象性和概括性决定了它不是浮于文本表层的，也不具有自明性，而是需要读者去"推断"[4]，推断的依据则是"作者和读者具有相同或相似的生活经历、社会背景和意识形态"[2]。哈桑认为，文学语篇的艺术性在于它的语言，文学的主题意义和语言形式之间具有像似性[1]（parallel）。要探究主题意义，就要从分析作品的语言形式入手。

在选择分析对象时，哈桑认为，分析对象要在揭示篇章主题方面具有相关性和重要性[1]。篇章中可以识别的音位模式、词汇语法模式和语义模式都可能是分析对象，根据所识别的模式进行初步假设，再根据模式共同的语义指向来验证假设，从而判断语义模式形成的动因。所谓"共同的语义指向"，本质上是一种关联。按照哈桑的解释，这些关联可能是识别关系、对等关系、属性关系、比较关系等语义特征，也可能是明喻、转喻、隐喻和意象等修辞手段。下面以叶芝（Yeats）的诗歌《临水自照的老人们》 （*The Old Men*

Admiring Themselves in the Water）中的词汇语法模式为例来说明。

I heard the old, old men say

"Everything alters

And one by one we drop away."

They had hands like claws, and their knees

Were twisted like the old tron-trees

By the waters.

I heard the old, old men say

"All that's beautiful drifts away

Like the waters."

——Yeats

诗歌中的参与者使用了不定指人称代词（I, we, they）和复数名词（men），以及经验过程动词（alters, drop away, twist, drift away）——有不以人的意志为转移的含义，时态是一般过去时（heard, had, were twisted, heard）和一般现在时（say, drop away, say, drifts away）。

对于上述词汇语法模式，哈桑是这样分析的：参与者没有明确和具体的所指，可以理解为泛指人类；表经验过程的非意愿性动词给读者一种被动和无助感；简单时态（一般过去时和一般现在时）的运用，由于没有提供任何可参照的时间，可以理解为时间的不定指和事物的常态；everything, all 这样全称量词的使用会让人联想到人人如此，事事如此，因而暗示了普遍性。这样，诗歌中所有的词汇模式和语法模式全部指向了共同的意义，传递的是一个自古到今、人类普遍且永恒面临的一种困境：一切美好终将逝去，无一例外[1]。从诗歌的语言形式到主题意义的推断，关键的环节是"象征性体现"，这也是哈桑言语艺术符号模式的一个重要概念。

三、言语艺术的符号性

哈桑的言语艺术符号思想和"象征性体现"的概念都可以在符号学研究中找到根源。首先是索绪尔的符号学思想[5] 和韩礼德的社会符号学思想[6]，其次是结构文体学派思想。上述符号学思想都预设了语言表达形式创造意义。

哈桑的言语艺术符号模式包含两个系统、三个意义层面。这两个系统分别是语言符号系统（第一层符号系统）和言语艺术符号系统（第二层符号系统）。其中第二层符号系统的语言模式是基于第一层符号系统的语义层，如图1所示。

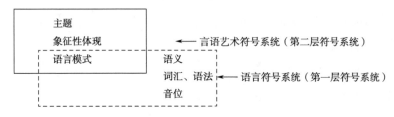

图1　语言与言语艺术符号系统[7]

由图1可以看出，第一层符号系统适用于任何类型的语篇，包括文学语篇和非文学语篇。在这一层面，读者可从语言的形式直接推知其意义，即语言的"字面意义（literal meaning）"[8]。以哈桑对诗歌《乡村鳏夫》第一节的分析为例，

I'll get up soon, and leave my bed unmade.

I'll go outside and split off kindling wood.

From the yellow-box log that lies beside the gate

And the sun will be high, for I get up late now. '

I'll drive my axe in the log and come back in

With my armful of wood, and pause to look across

The Christmas paddocks aching in the heat,

And then I'll go in, boil water and make tea.

从第一符号层面看，这首诗歌描绘的是一个失去伴侣的乡村老者每日茕茕孑立、形影相吊的凄凉画面。第二层符号系统才是文学语篇所特有的。在这里，对主题的解读已经"超出了读者仅凭直觉就能够理解的层面"[4]，因而需要对文学作品中所描述的事件、人物和人物关系等第一层面意义做更加深刻的解读，联系作者所处的时代和社会背景等因素，从中推断出更加抽象、概括的意义。哈桑认为，这首诗歌折射的主题是人类普遍的孤独状态，而人

类需要在互动中生存。

从索绪尔符号学思想的能指和所指概念来看，言语艺术可以看作一个符号或者意义系统，其所指是以艺术形式呈现的具有普遍性的人类文化体系，即图1中第二层符号系统的"主题"，其能指正是表达这一系列意义的语言文字系统，对应图1第一层符号系统的"语言模式"。从"语言模式"到"主题"，"象征性体现"是其中推断的过程和依据。

四、结语

言语艺术符号模式融合了文学的艺术性与符号学的理性以及系统功能语言学的适用性，在文体学领域内独树一帜。哈桑提出言语艺术符号模式并致力于文本分析实践，是为了将文学研究变成一种可供师生探讨和交流的学科，通过文本分析使读者对文学作品的体验得以外化。时至今日，文体学的分析对象已经扩展至包括文字在内的图片、视频和声音等模态，并包括多种模态的表意功能。哈桑的言语艺术符号模式或许可以扩展为包括多种模态的符号系统，以便我们进一步探究文学语篇中不同模态符号对主题意义生成和解读的作用机制。

参考文献

[1] HASAN R. Rime and reason in literature [C]//Selected works of RUQAIYA HASAN on Applied Linguistics. Beijing：Foreign Language Teaching and Research Press，2011：363-397.

[2] MILLER D R，TURCI A M. Language and verbal art revisited：linguistic approaches to the study of literature [C]. London：Equinox，2007.

[3] BUTT，DAVID. "Construe my meaning"：performance，poetry and semiotic distance [C]//BOWCHER W L，LIANG Y M. Society in Language，Language in Society：Essays in honor of Ruqaiya Hasan. Palgrave：Macmillan，2015：24-58.

[4] HASAN R. Private pleasure, public discourse: reflections on engaging with literature [C]//Selected works of RUQAIYA HASAN on applied linguistics. Beijing: Foreign Language Teaching and Research Press, 2011: 398-426.

[5] SAUSSURE F DE. Course in general linguistics [M]. Beijing: Foreign Language Teaching and Research Press, 2001.

[6] HALLIDAY M A K. Language as social semiotic: the social interpretation of language and meaning [M]. London: Edward, 1978.

[7] HASAN R. Linguistics, language and verbal art [M]. Beijing: World Book Publishing Company, 2012.

[8] LEECH G. Semantics [M]. London: Penguin Books, 1974.

我校工科研究生新生国际论文发表现状调查

邱靖娜　王　霞*

【摘　要】本研究采用自编问卷，对 160 名工科研究生（此处指硕士研究生。本文中若无特殊说明，均指硕士研究生）新生国际论文发表现状进行调查，主要涉及其发表动机和意愿、学术背景与经历、发表困难、外部因素及学术写作知识储备等五个方面。结果表明：研究生论文发表是多种动机共同作用的结果，但外部动机仍是核心驱动力；在上述研究生新生中，90% 的被试没有发表经历，这对论文写作教学提出了挑战；被试论文发表面临内外部诸多困难，其中过于依赖导师造成被试"没有想法"；对导师及同门研究状况的认知也是研究动力的重要影响因素；此外，部分被试研究基础尚不牢固。上述研究对改善学术论文写作教学设计是有参考价值，期待能够对研究生论文写作水平及研究生国际学术话语权的提高起到启发作用。

【关键词】工科研究生　论文　调查　学术话语权

一、引言

在经济全球化和社会知识化的背景下，高等教育国际化和学术国际化程度越来越高。其中，学术论文发表为知识共享和交流提供了便捷的工具和手段。

英文学术论文依托学者间跨国的科研合作、引用等发挥作用，英文发表是我国学术研究走向世界、提高国际话语权的重要抓手[1]，是提高学术国际影响力和国际学术话语权的重要途径。教育部等颁布的《关于深化研究生

---

　* 作者简介：邱靖娜，北京信息科技大学外国语学院讲师，博士，研究方向为功能语言学、英语教学；王霞，北京信息科技大学外国语学院副教授，研究方向为英语跨文化交际、英语教学。

教育改革的意见》指出，要"更加突出科教结合和产学结合，重视对研究生进行系统科研训练，要求并支持研究生更多参与前沿性、高水平的科研工作"[2]。

工科研究生教育作为我国研究生教育的重要组成部分，担负着我国产业转型升级和核心技术研发、增强原创能力的重任，对于我国经济社会的发展有着巨大的推力，工科研究生的创新能力培养自然成为创新型国家建设不可或缺的组成部分[3]。国际期刊论文的写作和发表，则是衡量工科研究生科研水平的重要标志之一。

目前，北京信息科技大学部分学院明确将国际学术论文发表作为研究生毕业的一个条件。为了助力我校研究生培养，外国语学院开设了科技英语写作课程。为了增强教学的针对性和实用性，特对我校研究生新生的学术论文发表现状进行了调查。

二、研究设计

（一）研究对象

在第二学期选修课科技英语写作开课前，笔者对在校选修该门课程的研究生一年级新生进行调查。调查对象为共计 160 名新生，主要来自机电、光电和自动化学院，都是典型的工科专业，具有代表性。已告知所有研究对象本研究的目的和意义。

通过问卷星平台，在第二学期第一堂课发放并回收问卷。选取该时间节点主要基于三点考虑：一是经过一个学期的学习，被试对学院的科研要求已经有一定的理解；二是被试进入研究生阶段尚未接受系统的学术写作训练，能够减少对该调查的干扰性；三是在课堂上进行调查可以减少干扰，提高调查结果的有效性。

（二）研究方法

本研究采用自制调查问卷，问卷主要包含五个部分：第一部分是意愿与动机，主要调查影响学习者学术发表的主观意愿和动机；第二部分是学术背景与经历，对被试之前的论文写作与发表经历以及所发表论文的类型进行调查；第三部分是发表困难，对论文发表的障碍因素进行调查；第四部分是外部因素，主要指的是硕士生导师态度、同门发表经历等；第五部分是学术写作知识，主要调查被试的研究基础，如定性和定量研究的区别、对国际期刊的了解程度、学术信息获取渠道、学术研究工具的掌握程度等。由于样本量较小，本次研究主要使用 Excel 软件进行数据统计和处理。

三、结果

（一）学术发表的意愿与动机

动机是指导行为趋向目标的驱动力，直接影响着主体的态度和行为；也是动态变化的连续体，内部动机的自我决定程度最强，外部动机则可以根据自我决定程度进一步划分为外控主导的外部动机和内控明显的外部动机[4]。

问卷调查结果显示，我校有学术发表意愿和行动的研究生新生进行学术发表的具体动机如表1所示。

表1　工科研究生国际论文发表动机概况

发表动机	个案数（个）	个案比例（%）
毕业要求	70	43.8
就业有优势	19	11.9
考博有优势	26	16.3
同学都发，有压力	0	0.0
自我提升	30	18.7
学术兴趣	15	9.4
小计	160	100.0

根据自我决定理论[5]，表1中前四项为外部动机，后两项为内部动机。从该表可以看出，被试进行国际论文发表仍以外部驱动为主，其中，毕业要求是发表的核心驱动力，与大部分类似研究结论相同。值得注意的是，升学需要超过就业需求，这可能与我国学历教育发展和全民受教育水平提高有关。本次调查中没有出现同辈压力数据，这与博士生的发表动机不同[6]，据此推测硕士生的同门竞争要低于博士生同门。

表1还显示将近30%的研究生被试开展国际论文发表有一定的内部驱动力，有30位和15位被试分别将自我提升和学术兴趣作为发表论文的主要动

机。理论上讲，内部驱动力强的被试科研兴趣会更为持久。为了进一步了解被试的发表动机，对被试的发表意愿进行调查（详见表2）。

表2　工科研究生国际论文发表意愿

发表意愿	个案数（个）	个案比例（%）
完全不感兴趣	6	3.8
不太感兴趣	13	8.1
一般	38	23.8
感兴趣	58	36.3
非常感兴趣	45	28.1
小计	160	100.0

从表2可以看出，60%多的学生对发表论文感兴趣，甚至非常感兴趣。不感兴趣的仅占11.9%。推测感兴趣的原因可能有二：一是部分被试具有较强的内部驱动力；二是部分被试在毕业要求等外部因素的驱使下产生功利性动机，从而表现出相对较强的发表意愿。不感兴趣的学生可能是因为自身没有学术兴趣，也可能是因为学院无发表要求，等等。当然，被试报告的结果较为主观，可能同现实存在一定偏差。

（二）学术背景与经历

调查对象中，共有90%的被试没有发表经历；只有10%的被试发表过1~2篇论文，其中仅10位被试发表过中文普刊论文，6位被试发表过英文核心论文。对未发表论文的被试，笔者设置相应题目以调查之前没发表论文的原因，结果如表3所示。

表3　研究生未发表论文的原因

原因	个案数（个）	个案比例（%）
没意识到要发论文	46	31
学校没有要求	35	23
不感兴趣	14	9
达不到能力要求	55	37
小计	150	100

从表 3 可以看出，研究生一年级新生在本科阶段未发表论文的原因较为多样，但其自身原因仍为主要因素，如无学术发表意识、不感兴趣、达不到能力要求等。只有 22% 的被试将原因归结为学校无要求这一外部因素。从中可以看出，这些被试对自己的现状有较为客观的认知。

为了探究学校层面原因与被试"达不到能力要求"是否存在关联，本次研究也对被试在本科阶段的课程进行了调查。结果发现：只有 21% 的被试承认本科学校开设了学术论文写作过程，其中 13% 的被试修过这门课程，剩余 8% 的被试承认"有这门课，但是本人没有选修"；将近 78% 的被试则声明"学校没有这门课程"。笔者认为，这可能与学生来源高校的培养目标有关。无疑，来源学校提供过学术论文写作训练的被试，应该在学术意识、选题、写作等方面更具优势。

（三）发表困难

为了探究论文写作难的原因，对学生的论文发表困难进行调查。本研究设置了两道题目，分别对中英论文的发表障碍进行了调查，并探究中英文论文写作困难是否存在一致性（详见表 4）。

表 4　研究生中英文论文发表障碍

困难	中文个案数（个）	个案比例（%）	英文个案数（个）	个案比例（%）
没有想法	97	60.20	73	45.70
实验设备有限	28	17.40	42	26.10
语言问题	10	6.50	10	6.50
不感兴趣	7	4.40	14	8.70
没有时间	17	10.90	9	5.50
不了解期刊	1	0.60	12	7.50
小计	160	100	160	100

从表 4 可以看出，中文和英文期刊论文发表最大的困难都是"没有想法"，也就是研究内容和创新是最大短板。推测部分被试攻读研究生功利性目的大于内部动机，出于研究兴趣读研的比例较低。另外，可能和现有的培养机制有关，很多学生习惯于本科阶段的被动接受式科研。为了印证这一猜想，本研究对被试本科阶段论文选题来源及今后研究生论文选题来源进行了调查。

结果显示：78%的被试本科阶段选题来源为"导师推荐"（50%）或"导师课题"（28%），只有22%的被试是"自选课题"，这与被动接受式科研猜想一致。另外，在未来研究生论文选题方面，85%的被试表示"预计硕士论文选题来源于导师推荐（39%）或导师课题（46%）"，仅有15%的被试表示要"自选课题"。对本科阶段和研究生阶段可能的研究话题关系进行调查发现，41%的被试认为二者相差不大，57%的被试认为相差很大，另有2%的被试认为二者完全不相关。通过两个学段的对比发现，研究生阶段学生的研究课题更为限定，可见受试研究生开展科学研究的目的性更强，更为聚焦；但相比人文专业而言，工科专业学生的自主性更低。这可能和当前的工科研究生培养机制等有关，需要在今后研究中加以关注。

对于"没有想法"的被试，笔者进行了个案访谈，有被试提到"没有想法，因为实验还没开始"、"导师还没说"、"不知道会分配到什么课题"和"都不知道会做什么实验"等。这也和表4中"实验设备有限"数据相匹配。

认为语言问题构成障碍的被试比例较小，且中英文论文情况相同，说明多数研究生对自身语言水平较有信心，这和学校的研究生新生质量较高有关（参与调查的学生67%来自985/211/双一流高校、26%来自一本高校，7%来自普通高校；有78%的学生是应届生）。对发表英文论文"不感兴趣"的情况高于中文论文意愿；结合对期刊的了解情况，可以推测部分被试因为"不了解期刊"又"没有时间"，从而降低了发表英文论文的意愿。值得注意的是，被试对英文期刊的了解程度远低于对中文期刊的了解，这也说明被试在中文期刊发表论文的愿望较高。就本专业英文的核心期刊的了解程度而言，调查表明仅有23%的被试选择了"了解"或"很了解"，32%的被试选择了"了解/很了解"，而大部分同学选择的是"有一定了解，不全面"。这种情况不利于知识和成果在国际平台的共享，从长远看不利于国际学术话语权的提升。

（四）外部因素

外部驱动也是研究生发表论文的重要因素，如奖励机制、导师因素、同门因素等。本研究主要聚焦导师和同门因素。导师是学生科研道路的指引人，已有研究表明，导师支持对研究生科研创造力有着显著积极影响[7]。

学生报道的导师职称方面，讲师、副教授、教授所占比重分别为11%、37%和41%，另有11%的被试不清楚导师职称。数据表明，大部分硕士生导师具有副高及正高职称。不清楚导师职称的学生可能因为自身研究方向不够明确，导致选择导师时缺乏针对性，也可能因为部分专业硕士生培养机制问题，如先入校再分导师和研究方向等。

带学生数量方面，调查结果显示大部分导师同时带2名或3名学生，最多的有6名，最少的是1名。学生了解的导师学术成就方面，调查结果如表5所示。

表5 研究生导师发文情况

核心期刊数	个案数（个）	个案比例（%）
0~2篇	0	0.0
2~4篇	0	0.0
4~6篇	18	11.2
6篇以上	71	44.4
不知道	71	44.4
小计	160	100.0

从表5可以看出，超过一半被试认为其导师核心期刊发文量在4篇以上，而其他被试不清楚自己导师的发文情况，这和学生对导师的职称了解情况一致，进一步证实了学生对导师不够了解，进行导师选择和科研选题都缺乏针对性。

在导师对学生发表论文的要求方面，将近48%的导师要求必须发表，41%的导师为建议发表，其余的为没意见或无所谓。为了验证被试对导师态度把握的准确性，调查设置了另外一个题目"导师对我发表论文的态度"，结果各有44%的被试选择选择"硬性规定"和"建议发表"，只有11%选择"不关心"。这和"导师要求"一题的结果高度一致，说明大部分导师对工科研究生发表学术论文是有要求的。

由于研究方向的强相关性以及当前我国高校"师门文化"的影响，研究生往往从同门那里获取的科研支持最多[8]。同门压力也是学术成长的重要外部驱动因素。但调查显示，56%的被试表示对同门发表论文的情况"不清楚"。这种同门交流的不足也会降低学生发文的积极性，从长远来看不利于专业发展。

（五）学术写作知识

在此基础上，了解被试已有的学术写作知识，以调整教学内容和教学方式。为了解学生的学术写作知识，对学术论文写作常用的信度和效度区别、研究论文和书评异同、定性和定量研究方法的区别以及常用软件 SPSS 的了解程度进行调查（详见表6）。

表6 研究生部分学术概念了解程度

	信度和效度的区别	Research article 和 book review 的区别	定性和定量的区别	对 SPSS 等软件的了解
了解	6.5%（10）	30.4%（49）	56.5%（90）	8.7%（14）
部分了解	63.1%（101）	47.8%（76）	21.4%（34）	28.3%（45）
不了解	30.4%（49）	21.8%（35）	22.1%（35）	63%（101）
小计	100%（160）	100%（160）	100%（160）	100%（160）

从表6可以看出，大部分被试只对"定性和定量的区别"一项较为了解，其他几项部分了解居多，而超过半数的被试不了解 SPSS 软件。理论上，这些概念和方法在研究生阶段较为常用，被试的了解程度应该较高，但从调查结果来看，部分被试研究基础尚不牢固。当然，可能与采样的学院和专业有关联，今后需要进一步细化该项调查，以提高调查的针对性。

四、结论与建议

本调查采用自编问卷，旨在了解我校研一新生的国际期刊论文发表现状及需求，以提高教学设计的针对性，改进教学效果。结果表明，大部分研究生有学术论文发表的需求，同时论文发表是多种动机共同作用的结果，既有基于自身发展需要的驱动，又有基于学术兴趣和学术热情的内源动力，还有外部环境的激励和驱使。

如何消除调查显示的学术写作困难等，应该成为改进教学的重要抓手。

当然，该调查样本量较小，且未将性别、具体专业等变量考虑在内，启示意义有限。今后将从这些方面进一步加以改进。

本研究认为，除了改进教学设计，提高学生内在动机之外，还要与学院、导师等多方形成联动，共同促进学生国际期刊论文发表水平，为提高研究生国际学术话语权和我国科学研究共享交流而尽力而为。

参考文献

[1] 文雯，崔亚楠. 显性影响与隐性影响：我国学术国际影响力的发展困境与提升策略 [J]. 江苏高教，2023 (8).

[2] 王少媛，张歆桐. 地方高校硕士研究生科研活动的现状与改进策略 [J]. 教育科学，2022 (4).

[3] 李枫，瞿婷. 工科研究生创新能力的提升路径 [J]. 中国高校科技，2018 (12).

[4] 左秀媛，杨春红. 高校英语教师学术发表内部动机探究：自我决定理论视角 [J]. 高教探索，2019 (2).

[5] RYAN R M, DECI E L. Self-determination theory and the facilitation of intrinsic motivation, social development, and well-being [J]. American psychologist, 2000, 55 (1).

[6] 魏庆义，赵祥辉. 制度规训下的"求生"：博士生论文发表的影响机制研究 [J]. 重庆高教研究，2023, 11 (1).

[7] 刘云枫，姚振瑀. 导师支持行为对研究生创造力的影响：信任为干扰变量 [J]. 情报杂志，2010, 29 (6).

[8] 姚添涵，余传鹏. 导师-同门支持、科研自我效能感与研究生科研创造力的关系研究 [J]. 高教探索，2019 (4).

FIF口语训练系统助力外语类专业"三进"工作的探索与实践

——以北京信息科技大学翻译专业为例[*]

汤　萌^{**}

【摘　要】北京信息科技大学外国语学院翻译专业始终坚持高质量党建引领下的信息特色翻译专业高质量发展，依托信息类特色院校专业优势和资源，积极探索信息技术与《习近平谈治国理政》多语种版本进高校、进教材、进课堂（以下简称"三进"）工作深度融合的模式。在使用科大讯飞 FIF 口语训练系统助力外语类专业三进工作方面，学校进行了很多卓有成效的探索和实践，着力打造信息类特色翻译专业本科人才培养模式，在信息技术的辅助下帮助学生更好地学习中国特色话语体系的中英双语表达方式，培养用双语讲好中国故事的能力。

【关键词】FIF 口语训练系统　　"三进"工作　课程思政

一、引言

随着《高等学校思想政治建设指导纲要》等文件发布，高校课程思政建设已全面推进，外语学科深入贯彻落实习近平新时代中国特色社会主义思想的工作业已全面铺开。推进《习近平谈治国理政》多语种版本进高校、进教材、进课堂（以下简称"三进"），把习近平新时代中国特色社会主义思想

---

　　* 基金项目：本文系教育部 2021 年产学协同育人项目"基于 FIF 口语训练系统的高校翻译专业《综合英语》教学改革研究"（项目号：202102325004）的阶段性研究成果。
　　** 作者简介：汤萌，北京信息科技大学外国语学院副教授，研究方向为翻译教学。

融入外语类专业人才培养全过程，有利于在夯实学生外语能力的同时，铸牢其理想信念之基，提高用外语讲好中国故事的能力。应以三进为抓手，探索高层次国际化外语人才培养新路径[1]。《习近平谈治国理政》四卷本极具人文关怀和思想内涵，是讲好中国故事、传播中国文化的最鲜活、最生动的教材，为语言教学提供丰富的素材和内容。

《习近平谈治国理政》多语种版本的三进工作是培养向世界讲好中国故事的国际传播人才的重要举措，是高校外语类专业"为党育人，为国育才"的使命担当，是培养外语类专业时代新人的重要途径[3]。为全面推进三进工作，高等学校《理解当代中国》系列教材已正式出版，并于2022年秋季学期全面向全国普通本科高校外语类专业本科生、研究生和语言类留学生推广使用。如何更好地开展落实《习近平谈治国理政》多语种版本的三进工作，全面开展《理解当代中国》系列教材的使用与课程建设工作，是高校外语类专业当前面临的重要课题。

近年来，人工智能技术和大数据技术极大地促进了外语教学的发展。科大讯飞的FIF口语训练系统越来越广泛地应用于高校外语教学。在移动学习趋势背景下，FIF口语训练系统基于科大讯飞智能语音技术，配套专业口语评测内容，提供覆盖多方位教学数据，可帮助学生实战训练多领域的口语内容，包括雅思、托福、四六级、专业四八级、职场口语等。学生可获得即时智能测评反馈，高效提升口语和口译能力，激发内在学习动力；教师可实时掌握学生口语训练情况，及时反拨教学，不断促进课程多维度的形成性评估模式。随着课程思政的日益深入，课程思政类板块也已入驻FIF训练题库，为教师在口语训练中落实课程思政提供了更多的便利。

北京信息科技大学在智慧教学领域一直走在时代前沿，被授予"AI智慧外语教学"创新应用示范校，是全国获得授牌的唯一在京高校。我校与科大讯飞公司具有多年的合作基础，科大讯飞公司FIF口语训练系统在我校英语类课程中已有多年应用，对促进大学英语和翻译专业教学改革、辅助英语口语教学和提高我校学生口语能力起到了重要的作用。我校翻译专业依托信息类特色院校专业优势和资源，充分运用现代教学技术、信息化手段和网络教育平台，以翻译技术为主导、校企合作为依托、线上线下为手段的教学模式，在使用 FIF 口语训练系统助力外语类专业三进工作方面进行了很多卓有成效的探索和实践，着力打造信息类特色翻译专业本科人才培养模式，在信息技术的辅助下帮助学生更好地学习中国特色话语体系，培养讲好中国故事的能力。

二、FIF 口语训练系统的特点

（一）自建题库功能辅助课堂教学

FIF 的语音交互技术人工智能开放模式，在原已内容丰富、题型多样的系统中，还允许教师自建题库，不断丰富训练内容。本校翻译专业教师使用 FIF 口语训练系统的自建题库功能，结合不同课程特点和"三进"工作要求，以《理解当代中国》系列英语类教材为蓝本，新建以"中国当代话语"为主题的题库，为学生补充朗读练习内容，更有效地帮助学生通过朗读进行当代中国特色话语体系的中英双语学习和积累，为口笔译学习打好语言基础。

（二）实时反馈功能方便学生直观了解

FIF 口语训练系统实时反馈任务成果，不仅提供了段落和篇章的总成绩，而且会自动对句子单词进行标色。红色为发音一般，橘色为发音优良，绿色为发音优秀，黑色为发音错误，学生可选择闯关模式，完成挑战后自动生成挑战战报，方便学生通过分数直观了解自己的口语准确度、流畅度、完整度情况[2]。这种实时反馈功能能够让学生在学习时充满成就感和喜悦感，从而促进高效学习。

（三）数据统计功能有助教师反拨教学

教师在 FIF 发布任务后，可以在教师端实时掌握统计数据，了解学生任务完成情况，及时反拨教学。教师不仅可以看到学生的完成度、录音时长和平均分，而且能完整看到每位学生的成绩分析报告，听到学生的朗读录音，了解到发音、流利度和完整度具体情况，并进行有针对性的点评和指导。

（四）智慧测评功能助力课程形成性评估

FIF 能为外语课程提供科学便利的形成性评估手段，教师可根据课程进度，通过自建题库不定期向学生发布朗读训练任务。教师可鼓励学生进行反复朗读练习，在 AI 评分的基础上，结合该同学的录音时长和发音问题，发布一对一的评语和调整评分，对学生进行有针对性的指导。这些朗读任务可作为平时成绩的一部分，在学期结束后，将本学期朗读任务的成绩平均加权后纳入平时成绩。

（五）混合教学模式实现课堂有效拓展

2020 年以来，受新冠疫情的影响，线上线下混合教学模式更加普及和深入，FIF 口语训练系统有效助力线上线下混合式教学的智能化教学创新，将学生集中学习和课下自主学习相结合，教师统一授课和线上个性化辅导相结合，实现了对外语课堂教学的有效拓展。以综合英语和基础口译等课程的教学为例，在每单元授课之前，教师在 FIF 上结合"理解当代中国"系列教材，自主制作并发布该单元的朗读任务，时效为两周，两周之内学生可以反复进行朗读训练，录音时长亦作为评分参数。任务结束之后公布排行榜单，对排名靠前的学生提出表扬。

三、FIF 口语训练系统与"三进"工作结合的探索与实践

（一）"当代中国话语"系列 FIF 朗读任务

"三进"课程课堂教学设计的依据在于加强学生们的国情认知、厚植青年学生家国情怀、培养国际传播人才的现实需要[4]。2022—2023 年，基础口译、交替传译和综合英语课程以"理解当代中国"系列英语类教材为蓝本，结合FIF 口语训练系统内"课程思政"板块已有资源，同时使用 FIF 的自建题库功能，在翻译 20 级和 21 级各班共计 140 余名学生中发布"当代中国话语"系列朗读任务，包括"诵读当代中国"、"双语学习二十大：中国式现代化"和"双语学习二十大：人类命运共同体"等，并将任务纳入课程的形成性评估；教师依托信息化技术指导学生进行以"当代中国话语"为主题的听力、口语及口译练习，同时进一步推进口语口译类课程多元化的过程性评价。学生完成度达到 90%（见图 1）。学生在此过程中进一步加深了对当代中国话语的内涵理解，同时学习了中国特色话语体系的双语表达方式，提高了用外语讲好中国故事的能力。

图1 "当代中国系列"朗读任务

（二）"讯飞AI作业"功能助力"理解当代中国"演讲

2022年年底，在因新冠疫情导致的远程教学期间，英语口语（3）课程使用FIF口语训练平台中的"讯飞AI作业"功能顺利完成翻译21级三个班学生结课视频作业提交。授课教师基于《理解当代中国：英语演讲教程》的教学内容，要求学生在三个话题中任选一个，录制2～3分钟英文演讲视频，在规定时间内通过FIF口语训练平台提交视频作业。话题分别为：①中国青年的责任，请在国际青年论坛上根据"中国青年的责任"这一主题做演讲；②讲述家乡的故事，请描述家乡在过去十年间发生的变化；③分享中国青年的思考，请结合习近平总书记对青年人提出的五点期望，思考如何进一步提升自我（见图2）。在完成学习任务的过程中，学生既练习了如何用英语有逻辑地组织语言和表达观点，又提高了用英语讲述中国故事的能力，更增强了文化自信和民族认同。学生成功用平台提交的视频作业66份，从而为远程教学期间的口语课程考查提供了较大便利（见图3）。同时，使用该平台收集视频可以帮助教师更直观地了解学生的学习情况，及时发现问题并进行针对性指导，同时保存数据，从而充实"理解当代中国"系列口语教学资源，并有助于教师进一步进行"三进"相关的课程建设，提升课程质量和育人效果。

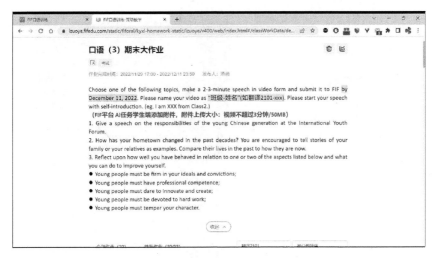

图 2 英语口语（3）期末大作业要求

图 3 英语口语（3）期末大作业提交情况

（三）平台赋能"双语学习二十大"特色竞赛活动

2022 年 5 月，外国语学院翻译专业结合主题教育和专业特色，依托 FIF 口语训练系统开展"双语学习二十大"FIF 挑战赛活动，全方位推进"三进"工作的落实落地。教师团队使用 FIF 口语训练平台"课程思政类"板块内的"二十大报告精选"，选取"原文梳理"共计 12 个单元的内容，在外国语学院翻译专业 20～22 级八个班共计 200 余名学生中开展为期两周的"双语学习二十大"FIF 挑战赛活动（见图 4）。

图 4　外国语学院依托 FIF 平台举行"双语学习二十大"活动

　　学生在活动中表现出了较高的参与热情和积极的学习态度。以翻译 20 级为例，两个班级（共 72 人）参与率均为 100%，学生平均朗读时长超过一小时，平均分数超过 88 分。该赛事拓展了"三进"工作实施载体，巩固了课程思政实施成果，作为将主题教育与专业特色相结合的成功案例，得到了北京青年报专题报道①（见图 5）。

　　2023 年 6 月 28 日，学校外国语学院举行"双语讲好中国故事"师生分享交流活动暨"双语学习二十大"FIF 挑战赛颁奖礼。结合系统数据和教师人工评价，最终评选出获奖选手若干。结合党的二十大双语学习的主题，邀请优秀学生分享学习体会，邀请嘉宾点评，评出"双语学习二十大百分卓越班集体"2 个，"双语学习二十大优秀班集体"2 个，"双语学习二十大学习标兵"45 人，"双语学习二十大勤奋好学标兵"15 人。学院领导和学校职能部门领导分别为获奖集体和个人颁奖。活动作为外国语学院主题教育的特色内

---

　　①　https://www.sohu.com/a/670871783_255783.

图5 《北京青年报》报道"双语学习二十大"FIF 挑战赛

容，得到了学校的重视和校园网宣传报道①（见图6）。

图6 学校新闻网站报道"双语学习二十大"FIF 挑战赛颁奖礼活动

---

① 详见 https://www.bistu.edu.cn/whhd/202307/t20230704_391400.html。

四、FIF 口语训练系统助力"三进"工作的成效

FIF 口语训练系统作为英语口语练习工具，为大学生口语学习提供了新的途径，实现了"人人皆学、处处能学、时时可学"。其丰富多样的资源为外语学习者提供了选择空间，可较大程度地满足包括外语专业在内的不同专业、不同需求的学习者的学习要求，同时为外语类"三进"工作的落地实施提供了很好的平台。其自建题库、实时反馈、数据统计、智慧测评及混合式教学等强大功能，有力促进了我校翻译人才培养中智慧教学技术与"三进"工作的深度融合。

北京信息科技大学翻译专业教师结合各门课程特色，灵活使用 FIF 口语训练系统的各项功能，采用丰富多样的活动形式，将"用双语讲好中国"内嵌于专业核心课程，融入课外活动，督促学生以朗读的方式学习《习近平谈治国理政》和党的二十大报告等中英文双语版中的核心术语、经典句子和重点段落，有效帮助学生深入理解习近平新时代中国特色社会主义思想的要义，掌握其基本观点和内在逻辑，了解中国国情、政策，理解中国理论和中国实践，不仅提升了专业知识技能和外语表达能力，而且深化了对我国国情的了解，增强了文化自信与认同感，为提高中国话语外译技能、提升国际传播能力打下坚实基础。从学习成果和学生反馈来看，较之传统的教学手段，学生使用 FIF 口语系统学习当代中国话语双语表达方式的积极性更高、收效更大。

同时，FIF 口语训练系统助力学校翻译专业"三进"工作的探索与实践，充分体现了北京信息科技大学"聚焦国家需求、信息特色鲜明、培养成效显著"① 的办学特色。学校翻译专业依托校本特色，发挥自身优势，充分利用人工智能和大数据技术，推动高新技术手段与外语类专业"三进"工作的深度融合，将习近平新时代中国特色社会主义思想有机融入人才培养的全过程，着力探索新时代背景下翻译专业本科教学模式创新，致力于培养符合时代需求的复合型翻译人才。

---

① 详见 https://baijiahao.baidu.com/s? id＝1735984301267804702&wfr＝spider&for＝pc。

五、结语

新文科建设提出了"提升文化软实力"的新要求。对于外语类专业而言，提升文化软实力的重要方面即意味着提升国际传播能力。要想用外语讲好中国故事，先要理解当代中国，掌握中国特色话语体系。只有中国特色话语体系入脑入心，才能在国际交流中"向世界展示真实、立体、全面的中国，讲好中国故事，传播好中国声音"。

基于外语类专业三进工作以及课程思政的要求，北京信息科技大学翻译专业以培养具有家国情怀和国际视野的复合型人才为使命，同时充分发挥信息特色翻译专业优势，以三进工作为抓手，探索高层次国际化外语人才培养新路径。积极应用包括 FIF 口语训练系统在内的信息化教学平台，助力学生利用各种信息化的手段学习当代中国特色话语的双语表达方式，学会用双语讲好中国故事，传播好中国声音。此举进一步促进了信息技术与课程思政的有机融合，更有效地实现了"政产学研"深入融合，为培养有家国情怀、全球视野和专业本领的复合型翻译人才，在推动中国更好走向世界、世界更好了解中国等方面贡献力量。

参考文献

[1] 王定华，杨丹. 为构建新时代中国对外话语体系提供人才支持 [N]. 光明日报，2021-06-07（15）.

[2] 徐敏. FIF 口语训练手机 App 与大学英语口语教学模式探讨 [J]. 北京印刷学院学报，2021（29）191.

[3] 侯宇翔，李桂群. 高质量"三进"引领外语类专业"时代新人"的高质量培养：以北京第二外国语学院为例 [J]. 北京教育（高教），2023（6）92.

[4] 胡业爽，徐曼琳."三进"课程的课堂教学设计路径逆向探析：以《习近平谈治国理政》俄文版翻译鉴赏课程为例 [J]. 外国语文，2022（3）31.

马拉默德的小说《伙计》中诠释的现代人的自我救赎之路

王庆华*

【摘　要】美国当代犹太作家马拉默德在其长篇小说《伙计》中塑造了当代美国犹太人的典范莫里斯，他不仅有尊严地忍受苦难，而且一如既往地为他人行善受过，是美德的化身，他的身上人性的光芒四射。他艰难地忍受着生活的巨大压力而永不丧失善良本性，屈身伏地，甘愿将最大的磨难一肩担起，行他人不可为之事。该小说诠释了善良、自律、自我牺牲、宽恕是现代人自我救赎之路，深刻隐喻了挣扎于无奈生活和道德困境中的现代人，应如何实现自由、解脱和道德新生。

【关键词】马拉默德　《伙计》　莫里斯　自我救赎

　　马拉默德作为深受读者喜爱的美国当代犹太裔作家之一，是美国 20 世纪与辛格、贝娄和罗斯齐名的犹太作家。早在 1966 年，里奇曼就曾写书这样评价马拉默德："眼下，马拉默德被认为是我们当代最重要的作家之一，他的声誉不仅是巨大的，而且是国际性的。"[1] 马拉默德作品以描写犹太裔人的苦难生活为主，体现了他的"人人都是犹太人"的创作主题。著名评论家洛克曾说，"在美国犹太作家的众神中，贝娄是脑袋，梅勒是神经，罗斯是嘴巴，马拉默德却是心脏"。由此可见其作品在犹太文学中的重要地位。在马拉默德的笔下，犹太人代表了完善和高尚，堪称典范，从这个角度为普通平凡的犹太人立传的马拉默德，乃为犹太精神高唱赞歌的一位诗人。

---

　*　作者简介：王庆华，北京信息科技大学外国语学院讲师，研究方向为英美文学。

Assistant 一词在英语中既有"店员、伙计"之意，又有"帮助的人/物；助人者"之意。莫里斯在自己开的小杂货铺里，做了一辈子的店员，在其过世后，弗兰克接手该店，开启了自己的店员生涯。但在另一层意义上，莫里斯和他的女儿海伦也是弗兰克灵魂的"助手"，莫里斯以善良和包容，海伦以爱情和宽恕拯救了他，救赎了这个曾经的"恶人"，使他改邪归正，走上了有意义的人生之路。莫里斯痛苦地挣扎于无奈的生活和道德困境中，虽孤独潜行，却执着于他对周围人的悲悯与关爱，践行了犹太人特有的负罪救赎之路。《伙计》一书深刻隐喻了现代人在社会生存困境中挣扎徘徊，谋求发展，寻求新生的现状。世间的邪恶有千般万种，马拉默德在《伙计》中呈现了酗酒、背叛、偷盗、放纵、欺骗等，但坚强不屈的莫里斯有尊严地用自己的美德应对这一切苦与恶，影响了女儿海伦，父女两人共同救赎了曾为抢劫犯的弗兰克，美德得以传承。在其小说文本中，马拉默德的思想超越了传统的犹太性，它赋予了古老的犹太传统和犹太性一种普遍性意义。它通过描写犹太人和犹太人的生活状况和精神风貌，比喻性地阐释了具有普遍意义的道德观念，它们不仅对于犹太民族具有重要意义，而且适用于非犹太民族。因此，马拉默德在刻画犹太人的同时，也暗喻了普通人的生活和命运。他将犹太人视为人类的典范，在犹太性和普遍性之间建立了内在的寓言性联系[2]。

一、负罪—善良—解脱是现代人自我救赎的根本之路

在小说的开篇，一个面色苍白的小女孩，在一个寒冷的 11 月清晨，被妈妈派来莫里斯的小杂货铺赊些食物，他知道小女孩的妈妈是个酒鬼，对收回已有的欠款都不抱任何希望，更不愿再赊购食物给她们。但小女孩放声大哭，莫里斯顿时心生同情，给了小女孩她想要的食物。一个母亲因屡次失信于莫里斯，已无颜对他，只能让年幼的女儿前去杂货铺，指望靠几滴眼泪唤起善良的莫里斯的怜悯之情，从而获得聊以果腹的些许食物。油漆工卡尔经常失业，有四名年幼的子女要抚养，却经常光顾小酒馆。他欠莫里斯的小杂货铺的欠款已有七十余元，可见卡尔赊购次数之多，莫里斯明明知道卡尔酗酒且失业已久，短期或永远无力偿还欠款，仍然不断赊购物给他，只因他怜悯四个饥肠辘辘的孩子，不忍心眼见他们被活活饿死。莫里斯身处绝境，马上要

面临上无片瓦的悲惨境界，却心生怜悯，可怜有意买小杂货铺的年轻男子。"但当他想到这个可怜的移民可能经历过的苦难，累死累活，好不容易攒下几个钱时，便无法忍受不老实……"他于是向该男子坦白了小杂货铺即将面临破产的真相。

莫里斯之所以有上述的善举，只因他有自己的道德底线，不论年轻亦还是年老，不论富有还是贫穷，他都不会与之分离。人无论如何也不能够不善良，这是莫里斯穷尽一生，向周围的人所呈现出来的精神面貌。舍有余而补不足尚且不易，但莫里斯却能够做到舍不足而补不足，以善报恶，此种慷慨之举是需要多么大的道德力量啊！莫里斯明知油漆工卡尔和小女孩的酒鬼妈妈在利用自己的善良，他们在抢夺自己餐桌上少得可怜的食物，但对于这些失信、厚颜无耻的人，莫里斯却以善良敬之，以怜悯待之，以施舍回之。他以自己的慷慨之举，抚慰了颗颗冰冷的心，让他们在冷冰冰的世间体会到些许温暖、温馨和温情。莫里斯有一颗悲天悯人之心，他深知贫穷、失业、酗酒意味着什么。他憎恨贫穷、失业、酗酒和其他一切的苦难和邪恶，但却无力改变什么，他只好用自己的利器——善良与之作战。莫里斯用自己的一生诠释了善良巨大的修复力、治愈力和救赎力。行善对于一个富有之人都并非易事，更何况对于一个自己还要省吃俭用、精打细算的穷人来说。他深知自己被利用、被抢夺、被背叛、被偷盗，但仍然恪守善良之道。对于他来说，善良是根本，是底线，是生命之本，是毕生的坚守。莫里斯在用善良救赎他人的同时，也是在救赎自己。

马拉默德在其短篇小说《我之死》中，借主人公制衣商马库斯之口说："孩子们，我们是穷人，不论到哪里，也没有人同情我们，可我们自己不能再互相伤害了，否则……"马库斯年幼时，家境极其贫寒，他的父母要养育九个男孩和一个女孩，有时饿极了，男孩子们（就连那个女孩）也会互相咬胳膊和脖子，上面就是这种时候他父子曾对他们说过的话。话虽简单质朴，但却道出了一个深刻的事实，穷人们之间相互伤害，是世间很多痛苦和苦难的根源之一。穷人很难伤及富人，因为富人大多时候都是遥不可及的，但穷人却近在身边，很容易彼此伤害。莫里斯深知穷人如果能够以善相待，停止互相伤害，世间的许多痛苦和苦难就会远离，因此他总能同情和怜悯贫穷的四邻，常接济他们。

莫里斯是马拉默德描绘的当代美国犹太人的典范。一个真正的犹太人就应该向莫里斯那样，无论生活怎样待他，他始终以善敬之，不变善良之初心。对于莫里斯而言，做一个善良的人虽不易，但做一个坏人却比登天还难，他在用自己的善良，这种世间最伟大的力量之一，来影响、感化、救赎周围的人。善良之路并非坦途，莫里斯也有过犹豫、彷徨、苦闷和质疑。当他身处绝境，不得不去求助于曾经欺骗过自己的前合伙人时，他曾经想到过，"我这么卖命地工作，究竟是为了什么？我的青春呢，它去了哪里？岁月无情流逝，他却一无所获，这又能怨谁呢？……""他对大自然已没剩下多少爱了，大自然没有给犹太人什么"，"他感觉像是失了重一样，怯懦、生活的风暴、无尽的担忧、债务、卡普（人名。作者注）、抢劫犯和破产，这一切的摆布、折磨，令他感觉自己是个受难者、受害者，毫无个人意志而言"。同时，就连妻子也不能理解他的善举，当她发现莫里斯赊账给无力偿还的人时，她会唠叨，让他不得安生。但痛苦和磨难并未击垮他，他依然坚守善良，恪守这种在他看来使犹太人称之为犹太人，使人称之为人的根本美德——善良。莫里斯在用自己的实际行动践行负罪—善良—解脱这条人类救赎自我的根本之路。对此海斯指出："人必然要受苦受难，忍受苦难且尽可能地表现人的尊严，这就是美德。受苦受难且能一如既往地为他人行善受过，这就是人性的标志。"由此可见，莫里斯是个兼具美德、人性、尊严的真正的犹太人。

二、负罪—自律、自我牺牲—自由是现代人自我救赎的另一条道路

小说中有这样一段关于弗兰克内心的描写："自从上次海伦到过他的房间后，他一直想着海伦对他说过的一句话，要约束自己。他自己也觉得奇怪，为什么这句话使他那么感动，为什么这句话像鼓棒敲在鼓面上，咚咚作响，声音在他脑海里久久回响。随着自我约束这个念头而来的是一种很美的感觉，一个人能按自己的意愿行事，想做好事就做好事，该有多美。想着想着，他又产生了一丝悔恨之情，恨自己的人格长时间以来一直在堕落，而丝毫不思悔改。不过今天，他一面刮胡子，一面暗自下决心，要把他这几个月来在这工作所偷的 140 多元钱一点一点地还清……"受"自律"这个念头的鼓舞，

弗兰克把自己的皮夹子里仅有的一张五元和一张一元的钞票都放进收款机里，虽然这样他身上只剩下几个硬币了，他也不在乎。当他做完这一切后，便沉浸在自己所做的事带来的快乐之中。弗兰克能够完成道德上的自新，从一个抢劫犯到一个善良的犹太杂货商，在这个过程中，自律起了不可或缺的作用。

在莫里斯的善良和海伦告诫他要自律的共同作用下，弗兰克踏上了艰辛的自新和道德重生之路。由于他偷拿了一元钱，被莫里斯发现，辞退了他，加之酒精的作用，他一时失去自律，犯下大错，奸污了海伦，但他决定用爱和自律心甘情愿地为海伦做任何事情以重获她的爱，以此来赎罪，以获得心灵的自由。

多年前，当弗拉克还是个孤儿院的孩子时，一位年长的牧师经常给他读关于阿西西的圣弗朗西斯（又称圣方济各）的故事。从那时起，自我牺牲的理念深植其心，至今记忆犹新。老牧师的话再度在耳畔响起，"他（圣方济各）把他拥有的一切都赠与他人，每一分钱，就连身上穿的衣服也不例外"。圣方济各能放弃个人所有之物，而自己却非法抢夺一位贫穷犹太老人的劳动果实。弗兰克不禁汗颜，对圣人慷慨之举的记忆唤醒了他内心深处潜在的自我牺牲精神，他决定"把自己囚禁在这臭烘烘的小杂货铺里，把自己变成一个囚犯"。决定自我牺牲是他"救赎"自己的第一步。弗兰克的自我牺牲之路充满艰辛，在精神上，一方面，他要承受内心的负罪感；另一方面，当他看到海伦和奈特亲密时，嫉妒之极，内心无比煎熬。为了资助海伦上大学，他没日没夜地勤苦劳作，在苦难中减轻自己的负罪感，并静候海伦的爱情。弗兰克创造了自己的枷锁，然后再用自我牺牲挣脱枷锁，而这个过程也是现代人心灵世界发展的真实写照[3]。在自我牺牲中，他实现了自新、道德重生和自我救赎，心灵也重获自由。

三、负罪—宽恕—新生是现代人自我救赎的必经之路

海伦被弗兰克为她的母亲和她所做的巨大牺牲打动，宽恕了他。她渐渐意识到，"一个人可能看起来和从前一样，但却变成了另一个人"。她对弗兰克的宽恕无疑会对其道德自新和重生之路起到至关重要的作用。她意识到，正是由于弗兰克的牺牲精神，才使得她和母亲不仅没有露宿街头上无片瓦，

而且她还能有机会上夜大。由于弗兰克奸污了自己，海伦曾经对他恨之入骨，但他能够勇于承认并面对自己的错误，用实际行动使海伦改变对自己的看法，从而走上道德自新和重生之路，最终海伦宽恕了他，也重拾了爱情，我们也从中看到了宽恕的力量，它能使被宽恕者贫困的心灵重新得到滋养，能赋予他们的生命以新的意义。弗兰克道德自新和重生的过程，完美诠释了马拉默德的思想。

同样地，莫里斯也宽恕了背叛他的合伙人，宽恕了盗窃他的弗兰克。从莫里斯和海伦这对犹太人典范的身上，我们看到了犹太人性耀眼的光芒，也看到了普遍意义上的人性的光芒。作家福克纳曾说过："没有这些古老的真理，任何小说都是稍纵即逝，注定要失败的。这些真理便是爱情、荣誉、怜悯、自尊、同情、牺牲等感情。"在这对父女的心灵世界中，我们窥见了种种古老的真理——怜悯、同情、善良、宽恕、尊严、诚实、牺牲等，他们在践行这些古老真理的同时，也在传承它们。这些振奋人心令人鼓舞的精神光芒，时刻提醒着在黑暗中默默潜行的朝圣者们，虽然前路坦途，但具有这些美德的现代人是能够救赎自己，从苦难中得以解脱，实现新生，以达到自由的境界。

综上可知，该小说诠释了善良、自律、自我牺牲、宽恕是现代人自我救赎之路，深刻隐喻了挣扎于无奈生活和道德困境中的现代人，应如何实现自由、解脱和道德新生。

参考文献

[1] 乔国强. 美国犹太文学 [M]. 北京：商务印书馆，2008：380.

[2] 薛丽. 伯纳德·马拉穆德短篇小说的犹太伦理道德观解读 [J]. 齐齐哈尔大学学报，2016（7）：112.

[3] 徐葆耕. 西方文学：心灵的历史 [M]. 北京：清华大学出版社，1990：2.

归化与译者的显身

——以严译《天演论》为例*

杨晓华**

【摘　要】韦努蒂认为，译文越流畅，译者就越隐身，作者或原文就越显身，因而提倡异化翻译，贬抑归化翻译。一段时间内，韦努蒂的观点在我国被认为是确论而备受青睐。其实，韦努蒂的论断不乏反例，严复的翻译就是一个典型。严复所译不多，采用的是典型的归化译法，但其译切中时弊，引起了轰动效应，使之声名远播；其译论言简意赅，在我国风行一百多年，也为他的显身帮了大忙。

【关键词】归化翻译　译者的隐身　严复的翻译实践　严复的翻译理论　《天演论》

一、引言

美国翻译理论家韦努蒂（Venuti，1953—）曾说；"译文越流畅，译者就越隐身，并且可以认为，作者或外文文本的意义就越显身。"[1] 而后，他的理论在我国引起了对规划翻译和异化翻译的热议，一时间归化翻译遭到了众多非议。例如，刘英凯就认为归化是翻译的歧路，并分四种"滥用"对归化进行了清算。其实，归化并不是那么"可恶"。众所周知，在我国翻译史上，严复的归化译法是颇具代表性的，然而作为译者，严复不仅当时声名远播，而且到了严译《天演论》出版一百多年后的现在，我国译界也远没有将其忘怀。

---

　　*　基金项目：本文系北京信息科技大学 2012 年校基金项目"异化翻译与译者的隐身"（项目号：1035036）的阶段性研究成果。

　　**　作者简介：杨晓华，北京信息科技大学外国语学院讲师，研究方向为计算机辅助翻译。

本文拟以严译《天演论》为例，以说明采用归化翻译，译者也可以由此显身。

二、严复和严译《天演论》

严复（1854—1921）翻译西方著述，多采用归化译法，下面以《天演论》为例予以说明。总体而言，严复翻译《天演论》时所采用的归化手段有以下几种。

第一，采用了归并译法。贺麟（1984）认为，严复的《天演论》是由《赫胥黎全集》第九章"进化与伦理"中的绪论和本论翻译而成的[2]，邹振环则认为，其是由赫胥黎于1893年发表的两篇独立的论文《进化论与伦理学》和《进化论与伦理学导言》翻译而成的[3]，并援引了他人的资料作为佐证。

第二，严译《天演论》时有所为而有所不为。赫胥黎原作所论为进化与伦理，在赫氏看来，生物界的生存斗争机制是物竞天择、优胜劣汰，而人类社会由于有伦理之存在，当与生物界不同。严复翻译赫胥黎时只译其进化论部分，而舍弃伦理学部分不译，并不是认为人类社会与生物界毫无区别，而旨在凸显物竞天择、优胜劣汰，以唤醒国人救亡图存。

第三，将原文第一人称叙事改成了第三人称叙事，与我国话本和说部的叙事方式相一致。

第四，采用了桐城派的古汉语即汉以前的字法句法为译，认为："用汉以前字法句法，则为达易；用近世利俗文字，则为达难。"[4]

第五，译文后面附上了人物简介。严复认为："原书多论希腊以来学派，凡所标举，皆当时名硕，流风绪论，泰西二千年之人心民智系焉，讲西学者所不可不知也。兹于篇末，略载诸公生世事业，粗备学者知人论世之资。"

严复的翻译采取了典型的归化译法，而归化译法是译者的隐身之法，归化愈典型，隐身愈彻底，何以反声名远播呢？这一要归功于严复的特殊译法，二要归功于严复的译论。

三、严复的显身之由：其一，对严译的反应和批评

严复的翻译（本文简称"严译"）引起了当代学者和后人的高度关注，主要体现在三个方面；首先，严译与当时的主流意识形态和诗学特征相合拍；

其次，严译在当时引起了轰动效应；最后，大家对严译展开了热烈的讨论。

贺麟深入讨论了严译，关于《天演论》所引起的轰动效应，他援引了名家之说。他说，梁启超认为，"西洋留学生与本国思想界发生影响者，复其首也"。张嘉森也认为，"侯官严复以我之古文家言，译西洋人哲学之书，名词句调皆属独创。译名如'物竞''天择''名学''逻辑'，已为我国文学中不可离之部分。其于学术界有不刊之功，无俟深论"。蔡元培颇有同感，他说："五十年来介绍西洋哲学的，要推侯官严复为第一。"胡适也说："严复是介绍近世思想的第一人。"对此，邹振环也做了生动的描述。他说，严复的《天演论》"导言"部分于1897年刊载于维新派的《国文汇刊》上，第二年又在该刊连载。1898年，严译《天演论》全书首次出版后，立即引起轰动。孙宝瑄在《忘山庐日记》中写道："诚如斯言，大地之上，我黄种及黑种、红种其危哉。"该书也得到了吴汝纶、康有为、徐维则等的赞许，当时就翻印了30余种，到1921年商务印书馆再版了20多次。《天演论》出版后，"物竞天择、优胜劣汰"的表述充斥报端。小学教师用该书作课本，中学教师用"物竞天择，适者生存"作作文题。胡适原本不叫胡适，读过该书后改名胡适，字适之。陈炯明也以适存作为自己的字，其他选用《天演论》上的词语或为校名或为己名或为子女或学生命名者甚多。这样的轰动效应，助长了严复声名远播。

对严译吴汝纶有赞扬也有批评，例如：

今西书虽多新学，顾吾之士以其时文公牍说部之词，译而传之。有识者方鄙夷而不知顾，民智之沦何由？此无他，文不足焉故也。文如几道，可与言译书矣。往者释氏之入中国，中学未衰也，能者笔受，前后相望，故其文字为一类，不与中国同。今赫胥黎之道，未知于释氏何如？然欲侪其书于史氏杨氏之列，吾知其难也。即欲侪之唐宋作者，吾亦知其难也。严子一文之，乃骎骎与晚周诸子相上下[5]。

《〈天演论〉序》执事若自为一书，则可纵意驰骋。若以译赫氏之书为名，则篇中所引古书古事，皆宜以元书所称西方者为当，似不必改用中国人语，以中事中人固非赫氏所及知。法宜如晋宋名流所译佛书，与中儒著述显分体裁，似为入式[6]。

后人对严译的评论更多，而这些批评，无论是赞美还是诟病，都起到了传播作用，使严复声名远播。

四、严复的显身之由：其二，严复的翻译理论

严复的译论主要见诸《天演论·译例言》，其原本旨在向读者交代他是如何想、如何译的，顺便谈谈自己的甘苦。可能严复自己也没有料到，后人将"信达雅"及严复对之所做的解释视为翻译标准，成为我国传统译论的重要内容。

讨论严复译论的人很多，除贺麟之外，还有提王佐良、陈西滢、林语堂、许渊冲、常谢枫、刘重德、沈苏儒、王宏印、王秉钦等。20世纪四五十年代还掀起了一场关于翻译标准问题的大讨论。这些批评者当中，有的对严论赞扬备至，有的有赞扬也有批评，有的对之予以修正，有的对之予以阐释，不一而足。

贺麟指出"严复在翻译史上第二个大影响，就是翻译标准的厘定。他于《天演论》译例言里发表他对信达雅的三条标准"，并用"信达雅"标准讨论了严译；王佐良主要批评"信达雅"中的"雅"，认为："严复的'信达雅'里的雅是没有道理的——原作如不雅，又何雅之可言？"陈西滢主张放弃"达雅"，保留"信"字。他说："翻译文学作品只有一个条件，那便是'信'"[7]。他将翻译文学作品比作雕塑与绘画，认为：雕塑与绘画，如能做到外貌毕肖，那就是形似；如家人都觉得惟妙惟肖，毫无异词，那便是意似；如能洞见肺腑，那便是神似。并认为，意似高于形似，神似高于意似；建立这样的标准[8]，目的在于"取法乎上，失之于中"。就这样，他将"信达雅"换成了"形似、意似、神似"。

而林语堂则将翻译标准归纳为忠实、通顺、美。他认为忠实就是信，通顺就是达，可是翻译与艺术文（诗歌与戏曲）的关系，非雅所能包括，但为了方便起见，用典雅的信、达、雅三个字来概括忠实、通顺、美亦无不可[8]。

许渊冲主张以忠实、通顺为标准。他认为，在"信达雅"三字标准中，信就是忠实，达就是通顺，雅到了使用白话文的今天，就不能再局限于古雅的原义，而应该是注重修辞的意思了。后来他将自己的理论发展成了"三化、

三似、三美"。常谢枫认为，翻译标准只需一个"信"字即可，不必使用"信达雅"。他认为，"信"就是翻译的法律。他用绘图的方式诠释严复的"信达雅"及其相互关系，并认为，"信"表达原文意义，"达"辅助（不是从属）"信"，但基本上与"信"并列，"雅"纯粹从属于"达"。刘重德将雅理解为风格，认为译文必须切合原文的风格，提出应该将"信达雅"改为"信达切"。

王秉钦在他的著作中专门阐述严复的翻译思想，分两个部分：一是作为启蒙思想家的翻译家；二是翻译理论和思想。他为第二部分列了五个小标题：①严复翻译思想的灵魂；②"严译名著"及其历史意义；③对严复译文的历史评价；④"信达雅"——中国传统翻译思想的纲领；⑤"非正法"的翻译——严复翻译思想的重要组成部分[9]。

王宏印的著作中介绍并评价了严复的翻译理论，并以"信达雅"为标准列出了翻译评价表。

沈苏儒以专著的形式全面阐释严复的翻译理论，并对"信达雅"进行了系统的解读。在书中，他完整地援引了《天演论·译例言》，提供了现代译文，解说了"信达雅"的要旨，阐述了"信达雅"的系统性。沈苏儒认为，要历史地理解作为翻译原则的"雅"，他从"雅"的本义、"雅"和风格、"雅"和"达"关系、"雅"和"信"的关系等角度对之进行了比较详尽的论述。他说，从我国的历史典籍看，"雅"有"正确、规范"、"高尚、文明"和"美好"的意义，但《天演论·译例言》中的"尔雅"意为"近正"，也就是"正确、规范"。具体地说，也就是要用"汉以前字法句法"，"期以行远"。他进而认为，如果严复将"雅"同"信达"一道列为翻译原则，那么不少人将"雅"理解为"文雅""高雅""典雅""风雅""古雅"等，都是对严复的曲解[10]。

参与翻译标准"信达雅"讨论的人很多，例如，陈康于在其为柏拉图《巴曼尼得斯篇》译本所写的序的第三部分，讨论了"信达雅"与翻译哲学著作的关系；郭沫若认为，从原则上讲，严复的"信达雅"的确是必备的条件，但还要看翻译的是什么。翻译文学书的要求特别严格，不仅不能走样，能够达意，而且要有文学价值；柯柏年认为，"信"和"达"不能分割开来，它们是一个问题的两个方面。翻译第一步要看懂原文，第二步要将原意表达出来，不能宁信而不达，也不能宁达而不信，要将信与达辩证地统一起来。可以说，自"信达雅"发表一百多年来，像这样的讨论和争论一直没有停止过，著述之多，难以精确统计。讨论中，既有肯定意见，也有否定看法；既有修正之士，也有阐释之人。意见虽然不同，效果却一样。正是这些讨论与争论、肯定与否定、修正与阐释，起到了传播作用，使严复声名远播。

五、结语

韦努蒂阐述了归化翻译和译者隐身之间的关系，虽然言之成理，但也不乏反例。本文以严复为例，旨在说明译者显身和隐身的因素很多，不能完全归咎于归化译法。但始终采用归化译法，为何反能显身？笔者认为，当归功于其选材与当时的主流意识形态相合拍，所采用的翻译方法又和当时的主流诗学特征相合拍，当时所引起了轰动效应，以致所译《天演论》一版再版。现在看来，严译并没有行得更远，而作为译者的严复则声名远播，这当归功于大家对严译严论的批评。如果仔细斟酌，我们就会看到，在整个传播过程中，严译、严论相得益彰。在他翻译和出版译作及其后相当长的一段时期内，是他的译作而不是他的译论征服了读者。继后的一段时间里，他的译作渐渐淡出，译论则被提上了议事日程。再往后，尤其在经历了新文化运动和五四运动之后，严复的译作就很少有人阅读了。换言之，严复本指望通过使用汉以前的字法句法使其译作行远，但由于时局的变化，并没有行得太远。然而，由于严论言简意赅，叩响了译界的心弦，被当作翻译标准后，填补了当时国内译论的空白，加之严论不是单独的论文，也不是专著，而是译例言，因而人们在讨论严论时，总不会忘记严复是个译者，因此严复作为译者就声名远播了。

参考文献

[1] VENUTI L. The Translator's Invisibility, A History of Translation [M].

Shanghai：Shanghai Foreign Language Education Press，2004.

［2］贺麟．严复的翻译［G］//翻译研究论文集（1894—1948）．北京：外语教学与研究出版社，1984.

［3］邹振环．影响中国近代社会的一百种译作［M］．北京：中国对外翻译出版公司，1996.

［4］严复．天演论·译例言［M］．北京：科学出版社，1971.

［5］严复．天演论［M］．上海：上海世界图书出版公司，2013.

［6］璩鑫圭，童富勇．中国近代教育史资料汇编 教育思想［M］．上海：上海教育出版社，2007.

［7］陈西滢．论翻译［G］//翻译研究论文集（1894—1948）．北京：外语教学与研究出版社，1984.

［8］马祖毅．中国翻译通史 现当代部分：第4卷［M］．武汉：湖北教育出版社，1999.

［9］王秉钦.20世纪中国翻译思想史［M］．天津：南开大学出版社，2003.

［10］沈苏儒．论"信达雅"：严复翻译理论研究［M］．北京：商务印书馆，1998.

讲好中国故事的理论和方法探索:《翻译传播学十讲》介评

尹祝辉*

【摘　要】本文按照篇章顺序，解读尹飞舟、余承法和邓颖玲所著《翻译传播学十讲》一书。翻译传播学的构建，可为中国故事的国际传播提供理论指导和方法支持，对服务国家文化软实力提升战略具有重要意义，也可使翻译研究的传播学转向从多年来的设想变为真切现实，从而探索出一条新文科发展路径，为高等教育人才培养开拓空间。本文认为，该书逻辑架构清晰，理论精辟，实例丰富，阐释清楚，论证有力，专业严谨、深入浅出，值得关注国际传播的人士研读。

【关键词】翻译传播　翻译传播学　6W

《翻译传播学十讲》是翻译传播的第一本教材，填补了外语、翻译和传播教育领域的一个空白。该书主要作者尹飞舟曾长期从事图书对外翻译传播工作，后到湖南师范大学创办了翻译传播博士生课程，另两位作者余承法、邓颖玲也是翻译教育领域学者。他们的翻译传播研究、实践及成果，为国际传播高等教育发展、翻译传播人才培养，以及服务国家发展战略，作出了重要贡献[1]。

一、翻译传播学：国际传播的理论指导和方法论支持

"本质论和过程论是翻译传播学的两大基石"[2]，此外，翻译论和效

---

* 作者简介：尹祝辉，北京信息科技大学外国语学院副教授，研究方向为 TESOL、教师发展。

果论也是翻译传播学研究的重要线索，据此，从内容和结构上看，可以把《翻译传播学十讲》一书划分为三个板块：第一个板块基于本质论思维，揭示翻译传播学的本质及其学科渊源，包括第一讲和第二讲；第二个板块基于过程论思维，阐释翻译传播过程和模式，概括翻译传播规律，同时结合信息论和系统科学的方法，分析翻译传播的整体特征、构成要素、内部外部关系等等，此板块包括第三讲和第四讲的内容；第三个板块是翻译论和效果论的主要体现，如阐述与"翻译传播译者"和"翻译传播效果"这两个要素相关的内容，并加上了其他四个要素，该板块囊括第五讲到第十讲的全部六个章节，每个章节分别对应一个翻译传播要素，详细展开。

翻译传播学是新兴的交叉学科，属于传播学的分支，它的构建目的就是为中华文化"走出去"提供理论支持[3]。翻译传播是一个系统，具有"整体性、关联性、层次性、开放性和动态性"等普遍特征，也具有自身的"特殊性"[1]，翻译传播过程的主角，是"六个要素"，简称6W，即翻译传播主体、译者、客体、媒介、受体、效果[4]。

从渊源上看，6W要素是对经典传播学中5W模式的补充和发展。传播学奠基人之一，拉斯韦尔（Lasswell）在"社会传播的结构与功能"[5]一文中提出了传播过程的五个基本构成要素，即传播者、受传者、讯息、媒介和反馈，亦即谁（Who）、说什么（says What）、通过什么渠道（in Which channel）、对谁（to Whom）、取得什么效果（with What effects）。这个模式简明清晰，是传播过程模式的经典。后来，很多学者都对这个模式进行过各种修订、补充和发展，但都保留了它的本质和特点。《翻译传播学十讲》的作者认为，翻译传播过程除包含一般传播的5W要素之外，还须增加"译者"（Who translates）这个特殊要素，有了翻译者的参与，翻译传播才得以成立[1]。

翻译传播是促进中国与世界相互了解的途径[1]。习近平总书记指出："当今世界是开放的世界，当今中国是开放的中国。中国和世界的关系正在发生历史性变化，中国需要更好地了解世界，世界需要更好地了解中国。"[6]

二、《翻译传播学十讲》解读

（一）6W 要素贯穿全书

6W 要素，是翻译传播的主要成分，是翻译传播过程的参与者，它们铺垫了翻译传播学研究的基本层次，它们的互动形成不同的翻译传播模式，从这个角度上看，《翻译传播学十讲》的前四讲，可以视为对 6W 构成的系统的本质定位及全景描述，第五讲到第十讲，则与每个要素分别对应并深入展开。

《翻译传播学十讲》的第一讲，先以数据和实例说明了翻译传播现象的普遍化趋势，介绍了常见的翻译传播形式，如人际翻译传播、公共标识翻译传播、传统大众翻译传播、新媒体大众翻译传播等，进而概括了翻译传播的本质属性，即传播的一般属性（通过符号进行的信息交流）与语言转换这一特殊属性的融合[1]，因此，翻译传播就是"异语场景中人类借助翻译实现的信息传递"[1]，是 6W 要素互动的复杂动态过程。翻译传播学就是"研究翻译传播现象及其规律的科学，是阐释人类使用不同语言符号进行信息传递与交流的知识系统"[1]。

第二讲，解释翻译传播学与翻译学、传播学、跨文化传播学、国际传播学、大众传播学等学科的关系。例如，从效果论上看，传统的翻译学对效果的追求早已有之，通常采用的是"翻译+传播"的研究模式，而翻译传播学的效果论视角，则更加注重"清楚全面地展示和追踪翻译信息传递的全过程及其转换后的效果与接受情况"[1]，因此，这两个学科的交叉融合，具有天然的认知基础。说到翻译传播学与传播学的密切关系，最直接、最明显的，就是 5W+1W 的完善和发展，可以说，传播学基于 5W 的各种理论和方法论，是翻译传播学研究的"富矿"。

第三讲，主要是对翻译传播过程的研究。翻译传播过程由 6W 要素构成，经历了"发起、翻译、传输、接收"这四个环节，这四个环节主要对应 4W 要素（Who says、Who translates、in Which channel、to Whom），另外的 2W 要素（What message、with What effects），则自始至终参与到翻译传播全部四个环节之中。考察发现，6W 的互动模式主要有四种：线性模式、循环模式、系统模式、社会模式[1]（示例"翻译传播过程的社会模式"见图1）。

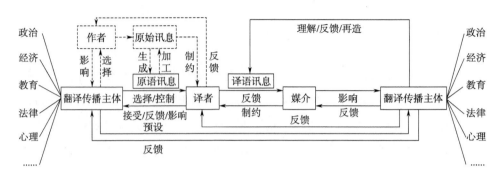

图1 翻译传播过程的社会模式

第四讲，以系统论视角考察翻译传播的系统性。根据受众规模由单一到广泛的区别，翻译传播大致可以分为微观、中观、宏观三个层次，主要涉及人内、人际、群体、组织、大众等五种翻译传播类型。多层次多类型的格局说明，翻译传播系统在现实中总是表现出立体、多元、复杂的特点。

从第五讲开始的六个章节，分别考察 6W 要素。第五讲聚焦翻译传播主体（Who says）。首先借鉴传播学关于主体研究的基本内容，其次考察翻译传播主体的多样性、主体性，以及翻译传播主体与译者的重叠与互动。

第六讲关注翻译传播学对译者（Who translates）的研究，包括译者的内涵与外延、信息技术时代人机共译的现状与前景，以及译者主体性，等等。

第七讲，深入分析讯息（What message）要素，即翻译传播客体，界定了其内涵和外延，区分了与之相关的概念，如信息和讯息、符号和意义、话语和文本，介绍了与翻译传播学客体相关的理论，如符号学理论、讯息生产接收处理理论、"媒介即讯息"理论、话语理论、文本理论等。同时，基于该书作者们丰富的翻译传播经验，介绍了翻译传播客体的处理策略，例如，在翻译政府会议文件类的文本讯息时，"除了要遵循'信、达、雅'的标准外，外宣文献翻译工作者还须遵守'三贴近'原则，即贴近中国发展的实际、贴近国外受众对中国信息的需求、贴近国外受众的思维习惯"[1]。

第八讲，介绍翻译传播媒介（in Which channel）相关的理论和案例。对此，该书介绍了几种主要的媒介理论，如麦奎尔的大众传播理论。进而界定翻译传播媒介的内涵与外延，并分析了不同类型媒介的发展和运作一般规律及其对翻译传播效果的影响。理论探讨的宗旨，在于促进实证研究和实践探索，促进我国翻译传播媒介能力建设，提升翻译传播机构媒介的国际传播能力。

第九讲，关注翻译传播受体要素（to Whom），在澄清受体、受众、分众概念后，介绍了常用的受众研究理论，如大众社会理论、社会群体理论、市场受众理论、权利主体受众理论、媒介使用与满足理论、目标受众理论等，进而描述了受体的接收行为特征，以及翻译传播受体分析方法，例如，对翻译图书读者，可以采用读者评论分析法；对于翻译网站受众，可以采用线上问卷调查、焦点小组、深度访谈等方法。翻译传播目的，就是让受体接受译语讯息，因此需要重视受体对翻译传播讯息的态度和反应，这是评价翻译传播效果的主要指标。

第十讲，是翻译传播学的效果论内容。效果（with What effects）是翻译传播研究的出发点，也是翻译传播实践活动的目的地，是检验翻译传播实践成功与否的根本标准[1]。在此，该书先界定了翻译传播效果的概念，继而以大众传播这一类型为例，阐述效果的三个层面：环境认知效果、价值形成和维护效果、社会行为示范效果。同时，介绍了该领域颇具影响力的大众传播效果理论，如议程设置理论、沉默的螺旋理论、培养理论，并总结了实现翻译传播效果的三步走路径：第一步，6W 要素充分互动；第二步，克服语言文化情感制度等障碍；第三步，树立形象。此外，本讲还介绍了翻译传播效果检测评估手段，如 5R 评价模型：Rending（翻译）、Releasing（发行）、Reading（阅读）、Reviewing（评论）、Recreating（再造）。这些范式的讨论，回应了国际传播效果评价方面的迫切需求。

（二）案例与数据

《翻译传播学十讲》的各位作者具有丰富的翻译传播实践经验，在理论论述的同时，分享了大量实例和翔实的数据，言之有物，说服有力，从以下案例可见一斑（见表 1）。

表 1　翻译传播现实案例

主题	实例或统计数据
人际翻译传播	2009—2018 年内地居民出境游人次和 2016—2020 年国内举办的大型国际会议案例

续表

主题	实例或统计数据
传统大众翻译传播	春晚过程中的多语种传播；我国图书版权输出项数
新媒体大众翻译传播	李子柒、"澳大利亚大叔"——大卫
翻译传播学与翻译学互动	《大中华文库》《三国演义》
译者多元化	中国文学作品对俄罗斯的外译
非现场翻译传播循环模式	湖南文艺出版社的文学作品译介
翻译传播对社会的反作用	1898 年梁启超发表的《译印政治小说序》
人内翻译传播特点	《尼泊尔冲突后的社会转型：性别视角》的翻译
翻译选择的图式理论	国外"一带一路"研究译丛项目
组织翻译传播	国务院办公厅就中华人民共和国成立 70 周年活动有关情况举行的新闻发布会
以个体方式存在的翻译传播主体	美国汉学家韩南
传播的触发契机	英文节目《中国三分钟》之围棋介绍
译者协助选择翻译传播的内容	中国美食菜名翻译
译者协助确定有效的传播媒介	6~8 岁儿童读物的翻译传播活动
翻译学中的译者分类及角色	中国翻译史上的三次高峰
中外译者合作模式	杨宪益、戴乃迭合译《红楼梦》
人机共译现状	《中国语言服务行业发展报告 2019》
翻译学中译者主体性研究	中国知网检索数据及可视化分析结果
译前协商	《中非经贸合作案例方案集》文献翻译
想象受众认同	"引导好经济全球化"之"引导"的译文为 chart
与现实受众协调	《当代泰国社会、文化与政治透视》的翻译
信息与讯息	2020 年新闻播报的疫情数据
影视文本讯息处理策略	CNN World Report 电视文本编译
翻译传播媒介获得翻译授权	CCTV-9《寰宇视野》栏目引进纪录片
翻译传播机构跨国合作	江苏凤凰出版传媒集团
翻译传播机构媒介主要类型	中国日报社、《译林》杂志、外文出版社、华人影业、"百人百译"微信公众号等

续表

主题	实例或统计数据
翻译传播受体推动认知创新	清末洋务运动
读者评论分析法	Goodreaders 平台上于国藩英译《西游记》的读者评论
大众传播之社会行为示范效果	疫情防控期间媒体报道促进大众学习和模仿正确防护方法
作品形象建构	《习近平谈治国理政》

（三）不足之处

《翻译传播学十讲》所探讨的翻译传播新概念和理论范式，为本领域的研究和实践奠定了坚实基础，但是，本书也有一些不足和有待完善之处。例如，迫切需要梳理传现实案例，并对标实现翻译传播效果"三步走"的路径，从而生动地说明 6W 要素在不同语境中如何互动，如何克服语言文化情感制度等障碍开展翻译传播，如何全面立体真实有效地构建我国国家形象，等等。

三、小结

本文解读了《翻译传播学十讲》的内容，旨在推介这部为国际传播提供理论和方法指导的专著。该书是翻译传播领域开创性工作的成果，回应了时代需要，为讲好中国故事提供了研究范式和实践指导，为翻译传播学的构建和发展作出了重要贡献。该书学理精深，逻辑严谨，文字凝练，案例充实，值得研读。

参考文献

[1] 黄友义. 及时的专著 新型的课程：评《翻译传播学十讲》[J]. 对外传播，2021（7）：48，71.

[2] 尹飞舟，余承法，邓颖玲. 翻译传播学十讲 [M]. 长沙：湖南师范大学出版社，2021.

[3] 尹飞舟，王佳娣. 中华文化走出去的理论新视角：翻译传播过程的四种模式 [J]. 求索，2021（2）：44-50.

［4］尹飞舟，余承法．翻译传播学论纲［J］．湘潭大学学报（哲学社会科学版），2020（5）：170-176．

［5］LASSWELL H D. The Structure and Function of Communication in Society ［M］//SCHRAMM W，ROBERTS D F. The Process and Effects of Mass Communication. Urbana：University of lllinois Press，1971：84-99.

［6］习近平，2016．习近平致中国国际电视台（中国环球电视网）开播的贺信［EB/OL］．（2016-12-31）［2023-07-19］．http：//news. cctv. com/2016/12/31/ARTIid8rq9KkiBhYVoKw6RDX161231. shtml.